国家级精品课程教材

Educational Psychology (Fourth Edition)

教育心理学

第四版

主　编　皮连生

副主编　庞维国
王小明

上海教育出版社
SHANGHAI EDUCATIONAL PUBLISHING HOUSE

第四版前言

本书是专为我国高等师范院校心理学系和教育系本科生编写的教材。其前身是1983年出版的《教育心理学：学与教的原理》。1988年经过较大幅度修订后，书名改为《教育心理学》，被列为国家教委推荐的高等学校文科教材。作为专业必修课教材，本书已成为我国修订次数最多、使用时间最长、使用范围最广的教育心理学教材之一。

本书的第一版和第二版曾分别获教育部优秀教材一等奖(1992)和上海市优秀教材一等奖(1999)；第三版获高等教育国家级教学优秀成果奖(2005)，成为国家级精品课程"教育心理学"的重要教材。

一门学科的课程教材之所以能被预期的目标群体长期使用，关键是有其适合目标群体需求的内容体系，而且该内容体系随着学科的发展不断修订完善。邵瑞珍教授在1983年版的"前言"中为本教材的内容体系确定了基调："本书以阐明学校情境下的学生的学习为主线。"本书对学习的论述分为学习过程和影响学习的因素两个方面：学习过程主要涉及认知领域；影响学习的内部因素包括原有知识结构、认知发展、智力差异、动机与人格五个因素，外部因素包括教师与学生集体、教材和练习四个因素。

20多年来，该教材历经三次大的修订。尽管随着教育心理学这门学科研究的不断深入，其内容有所增删，但基本框架没有根本改变。为了使学习过程的论述涵盖全部学校教学目标，第一版教材的最大变化是将学习过程的内容扩大至动作技能和情感领域，增加了"动作技能学习"和"态度和品德的形成与改变"两章。第二版(1997年)的修订工作是在邵瑞珍教授主持的全国教育科学规划"七五"和"八五"研究课题的基础上，由我总结十年研究成果，提出了新的智育心理学理论的背景下进行的。新智育理论包括智育目标论、知识分类学习论和目标导向的教学设计。所以第二版的最大变化是，全书贯穿了知识分类学习论思想。该理论综合运用奥苏伯尔的同化论、加涅的学习条件论、信息加工心理学家的陈述性知识和程序性知识相互转化的理论，全面解释了知识、技能和能力的心理机制，以及不同类型的知识转化为能力的过程和条件。第三版修订工作的基础是：本人主持全国教育科学规划"九五"和"十五"重点研究课题，积累了有关心理学原理在我国中小学课堂教学中应用的许多新资料，以及"知识分类与目标导向教学"理论有了许多新的发展。其最大变化是增加了"基于学习分类理论的教学论"和"现代教学设计"两章，解决了学习分类理论如何转化为教学论与教学设计技术的问题。这样就基本形成了一个既与国际教育心理学接轨，又具有中国特色的教育心理学理论体系。

近10年来，我国开展了新一轮基础教育课程改革。课程改革中，如何全面认识20世纪90年代国际上出现的建构主义与后现代主义课程观和教学观问题，摆在了我国教育心理学发展的面前。为此，我和庞维国、王小明考察了代表国际主流学习理论和教学理论的著作，组织翻译了美国2005年后出版的五本相关的英文原著，集成《学习心理学和教学设计名著译丛》(包括《学习、教学和评估的分类学》、《系统化教学设计》、《学习心理学：面向教学的取向》等)。同时，我们还进行了深入的理论分析和应用研究，加深对本教材遵循国际主流学习论和教学论发展趋向的认识。因此，这次修订是进一步强化"学习分类与目标导向教学"的思想，补充新近几年结合中小学教育实践研究的具体材料，使之更加完善，更便于教师教学和学生学习。

第四次修订变化较大的是：

第一部分的第一章增加了第三节，论述教育心理学的研究方法。第三章内容有较大调整，将原先的第二节和第三节合并为新版的第二节，介绍早期学习理论主要学派。原先的第四节有关建构主义哲学思潮不再单独介绍，将其主干内容移至第十六章的"哲学取向的教学论"。新版的第三节介绍当代有影响的两种学习理论，即信息加工理论与情境认知理论。

第二部分"学习过程"设六章，分别介绍六种学习类型的学习过程和条件。其中变化较大的是原第五章，新版改为两章，分别论述智慧技能与认知策略的性质、学习过程和条件。原第六章新增"创新性学习与教学"一节，其第三节内容也作了大幅修改，专门论述"研究性学习及其教学"。

第三部分"影响学习的重要因素"，分别论述学生原有知识、认知发展、个别差异、学习动机、环境因素对学习的影响。变化较大的是原第十章，新版分为两章，分别论述认知发展与个别差异对教学与学习的影响；为反映数字时代的信息技术(主要是计算机和互联网)对教学与学习的深刻影响，原第十二章"影响学习的环境因素"中的教学媒体被单列出来，新增"网络媒体与多媒体学习"作为新版的第十五章。这样，第三部分由原来的四章增加至新版的六章。

第四部分原第十三章和第十四章，新版改为第十六章和第十七章，这两章各增加了第三节。前者介绍科学取向的教学论在中国大陆的发展；后者补充了目标导向教学设计的两个教学设计案例。

本次修订工作由我和庞维国、王小明分工完成。我负责第一、二、三章和第十六、十七章；庞维国负责第七、九、十、十三、十四、十五章；王小明负责第四、五、六、八、十一、十二章。资料和练习题也作相应修改，还增加了全书重要概念术语的索引，便于学习者查阅使用。本教材所附光盘旨在帮助学生学习和教师教学，为此，结合本次教材修订情况，光盘的内容结构也有相应调整，分“学习与教学建议”、“习题参考答案”和“参考资料”三部分，其中前两部分根据教材内容和习题的变化做了相应增删，“参考资料”部分则增加了一些理论和实践应用方面的资料，以利于读者理解和应用教育心理学的相关原理。光盘由王小明负责监制。

本书前两次修订工作由我国知名教育心理学家邵瑞珍教授主持。邵老先生去世后由我主持。庞维国和王小明两位博士在教育心理学理论研究和教学实践方面已积累丰富经验，希望在下一轮修订时实现新老交替，由他们主持修订工作。也希望在保持本书特色的同时，教材质量能更上一层楼，不辜负前辈心理学家和广大读者的期望。

皮连生

2010 年 6 月 10 日

初版前言

我们在选取1983年10月出版的《教育心理学：学与教的原理》部分教材的基础上撰写，经过华东师范大学心理系和教育系四个班的试点后，编就了《教育心理学》一书。此书已被列为国家教委推荐的文科教材。它可供全国师范院校教育心理学课程的教学之用，也可供中小学广大教师和教育行政人员参考。

教育心理学是心理学与教育相结合的产物，它是一门应用科学。编写本书的基本观点是：教育心理学作为一门应用科学，不是心理学的一般原理在教育实践中的直接应用，不是普通心理学、儿童心理学、人格心理学等邻近学科内容的剪裁与汇编，也不是教育体制和教学方法的心理学注释，而是具有明确的研究对象与特点，具有独立的理论体系与方法的一门科学。

本书是以阐明学校教育情境下学生的学习为主线，并试图从两个方面探求学校里学生学习的心理规律。一方面，分析学生学习的性质、基本过程与结果，从而揭示其间的一般的心理学规律。这里，“学习”一词包括认知、情感和心理动作三方面的学习过程。另一方面，分析制约学生学习的内外因素以及其间的相互关系，进而揭示学生学习的一般的心理学规律。在论述这些内外因素时，为了避免与普通心理学、儿童心理学和人格心理学等邻近学科在内容上的重复，不多谈因素本身，只侧重于查明各制约因素同学生学习之间的规律性联系，用以指导学校教育的实践。学校教育涉及师生的双边活动，有学生的学，有教师的教，所以在剖析学生如何进行有效学习的同时，也指示了教师如何施行有效的指导。

本书共十五章，归纳为“绪论”、“学习的过程”、“影响学习的内部因素”、“影响学习的外部因素”和“测量与评价”五大部分。其中的第二、三、四部分则为全书的重点。第二部分，概述了学习的方方面面和有意义学习的一般过程以后，接着阐明概念与规则学习、解决问题与创造性，系学生认知学习的核心。为了表明学生的学习不限于知识与智慧技能的获得，还介绍了运动技能的学习以及态度与品德的形成或改变。第三和第四部分，分别描述了制约学生学习的内部因素和外部因素。前者涉及认知结构的变量、认知发展与智力差异、动机和人格四方面的因素;后者涉及教学的媒介与方法、集体与社会和教师的特征三方面的因素。据此构成了全书二至十四章的主体工程。全书以简介教育心理学的性质、作用与方法为前绪,使读者获知这一科学领域的概貌。测量与评价则作为全书的结尾。测量与评价是学校学习的一个有机组成部分。它们是检查学生的学习质量和教师教育质量的一种手段。这样的组织结构较好地体现此书体系的严密性和知识的系统性。

本书中选用了大量的科研材料,在吸取国外80年代新材料的同时特别注意援引我国近期的一些研究成果,使观点与材料、理论或学说与实验数据更好地统一起来,从而增强了教材内容的新颖性与科学性。引介我国专家学者的研究成果以至教育、教学的实例,在一定程度上提高了此书的可读性。

本书在每章之前都提出具体而明确的教学目标,在每章之末,除了列出有关的主要参考资料外,都有数十道各种类型的习题。这与只有四五道思考题的习惯做法相比,不仅更有助于巩固记忆,而且更有利于理解和应用学过的知识,收学以致用、学用结合之效。

各章习题的标准答案附后,以便读者查阅。

本书主要是由邵瑞珍、皮连生和吴庆麟三人合作完成的。邵瑞珍负责第一、二、五、十五章,皮连生负责第三、四、六、八章,吴庆麟负责第十、十三、十四章编写的任务。殷普农、周晓萍、罗清旭和段斌则分别参加第七、九、十一和十二章的撰写工作。本书先印成讲义,使用后,经邵瑞珍和皮连生逐章复审、修改,而后定稿。在各章练习题的标准答案的拟定工作中,皮连生和吴庆麟花了大量劳动。

我们由衷地感谢在此书编写过程中给以热情关注、鼓励和大力支持的领导们、同行专家们和上海教育出版社的编辑同志们。我们恳切地请求读者对本书在体系结构、内容和文字等方面可能存在的错误和缺点进行批评并加以指正。

编著者

1987年9月

CONTENTS | 目录

第一部分　概论

这一部分设三章,分别论述“教育心理学概论”、“学习的性质和分类”和“学习论流派及其主要争论问题”。由于学习是哲学、心理学、生物学等学科共同研究的对象,这部分在讨论学习的性质时,介绍了它的神经生理学基础的新近研究;在讨论学习的理论流派争论时,介绍了它们的哲学认识论根源。

第一章 教育心理学概论

本章要点

教育心理学的起源、创建与发展	教育心理学的研究任务
教育心理学的起源	关于学习的研究
中国哲学心理学中的教育心理学思想	关于教学的研究
西方哲学心理学中的教育心理学思想	关于师生心理的研究
教育心理学作为独立学科的创建	教育心理学教科书的内容分析
19世纪科学心理学发展的影响	本书的结构与特点
教育心理学作为独立学科出现的标志	教育心理学的研究方法
教育心理学的发展	教育心理学的一般研究方法：分类与比较
西方教育心理学发展百年历史回顾	实证研究
中国教育心理学发展近百年历史回顾	思辨研究
教育心理学的研究对象、任务与教材内容	设计研究
教育心理学的研究对象	教学实验研究
确定教育心理学研究对象的依据	教学实验的基本程序
关于教育心理学研究对象的不同观点	教学实验应注意的问题
	教学设计研究

本章目标

学完本章后，应能做到：

1. 列举古代、近代和现代三个历史时期对教育心理学产生和发展做出重要贡献的人物、著作；

2. 陈述桑代克对教育心理学的创建所做的重要贡献；

3. 对流行的教育心理学教科书的体系、内容的选择与安排做出适当评价；

4. 比较教学实验研究与教学设计研究的联系与区别；

5. 根据本章研究方法的分类标准对提供的若干研究实例做出适当的分类。

本章首先介绍教育心理学的起源、学科创建过程和发展的轨迹，接着讨论教育心理学的研究对象、任务和内容以及本书结构与特点，最后在对教育心理学的一般研究方法做分类和比较的基础上，重点论述教育心理学的特殊研究方法：教学实验研究和教学设计研究。

第一节　教育心理学的起源、创建与发展

一、教育心理学的起源

教育心理学是心理学和教育相结合的产物。我们把心理学分为哲学心理学和科学心理学。要了解教育心理学的起源，我们先回顾在科学心理学产生以前，中国与西方哲学心理学中的教育心理学思想。

（一）中国哲学心理学中的教育心理学思想

我国古代的教育家和思想家，如孔子、孟子、荀子等在论述教育问题时，都具有一定的心理学观点。孔子（公元前 551—前 479）是我国古代一位伟大的教育家，他一生主要从事教育，培养了弟子三千，贤人七十。孔子教育的成功，是与他在实践中注意总结和运用哲学心理学思想分不开的。例如，他对学生的性格、才能和志趣有深刻的了解。他的学生颜回称他“循循然善诱人”。孔子针对不同学生的性格特点，采用不同的教育方法，他说：“求也退，故进之；由也兼人，故退之。”（《论语・先进》）高觉敷主编的《中国心理学史》对孔子的教育心理学思想作了全面分析，指出孔子在学习心理方面提出了“立志——博学——审问——慎思——明辨——时习——笃行”七个学习阶段的思想；在德育心理方面，“把品质的形成也看成一个过程”，包括“知、情、意、行”四个阶段。此外，该书还认为，孔子在差异心理和教师心理方面也有许多深刻论述，有些至理名言流传至今。孟子（约公元前 327—前 289）在学习方面有许多深刻论述，例如他主张在学习中要积极思考。他说：“心之官则思，思则得之，不思则不得也。”荀子（约公元前 298—前 238）专门写了《劝学篇》，提出了许多精辟论述，如“青出于蓝，而胜于蓝”，“锲而不舍，金石可镂”，“君子之学也：入乎耳，箸乎心，布乎四体，行乎动静”等。

《学记》是世界上最早的教育专著，成书大约在公元前 403—前 211 年。该书提出的许多教学原则，如“玉不琢，不成器；人不学，不知道”、“教学相长”、“道而弗牵，强而弗抑，开而弗达”、“长善救失”等，都闪耀着光辉的教育心理学思想。

孔子和《学记》中许多光辉的教育心理学思想在我国漫长的封建社会的教育实践中得到了继承和发扬。例如宋代朱熹（1130—1200）总结出学习方法：“循序渐进，熟读而精思”，“时习旧闻，而每有所得”等。

（二）西方哲学心理学中的教育心理学思想

大多数现代心理学家都同意，心理学是研究人的心理（mind）和行为的科学。但在科学心理学诞生之前，在哲学家们的论著中，人的心理被称为灵魂或精神。有人认为，古希腊哲学家亚里士多德（Aristotle，公元前384—前322）所著的《灵魂论》（De Anima，又译《精神论》）一书，是一本最古老的心理学论著（陈孝禅，1983）。

在人类历史上，亚里士多德第一次提出灵魂和生命肉体不可分的观点。他在《灵魂论》中这样说："这就是我们能把灵魂与身体是否是同一个东西这个不必要的问题完全丢开的原因：若问蜡与印在它上面的形状是否是同一个东西是同样没有意义的。"（黎黑，1990：60）

从现代的观点看，亚里士多德所讲的灵魂是指生物体的机能。很明显，并不是一切生物都显示同样的机能，因此，亚里士多德把灵魂区分为适合其相应"自然等级"的三种不同水平。在最低级的水平上，有营养的灵魂，为植物所具有。它有两种功能：通过营养维持个别植物，通过植物维持物种。动物具有一种更为复杂的容易感觉的灵魂，它除包括营养灵魂的机能外，又增加了其他机能。它们有感觉，因此有"容易感觉的灵魂"。由于感觉的结果，动物有着快乐和痛苦，所以感觉是寻找快乐或避免痛苦的欲望，感觉的结果产生了想象和记忆，欲望的结果产生了运动。在灵魂的最高等级上，出现了人类的灵魂，它除包容了其他低级的灵魂之外，还增加了理性认识和思维的能力。这就是理性的灵魂。为顺应这三种灵魂，亚里士多德认为必须实施三方面的教育。首先，人有植物的灵魂，对人体进行肉体营养和繁殖，它通过体育锻炼后，肉体不断完善起来；其次，人有动物的灵魂，人有感觉、愿望、知识，因智育而达到真理的大门；最后，人有理性的灵魂，它通过德育达到完善的境界。亚里士多德堪称把古代西方哲学心理学与教育相结合的典范。他的《灵魂论》为德育、智育和体育的和谐进行提供了哲学心理学的依据。

欧洲文艺复兴后，自然主义的教育运动对哲学心理学与教育实践的结合起了推动作用，主要代表人物是夸美纽斯（J. A. Comenius，1592—1670）、裴斯泰洛齐（J. H. Pestalozzi，1746—1827）和赫尔巴特（J. F. Herbart，1776—1841）。夸美纽斯强调教育要顺应人的自然本性（高觉敷、叶浩生，1996）。裴斯泰洛齐首先提出"教育心理学化"的主张。他指出："我……寻求人类心智的发展必须服从的规律。我认为这些规律如同物质的大自然规律一样，并且确信初等教育的心理学方法，可以在这些规律中寻求可靠的思路。"（高觉敷、叶浩生，1996：18；27）

在教育史上，第一个明确提出将心理学作为教育学理论基础的人是德国教育家、哲学家和心理学家赫尔巴特。他著有《普通教育学》（1806）和《心理学教科书》（1816）

等著作。

在统觉论的基础上，赫尔巴特及其学派提出了许多至今还在学校教育中有影响的教学原理。例如，强调学生在过去经验中形成的统觉团在吸收有关新观念中的作用，这与当代认知心理学家强调学生头脑中原有图式在同化新的学习任务中的作用的观点是一致的。又如，根据统觉论，教师不应只传授知识，还应当唤起和刺激学生的统觉过程，这与当前认知心理学家强调在教知识之前激活学生认知结构中原有相关知识的观点如出一辙。

二、教育心理学作为独立学科的创建

(一) 19 世纪科学心理学发展的影响

教育心理学作为一门独立的心理学分支学科，诞生于 19 世纪末 20 世纪初。推动教育心理学成为一门独立学科的原因，除了上面所述的学校教育事业的需要之外，另一个重要的原因是科学心理学本身的发展。

19 世纪下半叶，由于自然科学的发展，许多原来从事物理、数学、生物或医学科学研究的科学家把自然科学的实验方法引入心理学，出现了一系列运用实验方法研究心理学问题的尝试，如赫尔姆霍茨进行了神经冲动传导速率测定(1850)，韦伯和费希纳进行了心理物理学研究(1860)；英国的高尔顿在 1869 年用统计方法研究了能力的遗传问题，并使用量表来测量人的能力。德国著名心理学家冯特(W. Wundt，1832—1920)1879 年在莱比锡大学创建世界上第一个心理实验室，对感觉、知觉、注意与联想进行实验研究。冯特在莱比锡大学培养了大批从事心理学实验研究的人才，推动了科学心理学的发展。这标志心理学脱离哲学，成为一门能采用自然科学的实验方法进行研究的学科。此后心理学研究如雨后春笋，蓬勃发展。

19 世纪末，在心理学成为一门独立的科学之后，欧洲一些教育家和心理学家开始利用实验、统计和测量的方法研究儿童身心发展与教育上的一些问题，出现了一个实验教育学派。实验教育学派是实验心理学与教育相结合的产物，它是教育心理学的先驱。例如，德国教育理论家梅伊曼(E. Meumann)提出“实验教育学”的名称。他提出，必须借助生理学、解剖学、精神病学以及实验心理学的研究成果和方法对儿童生活和学习进行实验研究。法国实验教育学派的代表人物比纳(A. Binet)和西蒙(T. Simon)于 1905 年制定了《比纳—西蒙智力量表》，用以测量儿童的智力年龄，以便对不同智力水平的儿童分别进行教学。

(二) 教育心理学作为独立学科出现的标志

研究表明，尽管 19 世纪后期出现了用“教育心理学”命名的著作，如俄国卡普捷列夫的《教育心理学》(1877)、美国霍普金斯(L. Hopkins)的《教育心理学》(1886)、日本贺长雄的《实用教育心理学》(1889),但对教育心理学的创建做出突出贡献的则是美国心理学家桑代克(E. L. Thorndike)。他立志于用准确、精密的数量化方法研究和解决有关学习的问题。他于1903年写成《教育心理学》一书,而后又发展成三卷本的《教育心理学大纲》,于1913年出版,三卷分别为《人的本性》、《学习心理》和《个别差异及其起因》。从此,西方教育心理学的名称和体系开始确立。

桑代克的教育心理学体系包括三个部分,即三个分卷论述的内容。第一卷《人的本性》主要论述与人的先天倾向有关的问题,涉及先天倾向的成分、作用、生理和解剖特性以及各种先天倾向出现与消失的顺序和时期。桑代克的基本观点是:人是先天倾向和后天环境、教育的产物。他认为,教育心理学的职责是弄清:人的本性是什么?人的本性改变依据什么规律?教育的目的在于使一些先天倾向永存,使一些消除,使其他的纠正或改变方向。教育的首要原则是,"利用个体的本性,作为改善它的途径,使个体能产生所需要的学问、习惯、势力、兴趣和理想"(张卿,1995:66)。

第二卷《学习心理》论述学习心理学规律,是他的教育心理学的核心部分。他将学习分为四类:一般动物能获得的联结形成、包括概念在内的联结形成、辨别学习和有选择的思考或推理学习。他论述了每类学习的过程和条件。他强调联结主义的学习观,认为学习就是形成联结。"教学就是安排某些情境,这种情境将导致所需要的联结,并且使这些联结令人满意。"

桑代克根据动物学习实验的结果,提出许多学习定律,包括效果律、练习律和准备律等,并强调人类的学习尽管较动物的学习复杂,但由动物的学习所揭示的简单规律,也是人类学习的基本原则,可以用来指导和改进教学。

第三卷《个别差异及其起因》主要论述了个别差异的先天原因,如性别差异、家族遗传、成熟等问题。此外还讨论了环境教育对个别差异的影响,认为环境和遗传两者都很重要。

(E. L. Thorndike, 1874—1949)

桑代克在测量的标准化和制定常模等方面做过大量工作,曾编制阅读、作文、写字等多种量表,以测定儿童的学习成绩。他借助测量工具,促进了对个别差异的研究,包括对双生子、同胞子女及无家族历史关系的个体的比较研究,从而论证了影响个别差异的因素有家族、成熟和环境等。他认为遗传是智力差异的重要因素,也提出个人品质、勤奋、责任心等非遗传因素与智力有正相关。他主张,学校工作应尊重儿童的人格,学习中要了解个别差异,消除差别上的问题,并作出有效指导。他反对自然主义教育，反对形式训练说。桑代克的这些观点支配西方教育心理学理论和实验研究长达50年之久。

三、教育心理学的发展

（一）西方教育心理学发展百年历史回顾

从20世纪初到20世纪末大约100年间，在西方，特别是美国，科学心理学与教育实践的结合走过了曲折的道路。这也是教育心理学走过的曲折道路。美国著名教育心理学家梅耶(R. E. Mayer，1999)将西方科学心理学与教育实践的关系比作三种道路：单向道、死胡同和双向道。

1. 单向道时期

梅耶用“单向道”比喻20世纪初心理学与教育的关系。这时期，心理学家看到了科学心理学原理对教学的作用，对心理学原理应用于教育持非常乐观的看法。他们深信，科学心理学原理，即使是从实验室的动物研究中得到的，都是可以运用于教育实践的。

例如，桑代克在其一本经典著作《基于心理学的教学原理》中相信科学心理学将能被用于改进教学实践，他说：“任何专业的效率在很大程度上依赖它的科学化程度……教学专业将依赖其成员用科学精神和方法指导其工作的程度而得到改进，也就是说，将依赖其成员忠实地和开放地考虑事实，摆脱迷信、幻想或无根据的猜想的程度而得到改进；而且也依赖其教育领导者用科研结果而不是一般意见指导其方法选择的程度而得到改进。”(E. L. Thorndike，1906：257)

在这种乐观精神鼓舞下，美国教育界为了推动教育改革，于20世纪20年代先后开展了四项大型教育心理学研究：其一是芝加哥大学教育心理学家贾德领导的儿童阅读心理学研究；其二是哥伦比亚大学教育心理学家桑代克主持的智力测量研究；其三是斯坦福大学心理学家推孟主持的天才儿童研究；其四是美国全国教育研究会负责的天性与教育问题研究。这些以教育心理学为主导的教育科学运动推动了20年代教育心理学的发展(张春兴，1998)。

2. 死胡同时期

20世纪30年代后期，美国教育界人士对上述教育心理学家推行的教育改革运动进行了回顾和总结，发现其结果并不理想。如1938年全美教育研究会出版的年鉴在分析了上述四大研究以及当时其他同类研究的成果后指出：“回顾过去多年来教育科学运动的成就，教育心理学界的学者所付出的努力是令人感动的。但就此运动的结果看，并未达到预期理想。”

在第二次世界大战期间，由于大量新式武器和装备加入战争，大量的新兵需要培训。心理学家应征入伍从事军事人员的技术培训。他们将实验室情境中得到的学习原理直接用于军事人员培训，结果表明，大多数人员培训效果并不理想。

由于心理学家对心理学原理应用于教育实践的困难估计不足，在挫折面前许多人对心理学原理的教育实际运用的研究丧失了兴趣，回到了他们擅长的心理实验室。此时，完全脱离教育实际的学习论研究受到鼓励。例如，赫尔（C. L. Hull, 1884—1952）根据动物学习资料，用逻辑和数学方法于20世纪40年代创建了系统而庞大的学习论体系。该体系被当时的心理学界誉为最优秀的学习论体系。但后来的许多批评家认为："赫尔的理论复杂到几乎使人无法理解，因而只能在他自己的实验室里用，出了他的实验室几乎没有什么价值。"（高觉敷、叶浩生，1996：150）

梅耶用"死胡同"来比喻20世纪中期心理学与教育的关系。他认为到20世纪中期，心理学与教育之间关系的"单向道"观已被心理学与教育之间关系的"死胡同"观代替，心理学家对心理学原理的教育运用持悲观的态度。

3. 双向道时期

"双向道"观始于20世纪60年代，至80年代和90年代，这种观点逐渐占优势。持"双向道"观点的人认为，心理学与教育这两个领域是相互促进的。教育情境给心理学提出了挑战性问题，要求心理学家去阐明，从而有助于心理学理论接近其真实世界。

到20世纪90年代，一方面心理学家不像20世纪前半期那样集中于建立一般的学习理论，转而关注学科心理学的学习和认知研究。学科心理学的出现表明心理学在适应教育实践需要方面取得了进步。另一方面，教育不再只是心理学知识的接受者，它已经成为推动心理学发展的动力，促使心理学从实验室人为控制情境中的一般学习研究转变为现实情境中的认知研究。

在这一阶段，心理学与教育之间形成的密切关系使心理学家对心理学的教育应用又恢复了乐观的看法。例如，维特罗克等（M. C. Wittrock & F. Farley）在其主编的《教育心理学的未来》一书中说："我们相信，新近在认知领域研究的这些进展，代表着将导致充分理解知识习得和导致有用的处方式的教学论研究的开端。"

(R. E. Mayer, 1947—，加利福尼亚大学教授)

（二）中国教育心理学发展近百年历史回顾

在中国，作为独立学科意义上的教育心理学，其起源似乎应该从20世纪初廖世承在南京高等师范学校开设教育心理学课程，并于1924年编著和出版教学心理学教科书算起，至今大约经过了90年。可以将这90年分为三个时期：民国时期(20世纪初至1949年)、中华人民共和国成立至“文化大革命”结束时期和实行改革开放政策以后的时期。每个时期大约都是30年。

1. 民国时期

清末民初时期，中国的教育心理学是作为教育学科的一个分支从西方引进的。像其他教育学科一样，先期借道日本向西方学习，如1908年房宗岳翻译了日本小泉所著《教育实用心理学》。到民国时期，中国许多留学欧、美的学子陆续回国，他们带回了欧、美的教育心理学理论和研究方法。如廖世承(1892—1970)就是留美学生，在获哲学博士学位后回国从事教育心理学教学和研究。虽经历8年艰苦的抗日战争，但教育心理学教学和研究没有停止。当时的师范院校开设教育心理学课程。除廖世承之外，高觉敷、艾伟和萧孝嵘、陈选善(1938,1946)都编著了教育心理学教材。仅艾伟一个人就主编《教育心理学研究》杂志(1940—1945)，著有《教育心理学》(1935)、《教育心理学论丛》(1936)、《教育心理学实验》(1936)、《教育心理学大观》(1946)、《阅读心理》(1948)。其中萧孝嵘、艾伟和高觉敷所编的三种版本的教育心理学教材可以反映民国时期的教育心理学研究和教学大体情况。其内容包括儿童发展心理、个性差异心理、学习心理和学科教学心理。主要观点和研究资料借鉴美国，但也有部分国内的研究，尤其是心理测量和语文教学方面的国内研究较多。

2. 中华人民共和国成立至“文化大革命”结束时期

这一时期，教育心理学同样经过引进、吸收、消化和初创的过程。不过此时我们学习的目标不是西方发达资本主义国家，而是作为“老大哥”的苏联。引进的目的也是为了适应教师教育的需要，尤其是师范院校的教育类课程建设需要。例如20世纪60年代初，华东师范大学教育系开办了全国第一个师范院校的心理学专业。为了适应开设教育心理学课程的需要，人民教育出版社出版了苏联学者尼·德·列维托夫编著的《儿童教育心理学》中译本。该书被指定作为大学心理学专业教育心理学课程的基本教材。但该书是儿童心理学和教育心理学内容的混合体，与前期开设的儿童心理学课程内容大量重复，事实上不适合作为大学心理学专业教材。因此，在中国科学院心理研究所所长潘菽的主持下，全国相关学者自编了一本《教育心理学》教材，1963年出版内部讨论稿。编者在“前言”中说明：“这本稿子是按综合大学心理学专业和师范教育系的教育心理学课程的要求而编写的。”由于“文化大革命”的干扰，耽误了十多年，至1980年它才被修订后正式出版。

(潘菽，1897—1988)

潘菽主编《教育心理学》可以作为这一时期中国大陆教育心理学研究成就的代表,因为它的编写班子集中了这门学科全国主要教学与研究人员(全国十一个单位十七位同志参加编写)。该书在中国大陆初创了一个不同于苏联教育心理学的新体系。该书共十五章,分四部分:总论两章、教师与学生心理各一章、学习心理共五章(包括学习动机、知识、技能、品德、体育)、学科教学心理共五章(包括语文、数学、外语、自然科学、历地、艺术)。

3. 实行改革开放政策以后的时期

20 世纪 70 年代末和 80 年代初,在中国大陆实行改革开放政策。回顾这一时期教育心理学的发展历程,我们认为,我国教育心理学研究与发展有如下三个特点。

第一,大量翻译出版了国外教育心理学教科书和专著。例如:钟启泉译大桥正夫《教育心理学》(上海教育出版社,1980);高觉敷译索里、特尔福德《教育心理学》(人民教育出版社,1982);章志光译林格伦《课堂教育心理学》(云南人民出版社,1983);郭占基译班杜拉《社会学习心理学》(吉林教育出版社,1988);佘星南、宋钧合译奥苏伯尔《教育心理学——认知观点》(人民教育出版社,1994)。

第二,在引进的基础上国内学者进行了大量理论和实证研究。例如冯忠良的"结构定向教学的理论与实证研究"、李蔚的"提高课堂教学效率的理论与实证研究"、皮连生的"知识分类与目标导向的理论与实证研究"、张大均"教与学策略及其教学的理论与实证研究"、申继亮的"教师教学监控的理论与实证研究"、王洪礼的"反思型教学的理论与实证研究"、陈琦的"计算机辅助教学的理论与实证研究"、段继扬的"创造力培养教学的理论与实证研究"以及卢家楣的"情感教学心理学"等(张大均、王映学,2005)。

第三,国内一些学者在长期理论和实证研究基础上,初步形成了具有自己特色的理论体系。例如邵瑞珍主编的《教育心理学》(上海教育出版社,1988),作为国家教委推荐的高校文科教材,冯忠良、伍新春所著《教育心理学》(人民教育出版社,2000),都是体系较严密的教育心理学教科书。

第二节　教育心理学的研究对象、任务与教材内容

在概括了解心理学与教育结合并为之服务的历史之后,下面讨论教育心理学的研究对象与任务、其教科书内容范围及其与邻近学科的联系与区别。

一、教育心理学的研究对象

当今世界上教育心理学教科书各式各样。由于作者对教育与心理学所持的观点不同,各国的社会背景不同,因此不同作者对教育心理学的对象与任务的看法也不同,其教科书在内容上也有很大的差异。

(一) 确定教育心理学研究对象的依据

冯忠良(2001)在《教育心理学应向何方》一文中提出:"严格确定教育心理学的对象,是本学科发展的一项重大历史任务,也是摆脱危机、走出低谷必须解决的重大课题。"他提出三条原则来确定教育心理学的研究对象:第一,体现本学科的特殊性;第二,明确与邻近学科的区分;第三,体现本学科的水平。

根据第一条原则,因为教育心理学是教育科学和心理科学的二级学科,其对象的定义应反映本学科的特殊性,否则难以成为一门独立学科;根据第二条原则,它应与同样来自教育科学与心理科学的其他二级学科相区分,即与它的邻近学科相区分。这些邻近学科主要是发展心理学、心理测量与统计学、学习心理学、教学论、教学法等。根据第三条原则,随着教育学、科学心理学研究发展,新的分支学科出现,教育心理学研究对象的定义也应适当调整。例如,早期教育心理学研究学习问题不区分动物学习与人类学习,更不区分人类日常学习与学校情境中的学习,随着研究的深入,教育心理学应放弃把动物学习作为研究对象。

(二) 关于教育心理学研究对象的不同观点

概括地说,教育心理学家对教育心理学的研究对象有两类不同的定义和三种观点。下面我们用上述原则来分析目前教育心理学领域流行的两类教育心理学研究对象的定义和三种不同的观点。

第一,宽泛的定义。可以用潘菽(1980)主编的《教育心理学》的提法作为代表。该书认为:"教育心理学的研究对象就是教育过程中的种种心理现象及其变化。"顾明远(1998)主编的《教育大辞典》在"教育心理学"条目中采用了相似的定义,主张教育心理学是"研究教育与教学过程中的各种心理现象及其发展变化规律的一个心理学分支,心理学与教育结合、为教育服务的一门应用性学科。"以这样的观点看待教育心理学,其优点是研究对象涵盖面广,可以把为教育服务的各种心理学研究囊括其中。其缺点是"教育过程中的种种心理现象及其变化"是一种过于含糊的说法。这样的界说难以使它与为教育服务的其他心理学分支学科相区分,如我们同样也可以把"学习心理学"、"教育社会心理学"、"学校心理学"宽泛地定义为"研究教育过程中的种种心理现象及其变化"的心理学分支学科。

第二,非宽泛定义,即把教育心理学的研究对象限定为"学校情境中的学习与教学的心理学规律的探索”。在非宽泛定义中，又可分为两种不同的观点。其中一种观点强调以学生的学习为主线，把教师的教学看成只是影响学生学习的外部因素。美国教育心理学家奥苏伯尔（D. P. Ausubel，1969）的观点可以作为这种观点的代表。他在《教育心理学这门学科还存在吗？》一文中说：“教育心理学是心理学的一个特殊分支，它关心的是学校学习和保持的性质、条件、结果和评价诸问题。因此，在我看来，教育心理学的学科内容主要包括有意义学习与保持的理论以及认知、发展、情感、人格和社会等一切重要变量对学习结果的影响，尤其是那些能为教师、课程设计者、程序设计者、程序教学专家、教育技术学专家、学校心理学家或指导顾问、教育管理人员或整个社会操纵的变量的影响。”时过 20 多年，这一段话被加拿大 1992 年出版的一本教育心理学教科书以醒目的字体引用在书的正文之前。冯忠良（2000）同意奥苏伯尔的观点。他主编的《教育心理学》明确指出：“教育心理学的对象可以确定为教育系统中学生的学习及其规律与运用。”

非宽泛定义中的第二种观点强调以教师的教为主线，教育心理学应研究教师教学的全过程。美国斯坦福大学盖奇等（N. L. Gage，C. Berliner，Preface，1988）编著的《教育心理学》体现了这种观点。他虽然认为“心理学是个人的思想和行为的研究，教育心理学是对于我们如何教和学有关的那些思想和行为的研究”，但他在编写自己的教育心理学教科书时，却明显是以教师的教为主线来安排教材的。他说自己的书是“根据教学过程模型加以组织的。该模型始于描述教学目标和学生的特征，接着介绍有关学习动机的观点，然后讨论教学方法、练习以及教学方法的选择与应用，以教学评价过程告终”。

根据教育心理学的发展现状和我国的具体情况，我们把教育心理学定义为“应用心理学原理和方法研究学校情境中学习与教学的基本心理学规律的科学”。这一提法的好处有三点。第一，它反映了教育心理学与一般心理学的联系，其研究遵循一般心理学的原理与方法。第二，它反映了教育心理学研究对象的特殊性。因为教育中包括师生的双向活动，不仅有学生的学，也有教师的教。教育心理学首先要研究学生如何有效地学习，同时又要研究如何指导学生有效地学习。第三，我们这里提研究学与教的基本心理学规律，便于明确区分教育心理学与学科心理学。教育心理学研究学与教的一般心理学规律，而学科心理学研究各种学科学与教的特殊规律。

当我们仔细研究我国与西方教育心理学教科书及辞书关于教育心理学定义时，会发现一个有趣的现象：国内学者多采用潘菽主编的《教育心理学》的定义（或类似定义）来界定他们的研究对象；西方学者一般采用非宽泛定义，即用“教学与学习”来界定他们的研究对象。但随着时代进步和研究发展，国内学者逐渐接受了非宽泛定义。

二、教育心理学的研究任务

根据上面对教育心理学研究对象的分析，可以将教育心理学研究的主要任务归纳为三方面。

(一) 关于学习的研究

广义的学习包括日常生活中的学习、各级各类学校中学生的学习以及其他各行各业在职培训中的学习。教育心理学研究的主要是中小学学生的学习。具体地说，教育心理学在学习方面的研究担负如下任务。

第一，揭示学习结果的性质。一般地说，学习的结果是人性的变化。人性的变化，从其涉及的范围或领域而言，有认识方面的、能力方面的或性格方面的；从程度而言，有暂时的，有相对稳定的和能保留终身的；从方向而言，有积极向上的和向善的，有消极不良的和向恶的；从心理测量角度看，有内潜的、不可直接观察和测量的，有外显的、可以直接观察和测量的。教育心理学应从上述不同方面，研究学习结果的性质，为教育目标的确定提供心理学依据。

第二，对学习结果进行科学分类。对于复杂的现象，人们最初只能笼统地进行研究。随着认识的深入，人们总是要分门别类地进行研究。医学的发展是一个很好的例子。最初人们对疾病了解很少，医学对疾病只作一些笼统的描述。随着医学发展，分门别类的研究越来越细化和深入。分门别类研究的结果使医生能对不同的疾病开出不同的有效处方。

学习也是一种极为复杂的现象，哲学心理学和早期的科学心理学对学习的研究是笼统的。直到20世纪60年代心理学家才开始意识到学习结果有不同的类型。心理学对学习结果作分类研究就像医学对疾病作分类研究，找到不同类型学习结果的特殊学习规律，就可以为不同类型的教育目标的达成提供具体的教学措施。

第三，阐明学习的过程。任何结果的实现必须有其相应的过程，教育心理学既要阐明学习的一般过程，也要阐明不同类型学习结果的特殊学习过程。

第四，阐明有效学习的条件。学习过程的发生依赖适当的学习条件。学习条件，有学习者自身的，也有学习者自身之外的，前者被称为内部条件，后者被称为外部条件。教育心理学的任务是要揭示一定的内外条件怎样影响学习发生的过程和结果。因为教学只是为学生的学习创造适当的内部和外部条件，一旦教育心理学分门别类地阐明了不同类型的学习过程发生的内外条件，那么教学方法的选择便有了科学依据。

第五，阐明不同学习结果的测量与评价方法。教学效果科学评价的基础是学生学习结果的测量。心理测量被认为是心理科学对社会实践的最大贡献之一。教育心理学家需要运用测量这个工具改进教育测量与评价方法，提高其效度和信度。一般来说，学习结果的测量和评价是针对教学目标的测量与评价。知识与技能的目标易于测量与评价，创造能力与情感价值方面的目标不易测量与评价。这就给教育心理学的研究提出了挑战。教育的需要将会推动教育心理学的研究出现新进展。

（二）关于教学的研究

这里所说的教学主要指中小学的教育和教学。教学是有目的、有计划的师生相互作用过程。从教的方面看，教师要完成如下任务，引导学生达成教学目标。

(1) 用心理测量的方法确定学生的起点和终点（即教育目标）；

(2) 激励和维持学生的学习动机；

(3) 通过多种形式向学生呈现有组织的信息；

(4) 引导学生对呈现的信息作出适当反应；

(5) 对学生的反应提供反馈和纠正；

(6) 创设良好的人际环境，便于师生之间以及学生之间进行各种交流；

(7) 对学生的学习结果作出诊断和评估，必要时给予补救教学。

教育心理学的任务是从心理学观点对教师的教学行为进行研究。例如，教师应如何引起和维持学生的学习动机，用什么媒体向学生呈现教材更有效？对学生反应的反馈可以是部分的或完全的，也可以是即时的或延时的。针对不同任务，哪种反馈更有效？在评估学生的学习成绩时，如何根据学生的外在表现准确地推测学生的内在能力和品德的变化？合作学习一定优于个体学习吗？在什么条件下需要合作学习？在什么条件下适宜于个人独立学习？教育心理学的任务是用实证研究的方法对上述种种有关教的问题作出有科学依据的回答。

（三）关于师生心理的研究

1. 教师心理研究

在影响学生学习的外部条件中，教师的素质起决定性作用。社会上长期存在的教育资源的争夺，实际上主要是对高素质的教师的争夺，所以教育心理学除了要研究学与教的心理学原理之外，还要重视教师心理的研究。在这一领域已有的研究包括：鉴别教师职业所需要的个体的心理品质以及教师的心理品质与其职业成就之间的关系；通过新教师与专家型教师比较研究，揭示教学专长的知识技能的构成成分；新教师向专家型教师成长的过程与条件；教师心理健康及维护。总的来看，与学习和教学心理学研究相比，这一领域的研究相对薄弱。

2. 学生心理研究

学生心理研究包括三个方面：一是儿童和青少年心理发展研究，二是中小学生差异心理的研究，三是例外（或特殊）学生心理的研究。从学科研究分工来看，前两项研究主要是发展心理学和差异心理学的研究任务，而不是教育心理学的研究任务。教育心理学家和教师在进行教学干预时，必须考虑发展心理学和差异心理学已经揭示的心理学原理，如皮亚杰发现的儿童认知发展阶段原理，维果茨基提出的最近发展区的理论，加德纳的多元智力理论。当然，教育心理学家或教师在运用这些理论时，可以丰富和检验现有理论。随着社会进步，特殊学生已经成为特殊教育专业研究的对象。他们中的许多人将进入特殊学校，但也有些人会进入普通中小学，所以教育心理学也要关心特殊学生的心理的研究。

教育心理学是一门实践性很强的应用科学，但它不是普通心理学原理的简单应用，也不是儿童发展心理学、学习心理学和差异心理学等几门与教育有关的心理学分支学科的简单组合。正如著名的认知教育心理学家奥苏伯尔所说："教育心理学必须成为一门独立的学科，拥有自己的理论和方法，它必须与母系学科不断地联系，不断受其影响。它应作为一个独立的成年的伙伴，而不是作为一个有依赖性的、完全派生的孩子。"

三、教育心理学教科书的内容分析

教育心理学作为一门学科，与以教育心理学命名的教材或教科书具有密切联系，但又并非一致。一门学科的性质和研究范围是由这门学科的特殊研究对象决定的。为该学科编写的教材总是要反映该学科的重要研究结果及其新近发展状况。教材的稳定性可以反映学科的成熟程度。为了对我们的 2004 年版教材重新修订，我们查阅了国内外新近出版的 20 多种教育心理学教材，发现因作者对教育心理学学科性质理解的不同，教材使用对象的不同，在体系与内容的选择方面有很大的差异。有差异才能反映不同版本的教材特色。但通过比较，我们也能发现这些教材的共性。所有的教材，不论其体系如何安排、内容多少以及使用对象如何不同，总是可以分成四大块：第一大块是学生和教师的心理；第二大块是学习理论及其应用；第三大块是各种类型的学习过程；第四大块是教学心理（含课堂管理心理）。此外，大多数书以绪论章开头，以教学结果的测量评价殿后。我们挑选了其中有代表性的 18 种教材（中国大陆出版的 10 种，国外出版的 6 种，中国台湾出版的 2 种），对其体系与内容进行了比较研究（见表 1－1）。

从表 1－1 的数据可见，除绪论（平均每本书约 1 章）之外，教育心理学论述的课题相对集中于学生心理（包括发展心理和差异心理），平均每本书约 2.8 章；教师心理，平均每本书约 1 章；学习论流派，平均每本书 3 章；各类学习，平均每本书约 3 章；教学心理（含课堂管理心理），平均每本书 3.7 章；学习结果测量评价，平均每本书约 1 章。从表 1－1 的数据可以发现，中国大陆和国外（主要是美国）的教育心理学教科书内容有许多重大差别。

表 1－1 1997—2009 年 18 种教育心理学教科书论述的主题与章数

主题名称	中国大陆（共 10 本）	美国、新加坡（共 6 本）	中国台湾（共 2 本）	合计
绪　　论	12	6	2	20
学生心理	18	25	8	51
教师心理	9	0	0	9
学习论流派	31	17	6	54
各类学习	50	3	0	53
教学心理（含课堂管理心理）	33	26	9	68
学习结果测量评价	4	10	3	17

（1）在学生心理方面，前者一般设两章分别论述学生的心理发展和差异；后者设四至五章详细介绍儿童和青少年的认知、言语、社会、情感和人格等方面的发展和差异。在教师心理方面，前者一般有专章介绍教师心理，后者则没有教师心理方面的论述。

（2）在学习论流派和不同类型的学习方面，前者一般先介绍学习论流派，然后分章论述知识、技能和品德等方面的学习；后者一般只有学习论流派及其教育含义方面的介绍，不涉及知识、技能和品德方面的专门论述。

（3）在教学心理（含课堂管理心理）方面，两者的章名和内容基本相同。

（4）在学习结果测量评价方面，前者 10 本书只有四章论述测量与评价，后者平均每本书约有两章论述测量与评价。

比较中国大陆、国外（主要是美国）和中国台湾的教育心理学教科书，不难发现，中国大陆的教育心理学教科书的章名和内容与国外（主要是美国）的有明显差异。而中国台湾作者编写的教材与西方的教材在体系和章名上几乎完全一致。例如两者都没有教师心理方面的内容，没有或很少有不同类型的学习的专章论述。

四、本书的结构与特点

本书这次修订仍保留前三版以阐明学生的学习结果、学习过程和有效学习的条件为主线的体系。这样，本书在第一章“教育心理学概论”之后分两章概括地介绍学习的性质、类型以及学习论主要流派及其争论的问题；第二部分为“学习过程”，分六章阐述陈述性知识、智慧技能、认知策略、问题解决、动作技能和态度学习的性质、具体学习过程和有效学习的条件;第三部分为“影响学习的重要因素”,分六章阐述学生原有认知结构,心理发展,个体差异,学习动机,教师、班级与家庭,网络媒体与多媒体等社会因素对学生学习的影响。本书的第四部分为“从学习论向教学论与教学设计技术转化”,分两章即“基于学习分类理论的教学论”和“目标导向的教学设计”。这两章告诉学习者:如何将学习论转化为科学取向的教学论,如何应用学习论和教学论原理进行教学设计,提高课堂教学实践的科学性与有效性。这样,本书形成了一个较为严密的教育心理学体系。

本书与国内外教材最大的区别有三点。第一,本书是供教育学系和心理学系高年级学生学习本学科的教材。相关学生在选修本学科之前,一般都学过普通心理学和儿童发展心理学。为了避免与普通心理学和儿童发展心理学的重复,我们仅把儿童的心理发展和差异心理作为影响学与教的一般因素加以讨论。第二,为了反映认知心理学研究的最新成就,本书在体系上除了保留加涅学习结果分类的线索之外,在学习分论部分的论述中,各章以新近发展起来的知识分类学习论贯穿始终。第三,把教学论与教学设计建立在学习分类理论之上。

第三节　教育心理学的研究方法

为了避免教育心理学教材内容与普通心理学和发展心理学等先学课程内容不必要的重复,我们在本节将不具体介绍心理学的一般研究方法,仅对教育心理学可利用的一般心理学研究方法进行分类和比较,然后重点讨论本学科的特殊研究方法,即教学实验研究和教学设计研究。

一、教育心理学的一般研究方法:分类与比较

回顾教育心理学思想起源、教育心理学学科诞生和发展的历史,我们可以找出西方教育心理学研究方法的发展线索:在19世纪后期科学心理学诞生之前,哲学家和教育家根据个人哲学观点和知识经验,通过逻辑思辨的方法,提出许多教育心理学思想,以便解决教学实践问题。在19世纪末至20世纪中期,由于实验心理学兴起,心理学家主要通过实证研究,去探索儿童心理发展与差异以及动物和人类的学习方面的心理规律,纯哲学思辨的方法被抛弃。20世纪中期以后,在实证研究基础上,教育心理学家又开始重视系统的理论研究,建构了许多系统的教育心理学理论。我们将教育心理学研究分为三种类型:实证研究、理论研究和设计研究

(见图 1－1)。

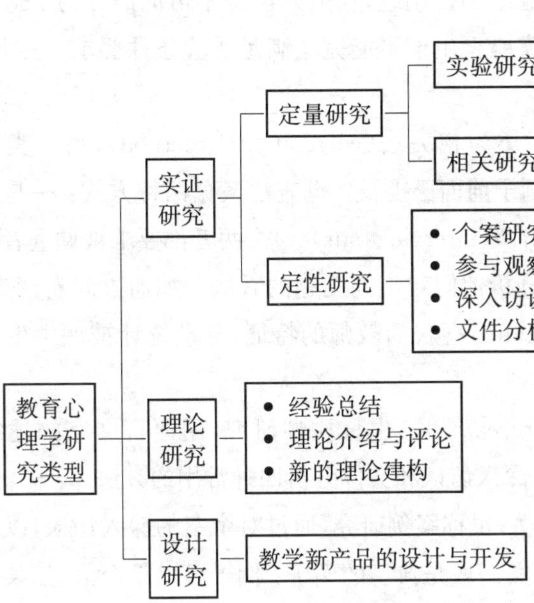

图 1－1 教育研究的类型

(一) 实证研究

实证研究(empirical research)是采用观察或实验的方法在实际资料中求取结果以实证假设并建立系统理论的研究。根据研究结果的数量化程度,可以将实证研究分为定量研究和定性研究两类。

1. 定量研究(quantitative research)。也称量化研究,通过测量、统计分析等程序,用数量或数字形式表示结果的研究。例如,艾宾浩斯关于无意义音节学习和遗忘速度的研究。

定量研究又分两大类:一类为实验研究,另一类为相关研究(非实验研究)。前者通过实验设计,操纵和控制自变量与因变量,检验因果关系的假设。如比较发现学习与接受学习对知识保持和迁移两方面的影响的研究。后者研究若干变量之间的相关关系,如选择某些有代表性的学生,分别测量他们的智力和学习成绩,然后计算智力与学习成绩的相关系数,从而判断两者的相关程度。因为后一类研究只经过测验,而没有外来干预,故称非实验研究。

实验研究还可细分为两类:一类为真实实验研究(true experimental research),另一类为准实验研究(quasi experimental research)。两者都是通过实验研究检验因果关系的假设。两者的区别是:在严格的(或真实的)实验研究中,实验组学生和控制组学生必须随机分派，从而消除无关因素的影响。但在学校教学条件下，将学生的班级打乱，随机抽取学生组成实验组和控制组，一般来说是不可能的。为了适应学校环境，通常采用平行班进行对比实验。由于不能完全满足实验条件要求，心理学家称这类实验为准实验，或自然实验。

相关研究也可分两类：一类为相关法（correlational method），另一类为调查法（survey method）。相关法的例子前面已提及。调查法又分两种方式：一是问卷调查（questionnaire survey），二是访谈（interview survey）。两者都要求被调查者对预设的多个问题逐一作答，从而统计分析他们对不同问题的看法。如通过问卷调查初中一、二年级学生喜欢的教师的特征和不喜欢的教师的特征，分别统计被调学生人数的百分比。

2. 定性研究（qualitative research）。也称质性研究，用语言文字描述结果的研究。包括个案研究、参与观察、深入访谈和文件分析四种常用的方法。

（1）个案研究（case study），也称案例研究，通过对个案的深入访谈，以发现其中暗含的心理学原理的方法。个案一般是典型的例子：例子可以是个人，如某个学生或教师，也可以是一个班级或一个教育、教学事件。例如可以把课堂实录研究作为个案研究。个案研究的关键是通过典型个案，分析其中体现的一般教育心理学原理。

（2）参与观察（participant observation），研究者或教师以参与者身份直接观察学生自然表露的行为，从而发现问题的研究方法。例如，参与学生的游戏、郊游、文娱体育等活动，可以通过观察发现学生在课堂上难以表现的优点或特长。

（3）深入访谈（depth interview），也称非结构性访谈。它与作为定量研究方法的访谈不同，前者的问题是预先设计好的，被调查者只需要回答"是"或"不是"，"满意"或"不满意"；后者要与被访者深入交谈，找出问题的原因。如教师在批改学生作业或试卷时发现某学生成绩不理想，可以通过访谈找出学生成绩不佳的原因。

（4）文件分析（document analysis），包括对学生的日记、周记、作文或学校对学生的行为记录、考卷等文件的研究。由于这些文件可以按学生归档，这类研究也称档案研究。通过这类研究可以考查学生的长期表现，找出进步或退步的原因，提出补救措施。它不同于文献研究：前者收集第一手资料进行研究；后者根据第二手资料进行研究。

（二）理论研究

理论研究也称思辨研究（thought differentiating research），与实证研究相对，是根据文献资料和个人或集体的知识经验，采用逻辑思考与推理方法进行的研究。教育心理学研究有两类课题，一类可以采用实证研究的方法进行研究，另一类课题不能进行实证研究。如教育心理学发展史，教育心理学研究对象，教育心理学与邻近学科如发展心理学、学校心理学的关系等课题，不可能采用实验研究方法，必须采用理论研究的方法进行研究。所以，教育心理学研究人员必须同时具有实证研究和理论研究的能力。

比较常见的理论研究有经验总结、理论介绍与评论、新的理论建构。例如，在教育心理学中，罗杰斯的理论属于经验总结性质的。他在心理治疗中总结出一套以患者为中心的理论，然后将这一套理论推论到学校教育情境中。在我国教育心理学领域，理论介绍和评论的研究十分多。这是因为我国心理学研究长期受各种干扰，导致自身的实证研究基础薄弱。中华人民共和国成立前主要介绍西方的研究；中华人民共和国成立后，否定西方的研究，"以俄为师"，介绍苏联的研究。改革开放后，回过头来，重新介绍西方的研究。在理论建设的初期，理论介绍和评论是必不可少的。但我们不能仅停留于介绍和评论，我们还必须从事新的理论建构。在这一点上，美国教育心理学家为我们提供了典范。

其实，仅有零散的实证研究而没有理论研究，是不可能建立完整的教育心理学体系的。教育心理学的体系必须经过艰巨的理论研究才能逐步完善。例如，大家熟悉的美国以布卢姆为首的一个研究小组关于教育目标分类的研究。该项研究将教育目标分成认知、情感和动作技能三个领域，自 1948 年至 1956 年，经过 8 年研究完成了认知教育目标六级分类，以后至 1964 年完成了情感教育五级分类。时过 40 多年，2001 年以安德森为首的 8 人专家小组完成了布卢姆认知教育目标分类学的修订工作。

（三）设计研究

设计研究(design research)也称基于设计的研究或设计性研究，是针对教学中的实际问题，通过教学设计和形成性评价，获得新的教学产品以满足教学需要的研究。它是西方教学研究中出现的一种新研究范式。鉴于目前对于什么是设计研究、设计研究的一般程序如何等问题无一致意见，我们把设计研究过程视为与教学设计相同性质的过程。

二、教学实验研究

在对教育心理学一般研究方法作了概括性介绍以后，下面我们重点讨论教育心理学的特殊研究方法：教学实验研究和教学设计研究。这里说的教学实验是指学校课堂教学实验，属于上文讲的准实验或自然实验。

（一）教学实验的基本程序

教学实验同一般心理学实验一样，其基本程序是：提出和分析问题、设计解决问题的方案、实施解决问题的方案(或教学干预)、收集教学干预效果的证据、分析收集的证据和得出解决问题的结论。

1. 提出和分析问题。问题或来自教学实践或来自理论。问题来自理论的例子很多。例如,在教育心理学发展史上,桑代克设计实验对学习迁移的形式训练说提出批评。

问题也可以来自教育实践。例如在我国小学语文教学中,如何教会小学中、高年级学生的分段能力,这一直是一个有争议的问题。鉴于直接教学效果不佳,许多人主张不要直接进行分段教学,让学生在阅读中自行感悟。姚夏倩(2001)的研究对构成分段能力的知识的性质进行深入分析,认为学生的分段能力是受策略性知识支配的。据此提出假设:如果按策略性知识的学习规律教学,那么教师能有效地教会学生的分段能力(当然文章不能超出学生现有年级的阅读水平),而且有目的教学的效果将会明显超越学生自发感悟的效果。

2. 设计解决问题的方案。这一步在一般的实验中被称为实验设计,在教学中主要指教学设计。按照一般实验设计方法,需要选择被试,进行实验处理和控制实验条件。在教学实验中这一步是选择实验班和对照班。在选择被试时,应尽可能使实验班和对照班在学生原有知识基础和学习态度方面相接近。当被试确定之后,教学实验研究要解决的问题是如何有效教学的问题。这也就是所谓的教学干预问题。专业研究者一般应该与有经验的教师合作设计好教学干预方案。

3. 实施解决问题的方案。在教学实验中,这一步是实施课堂教学。重点是预先培训执教教师。在课堂教学实验中,教学实施一般是请原任课教师执行的。教师必须了解教学实验的意图和新开发的教学方法。

4. 收集教学干预效果的证据。收集教学干预效果的证据有多种途径。可以对照目标对学习结果进行测验,即后测。后测试卷预先编好,最好请与实验无关的专家出题,保证试卷的客观性。还可以通过听课,观察和记录学生的反应。也可以对个别学习较慢的学生进行个别访谈,了解学习困难的原因,及时进行补救。

5. 分析收集的证据,得出解决问题的结论。根据收集的证据,研究者可作两方面的分析。一是运用统计学的原理对测验数据作统计分析。如检验实验班与对照班之间或实验班前后测验之间的成绩是否存在显著差异,从而确定作为自变量的教学干预是否对教学质量产生积极作用。二是作定性分析。如就个别没有达到理想教学结果的学生做个案分析,查明未达成目标的原因,并找出补救教学的方法。通过这两方面的分析,研究者就能得出实验假设是否成立的结论。

(二) 教学实验应注意的问题

1. 受实验室实验设计影响,以往的大量教学实验试图仿效实验室实验的方法,通过实验班与控制班比较，力图得出甲方法优于乙方法的结论，实验设计的重点是控制实验条件，通过复杂的统计分析，最后认定甲方法优于乙方法。但当人们想从实验报告中了解怎样用甲方法去教会学生时，在研究报告中几乎找不到答案。我们主张，教学实验应把重点放在解决如何教的问题上。这样，教学效果比较的重点不是实验班与控制班，而是参与实验教学的学生实验前、后测验成绩的差异。分析的重点是，教学中运用了什么学习论和教学论原理和教会学生的方法，这些原理和方法能否推广到其他学习任务中去。

2. 教学实验应吸引有经验的优秀教师参加。在教学实验中，一般要解决的问题相对复杂，如果只有理论研究人员的努力而没有经验丰富并且有创新能力的教师参与，那么研究很难取得成果。

3. 在教学实验中应注意多种研究的结合。这里讲的多种研究包括定量研究与定性研究，预设的实验研究与非预设的行动研究。在教学实验中，首先要考虑收集定量数据，包括实验班与控制班前后测验成绩中的平行比较数据和前后比较数据。但为了说明更深层次的问题，也需要收集定性研究的证据，对个别学习有困难的学生进行深入访谈，进行个案研究。关于怎么教的问题，因为所研究的是前人未解决的难题，不可能有完整的预设方案，必须在教学中不断进行形成性评价，及时发现问题、提出解决办法。这类研究被称为行动研究(action research)，它是以实际问题为题材，以解决实际问题为目的的研究方法。

三、教学设计研究

教学设计又称“系统化教学设计”，它是20世纪60—70年代在美国出现的一门新生的教育技术学科。以后它被传播到西方发达国家，90年代开始传入我国。在美国，教学设计既是一门学科，也是一个有很多从业人员的行业。它的理论与技术最先来自行为主义心理学，此后又受到系统论、传播学和现代认知科学的广泛影响。它是科学心理学与教育实践相结合的产物。美国教育传播与技术学协会研究与理论分会主席史密斯(P. L. Smith)教授在其新近出版的《教学设计》(庞维国等译，华东师范大学出版社，2008)中指出：“教学设计指将学习与教学原理转化为教学材料、活动、信息源和评价的系统化的和反思性的过程。”(英文版第4页)

“设计”原是一个工程学术语，**指人们用于改进其创造物的质量的活动。设计意味着在解决问题前，有系统和充分的计划，然后实施计划，并开发新的产品。**从根本上看，设计是解决问题，需要专门知识和技能以及高水平的思维能力，而且设计中解决的问题多半是结构不良问题，所以设计的产物不可能像解决结构良好的问题一样有统一的答案。设计也意味着创新，需要想象力，因为创造的关键因素是想象力。

教学与设计相结合便产生教学设计这门新技术。教师的设计同工程师的设计一样，都是进行产品的设计与开发，只不过工程师设计的主要是物质产品，教师设计的主要是精神产品。

教学设计的任务不同，具体操作过程多种多样。教学设计专家提出了多种教学设计过程的模型。大家一致同意，尽管具体设计过程千差万别，但一般过程可以概括为五个成分：分析（analysis）、设计（design）、开发（development）、实施（implementation）和评价（evaluation），简称 ADDIE 模型。

分析：确定教学需要，做出是否可以通过教学解决问题的决定；通过分析，确定教学目的和学习者起点能力；有时还要分析可以利用的时间、资源等。

设计：把一般教学目的转化为可以测量的具体教学目标；设计学习结果的评估标准；确定所涵盖的教学主题或单元；分配每一单元的教学时数；依据目的，安排单元顺序；确定每一单元的课和活动等。

开发：确定学习活动和材料的类型；撰写学习材料或学习活动；小范围试用材料或活动；修改、精炼材料与活动；开发教师培训材料等。

实施：在一定范围试用和推广设计及开发的项目。

评价：包括形成性评价和总结性评价；通过评价再进一步修改原先的分析、设计、开发以及实施工作。

教学设计研究与前述实验研究的目的不同，它不要证明哪个方法好，哪个方法不好，或哪个假设经得起检验。它的重点在于开发教学材料以解决教学中实际问题和提高教学效率。所以，莫里森（G. R. Morrison）等人在所著的《设计有效教学》（第四版）中说：

“……我们设计实验组和控制组进行比较研究。我们假设一些结果，在教学中收集数据。通过结论验证我们最初的假设。”

“我们通常用这个方法进行基础研究和应用研究，它需要我们控制外部变量，建立相同的可比较的实验组和控制组。大多数的教学项目并不是为了获取普遍实用的应用理论，它们只是为了实现一个具体的教学目标。通过观察学生教学前后的行为，或者通过前测和后测的成绩区别，我们获得的学生成绩和技能的发展可以直接作为教学项目的评价数据。”

“进行教学评价分析不一定应用控制组和实验组，也不一定进行详细的数据分析。教学评价需要的是收集教学前后和教学效果相关的数据（有效性、效率、成本、态度和效益)，分析这些数据，确定教学是否成功。”

总之，教学设计过程就是提出问题、分析问题、提出解决方案、实施解决方案与评价解决方案的过程。在教育、教学中，哪里有问题，哪里就需要设计。没有问题当然无需设计。教学设计既是问题解决过程，也是科学研究过程。其产物是教学方案、模型、教学材料、练习、学生的活动、教学指导手册等。这些产物可以重复使用，可以通过反复试验接受实践检验。由于时间、地点、面对的对象不同和教学设计者不同，教学设计的产物也不可能完全一模一样。教学设计需要理论与技术指导，需要教师(或专业设计人员)的创造力与想象力。

本章概要

1. 教育心理学是心理学与教育结合的产物。在19世纪后期科学心理学诞生之前，历史上心理学与教育的结合表现为中外教育家的哲学心理学思想与其教育主张和教育实践的结合。古代和近代许多著名教育家都希望把他们的教育主张和实践建立在其心理学思想的基础上。

2. 20世纪初，科学心理学与教育的结合导致教育心理学作为一门心理学分支学科诞生。桑代克《教育心理学》(1903)的出版，被公认为教育心理学作为一门独立学科诞生的标志。

3. 20世纪近百年间，西方科学心理学与教育的结合走过了曲折的道路。20世纪初心理学家对心理学在教育中的运用持乐观态度，教育心理学关心其研究成果的教育应用；20世纪中期，心理学家对心理学在教育中的运用持悲观态度，心理学家埋头于学习的实验室研究，研究脱离教育实际；20世纪后期，心理学家对心理学在教育中的运用重新持乐观态度，与教育实践相结合的研究受到重视。与此相应，教育心理学的发展经历了如梅耶所说“单向道时期”、“死胡同时期”和“双向道时期”。

4. 中国教育心理学因师范教育的需要，于20世纪20年代从西方引进，至今约90年历史，历经民国时期、中华人民共和国成立至“文化大革命”结束时期、实行改革开放政策以后的时期。每一时期约30年，都经历过“引进、吸收、消化和初创”过程。

5. 教育心理学既要研究“学”，也要研究“教”。但不同学者对教育心理学的研究重点有不同看法，有人主张重点研究“学”，有人主张重点研究“教”。本书把教育心理学定义为:“应用心理学原理和方法研究学校情境中学习与教学的基本心理学规律及其运用的心理学分支学科。”其主要任务：从学习心理来看，是研究学生学习的结果、学习的过程和影响学习的各种因素；从教学心理来看，是如何将学习原理转化为教学原理，使之支配教师的教学行为。

6. 当前国内外流行的教育心理学教科书内容主要由教师和学习者的心理(包括发展心理与差异心理)、学习理论及其应用、各种不同类型的学习、教学心理四大块构成。本书以“学习”为主线,包括学习概论、学习过程和影响学习的因素论(即学习条件论),最后用两章说明学习论如何转化为教学论与教学设计技术。

7. 教育心理学的研究可以采用心理学的一般研究方法,包括实证研究和理论研究,但更应重视教育心理学的特殊方法,即教学实验研究和教学设计研究。教学实验的程序是:提出和分析问题、设计解决问题的方案、实施解决问题的方案(或教学干预)、收集教学干预效果的证据、分析收集的证据和得出解决问题的结论。教学设计一般过程可以概括为五个成分:分析、设计、开发、实施和评价。从问题解决过程模型来看,教学设计实质上是提出与分析问题、设计解题方案、实施解题方案并评价结果的过程。中小学教师重点应从事教学设计研究。

练 习 题

一、解释下列术语

哲学心理学　科学心理学　桑代克《教育心理学》　潘菽主编《教育心理学》
实证研究　准实验研究　个案研究　思辨研究
教学设计研究　教育心理学

二、填空

1. 我国古代________一书是世界上最早的教育专著。它提出的“教学相长”、“长善救失”等教学原则都体现了深刻的心理学思想。

2. 实验教育学派产生于________,是________心理学与教育相结合的产物。

3. 公认的教育心理学奠基人是________国教育心理学家________。

4. 桑代克于________年所著《教育心理学》一书,是教育心理学成为一门独立学科的标志。

5. 一般的教育心理学教科书大致包括四大块(1) ________、(2) ________、(3) ________和(4) 教学心理。

6. 在教育心理学研究对象问题上,奥苏伯尔主张以学生的________为主线,把教师的________看作是影响学生学习的外部因素。

7. 在教育心理学的研究对象问题上,美国斯坦福大学的盖奇主张以________为主线,教育心理学应研究________的全过程。

8. 美国科学心理学与教育的结合走过的曲折道路可以描述为(1) ________、

(2) ＿＿＿＿＿＿、(3) ＿＿＿＿＿＿。

9. 桑代克的《教育心理学》分三部分：＿＿＿＿＿＿，＿＿＿＿＿＿，＿＿＿＿＿＿。

10. 亚里士多德的＿＿＿＿＿＿一书可称世界上最早的心理学著作。

11. 亚里士多德提出的三种灵魂分别是(1) ＿＿＿＿＿＿、(2) ＿＿＿＿＿＿、(3) ＿＿＿＿＿＿。

12. 亚里士多德提出的三种灵魂为教育的(1) ＿＿＿＿＿＿、(2) ＿＿＿＿＿＿、(3) ＿＿＿＿＿＿三方面提供了哲学心理学依据。

13. 法国实验教育学派代表人物＿＿＿＿＿＿和＿＿＿＿＿＿，他们编制了世界上最早的智力测验。

14. 中华人民共和国成立后，我国学者编著的第一本教育心理学教科书是＿＿＿＿＿＿主编的《教育心理学》。

15. 教学设计的一般过程的五个成分是(1) ＿＿＿＿＿＿、(2) ＿＿＿＿＿＿、(3) ＿＿＿＿＿＿、(4) ＿＿＿＿＿＿、(5) ＿＿＿＿＿＿。

三、选择

1. 教育心理学的核心部分是＿＿＿。(1) 学习心理学；(2) 人格心理学；(3) 普通心理学；(4) 发展心理学。

2. 贯穿本书学习分论部分的理论是＿＿＿。(1) 同化论；(2) 信息加工理论；(3) 知识分类学习论；(4) 反映论。

3. 教育心理学作为一门分支学科诞生于＿＿＿。(1) 第二次世界大战以后；(2) 20世纪50年代；(3) 20世纪60年代末；(4) 科学心理学诞生之后。

4. 教学实验过程与教学设计的过程共同点是＿＿＿。(1) 调查研究；(2) 发现规律；(3) 验证假设；(4) 解决问题。

5. 关于教育心理学研究对象最宽泛的定义是＿＿＿。(1) 教育过程中的种种心理现象；(2) 普通心理学在教育中的应用；(3) 人类行为之研究与改进；(4) 学习与教学过程中的心理学规律。

6. 最早提出“意识阈”和“统觉团”的人是＿＿＿。(1) 冯特；(2) 詹姆斯；(3) 弗洛伊德；(4) 赫尔巴特。

7. 本书不把儿童心理发展与差异作为研究重点，其适当理由是＿＿＿。(1) 对此内容教师与家长已很熟悉；(2) 有关的研究相对较少；(3) 决定于预期使用本书的对象的需要；(4) 需要与国外同类教材相区别。

四、研究与设计

1. 找三本以上2000年后出版的教育心理学教科书，对这些书的目录与绪论章作如下分析：(1) 它们关于教育心理学的研究对象与任务的看法有何相同与不同之处；(2) 比较它们的目录，分析各书涉及的内容的异同以及它们与本书的异同。

2. 设法找到桑代克《教育心理学》中译本《教育心理学概论》(陆志韦译)，分析其内容目录并考察它对当代教育心理学体系与内容的影响。

3. 设法找到三种以上不同作者的教育心理学著作，根据在本章学到的观点，对这些书的体系、内容选择和安排作出适当的评价。

4. 比较教学实验与教学设计的异同点。

第二章　学习的性质和分类

本章要点

本章目标

学完本章后，应能做到：

1. 根据学习的定义识别日常生活和教学中哪些行为或活动属于学习，哪些不属于学习；

2. 举例说明三种水平的学习研究及其运用价值；

3. 用实例说明学习如何能够改变大脑的结构和功能；

4. 陈述本书介绍的几种学习分类系统在分类的依据、划分的类型和分类的目的方面的异同；

5. 对给予的学习现象，按认知、态度和动作技能三个领域划分其类型。

教的目的是帮助学生学习，所以教育心理学首先要研究学习。在科学心理学诞生之前，学习是哲学认识论研究的课题；之后，学习成了心理学研究的中心课题。研究积累的资料浩如烟海,学习论学派层出不穷。本书作者持学习分类观,侧重于对不同类型的学习现象作分门别类的研究。但在对学习作分类研究之前,为读者提供一般的学习理论背景。本章首先介绍有关学习与学习研究的基本概念,学习的生物与社会意义;然后简述脑神经科学新近研究的成果,探讨学习的脑生理机制;最后介绍几种有代表性的学习分类理论以及本书对这些分类的看法。

第一节　学习与学习研究概述

一、学习概述

(一) 关于学习的定义

人生在世,总是从事两类活动:一是改造客观世界的活动;二是改造人类主观世界的活动。前一类活动可以统称为工作,后一类活动可以统称为学习。

学习活动不仅存在于人类,也广泛出现于动物世界。人类对学习的科学研究始于艾宾浩斯(H. Ebbinghaus, 1850—1909)的记忆研究,此后如雨后春笋,新的研究层出不穷,因而也带来了许多派别之争。“学习”一词如同“工作”一词一样,是人们日常生活中最常用的词之一,似乎人人都懂它的意义;但心理学家在给“学习”下一个科学的定义时却遇到了困难。

学习是人和动物共有的活动。任何活动都有过程和结果。心理学家从活动的结果对学习作了严格的界定。具有行为主义倾向的心理学家一般把学习定义为“由练习或经验引起的相对持久的行为变化”。例如,两头牛,一头经过训练的,会拉犁;一头未经过训练的,不会拉犁。又如,两只狗,经过训练的一只能协助主人破案,未经过训练的一只无此类行为出现。我们把动物经过训练后出现的行为变化称为学习。这一定义也适用于人类行为的变化。如两组儿童,一组进行游泳训练,另一组未给予训练。到了水里,训练组的儿童会游泳;未训练组的儿童不会游泳,而且到了深水里,他们会下沉。这种游泳行为的出现也称为学习。

以行为的变化来定义学习,使学习成为可以观测和测量的科学概念。例如,两组儿童学习数学,一组进行题海式训练,另一组进行解题方法训练。假定经过测验,前一组儿童训练前后的成绩并未出现显著变化,而后一组儿童训练前后的成绩出现了明显变化。从学习的定义来看,前一组有训练,但无学习;后一组儿童的训练产生了学习。可见,训练、练习、读书等活动与学习不是等同的概念。从科学的观点看,必须观察和测量到练习、训练或读书活动之后,学习者身上出现了行为变化,才能认为其中产生了学习。

学习的行为定义有利于我们观察和测量，这是它的优点。但是，学习的本质是什么？是否就是行为变化呢？假定有两个学生接受相同的军事训练，从行为变化上看，他们都学会了队列操练和实弹射击。但在他们的思想深处，一名学生得出“军队生活很艰苦，尽量不要去当兵”的看法，另一名学生则得出“军队是青年成长的好地方，尽量争取去当兵”的想法。这种思想深处的变化有时很难从具体的行为变化看出来，这是不是学习呢？显然，这是比具体的行为变化更重要和更本质的学习。为此，心理学家对学习的行为定义作了修改。

鲍尔(G. H. Bower)和希尔加德(E. R. Hilgard)在他们著名的《学习论》(1987：22)一书中把学习定义为：“一个主体在某个规定情境中的重复经验引起的、对那个情境的行为或行为潜能的变化。不过，这种变化是不能根据主体的先天反应倾向、成熟或暂时状态(如疲劳、酒醉、内驱力等)来解释的。”

这个定义比一般行为主义的定义进了一步，在学习的变化中包含了行为潜能的变化。加涅(1999：2)则更明确地把学习定义为：“学习是人的倾向(disposition，也译‘素质’)或性能(capability)的变化，这种变化能够保持且不能单纯归因于生长过程。”加涅实际上是用人的内部的变化来定义学习。不过，加涅认为，内部的变化不能观察，必须通过外部的行为，通过行为表现(performance)的变化来作出学习是否发生的推论。

归纳起来，我们可以理解学习定义中的三个要点。第一，主体身上必须产生某种变化，我们才能作出学习已经发生的推论。也就是说，仅有练习不一定产生学习。儿童从不会叫“爸爸”到学会叫“爸爸”，这里有学习。以后仅重复叫“爸爸”，这种重复的活动或练习就没有学习了。第二，这种变化是能相对持久保持的。有些主体的变化，如适应、疲劳，不能称为学习，因为这变化是暂时的，条件变化或经适当休息，这些暂时性变化就会迅速消失。第三，主体的变化是由他与环境相互作用而产生的，即后天习得的，排除由成熟或先天反应倾向所导致的变化。

从科学的观点看，在讨论学习时，应该区分“学习”与“发展”这两个概念。发展是由个体的基因成熟和学习两者构成的。在学习的研究中需要排除个体成熟的作用。也就是说，测量个体的发展，不必考虑个体的变化是基因成熟的作用，或者是后天的环境的影响。在测量学习时，必须排除前者。据此，以“发展”来衡量教育的效果是不科学的，应该以学生学习的结果来衡量教学的效果。

(二) 学习定义中的两难困境

从上面的讨论可见，可以从外部的行为变化给学习下定义，也可以从内部的能力和倾向的变化给学习下定义。同一个心理学概念为什么有两种不同的定义呢？因为学习作为一个科学研究的课题，是一个典型的两难问题。人的学习的实质是人的内在的能力、思想和情感的变化，但人的内在的能力、思想和情感的变化看不见，摸不着，不能直接研究。因此心理学家必须根据反映人的能力、思想和情感的外部行为的变化推测其内部的变化。这种推测可能是对的，也可能是部分合理的，甚至可能是错误的。行为主义心理学强调学习的客观观察和测量，有其合理的一面；认知心理学强调学习的本质是内在的能力和倾向变化，也有其合理性。这两种观点对解释学习研究中的两难问题都有所贡献。我们不能认为，一种观点是完全正确的，另一种观点是完全错误的。读者必须充分认识反映在学习定义中的这一两难问题。

学习定义中的这种两难困境反映在"学习"(learning)与"表现"(performance)这两个术语的使用上。这两个术语一起使用时，前者意指内在的心理，后者指外在的表现。但外在的表现有时可以指学生在测验时的表现，即学生的测验得分；也可指品德表现，即学生的行为、举止；在心理语言学中，言语表现是指与言语能力(competence)相对的言语运用。

上述的学习定义是一个广义的学习定义。教育情境中的学习与日常情境中的学习不完全相同。教育是有目的、有计划的，是按照教育目标改变学生心理和行为的过程。因此，可以把教育情境中的学习定义为：学习者在教育目标指引下，通过与其环境相互作用，所产生的比较持久的性能或倾向变化。

（三）学习的生物与社会意义

学习是活着的有机体中普遍存在的现象。学习的能力明显地随着神经系统的发展而提高。

从生物进化的观点来看，学习是有机体适应环境的手段。有机体适应环境有两种方式。一种是先天决定的反应倾向。这是每一物种固有的本能，如人类婴儿和其他哺乳动物生下来就会吃奶。但这种先天本能适应的环境非常有限，有些物种因适应不了迅速变化的环境而灭亡。人类婴儿和初生的动物相比，相对来说，独立能力低，天生的适应能力也低。但是人类却有动物不可比拟的适应能力。这是因为人类有机体还有另一种适应环境的方式，即学习。通过学习适应环境，其特点是迅速且广泛。本能的变化需要千万年的演进，而学习带来的变化有时只需要几分钟。

从人的发展来看，学习可以塑造和改变人性。我国宋代思想家程颐说："人生初，只有吃乳一事不是学，其他皆是学。"宋代蒙学课本《三字经》开头四句是："人之初，性本善，性相近，习相远。"宋代思想家张载提出"学所以为人"的命题。其意思是：人只有通过学习，接受社会文化遗产和道德规范，才能作为一个社会的人存在。清代思想家王夫之进一步提出"习与性成"的思想："习与性成者，习成而性与成也。"

在知识经济社会，科学技术日新月异。人们的工作经常变化，劳动的知识和技能也经常发生变化。为了适应迅速变化的社会，当代社会公民的学习显得更重要。关于学习的社会意义，我们无论怎么估价也不会过高。学习是教育存在的先决条件，也是教育的目的。不仅学生需要学习，在职职工也需要继续学习。我们的社会将成为学习型社会，在这样的社会中的个体将成为终生学习者。在世界竞争越来越激烈的今天，只有善于学习、吸收一切优秀传统文化并勇于冲破传统束缚进行创造的民族，才能永远立于世界先进民族之林。

二、学习的研究

由于学习涉及人性的形成与改变，涉及社会文化的传承以及国家与民族之间的竞争，为了解释学习的规律并运用学习规律指导人类的实践，哲学、心理学、生物学和神经生理学等学科都在进行学习的研究。从研究深入的程度来看，学习的研究大致可分如下三种水平。

第一，哲学与经验总结水平的研究。依据哲学认识论和个人的经验，对学习的特点、本质、规律、方法、策略等提出一般看法和建议。中外古代哲学家、教育家关于学习的论述属于这类研究。当代教育家、教师和在某一领域做出较大成就的人，如自然科学与人文科学专家，根据个人经验所做的有关学习论述也属于这类研究。中国内地在2000年成立“学习科学研究会”。该会成员提出“学习学”概念（王通讯，1980），出版了《学习科学大辞典》（林明榕，1998）、《大学学习学》（林毓琦，1999）、《论学习》（1992）、《学习动力》（1999）和《大学学习理论与方法》（刘智运，2000）等著作。这些研究都可以纳入哲学与经验总结研究范畴。20世纪后期在美国出现的以建构主义为基础的学习研究也属于哲学与经验取向的研究。

第二，心理与行为水平的研究。采用实证研究的方法，主要是科学实验的方法，揭示学习的心理实质、结果、过程和影响学习效果的各种因素的研究。心理学中的行为主义学派与认知主义学派都在这一水平上进行学习研究。前者关注学习之后的行为变化及其变化的外部原因；后者关注学习之后的内在心理结构变化和导致变化的内部原因。由于内部结构变化看不见摸不着，只能依据外部行为变化进行推测，所以在心理与行为水平的研究存在不确定性。例如关于习得的知识如何在人脑中表征，就有各种假说论，如“图式”说、“命题网络”说、“产生式”说、“认知结构”说等。

第三，生物学与神经科学水平的研究。从生理机制上阐明学习的本质及其原因的研究。从生物进化的观点看，学习是生命的个体对环境的适应。学习的结果是机体的行为变化。伴随这种变化必然有生物学基础。如果通过研究能够找到学习的生物学基础，那么学习实质就得到了可以信赖的解释。例如，婴幼儿表现出惊人的母语学习能力，现有心理学原理难以令人信服地对这种能力作出解释。从生物进化的角度看，婴幼儿语言学习能力在很大程度上是人类遗传的结果；新近脑神经生理学家已经找到了婴幼儿超强的语言学习能力在神经细胞发育水平的证据（详见本章第二节的有关论述）。

上述三种水平的研究都是有益的，本书主要论述学习的心理与行为水平研究，但在适当的地方也会涉及其他两种水平的研究。研究的结果首先应用于教育，包括应用于幼儿教育、基础教育、成人教育和各种职业培训。学习研究结果也可以用于心理治疗和行为矫正，如克服恐惧症、社会焦虑、抑郁症以及不良习惯。学习研究结果还可以用于动物行为训练，如教会警犬破案。人工智能专家通过模拟人的学习，改进机器人的设计。

第二节　学习与脑：神经生理学水平研究的新发现

现代神经生理学研究表明，学习不仅可以改变人的思想和行为，甚至可以改变人的大脑的物质结构，大脑结构的变化又改变大脑的功能组织。换言之，学习能够组织和重组大脑。

20 世纪 70、80 年代，由于脑科学研究技术的进步，神经生理学研究取得了重大成就。有人认为，这几十年脑研究取得的成果要比过去二千多年人类对大脑的认识还要多。神经科学的这些研究使人们对学习的大脑神经生理机制获得了更深入的了解。本节先介绍作为学习的生理基础的大脑微观的结构与功能及其发展；然后讨论有关言语、信息加工过程（包括注意、记忆）的脑神经生理学研究；最后简述这些新发现的教学含义。

一、大脑的微观结构与功能

大脑由神经细胞和神经胶质细胞构成。前者是信息贮存和传导的基本单元，后者为前者提供结构支持并提供保护，使之免受日常生活中的冲击和震动。一般认为，人脑大约有 120 亿个神经细胞和 10 倍于神经细胞的神经胶质细胞。[①] 神经细胞与人体其他组织或器官的细胞不同，它们具有特殊的结构，而且具有特殊的敏感性。神经细胞是构成神经的基本单位，故又称为神经元（neuron）。

神经元主要包括细胞体、树突（dendrite）和轴突（axon）三部分（见图 2 - 1）。树突

① 这里列出的数字出入很大，有的书上列出的神经元是 1 000 亿个至 2 000 亿个。

是从细胞体内发出的分支，多而短，呈树枝状。轴突是从细胞体发出的一根较长的分支。从细胞体发出的这两种分支通常又被称为神经纤维。它们有的在特定区域传递信息，有的贯穿于大脑各区域之间，形成长达几十万公里的神经元环路。

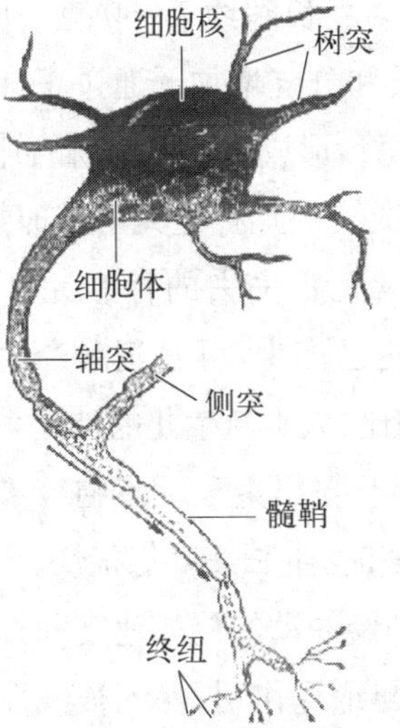

图 2-1　神经元（理想的神经元结构图。树突或细胞体的刺激激活神经冲动，冲动沿轴突传送至它的终纽。轴突由髓鞘包围，有助于提高传递神经冲动的速度）

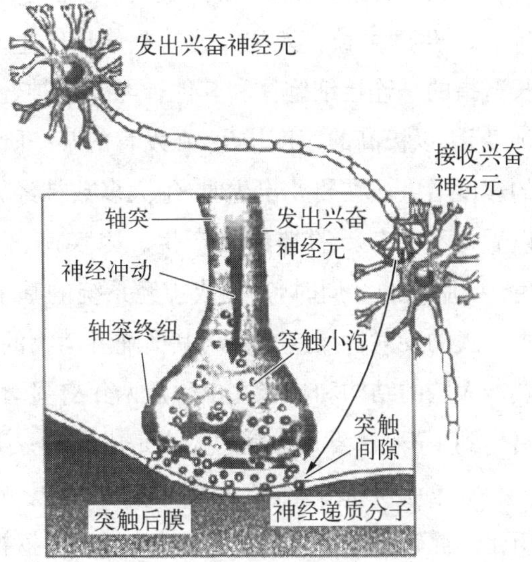

图 2-2　神经元之间的突触联系

两个相邻神经元之间事实上并未直接相连，其间有百万分之一英寸小的空隙，由一种被称为突触（synapse）的特殊联系结构相联结。来自树突和细胞体的神经冲动（电流）沿轴突只能传递至其终纽。而终纽与另一神经元之间的冲动传递依靠突触部分所发生的极为复杂的生理化学作用。终纽内的细胞质中含有极复杂的化学递质。已经发现 50 多种化学递质。当神经冲动传至终纽时，细胞中化学递质产生变化，导致终纽外膜移动，最后使其小泡破裂，而将神经传导的化学递质注入突触间隙，引起一种放电作用，从而激起另一神经元的兴奋，立即连续传导神经冲动，神经环路中形成约百万个神经激活模式（见图 2-2）。

二、学习与大脑神经系统的成熟和发展

婴儿出生后，在遗传基因和环境刺激的作用下，大脑神经系统，尤其是与复杂思维有关的神经系统有很大发展，为新生儿认知、学习和行为提供了生理学基础。大脑神

经系统的发展可以从如下几方面描述。

（一）大脑神经系统的成熟

成熟指正常的自然条件下，也就是在没有专门外来干预的条件下，个体的生长和发育。大脑神经系统的成熟表现在生理生长、髓鞘化形成和大脑前叶发展。

1. 生理生长。人类大脑的重量从出生时的约 350 克长到约 1 350 克。所谓"生长"，指的是连接细胞体和其他神经元的神经纤维增长和分支增加。通过正常分裂的神经元，以极高的速度增生，在发育的某一阶段，能以每秒形成 4.8 万个新的神经细胞的速度增生。在婴儿出生时，绝大多数神经元已经形成。一旦神经元形成时期结束，以后将不会有新的神经元产生。因疾病、伤害或正常死亡失去的神经元不可能再生。① 胎儿约 8 周时，其构成神经系统的基本解剖结构已产生，可对刺激产生某些基本形式的反射性反应。但与其他哺乳动物的新生儿相比，人类新生儿的神经系统不成熟。大脑的结构和功能在出生后两年有显著变化。婴儿自出生至 1 岁脑容量增加一倍。到 1 岁时，婴儿大脑的大小是成人的一半。至 2 岁时，生长速度仍很快。

2. 髓鞘形成。神经元的髓鞘化过程影响其传递神经冲动的传播速度和技能的专门化。髓磷脂是一种脂肪鞘，对外因和中枢神经纤维起绝缘作用，保证神经性兴奋在神经纤维中传导的速度和精确性。人类在出生前，髓鞘化过程已经开始，到 8 至 12 个月时，与感知运动机能有关的神经系统部分的髓鞘化程度与成人的一致。一般而言，人类髓鞘化过程是由内而外的，与复杂行为有关的皮层的髓鞘化要延续到青春期以后甚至要到 30 岁时才完成。研究表明，由于疾病或人为实验操作，神经系统髓鞘受损，其传导冲动速度减慢，或传导失败，从而导致神经机能失调。

3. 大脑前叶发展。心理生理学家认为，大脑前叶支配人的自我调节和自我控制，对于良好的信息加工也是很重要的。在婴儿出生后两年内，前叶有重大发展，随之其行为也发生很大变化。前叶的变化表现在：新生儿 1 至 2 岁内，前叶皮层增厚，在 1 岁前，突触分支明显增多，联结更密。在生命的头几个月髓鞘缺乏，但至 1 岁时就发展了。而且，婴儿与学前儿童相比，神经元密度大，因为某些神经元在正常发展中消亡。与此相应，在 1 岁内，婴儿行为有显著变化。研究表明了前叶发展与认知机能变化的关系密切。

（二）经验与环境在脑神经系统发展中的作用

1. 经验与突触的发展变化

大脑发展早期突出地表现在突触的发展。据估计，人脑有万亿以上的突触。但在

① 新的研究表明，海马的部分神经元可以再生。

新生儿刚出生时，仅有三分之一的突触已经形成，其余三分之二是在出生后逐渐生成的。突触以两种基本方式生成。不同的突触生成方式发生在人的不同成长年龄阶段，具有不同的适应意义。

第一种方式是：突触先超量生成，然后选择性地消失。这种情况通常出现在发展的早期，是由基因预先决定的。这样生成的突触被称为期待经验的突触（experience-expectant synapses）。其消失受后天环境的影响。例如与成人相比，出生后 6 个月的婴儿控制视觉大脑皮层区有更多突触。这是因为在生命的最初几个月，突触超量生成，接着选择性地大量消失。就视觉系统而言，期待经验的突触对光刺激敏感。当它们遇到适当光刺激，神经元被激活，这种激活导致突触与其他神经元建立永久联结，于是突触就被固定下来。得不到适当光刺激的突触便会消失。因为这种消失是由于得不到环境刺激而发生的，所以被称为选择性消失。期待经验的突触的存在清楚地表明，遗传基因和环境两者都对学习起决定作用。不同物种的每一个成员对特殊刺激敏感，是先天决定的。但只有当个体经历那种环境刺激的作用后，学习才能发生。

期待经验的突触生成具有关键期。如果在生长的关键期得到适当的刺激，它们就被稳定下来；若得不到适当刺激，它们就会消失。感觉系统的关键期出现早。例如，研究表明，小猫生下来头 8 周未见光线，当它们首次见到光后，似乎是睁眼瞎。原因是它的视神经在对光线敏感的关键期未受到光刺激，期待经验的突触已经消失。对人来说，视觉刺激的关键期不限于 8 周。例如，通过斜视的矫正研究表明，5 岁之前进行过矫正的，未导致长久损害，之后超过 4 年未作矫正处理的，对视觉系统的组织就产生了显著的功能失调影响。

第二种方式是：新突触的增生。这些新突触是由经验决定的，被称为依赖经验的突触（experience-dependent synapses）。其增生过程可延续至人的一生。环境给机体提供了未期待的刺激。由于依赖经验的突触能稳定下来，所以未期待的信息能被机体习得，而且这类突触可以在人生的任何年龄阶段生成和稳定下来。有人用雕塑来比拟突触的这两种生长。雕塑家先塑出一个形体的大致形象，然后根据需要，将多余的部分修剪掉，保存有用的部分；另一方面为了使形象更逼真，他还要在修剪过的形体上增添许多细节。

美国著名生理学家赫布（D. O. Hebb, 1949）在《行为组织》一书中率先提出，通过重复激活彼此邻近的神经元，其突触联结可以稳定下来。由于一般的学习涉及两个以上的神经元，赫布认为，通过学习形成的是神经细胞组合（cell assembly）。某一组合一旦形成，这一细胞组合就可能被内部刺激或外部刺激的组合激活。在某个细胞组合被激活时，我们就会体验到与这一组合相对应的、关于环境中事物或事件的思想。对于赫布来说，细胞组合就是某种思想或观念的神经基础。

2. 学习在神经系统发展中的作用

研究表明，学习使神经细胞的活动更有效和更有力。例如，有人(J. E. Black, et al., 1987)曾以两组动物做实验，一组在复杂环境中喂养，另一组在笼子内喂养。其结果是，前者每一个神经细胞中有更多毛细血管，因而能给大脑提供更多血液；后者不论是单独喂养还是成对喂养，它们每个神经细胞中的毛细血管都较少，这就意味着它们将得到较少的氧和其他营养物。星形细胞(astrocyte)是为神经元提供营养并排出废物的细胞。用它们作指标，复杂环境中生长的动物比笼子内喂养的动物有更多的星形细胞。

经验怎样影响正常的脑和认知结构的发展？为了回答这个问题，有人(W. T. Greenough, 1976)用白鼠做了如下实验。一组白鼠生活在复杂环境中，它们有探索和游戏的机会，因为它们生活环境中的物体每天变换，而且被重新安排；对照组从断奶到成熟一直被置于典型的实验笼中。两组动物分别在非常丰富的环境和被剥夺的环境中生活。当它们面对学习任务时，前者一开始犯的错误就少，而且以后的学习速度也快。研究表明，学习改变了白鼠的大脑，生活在复杂环境中的白鼠比生活在笼中的白鼠的每个视觉皮层神经细胞多20%～25%的突触。这表明，通过学习，大脑神经之间的联结线路增多了。

进一步的研究表明，学习能使突触数量增加，但单纯的练习并不能使突触数量增加(J. E. Black, et al., 1990)。实验白鼠被分成四组：A组被称为“杂技演员”，通过一个月左右的练习，它们要学会穿越设有障碍物的路程；B组被称为“强制操练者”，每天被置于踏车之上一次，每跑30分钟后休息10分钟，再跑30分钟；C组被称为“自愿操练者”，它们的笼中带有活动轮盘，它们可以自由使用该轮盘进行活动；D组被称为“笼中土豆”的控制组，无操作活动。结果表明，“强制操练者”和“自愿操练者”同另外两组相比，血管密度提高。A组由于是学习复杂的动作技能，活动量并不大，血管密度未增加，而突触数量增加显著。这似乎表明，不同种类的经验以不同方式制约大脑。突触形成和血管形成是脑适应的两种重要形式，但它们是受不同生理机制和不同行为事件驱动的。

研究还发现，动物学习特殊任务导致与任务相应的皮层的特殊区域发生变化。例如，训练白鼠走迷宫，在它们的大脑皮层的视觉区会发生结构变化。当它们在学习时，一只眼睁开，而另一只眼被遮挡，结果只有与睁开的眼相联系的皮层区发生变化。当它们学习一套复杂的动作技能时，结构的变化出现在大脑皮层的运动区和小脑。这表明，学习使脑产生了新的组织模式。这种现象被神经细胞活动的生理学记录证实。用猫、猴子和鸟做的实验也发现了上述变化。这也说明，大脑可塑性变化不限于生命早期。

在人类中也发现上述变化。例如对大学生和高中辍学生的尸检研究表明，大学生比高中辍学生的触突联结多40%。然而，未接受丰富刺激的大学生的触突较少。研究也表明，生活中的认知挑战也能提供一些保护，以对抗老年痴呆症。尸检研究表明，接受较多教育的个体，尽管其脑细胞受损，也不会表现出早老性痴呆症状。

三、语言的脑生理学研究

基因和环境在儿童的言语发展中各起什么作用？这是哲学家和心理学家长期争论的问题。行为主义心理学家认为语言是后天习得的。语言学家乔姆斯基强调语言学习的先天机制，认为儿童的深层的语法结构是先天准备好的。认知神经科学研究者把心理生理学方法与放射成像技术以及人工智能相结合，在研究言语和阅读的脑生理机制方面取得了传统研究方法无法比拟的进步，从而可以对上述争论作出更有依据的解释。

（一）阅读的大脑神经机制

波斯纳等(M. I. Posner, et. al., 1988)研究了不同条件下的大脑成像：如当被试注视一个光点时，分别被动默读一个词(或者假词)，出声地读一个词，重复地读一个词，生成一个词的联想(如给予词“榔头”，说出词“敲打”)；或者确定一个词是否指一个类别的成员(如这是危险的动物吗？)等。波斯纳及其同事发现，被动默读一个词，刺激了大脑的后背部的加工，而且更多的加工活动出现在右半球，而不是左半球。这一发现与已知右半球承担模式识别任务相一致。但被动阅读真实的词则激活大脑的左前叶，而阅读假词却未激活左前叶。这一发现也与传统上认为左脑承担有意义言语加工任务相一致。认知神经科学家正在把他们的工作与人工智能研究相结合，在计算机上建立神经网络，模拟生物学上合理的阅读过程。例如模拟在典型与非典型条件下词的再认。人工智能专家设计的计算机程序能完成上述波斯纳等人的被试所完成的阅读任务。一般认为，认知神经科学和人工智能将对评价某些新的和老的阅读理解发挥作用。

（二）语言经验对大脑发展的影响

如果在儿童发育的适当时期提供适当刺激，脑皮层就能得到最佳发育。世界上有6 500多种言语。将正常的新生儿置于任何一种言语环境中，他们都能很快掌握那种言语。但是成年人却失去了这种能力。人类知觉音素的能力是一个典型例子。音素(phoneme)是有意义的最小语音单位。如“t”和“o”分别是音素，to 结合成为音节。研究和日常经验表明，与成人相比，婴儿区分音素的能力更强。但是到成年期，由于得不到适当经验的支持，这些能力丧失了。如土生土长的日本成年人不能区分“l”与“r”音，而 6 个月的日本婴儿和本族语为英语的人很容易区分这两个音素。中国某些省份的成年人不能区分“lan、nan ”与“en、on”等音，对其他省份的人而言，这些语音是很容易区分的。根据神经生理学的解释，在婴幼儿期，大脑每个神经元具有更多的突触(约 1.5 万个)，所以具有更强的辨别语音能力。由于只有被使用过的突触才能保存下来，那些在语言发展关键期得不到适当的语音刺激的人，神经元之间的突触逐渐消失，其功能也随之消失。

新近的研究进一步表明，人脑对不同的语言学习任务似乎有专门分工，听、说、阅读和用语言思维与大脑的不同区域有关。这就暗示，语文教学中，需要对儿童的听、说、读、写分别进行训练。

通过语言教学训练，脑机能的组织也可以改变。例如，聋哑人学习手势语，他们与别人交流时，视觉系统替代了听觉系统。手势语的知觉依赖于形状、相对空间位置以及手移动的视知觉。当聋哑人用手势语交流时，不同脑神经系统加工过程代替了在正常情况下使用语言的神经系统的加工过程。在所有聋哑人的大脑内，在正常情况下，原本是加工听觉信息的某些皮层区变得适合加工视觉信息了。而且，使用与不使用手势语的聋哑人的脑有明显差异。这就是说，特殊形式的教学可以矫正大脑，使之能运用不同的感觉输入信息，从而实现适应功能。

脑功能受损的病人，通过教学和长期的练习，他们的言语功能可以部分或全部恢复。这些例子也表明，教学和系统训练可以对脑的功能起重组作用。

四、注意、记忆与大脑

(一) 注意与大脑

注意可以从状态、分配和过程三方面来描述，这三个方面都有选择性。其脑生理机制都得到过仔细研究。

1. 控制注意状态

当学习者维持一种预期态度、警觉信息和不分心时，他处于注意状态。研究表明，大脑前叶和皮层神经递质对个体控制注意状态的能力起关键作用。例如一位男病人大脑左前叶受损，在集中注意完成数数任务时发生困难。他能连续数“3”，但在连续数“3”以后不能转移到连续数“7”的任务。而右侧前叶受伤的病人完全不能控制注意。

精神分裂症和多动症患者的行为类似于大脑前叶损伤病人的行为。因此,研究者推测多动症儿童的大脑前叶成熟推迟。

儿酚苯胺是神经递质,它影响或改变神经元的电活动。儿酚苯胺的水平增加或降低似乎导致注意失调。苯丙胺或类苯丙胺的药可以有效治疗以注意缺乏为特征的多动症。

2. 选择性分配注意

根据信息加工心理学,人的注意同人的短时记忆一样,其容量有限。人在短时内只能注意数量有限的信息,这个数量被称为注意广度。注意容量限制有重要的生物学意义。因为没有这样的限制,人将加工大量无关信息,这使目标定向的行为不可能发生。生理学家认为,是皮层下的机制而不是皮层机制支配注意的分配。例如在一项研究中,研究者给被试呈现 3×3 矩阵,并要求察觉若干 X 的位置。这些矩阵有时相同,有时不相同,同时呈现在视野的两边。被试注视两者之间的一点。大脑正常的被试无法完成此任务,但大脑两半球的联系被切断的被试很容易完成此任务。这表明,正常的大脑能分配去加工刺激的注意的能量是有限的。此外,证据表明,皮层过程尤其是海马,也影响注意的分配。海马受损的动物不能快速指向环境中出现的新刺激。此种定向反应被认为是适应环境的关键手段,因为它是机体抑制正在进行的活动,以便应付环境中的突然变化。

3. 选择性组织注意

组织注意指学习者不仅将注意能量分配给特殊任务,而且指引注意去选择性地加工某些信息。这是学习中一个重要概念。因为学习者在学习中必须注意事物的细微差异,如阅读者在阅读时必须注意字母的差异。研究表明,诵读困难儿童难以注意相似字母,如"b、d"之间的差异。研究发现,与正常儿童相比,这类儿童的脑电波模式有系统差异。研究者认为,注意的指向性在视觉加工中起关键作用。他们运用眼动来研究注意的组织。眼动作为注意指向和随后的加工的一个重要指标。证据表明,与内侧叶相连接的神经系统存在内隐的注意机制,它独立于眼动系统。波士纳等人根据眼动研究结果认为,注意被某种内部语义运作内隐驱动。这种语义编码对注意的影响在启动研究中得到证实。例如给被试呈现某种类别的词,这种呈现促进了被试对同类的其词的再认。这种效果与词呈现的通道(如视或听)无关。波士纳认为,学习者用单一语义编码表征的意义可以从不同通道被提取出来。这一研究表明,注意组织与注意的其他方面一样,作为其神经基础的大脑皮层是复杂的。对于注意组织到底什么系统在起作用和如何起作用,目前还不完全清楚。所以在教学中采用多重编码可能促进学习。

总之，研究者认为，人们不能期望有特殊的教学技术可以控制学生的注意，相反，应采用多种技术来提高学生，帮助他们分配注意，并将注意指向任务的适当方面以促进学习。

(二) 记忆与大脑加工

在1953年生物学家对一个名叫H. M. 的癫痫病人的记忆作了充分研究。为了减轻H. M. 的癫痫发作，研究人员对该病人进行了手术，他的癫痫发作被成功排除。但H. M. 的短时记忆完好，长时记忆丧失。像其他记忆缺失病人一样，他能完成镜画任务，但是他记不住做了什么。他能学会解决河内塔问题技能，但他记不住有关河内塔问题的任何事实。研究者认为H. M. 丧失的是陈述性记忆系统，而程序性记忆系统保持完好。1984年有人用猴子做试验，在猴子身上观察到与人的记忆缺失症相同的行为模式，为程序性记忆系统的存在提供了新的证据。根据各种研究资料，斯奎尔(L. R. Squire，1995)等提出了记忆分类及其相关大脑结构(见图2-3)。

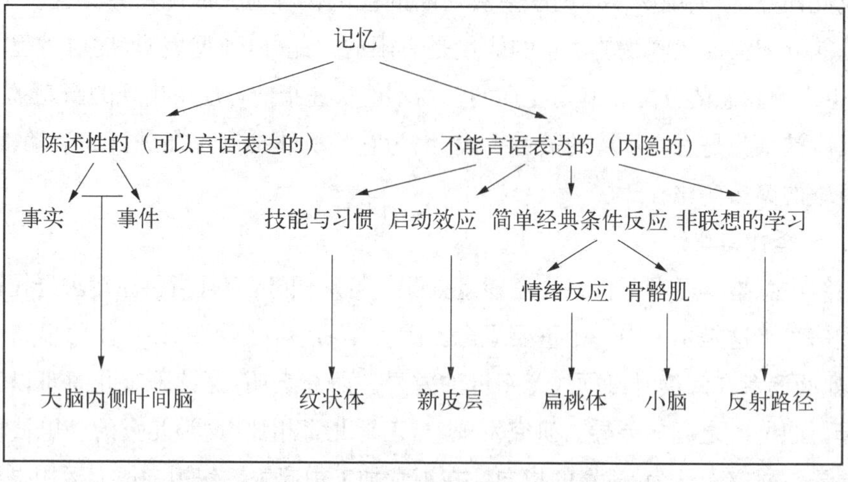

图2-3 记忆分类及其相关的大脑结构

从图2-3可见，记忆可分为两种基本类型：陈述性记忆(declarative memory)和程序性记忆(procedural memory)。前者是有关事实或事件的记忆，主要发生在包括海马的大脑系统；后者是有关技能或其他认知运作(operations)的记忆，它们不能用陈述性的句子表达，主要发生在涉及新条纹区的大脑系统。

大脑不是被动记忆，而是主动加工信息。例如，随机呈现一列事件，被试在回忆时将事件重新排列并赋予某种意义。有人向被试呈现如下词：sour(酸味)—candy(糖果)—sugar(糖)—bitter(苦味)—good(好)—taste(味道)—tooth(牙齿)—knife(小刀)—honey(蜂蜜)—photo(照片)—chocolate(巧克力)—heart(心脏)—cake(糕)—tart(酸)—pie(饼)。在再认测试时，被试只要回答某词是否在这个系列中。结果，被试以很高的频率和可靠性回答“sweet”(甜)在这个系列中。被试记住了他们没有见过的东西。这也表明，脑的主动加工作用，通过推论把事情联系起来。

研究表明，当问儿童某类错误的事件是否出现时，他们将回答说，未曾见过；但是如果围绕这类事件重复长时间讨论，儿童就开始把这类事件当作真的出现过。这样的讨论延续12周后，儿童将对这些虚构的事件作出完全精心的描述，其中涉及父母、兄弟和一整套支持性证据。用重复出现的词表对成人实验表明，回忆未看见过的词如同直接见到过的词或事件一样，激活了大脑的相同区域。核磁共振成像也表明，在进行有关真实和错误事件的回答时，相同的大脑皮层区被激活。这可以解释为什么错误的记忆使人不得不相信、去报告这些事件。

总之，神经科学的研究已经证实，在通过改变脑结构从而建立心理结构的过程中经验起重要作用。也就是说，发展不只是程序化的模式的自然展开。支配学习的一个最简单的原理是：练习促进学习。在大脑内，复杂环境中经验的数量与脑结构变化数量之间也存在类似的关系。越来越多的证据表明，当有学习发生时，发展中的和成熟的脑在结构上是变化的。人们相信，这些结构变化将脑中的学习结果加以编码。研究发现，由于与起刺激作用的物质环境直接接触和在群体中相互作用，白鼠大脑皮层的重量和厚度会发生变化。后继的研究揭示神经细胞结构和支配其机能的组织的变化。神经细胞获得更多突触，从而使之更易于交换信息。神经细胞的结构也发生相应变化。这些发现表明，大脑是一个动态器官，在很大程度上被经验塑造，也就是被它所做和正在做的事情塑造。美国国家学术出版社1999年出版的《人是如何学习的——大脑、心理、经验及学校》(*How People Learn: Brain, Mind, Experience, and School*)一书系统总结了大脑神经系统科学的研究成果后得出如下三个指导性的观点：学习改变大脑的生理结构；这些结构变化又改变大脑的功能组织；大脑的不同部位可能对不同时期的学习具有不同准备。

五、神经生理学研究新发展的学习与教学含义

由于认知神经科学研究发展，在20世纪90年代，美国开始流行一种思潮，就是要求把学生的学习与教学建立在脑科学研究的基础之上。德里斯科尔(M. P. Driscoll, 2005)在其所著的《学习心理学》(*Psychology of Learning for Instruction*)中指出了神经心理学的四条原理及其学习与教学含义(见表2-1)。

表 2－1　神经心理学的学习与教学含义

原　理	学　习　与　教　学　含　义
1. 认知功能是分化的	学生可能有偏好的加工通道和运用不同通道的潜能。这表明需要采用多通道的教学观，即利用不同感官通道的活动进行教学。
2. 大脑具有相对可塑性	丰富的和积极的环境可促进发展中的儿童的学习。对于成人，虽然可塑性随年龄增加而下降，如果提供多样化的教学策略，学习仍然具有灵活性。
3. 语言可能有生物学上的先天程序	儿童具有有关言语的内隐知识，教学中应使这种知识成为可以明言的。此外，教师应知道，言语问题可能干扰学科内容学习。
4. 学习障碍可能有神经生物学基础	神经病理学测验可能有助于诊断、处理和评价为改善各种学习问题而设计的教程的有效性。

第三节　学习的分类

一、研究学习分类的目的和意义

学习分类研究的思想起源于第二次世界大战期间。当时许多心理学家被征调入伍，从事军事人员训练。他们利用那时建立起来的行为主义学习理论来指导军事人员训练，结果许多训练计划的效果都不理想。从此，许多心理学家开始认识到，人类的学习是极其复杂的，在一定条件下心理学家研究的学习，只是十分复杂的学习现象的某个侧面或某个局部，决不能以偏概全，用这些局限的理论来解释一切学习现象。这种认识对教学论研究的启示是：如果人们想利用学习论原理来改进教学，则首先必须注意研究学习的类型，因此产生了一种被称为任务分析教学论的教学论思想。任务分析教学论的基本观点是：人类的学习有不同类型，不同类型的学习结果、学习过程和有效学习的条件也不同，必须根据不同类型的学习规律来进行教学过程和教学方法的设计以及教学结果的评价。

当学习分类与任务分析教学论思想在西方教学论中广泛流行时，非分析的观点在我国教学理论和实践中仍占主导地位。我国报刊上发表的有关教学论的文章往往只是泛泛而谈，强调学生是主体、教师是主导、学生自主学习、探究式学习、研究型学习和启发式教学，等等。在总结优秀教师或特级教师的教学经验时，也用这些口号去套。在教师职前和在职的教学培训中，这种一般化的大道理反复讲，而学习分类的分析性研究几乎没有。

我们可以拿医生和教师的工作作类比。医生的职责是给人治病。疾病有许多类型,如分内科和外科疾病,在内科和外科中又分许多亚科。不同的疾病要用不同的药物和手段来治疗,才能达到治疗目的。教师的职责是帮助人学习。学习也可分为许多类型,如可分为认知学习、品德学习、动作技能学习,认知学习又可以分为机械记忆学习和理解学习。在我们的教学中把品德学习当作知识来教,将需要理解的学习用死记硬背的方式来教,这样的例子并不少见。这些现象犯了混淆学习类型的错误,难免误人子弟。

二、几种重要的学习分类

(一) 我国流行的学习分类

我国教育心理学家冯忠良依据教育系统中传递的经验内容不同,将学生的学习分为三类。

(1) 知识学习。包括知识的领会、巩固和应用三个环节,要解决的是知与不知、知之深浅的问题。

(2) 技能学习。其中又分心智技能和操作技能两种,要解决的是会不会的问题。

(3) 社会规范的学习。又称行为规范的学习或接受,是把外在于主体的行为要求转化为主体内在的行为需要的内化过程。其学习既包括社会规范的认识问题,又包括规范执行及情感体验的问题,因此比知识技能的学习更为复杂(冯忠良等,2000)。

这一学习分类符合我国教育理论的习惯分法,如由潘菽主编的中华人民共和国成立以来出版的第一本《教育心理学》(1980)把学习分为知识学习、动作技能学习、智慧技能学习和社会行为规范学习。冯忠良的学习分类与潘菽的学习分类无实质上的差异,这个学习分类系统为我国教育行政人员和广大教师所熟悉。

(二) 加涅的学习结果分类

20世纪60年代,美国著名学习与教学心理学家R·M·加涅(R. M. Gagné, 1916—2002)明确认识到,人类学习现象极其复杂,不可能用一种理论解释全部学习现象,必须对学习做分类研究。1965年他出版《学习条件》一书,该书于1970年、1977年和1985年三次修订再版,最后一版的书名为《学习的条件和教学论》。该书将人类学习的结果分为五种类型。

(R. M. Gagné, 1916—2002)

1. 言语信息

指能用言语(或语言)表达的知识。其中又分三个小类:(1) 符号记忆,包括人名、地名、外语单词、数学符号等的记忆,如知道上海又名"沪",苹果在英文中叫

"apple"等;(2) 事实的知识,如知道"中国的首都是北京"、"北京在 2008 年举办第 29 届奥运会"等;(3) 有组织的整体知识,如影响稻谷生长的原因知识(见图 2-4)。

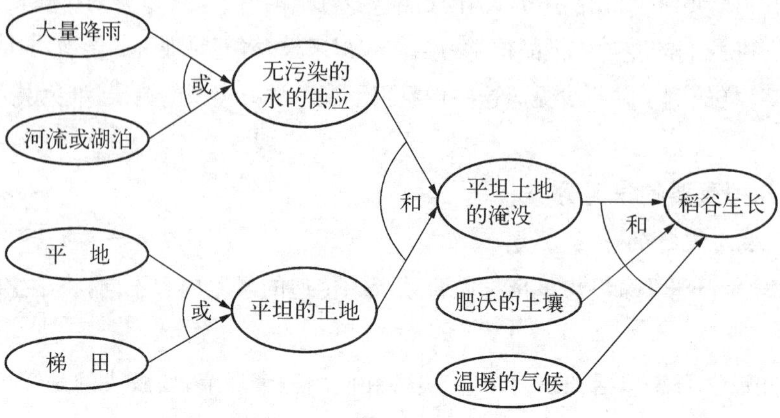

图 2-4 影响稻谷生长的原因知识

2. 智慧技能

主要指运用概念和规则办事的能力。其中又分五个小类。

(1) 辨别。区分事物差异的能力,如区分两张不同的面孔,区分 b 与 d 两个不同字母的音和形。

(2) 具体概念。识别同类事物的能力,如从大量餐具中识别"碗"和"杯子",从大量动物中识别"马"。具体概念一般不能下定义,其本质特征是人们在日常生活中逐渐发现并归纳出来的。

(3) 定义性概念。指运用概念定义对事物分类的能力,如圆周率(其符号为 π)。这类概念不能直接通过观察习得,必须通过下定义即 $\pi=c/d$,即圆周率(π)是圆的周长与其直径之比,而且不论圆的大小,这个比值都是固定不变的。学生如果按该定义办事,则他习得了定义性概念。

(4) 规则。当原理或定律指导人的行为,而人又按原理或定律办事时,原理或定律变成了规则。如圆的面积(s)等于圆的半径(r)的平方乘以 π,即 $s=\pi r^2$。当学生运用这个定律(公式)做事时,则该定律变成了指导人行为的规则。

(5) 高级规则。由若干简单规则组合而成的新规则。如 $(a+b)(a-b)=a^2-b^2$ 由如下简单规则组合而成:

符号相同的两个变量相乘,积为正,如 $a\times b=ab$;

符号不同的两个变量相乘,积为负,如 $a\times(-b)=-ab$;

单项式乘多项式即用多项式中的每一项乘以单项式,如 $(3a)(3a+5b+6c)=$

$9a^2 + 15ab + 18ac$；

同类项应合并。

3. 认知策略

指运用有关人们如何学习、记忆、思维的规则支配人的学习、记忆或认知行为，并提高其学习、记忆或认知效率的能力。例如，阅读心理学家提出阅读中可采用 SQ3R 方法。这里 S 指浏览全文，略知文章大意；Q 指提出疑难问题；3R 中第一个 R 指带着问题阅读课文，第二个 R 指对重要文段进行诵读，最后一个 R 指回顾或复读课文。如果学生用这套方法(或规则)进行阅读，改进了自己的阅读方法，并提高了阅读效果，就可以认为，学生掌握了这种阅读策略并提高了阅读学习能力。

4. 动作技能

指通过练习获得的、按一定规则协调自身肌肉运动的能力。例如，背越式跳高能力就是以动作技能为主的运动能力。动作技能中含有两个成分：一是运动规则，如背越式跳高这项技能中有如何助跑、单脚蹬地、腾空、身体过竿等复杂规则；二是肌肉协调，如背越式跳高中手、脚、身躯甚至呼吸之间有复杂的肌肉协调。动作技能学习的实质是通过练习，使操作规则支配学习者的肌肉协调，最后达到自动化。

5. 态度

指习得的对人、对事、对物、对己的反应倾向。例如，若父母给幼儿讲大灰狼假装兔妈妈，闯进小白兔家里，想吃小白兔的故事。故事中的大灰狼狡猾、凶残。故事多次重复以后，幼儿一听到大灰狼这一名称就感到憎恶，说要打死大灰狼。一提到小白兔，幼儿就表现出愉快、想接近它的神态。这两种反应倾向表明，幼儿习得了对不同动物的两种不同态度。

上述五种学习结果中，前四种属于能力范畴。人的能力有天生成分和后天习得的成分。后天习得的能力是由习得的言语信息、智慧技能、认知策略和动作技能构成的。这四种成分中前三种属于认知领域，第四种即动作技能，属于心因动作领域。第五种学习结果即态度，属于情感领域。表 2－2 呈现了加涅的学习结果分类及其行为样例。

(D. P. 奥苏伯尔，1918—2008)

(三) 奥苏伯尔的两维学习分类

奥苏伯尔是美国的一位认知心理学家，他提出的两维学习分类只涉及认知领域。根据学习进行的方式，他把学习分为接受的与发现的；又根据学习材料与学习者的原有知识的关系，把学习分为机械的与有意义的。接受的与发

表 2 - 2　加涅的学习结果分类及其行为样例

学习结果	行为样例
智慧技能：	演示符号应用，详见如下：
辨别	区分印刷体字母“m”和“n”
具体概念	识别空间关系“下面”；识别某一物体的“边”
定义性概念	使用定义给“家庭”分类
规则	演示句子主语与动词的一致性
高级规则	生成一条规则，预测在给定光源距离和透镜曲率条件下成像的大小
认知策略	使用有效的方法回忆名称；为储存汽油问题提出一个解决办法
言语信息	陈述美国宪法第一次修正案的有关条款
动作技能	打印字母“R”；作“s”字形溜冰
态度	作出听古典音乐的行为选择

现的、机械的与有意义的，这是划分学习的两个维度。这两个维度互不依赖，彼此独立。但教育界往往把接受学习与机械学习等同，把发现学习与有意义学习等同，因此在实践中带来了许多混乱。有意义的与机械的、发现的与接受的这两个维度的每一个方面都不是绝对的，在它们之间还有许多过渡形式(见图 2 - 5)。

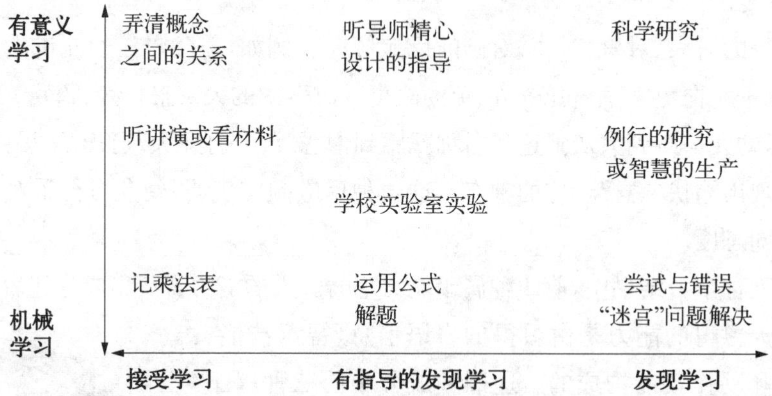

图 2 - 5　分布于有意义学习与机械学习、发现学习与接受学习之间的学习类型举例

在两维框架内部，奥苏伯尔再将有意义学习由简到繁分为如下五种类型。

1. 符号表征学习。学习单个符号或一组符号所表示的意义，如“上海”表示一个城市，“车祸”表示一类事件，“小白兔”表示一类动物。符号表征学习包括学习符号和符号所指称的人、事物或性质。符号最初表示个别事物，如“狗”只表示儿童最初所见到的某条狗。当符号如“狗”表示一类事物如犬类，而不论其大小、毛色、习性时，“狗”这个符号所表示的是狗的概念。

2. 概念学习。概念是一类事物共同的本质特征。如“三角形”这个概念是所有三角形（不论大小、形状）的本质特征：在同一平面上，有三条边且两两相连接。概念学习意味着掌握一类事物共同的本质特征。例如，掌握三角形这个概念，就意味着能理解三角形是“平面上由三条边两两相连构成的封闭图形”，也意味着学习者能从大量图形（包括三角形和非三角形）中识别三角形。

3. 命题学习。命题这个术语来自逻辑学，指表达判断的语言形式，由句子把主词和宾词联系而成。例如，“北京是中国的首都”在逻辑学中就是一个命题。在心理学中，命题是语词组合表示的最小意义单位，由两个成分构成：一个成分是两个以上的论题，第二个成分是它们的关系。如“我爱冬天的梅花”这个句子包括两个命题，第一个命题是“我爱梅花”，第二个命题是“梅花是冬天的”。“我”和“梅花”是论题，“爱”和“是”是关系。

命题有两类：一类是概括性命题，如“圆的直径是它的半径的两倍”，指一切圆的所有直径都是它的半径的两倍；一类是非概括性命题，如“月亮绕地球转”。前一类命题往往是揭示几个概念之间的关系，表示某种规律、定理、规划或原理等；后一类命题表示一个事实。所以命题学习包括事实学习和规律、定理或原理学习。后者是掌握概念之间的关系，是有意义学习的核心成分。

4. 概念和命题的运用。前三类学习是有意义学习的基本类型。在此基础上，是概念和命题（概括性命题）在简单情境中的运用。例如，掌握圆周率之后，在已知圆的半径的条件下，可以利用公式 $c = 2\pi r$ 求周长。

5. 解决问题与创造。解决问题是概念和命题在复杂情境中的运用。学习者遇到的新情境越复杂，新情境与原先学习的情境越不相似，问题解决的难度就越大，要求的创造性程度就越高。创造是解决问题的最高形式。奥苏伯尔认为，解决问题涉及问题的条件命题和目标命题、背景命题、推理规则和解决策略。（详见第七章第二节）

三、对以上分类的评析和本书采取的分类观

从以上几种学习分类可见，将学习分为认知、情感和动作技能三个领域，这是大多数学习分类系统遵循的分类框架。奥苏伯尔的学习分类只涉及认知领域，冯忠良学习分类中社会规范的学习相当于加涅的态度学习，但都包括认知、情感和行为的学习。然而，在这个大框架下，不同分类系统的差异出现在知识与技能的划分上。加涅划分了三种技能，即智慧技能、认知策略（一种特殊的对内调控的认知技能）和动作技能。奥苏伯尔分类系统中有知识的简单运用和综合运用（解决问题和创造），但未对知识和技能加以划分。冯忠良分类系统中的知识类似于奥苏伯尔分类系统中的知识。两者

都涉及知识的简单运用与综合运用。冯忠良分类中的心智技能相当于加涅分类系统中的认知策略。

本书在学习分类上采用认知、情感(或态度)与动作技能三分的大框架,在认知学习领域则采用"知识"(陈述性知识)、智慧技能(程序性知识)和认知策略(特殊性的程序性知识)三分的形式。为了阐明知识与技能的关系,本书对知识和技能作了重新定义。知识可在广义和狭义上使用,广义的知识包括技能,狭义的知识只涉及加涅的言语信息。技能的本质是程序性知识(包括默会知识)支配学习者的认知活动或身体肌肉协调活动,所以可以把技能看成是程序性知识的运用。

本章概要

1. 可以根据学习的结果和过程给学习下定义。根据结果,学习是主体与其环境相互作用所引起的能力与倾向的变化;根据过程,学习是主体与其环境相互作用导致其能力与倾向发生变化的过程。学习既有生物适应意义,也有极其重要的社会适应意义,所以学习是哲学、心理学、生物学和人工智能共同研究的对象。学习的研究可以分为三种水平:哲学与经验总结水平、心理与行为水平和神经科学水平。

2. 脑生理学研究表明,学习可以改变脑生理结构。这些结构变化又改变脑的功能组织。大脑的不同部位对学习具有不同的准备。从20世纪90年代,要求把学生的学习与教学建立在脑科学研究的基础之上,已经成为一种国际思潮。

3. 对复杂的学习现象做分类研究始于第二次世界大战之后。可以按照不同标准对学习现象进行分类。加涅的学习结果分类是国际上广泛认可的分类,他将人类学习结果分为言语信息、智慧技能、认知策略、动作技能和态度。奥苏伯尔的学习分类局限于认知领域。根据学习进行的方式,他把学习分为接受的与发现的;又根据学习材料与学习者的原有知识的关系,把学习分为机械的与有意义的。接受的与发现的、机械的与有意义的,它们是划分学习类型的两个维度。

4. 加涅的学习结果分类理论侧重于阐明每类学习结果的外部行为表现以及每类学习产生的条件;奥苏伯尔的学习分类理论侧重阐明每类有意义学习发生的心理过程。这两个分类理论各有长短,我们应综合应用它们的长处来解释不同类型学习的结果、过程和条件。

5. 对复杂的学习现象做分类研究是学习心理学和教育心理学研究的重大进步,有助于促进教学工作的科学化。为此,我国教师、教研人员应注意研究学习类型的区分。医生治病时误诊了疾病类型的危险性已人所共知,教师在教学时混淆学习类型也会引起类似的后果,但后者的危害未被重视。

练 习 题

一、解释下列术语

表现(performance)	学习
认知神经科学	期待经验的突触(experience-expectant synapses)
加涅的学习结果分类	依赖经验的突触(experience-dependent synapses)
奥苏伯尔的两维学习分类	陈述性记忆(declarative memory)
任务分析教学论	程序性记忆(procedural memory)

二、填空

1. 行为主义心理学把“学习”定义为经过练习产生的__________变化。

2. 认知心理学把“学习”定义为经过练习产生的__________变化。

3. 心理学家一般都同意把学习分成三大领域:(1) __________、(2) __________、(3) __________。

4. 加涅将智慧技能学习从低级到高级依次分为五类:(1) __________、(2) __________、(3) __________、(4) __________、(5) __________。

5. 大脑神经元之间神经冲动沿着一神经元的__________到另一神经元的__________。两个神经元之间的轴突和树突相邻并传递神经冲动的部位被称为__________。

6. 中华人民共和国成立以来出版的第一本教育心理学是由__________主编的，该书将学习分为(1) __________、(2) __________、(3) __________、(4) __________四类。

7. 奥苏伯尔根据学习是否有意义把学习分为(1) __________、(2) __________;根据意义习得的方式把学习分为(1) __________、(2) __________。

8. 奥苏伯尔将有意义学习由低级到高级分为五类:(1) __________、(2) __________、(3) __________、(4) __________、(5) __________。

9. 学习的研究可以分为三种水平:(1) __________、(2) __________、(3) __________。

三、选择

1. 根据学习的定义，下列属于学习的现象是______。(1) 吃了酸的食物流唾液;(2) 望梅止渴;(3) 蜘蛛织网;(4) 儿童模仿电影中人物的行为。

2. 小明原来见了陌生人就躲避。上幼儿园一个月后，小明的这种行为消失了。

据加涅的学习结果分类，这里发生______的学习。(1) 言语信息；(2) 智慧技能；(3) 动作技能；(4) 态度。

3. 小明在 2 岁时就学会了背“床前明月光，疑是地上霜……”这首唐诗。按加涅的学习结果分类，这里发生的学习是______。(1) 言语信息；(2) 态度；(3) 动作技能；(4) 智慧技能。

4. 六年级的小芳通过一节几何课学习，学会用圆规画圆，这里的学习结果类型是______。(1) 动作技能；(2) 概念学习；(3) 言语信息；(4) 辨别学习。

5. 小学生在英语课上学习“书”的英语单词“book”。按奥苏伯尔的学习分类，这里的学习属于______。(1) 表征学习；(2) 概念学习；(3) 命题学习；(4) 发现学习。

6. 婴幼儿在与成人的交往中，学会区分“你”、“我”、“他”，根据奥苏伯尔的学习分类，这里发生的学习实质上是______。(1) 符号表征学习；(2) 概念学习；(3) 命题学习；(4) 接受学习。

7. 加涅将认知领域的学习分为言语信息，智慧技能和认知策略三大类，其依据是______。(1) 认知复杂程度；(2) 知识的内在表征方式；(3) 学习的信息加工模型；(4) 内在的能力和外在的表现。

8. 将一篇在电脑上打好的文章按一定格式排版所属的学习类型是______。(1) 动作技能；(2) 智慧技能；(3) 言语信息；(4) 态度。

四、研究与设计

1. 比较本书提到的加涅、奥苏伯尔和我国学者提出的学习分类的异同点并对它们的优缺点作出适当评价。

2. 举若干实例说明学习可以改变人脑的结构和功能及其对教育的启示。

3. 从学习心理学研究发展史考察教育心理学家为什么要研究学习分类，并简评本书所介绍的 4 个分类系统的理论依据及其实践意义。

4. 阅读教材第三章第二节和第三节，以人物为线索，比较早期学习理论中认知观与行为观的主要分歧。

第三章　学习论流派及其主要争论问题

本章要点

学习论流派的认识论根源 **经验主义认识论及其对学习心理学研究的影响** 经验主义认识论 经验主义对学习心理学研究的影响 **理性主义认识论及其对学习心理学研究的影响** 理性主义认识论 理性主义对学习心理学研究的影响 **学习论流派发展和演变概况** 早期学习心理学研究中两大对立学派的争论 20世纪中期之后学习理论的发展与演变 **学习心理学研究早期两大派别的理论之争**	**基于经验主义的早期学习研究** 人类联想学习的研究 条件反应和动物学习研究 **基于理性主义的早期学习研究** 格式塔心理学家的顿悟说 托尔曼的认知学习理论 **当前两种不同的学习理论** **信息加工理论** 关于学习的过程 关于学习的结果 关于有效学习的条件 **情境认知理论** 关于人类认知与学习的性质 情境认知的过程与条件 情境认知的教学含义

本章目标

学完本章后，应能做到：

1. 对给出的某一学习论学派的研究实例，用本章习得的观点分析其哲学根源；

2. 列表比较本章介绍的学习论两大阵营关于学习结果、学习过程和有效学习条件的不同观点，并给予适当评价；

3. 举例说明学习心理学研究从认知与行为两派观点严重对立到20世纪中期后两派观点逐步融合的趋势；

4. 根据本书第二章提出的，需要在三个层次上对学习开展研究的观点，评析“情境认知”研究的性质及其主要观点和应用价值。

心理学中的学习理论（简称“学习论”）是研究学习的性质、学习类型、学习过程和有效学习的条件的各种学说。在科学心理学产生之前，关于学习的性质、过程和条件的不同观点之争早已存在，不过争论停留于哲学与常识范畴。科学心理学诞生之后的一百多年来，心理学家有关学习理论的争论一直没有停止，产生了多种学习论流派。本章首先介绍学习论流派产生的哲学渊源和主要学习论流派的演变情况；然后按时间顺序，先介绍学习心理学研究早期两大对立派别的经典实验及其主要争论问题；然后有选择地简要介绍信息加工心理学和与之对立的情境认知理论的基本观点。其余学习理论派别的观点和研究资料将留待本书第二部分在对学习作分类论述时予以适当介绍。

第一节　学习论流派的认识论根源

心理学的学习论在解释人的认识与能力时会涉及知识的起源、性质。人如何认识事物？怎样学会新的能力？人的知识与外部世界的关系如何？这些问题既是科学心理学研究的主题，也是自古以来哲学认识论讨论的课题。哲学被划分为唯物主义和唯心主义两大阵营。唯物主义者的认识论是通常表现为经验主义或联想主义；唯心主义者的认识论通常表现为理性主义或解释主义。现代学习论的分歧也可以从这两大阵营中找到哲学认识论的根源。

一、经验主义认识论及其对学习心理学研究的影响

（一）经验主义认识论

强调经验，尤其是感觉经验是一切知识的来源的哲学理念被称为经验主义(empiricism)。西方哲学中的经验主义可以追溯到古希腊；中国哲学中的经验主义可以追溯到先秦时期。例如，古希腊哲学家亚里士多德认为，认识来源于感觉，而“感觉决不只是感觉自身，而必有某些东西外于感觉而存在”。他提出“白板说”，认为灵魂如同一块空无所有的白板，它借助感觉器官感知外界事物。他不同意他的老师柏拉图的观点，认为观念不能独立于外部世界而存在，外部世界是一切知识的源泉。但是他也认为，通过感觉印象不可能揭示自然的规律，只有通过推理才能把自然规律揭示出来(戴尔·申克，2003)。

中国古代哲学家对人的心理和知识的解释也具有经验主义观点。先秦哲学家中唯物主义的代表人物是荀子(约公元前313—前238)。他说：“心有征知。征知，则缘耳而知声可也，缘目而知形可也。然而征知必将待天官之当薄其类然后可也。五官薄

之而不知，心征之而无说，则人莫不谓之不知。”

“征知”指应接辨别外物产生的感知。薄，指接触。类，指感知对象。这段话的大意为：心有应接辨别外物产生感知的能力。这样，通过耳就能感知声音，通过目就能感知形状。但是，心要应接辨别外物产生感知，必须通过天官接触外物。如果天官接触外物不能感知，心应接了外物无法说出，那么人们就没有不说，这是一个没有知识的人（高觉敷，1989）。

大致在1650—1850年间，英国经验主义哲学发展到一个很高的水平，代表人物有洛克（John Locke）、贝克莱（George Berkeley）、休谟（David Hume）等。他们对观念的产生和形成提出了详细的解释。他们认为，由感觉获得的观念，经观念的联合或联想形成复杂的知识经验，并认为经验是一切知识和观念的唯一源泉。但在经验与现实的关系上在经验主义内部存在唯物主义与唯心主义两种不同观点。洛克持唯物主义观点；贝克莱和休谟持唯心主义观点，不认为经验是现实的反映，而视存在为感知到的现象。

经验主义包含三个学习机制：第一，通过感知获得的简单观念可以在记忆中保存下来；第二，通过联想可以将简单观念组成复杂观念。常举的例子是苹果观念的形成：苹果的感觉印象可分解为分别与颜色、气味、大小、质地和味道等对应的不同感觉。这几种感觉由于在时空上接近而在“心”中联合形成了复合的苹果观念，所以我们心中的苹果观念是复杂的，但又可以分解成更为简单的原始观念，而且苹果观念又可以与其他有关观念（如“苹果可吃”）进一步联合；第三，经验主义理论包含反思（reflection）观。经验主义者认为，人的心（mind）能从记忆中回忆起单个观念，比较它们，而且能得出某种结论。该结论可以作为另一种联想而被记录下来。反思观可以用来解释从抽象、推理和演绎中得到的知识。例如，人们从广泛经历的不同例子中抽象出事物的共同本质特征，形成一类事物的概念。经验主义者认为，由于有反思，人的心不是一系列感觉经验的被动记录器。

鲍尔和希尔加德（1987）指出，经验主义对人的认识的分析具有四个特征：（1）感觉主义，认为一切知识来源于感觉经验；（2）还原主义，认为复杂观念由简单观念构成，它们又可以还原为简单观念；（3）联想主义，认为通过时空接近，一起出现的经验的联想过程、观念或心理成分可以联合起来；（4）机械主义，认为人的心像一架机器，可以由简单成分构成，没有任何神秘的东西。

（二）经验主义对学习心理学研究的影响

经验主义和联想主义认识论在学习心理学研究中产生了重要和持久的影响。德国心理学家艾宾浩斯1885年发表的《论记忆》是第一个用实验方法来检验联想主义认识的心理学研究；美国桑代克(1898)的第一个关于动物的学习实验研究，发表时名为《动物的智慧：动物联想过程的实验研究》。俄国巴甫洛夫的条件反射研究和美国的行为主义学习心理学，都打上经验主义和联想主义认识论的烙印。

经验主义和联想主义的认识论在揭示人类的机械学习和记忆以及动物的学习与条件反应方面是成功的。但在解释人的高级学习，如概念、原理学习、复杂的问题解决等方面是不成功的。这就为强调理性主义的学习论留下了发展的空间。

二、理性主义认识论及其对学习心理学研究的影响

(一) 理性主义认识论

理性主义(rationalism)又称唯理论，是强调知识产生于推理，不依赖于感觉经验的哲学理念。与经验主义相对。认为经由先天的理性作用可以获得正确的知识，而且由理性获得的知识远比由感性知觉获得的知识高级、明确。在精神与物质的关系上，认为精神可以脱离物质独立存在。

西方哲学中的理性主义可以追溯到古希腊。例如，古希腊哲学家苏格拉底(Socrates，公元前469—前399)认为，"真理存在于人的灵魂中"。他的学生柏拉图(Plato，约公元前427—前347)主张，"认识就是灵魂对理念世界的回忆，没有什么东西是真正从学习来的"。他把由感觉获得的知识与经由推理获得的知识分开。他相信，物质的东西通过感官才能展现在人的面前，但是人必须通过推理或思考自己知道的东西，才能获得思想。通过反思人可以认识这些思想。推理是最高的心理能力，通过推理人就学会了各种抽象的观念。事物的实质只有经过思考后才能知道。

在中国哲学史上，理性主义观点可以追溯到先秦时期，如孟子(约公元前327—前289)说："人之所不学而能者，其良能也；所不虑而知者，其良知也。"又说："是非之心，智之端也"，"仁、义、礼、智非由外铄我也，我固有之，弗思耳矣"，"仁义礼智根于心"。

欧洲大陆的理性主义代表人物是法国哲学家笛卡儿(Descartes，1596—1650)和德国哲学家康德(Kant，1724—1804)。理性主义者对于感觉资料在我们构建现实中的作用有完全不同的看法。对经验主义者来说，我们的经验是感觉资料的复本；对于理性主义者来说，感觉资料是无结构的、未分化的混沌体，它们仅对理解机制提供原始材料。这些原始资料只能按照某种形式才能得到理解。精确地说，心理先必须具有某些类别的先天知觉假设(innate perceptual assumptions)才能理解这些原始材料。例如，笛卡儿和康德认为，我们的空间知觉只不过是我们生来具有的不证自明的欧几里德几何真理在外部世界上的投射。又如康德认为，在时间与空间中诸时间因果关系的观念是先验的。心是预先装置好的，可以将因果关系投射于我们对外界连续事件的解

释方面。新近的研究表明，深度知觉的先天假设是成立的，如新生儿似乎生来就有深度知觉；黑暗中驯养的白鼠被突然置于光照下，也表现出深度视知觉。

(二) 理性主义对学习心理学研究的影响

学习心理学中的理性主义观是在反对与批判经验主义和联想主义的机械主义与还原主义倾向时发展起来的。最早举起批判大旗的是德国格式塔学派，代表人物是韦特海默(M. Wertheimer)、考夫卡(K. Koffka)和苛勒(W. Köhler)。他们在创造性思维、知觉和问题解决方面进行了研究，提出了难以用联想和"刺激—反应"理论解释心理现象。正如G·H·鲍尔和E·R·希尔加德(1987：477～478)指出："格式塔理论是心理学中为数不多的理性主义理论的范例之一。格式塔学者从某些相当抽象的、涉及知觉和思维的性质以及心理结构的观念开始，然后，依据这些新颖的观念，着手解释熟悉的观察资料，而且进行了引人注目的演示，以表明他们理论所涉及的所谓组织的力量的作用。"

受理性主义影响的另一个例子是皮亚杰的儿童认知发展研究。赫根汉(2004：903)说："皮亚杰的理论遵循着理性主传统而不是经验主义传统。具体而言，由于它强调图式在决定个体实在性中的重要作用，所以它遵循着康德主义的传统。"皮亚杰的理论已经成了当代教育学、课程论和教学设计中的建构主义思潮的重要思想来源。

理性主义也影响了语言学研究。例如乔姆斯基(N. Chomsky)认为，经验主义不适合解释儿童的母语学习。根据日常经验，我们知道，成人学一门外国语言十分困难。但儿童大约在四岁前就很轻松掌握了母语的口语，能顺利与成人进行交流。因为经验主义不能令人满意地解释儿童的母语学习，乔姆斯基认为，用康德的先天假设可以解释这一现象。后续的研究表明，只有将经验主义和理性主义相结合，才能比较令人满意地解释这一现象。

三、学习论流派发展和演变概况

(一) 早期学习心理学研究中两大对立学派的争论

自从艾宾浩斯于1885年发表《论记忆》一书以后，学习的研究如雨后春笋，蓬勃兴起。学习的研究约占整个心理学研究中的一半。随着学习研究的范围扩大和深入，带着不同哲学观点的研究者，对学习的性质、过程和影响学习的因素产生了不同的看法，以后形成了许多学习论派别。

研究学习论流派的经典著作是G·H·鲍尔、E·R·希尔加德著的《学习论——学习活动规律的探索》。该书于1948年初第1版，至1981年共出了5版。它将学习论流派分成两个阵营：行为与联想论(behavioral-associationist theories)和认知与组织论(cognitive-organizational theories)。属于前一阵营的派别有桑代克联结主义、巴甫洛夫经典条件作用说、格斯里的接近条件作用说、赫尔的系统行为论、人类联想学习论、斯金纳的操作条件作用论、埃斯蒂斯的刺激抽样论以及新近的行为主义论;属于后一阵营的派别有格式塔理论、托尔曼符号学习论、信息加工理论和新近的认知建构理论。

欣茨曼(D. L. Hintzman, 1986)的《学习与记忆心理学》一书对1880—1980年间的学习与记忆研究发展情况进行了回顾。该书将学习论流派分为认知主义与行为主义两大阵营。属于前一阵营的人物有艾宾浩斯、内省主义者、格式塔心理学家、托尔曼、信息加工心理学家;属于后一阵营的人物有桑代克、巴甫洛夫、华生、斯金纳、赫尔。学习论流派的发展受许多相关学科的影响,其中对认知主义学习论影响最大的相关学科是哲学和计算机科学;对行为主义学习论影响最大的相关科学是生理学和动物行为学(见图3-1)。

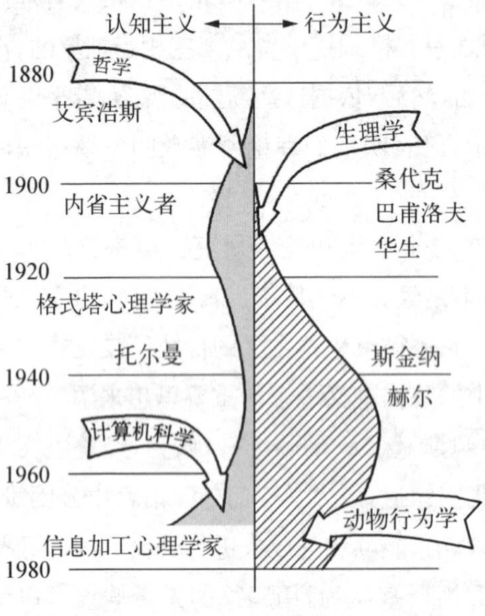

图3-1 1880—1980年来学习论派别的发展及其外来影响

图中的中轴线将两个阵营分开并表示各派理论所处时代。图中左右两条波纹线离中线的距离大小表示各派理论影响的大小。每隔20年有一条横线,有影响的学习论或心理学家的名字列于这些横线上下,以表示其所处时代。粗大的箭头表示相关外来学科的影响。

比较欣茨曼与鲍尔、希尔加德两书对学派的划分,可以发现,两者唯一差异是对艾宾浩斯及其后有关人类联想学习研究所属阵营的划分。从哲学根源看,包括艾宾浩斯在内的联想学习与记忆研究都源于经验主义认识论。但其研究的是作为心理现象的记忆规律,而不是行为规律。所以既可以把它划归认知主义阵营,也可以把它划归“行为与联想”主义阵营。

(二) 20世纪中期之后学习理论的发展与演变

本书第一章在回顾教育心理学发展百年历史时提到,20世纪40至50年代是教育心理学走入死胡同时期。其根本原因是学习心理学研究受行为主义支配,专注实验室研究,脱离教育实际。20世纪50年代中期之后,认知心理学取代行为主义心理学,逐渐成为心理学研究的主流。由于认知心理学家大都来自行为主义心理学阵营，他们一方面采用认知观研究人的心理，另一方面也继承了行为观的实证研究传统，所以学习心理学中两大派对立的趋势逐渐消失。在这一时期出现了许多对教育有重要影响的学习理论派别。

1. 奥苏伯尔的有意义言语学习理论（theory of meaningful verbal learning）

美国教育心理学家奥苏伯尔（D. P. Ausubel）提出的学习学说。旨在阐明以文字符号或其他符号表征的知识学习与保持的性质、过程和受制约的因素。该理论创始于20世纪50年代，后经过20多年发展。阐明这一学说的主要著作有：奥苏伯尔著《有意义言语学习心理学》（1963）；奥苏伯尔等著《教育心理学——认知观点》（1978，英文版；中文版由佘星南、宋钧译，人民教育出版社，1994年版）；奥苏伯尔和鲁宾逊合著《学校学习：教育心理学导论》（*School Learning: An Introduction to Educational Psychology*，1969）。这一理论的核心内容将在第四章介绍。

2. 学习的信息加工理论（information-processing theory of learning）

兴起于20世纪50年代之初，盛行于60年代以后的认知心理学理论。是特为解释人类在环境中如何经由感官觉察、注意、辨识、转换、记忆等内在心理活动，以及吸收并运用知识的过程的理论。它把人从功能上看成是与计算机一样的符号操作系统，用计算机的工作原理和术语来描述人的学习和记忆过程。用信息加工的观点看待人的学习过程，认为人的学习过程是一个主动地寻找信息、接受信息并在一定的信息结构中进行加工的过程。梅耶认为，信息加工的基本观点是：人类是信息的加工者；心理是一个信息加工系统；认知是一系列信息加工过程；学习就是获得心理表征（R. E. Mayer，1987）。本章第三节将详细介绍这一理论。

3. 学习的图式理论（schematic theory of learning）

以图式（schema）的习得、精制、修改、选择和运用来解释学习的过程和条件的一种学习理论。在心理学中，图式概念最早用于解释记忆中的重建现象，即回忆的内容不同于原先学习的内容，学习者根据自己的经验进行重建。20世纪70年代中期诺曼（D. A. Norman）和鲁梅哈特（D. E. Rumelhart）开始用这一概念来解释学习的结果、过程和条件，逐渐形成一种新的学习理论，被称为学习的图式理论。我们将在第四章进一步论述这一理论。

4. 生成学习理论（theory of generative learning）

美国教育心理学家维特罗克（M. C. Wittrock）提出的一种认知学习理论。强调理解性学习是学习者的原有知识经验与他从环境中接受的信息相互作用的过程。该理论于20世纪70年代提出，后来在阅读和自然学科中接受了大量验证性研究检验，于20世纪90年代发展成一种教学论。其主要观点已在第一章涉及。

5. 社会认知论(social cognitive theory)

在社会学习理论基础上发展起来的一种人格理论。由著名学习与人格心理学家班杜拉(A. Bandura)创立。它吸取了认知心理学和行为主义心理学的精华,是一种极具包容性和广泛应用前景的理论。本书在第九章论述态度与品德的学习时将会详细介绍这一理论。

6. 情境认知理论(theory of situated cognition)

20世纪80年代后期出现的有关学习与教学的一种建构主义思潮,其理论依据主要来自人类学研究,强调社会文化和实践在人的学习和认知中的重要性。它对信息加工心理学持批判态度。

赫根汉(2004)说:"当代心理学区别于学派林立时期的心理学之处是,当前,持有不同观点的心理学家相对和平地共处着。在20世纪20年代至30年代之间,几个心理学派之间同时并存,对立学派的成员之间经常产生公开的敌意。今天,学派林立已成为过去,而折中主义精神盛行,这使人想到詹姆斯提出的机能主义取向。那时的折中主义者选择不同来源的观点和技术,它们在处理问题中都极为有效。"

这段话也可以用来描述学习论派别的发展趋势。如加涅和班杜拉是在学习心理学中持折中观的代表人物。加涅在其名著《学习的条件与教学论》(1985)一书中提出了学习分类理论,主张用不同的理论对不同类型的学习过程和条件作出解释,例如他既采用了学习的信息加工观和认知图式理论来解释有意义的知识学习,也采用联想理论解释机械材料的记忆。班杜拉是一位著名的人格心理学家,他提出以人、人的行为和环境三元互动理论来解释人的思想和行为。他认为,人的思想和行为主要是社会影响的结果,但是人的认知对人的行为起调节作用。唯独情境认知理论与信心加工心理学成了比较明显对立的两种学习理论。因这两个理论对教学论有重大影响,本章第三节将重点介绍这两个理论。

第二节　学习心理学研究早期两大派别的理论之争

一、基于经验主义的早期学习研究

(一) 人类联想学习的研究

1. 艾宾浩斯的记忆实验

艾宾浩斯是用严格的实验方法研究哲学家们提出的联想规律的第一人。他精心地控制联想形成的条件、持续的时间以及联想得以再现的方式。

艾宾浩斯假定：被试依次学习了几个刺激物(设为 A、B、C、D 和 E)。每个刺激物依次在他头脑中留下相应的印象，这样，刺激物 A 产生印象 a，后面紧跟着有刺激物 B 产生印象 b，如此等等。根据接近律，接连产生的印象是彼此相联系的。因此，如果按顺序学习 A、B、C、D、E，就会组成相应的印象链 a－b－c－d－e。其结果是，在被试头脑中形成从 a 到 e 的印象链。

为了避免原有经验的干扰，艾宾浩斯创造了无意义音节，如“ZOT”、“BOK”、“KIF”。这种由辅音、元音、辅音组成的音节，对所有被试都是公平的，因为任何被试都未曾学过。他又创造了节省法，用来测量被试保持的程度。他研究发现了以下记忆和联想规律：

(1) 音节长度对记忆的影响。他发现，如果音节长度分别为 7、12、16、24 和 36。如图 3－2 所示，做到正确无误背诵 1 遍时，7 个音的词表只需平均诵读 1 次；而 36 个音节的词表则要读 55 次。

(2) 材料的意义性对记忆的影响。艾宾浩斯的研究发现，背诵无意义音节要比背诵有意义的材料难得多。例如，背诵一首诗与背诵音节长度相等的无意义音节，后者需要作出 10 倍于前者的努力。也就是说，前者的意义、韵律和节奏可以帮助学习者节省 90%的学习时间。

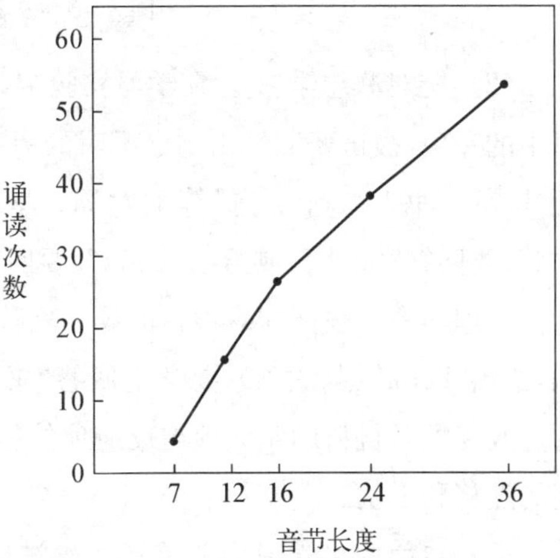

图 3－2　音节长度对记忆难度的影响

(3) 保持间隔对遗忘的影响。艾宾浩斯最著名的研究成果是他发现了保持间隔对遗忘影响的规律。如图 3－3 所示，无意义材料的遗忘先快后慢。

2. 艾宾浩斯之后的人类联想学习研究

在艾宾浩斯之后，心理学家进行了大量的联想学习和记忆研究。在这些研究中，基本上可以把人类联想学习的研究概括为如下三种基本范型。

(1) 系列学习，又称序列学习。在实验时，呈现的刺激材料的顺序不变，要求被试将学习材料根据原来的顺序依次回忆出来。学习材料可以是一张词表，一系列数字、字母或无意义音节。艾宾浩斯开创了用无意义音节进行系列学习与记忆研究的先河。在这一研究范型中最重要的发现是，系列学习与记忆中会出现前摄抑制和倒摄抑制，因此系列较长的材料两端相对易学且保持较好，中间的部分相对难学且保持较差，这种现象被称为系列位置效应。

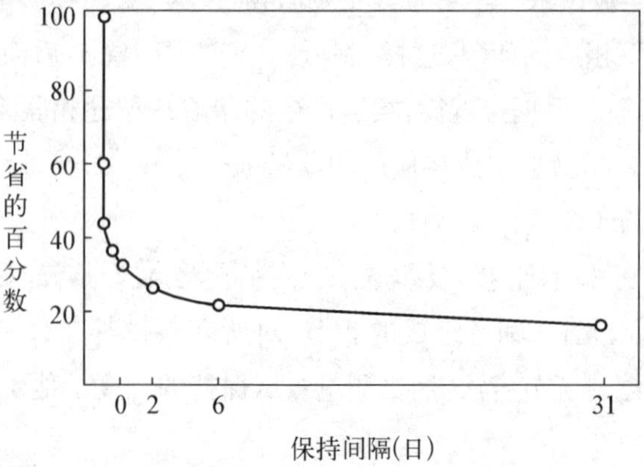

图 3-3　艾宾浩斯遗忘曲线

(2) 配对联想学习。在学习实验中,学习材料成对呈现;在回忆时,提供每对项目中的一项,被试要回忆出与之配对的另一项。外语单词学习符合这一范型,例如呈现"book—书"、"dog—狗"等配对词。学习时要对每一对词建立联想,测验时给出"书",要回答"book",或给出"book",要回答"书"。

心理学中一般把配对项目的第一项称为刺激项,与之配对的另一项称为反应项。如,给出"book"(刺激项),要学生回答"书"(反应项)。配对联想材料可以人为编制。通过改变配对材料的刺激项与反应项的相似程度,可以研究先后学习两套不同材料之间的迁移和干扰。

(3) 自由回忆学习。在实验中给被试呈现许多独立的项目,在学习和回忆时,不限顺序。如,给出中国各个省、市、自治区的名称,要求被试记住。被试在学习和回忆时不限顺序,能回忆出某个省、市或自治区的名称,就算某个项目学习成功。

自由回忆的项目也可以人为编造,如选择一系列有关或无关的图片或词等,让被试记忆。通过自由回忆学习与记忆的研究发现,被试往往采用主观组织的策略来帮助学习和记忆。

(二) 条件反应和动物学习研究

条件反应(conditioned response)可分为两大范型:一是经典条件反射,最初由俄国生理学家巴甫洛夫发现并做了详细研究;二是操作条件反应,又称工具性条件反应,由美国著名行为主义心理学家斯金纳(B. F. Skinner)发现并做了详尽研究。

1. 巴甫洛夫的经典条件反射

条件反射(conditioned reflex)是一种学习现象,最早由俄国生理学家巴甫洛夫发现。例如,最初音叉声对于狗来说没有特定的意义,被称为中性刺激,它不能引起狗的特殊反应。当它经历若干次与食物配对呈现，食物不再出现，单独呈现音叉声，它能引起狗的特殊反应（分泌唾液）。这时可以说狗学会了对音叉声作出特殊反应。若反复呈现音叉声而不给予食物，狗的唾液分泌反应会逐渐消退。关于条件反射实验的操作过程，详见图 3－4。如图 3－4 可见，完整的条件反射实验过程分三个阶段。

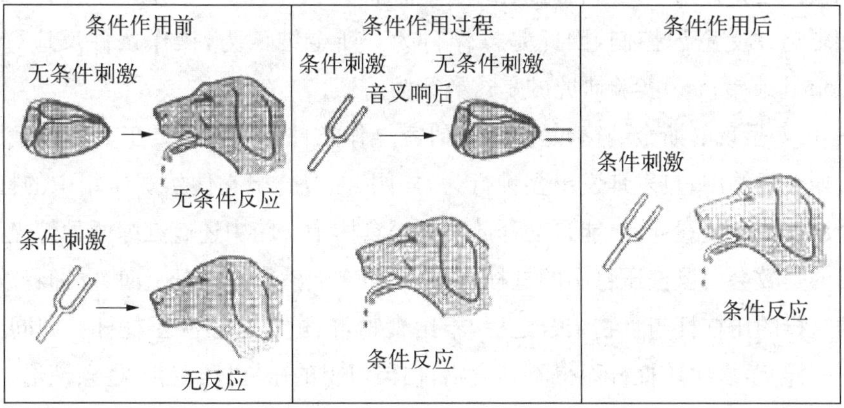

图 3－4　经典条件反射过程

（1）条件作用前。音叉声对于狗来说是中性刺激（neutral stimulus），不能引起狗的特殊反应（分泌唾液），而食物能引起狗的唾液分泌。这里的食物被称为无条件刺激（UCS），因为其在狗身上的功能是狗本身具有的。由无条件刺激引起的反应被称为无条件反应。

（2）条件作用中。音叉声与食物配对呈现，每当音叉声响起，同时或稍后呈现食物。这时狗在中性刺激和无条件刺激共同作用下分泌唾液。

（3）条件作用后。为了检验狗的学习是否出现，撤除食物，单独呈现音叉声，看狗是否分泌唾液。如单独出现音叉声，狗分泌唾液，这表明狗的学习已经出现。这时音叉声由中性刺激变成了条件刺激（CS）。由条件刺激引起的反应被称为条件反应。

在条件反射实验中，狗习得了什么呢？巴甫洛夫从生物学的角度采取联想主义观点加以解释，认为狗习得了条件反应。正如鲍尔和希尔加德所说："巴甫洛夫所称的条件作用便是心理学家称作联想的现象。"

巴甫洛夫在用狗做实验时，故意不给狗进食，使之保持饥饿状态。这种饥饿刺激使狗保持对实验环境的警觉。在条件刺激出现时或稍后呈现无条件刺激，这种无条件刺激的呈现起增强学习的作用，被巴甫洛夫称为 强化 。强化是条件反应理论中的一个重要概念，后面还要多次提及。

2. 操作条件反应

斯金纳把动物和人的行为分为应答性行为和自发性行为。前者如风吹导致眨眼，食物刺激味蕾引起唾液分泌。这类行为(或反应)是对特定刺激的应答，具有不随意性。巴甫洛夫的经典条件反射主要是研究这类行为。后者如婴儿喃喃自语，鸽子不停地啄地板。这类行为不是对特定刺激的反应，而是机体自发产生的，但它们可以对环境施加影响并受意识控制，因此是操作行为。斯金纳认为，操作条件反应(operant conditioned response)实验研究的是这类行为。

图3-5呈现的斯金纳箱，是斯金纳研究操作条件反应的重要工具。饥饿的白鼠被置于斯金纳箱中，自发地发出多种行为，如闻、抓等。当它偶然踩压箱中的杠杆，杠杆与释放食丸的装置连接，能自动释放食丸至食槽中。箱中还有红绿两种灯光。假设你的目的是教会白鼠按压箱中的杠杆，那么每当它偶然踩在杠杆上时，立即释放食物。若干次这样的压杠杆与食物结合之后，不给食物，白鼠也会多次压杠杆。如同经典条件反射一样，若多次压杠杆而得不到食物，白鼠习得的压杠杆行为会逐渐消退。

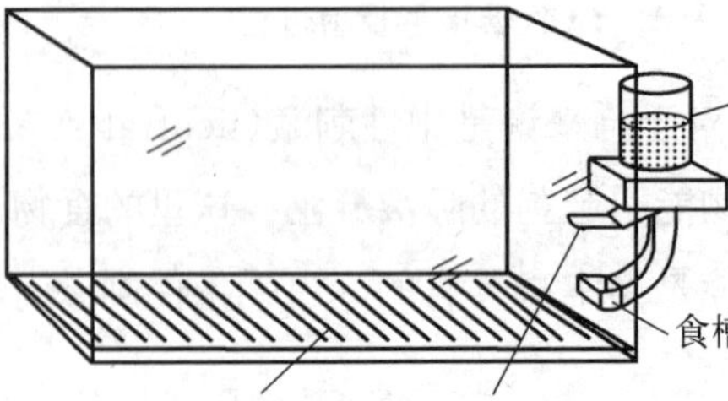

图3-5　斯金纳箱

白鼠习得了什么呢？斯金纳避免用联结与联想等术语来解释学习。他认为通过训练，白鼠的行为处于强化物(食丸)的控制之下。

在巴甫洛夫经典条件反射实验和斯金纳操作条件反应实验中，外部的强化是学习成功的重要条件，不过两者在强化物出现的时间安排上有所不同。在巴甫洛夫经典条件反射实验中，强化物伴随条件刺激出现，动物的反应在强化物出现之后。在操作条件反应实验中，动物先发出适当反应(如压杠杆)，然后强化物出现，强化物出现在动物的适当行为之后。

3. 动物学习实验研究

桑代克有关动物学习的经典实验先于条件反射研究两三年。桑代克做了许多动物学习实验，如让饿猫学习逃出迷箱是他的经典实验之一。图3-6描绘了桑代克用过的实验装置之一。箱内有某种开门的设施：一圈金属绳、一个把柄或一个旋钮。猫碰巧抓到这种开门设施，门便开启，猫得以逃出并能吃到箱子附近放置的鱼。

桑代克认为，在猫学习打开迷箱的情境中，猫通过多次尝试与错误，终于在复杂的刺激情境中辨识出一个开门设施(S)，并作出正确的开门动作(R)。这就是说，在相应的刺激(如金属绳)与反应(如拉动)之间形成巩固联系时，便产生了学习。在上述实验中，可以把学习看作是刺激与反应的联结，即 S－R 之间的联结，因此人们又称各种联想主义的理论为 S－R 理论。这种学习过程是渐进的尝试与错误直至最后成功的过程，故联结论又称 尝试与错误说 。

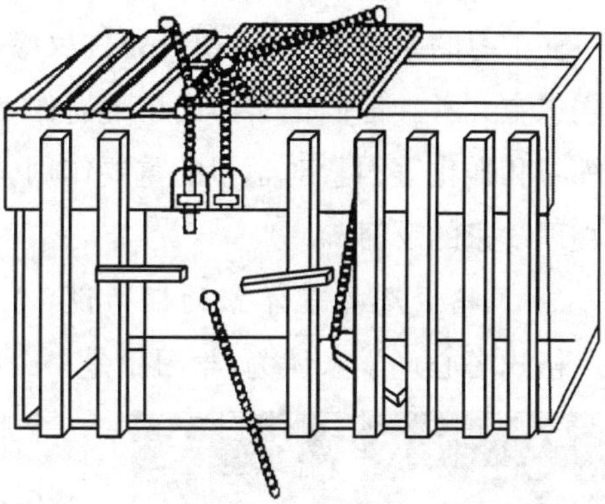

图 3－6　桑代克的动物学习迷箱之一

(饿猫被关进里面，它若拉开箱内装的闩子，便可打开箱门)

桑代克在总结他早期实验的基础上提出了练习律、准备律和效果律(即 桑代克三大学习定律)。桑代克讲的准备不是指学习前的知识准备或成熟方面的准备，而是指学习者在学习开始时的预备定势，属于动机范畴。练习律有两种形式：一是一个联结的应用会增强这个联结的力量；二是一个联结的失用(不练习)则会导致这一联结的减弱或遗忘。后来，桑代克对他的准备律和练习律作了修改，把它们看成是效果律的从属性原则。他认为，决定学习的最重要因素是机体的行为后果。凡是导致满意后果的行为被加强，而带来烦恼的行为则被削弱或淘汰。这就是他的效果律的基本含义。在上述猫学习逃出迷箱的实验中，猫在迷箱内作出许多不同的反应，如咬、叫、从箱子的夹缝中钻等。但这些反应带来的后果都是烦恼，因而被淘汰。唯有正确的开门动作的后果是导致满意的，因而被加强。于是，猫学会了这一反应。

在早期的学习研究者看来，学习的实质是条件反应形成和巩固的过程，影响学习的最重要的条件是动机和强化。

通过斯金纳的两类条件反应的划分，后人发现，桑代克使用了与条件反应学说不同的语言，实际上，他研究的动物学习也属于操作条件反应，完全可以用操作条件反应的原理和术语解释。

由于历史条件的限制，在学习研究的早期，研究的学习类型主要是人类的机械记忆和动物的学习，其研究结论比较适用于指导动物的技能训练、人类的联想学习、机械学习，如记忆外语单词、人名、地名等。

二、基于理性主义的早期学习研究

在学习的早期研究中，研究条件反应和人类联想学习的心理学家在认识论上都属于联想主义者。他们把学习简单地看作是刺激和反应之间联结的形成，强调多次重复的练习和强化等因素对学习的重要作用。这种观点很早就受到认识论上持理性主义的心理学家的反对。

(一) 格式塔心理学家的顿悟说

格式塔心理学家认为，学习不是一个刺激和反应之间逐步形成联结的过程，而是一个顿悟的过程。格式塔心理学家苛勒(W. Köhler)的黑猩猩接棒实验证实了这一思想。如图 3-7 所示。

图 3-7　黑猩猩解决接棒问题

香蕉置于远处，黑猩猩用两根棒中的任何一根，都够不到远处的香蕉。苛勒认为黑猩猩在未解决这个问题之前，它对面前情境的知觉是模糊的、混乱的。当它看出几根短棒接起来与远处香蕉之间的关系时，便产生顿悟，解决了这个问题。而且它可以在以后的类似情境中立刻运用已经"领悟"到的经验。在格式塔心理学家看来，学习就是知觉的重新组织。这种知觉经验变化的过程不是渐进的尝试错误过程，而是突然领悟的，所以格式塔的学习论又称顿悟说。他们从两方面来解释顿悟产生的原因：一方面强调刺激情境的整体性和结构性，因此在布置实验情境时，强调整个问题情境要能让动物直接感知到；另一方面假定心本身有一种组织功能，能填补缺口或缺陷。

后来有实验表明，只有在野外生活的黑猩猩才能解决此类问题，人工饲养的黑猩猩则不能解决此类问题。这说明，顿悟不是凭空产生的，必须有先前从事类似活动的经验。

(二) 托尔曼的认知学习理论

作为整体性行为主义者的托尔曼(E. C. Tolman)，接受了格式塔的学习观念。他认为，学习的结果不是 S 与 R 的直接联结。他主张把"S-R"公式改为"S-O-R"公式，O 代表有机体(organism)的内部变化。为了探索动物在学习过程中的认知变化，托尔曼设计了一些巧妙的实验。

图 3-8 是白鼠学习方位的迷宫。实验时将白鼠置于箱内的出发点，然后让它们自由地在迷宫中探索，迷宫中有到达食物箱的三条长短不等的通道。当白鼠在迷宫内

经过一段时间的探索后，被置于箱的出发点，研究者观察它们的行为，检验它们的学习结果。结果是：若三条通道畅通，白鼠选择第1通道到达食物箱；若A处堵塞，白鼠选择走第2通道；若B处堵塞，则它们选择走第3通道。根据这个实验以及其他许多实验，托尔曼认为，动物学习的结果并非是习得一连串的刺激与反应，它们学习的实质是脑内形成了类似于现代认知心理学中的认知结构的认知地图。

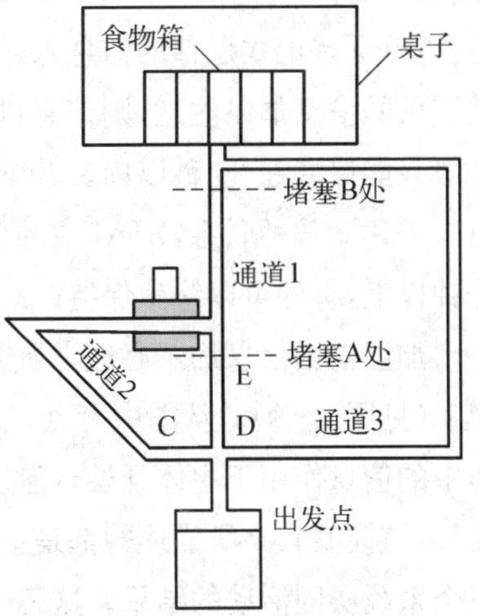

图3-8　白鼠学习方位的迷宫

关于影响学习的条件，托尔曼像其他理性主义者，强调学习个体的目的、预期。他提出了“潜伏学习”概念，区分了“学习”与学习的“行为表现”(performance)。他的这些思想对后来的研究产生了积极的影响。

第三节　当前两种不同的学习理论

我们在本章第一节已经指出，20世纪50年代中期以后，心理学界出现了以信息加工心理学为代表的认知心理学革命。在认知心理学内部已不存在严重对立学派。但20世纪90年代在美国出现的建构主义学习与教学观对信息加工心理学提出了挑战。后者的重要理论基础是情境认知理论。情境认知理论也是一种学习理论。不过，它不是基于科学心理学研究，而是基于哲学思辨和日常经验。下面介绍这两种对立的学习理论。

一、信息加工理论

任何学习理论都要回答如下三个问题：一是在进行学习活动时，学习者头脑内发生了什么过程？二是在学习完成后学习者头脑内留下了什么？或改变了什么？三是学习的发生需要什么条件？根据这三点，我们来考察信息加工理论的回答。

(一) 关于学习的过程

信息加工心理学家把学习与记忆过程视为信息加工过程。信息的贮存被细分为感觉记忆(sensory memory)、短时记忆(short term memory，简作STM)和长时记忆(long term memory，简作LTM)三个贮存阶段。感觉记忆又称感觉登记(sensory register)或瞬时记忆(immediate memory),是保持在1秒以内的记忆。实验研究表明,以感觉登记式贮存的信息未经加工,在极短时间内便会消失。如果学习者对感觉登记中的信息加以注意,则信息进入STM。STM中的信息以视觉和声音形象表征,一般只能保持在20秒以内。若学习者对STM中的信息作适当加工,如复述或与原有知识建立某种联系,STM中的信息可以进入LTM。LTM中的信息可以保持在1分钟以上,有的可以终生保持。

加涅根据信息加工心理学研究成果,提出了一个得到广泛认可的学习的信息加工模型(见图3-9)。从图中可见,学习是主体与环境相互作用的过程。学习活动自环境中的信息作用于主体开始,经过一系列加工活动,以主体作用于环境告终。除环境之外,该模型其余所描述的都是主体内部的结构和功能。具体地说,信息加工过程是三个系统协同活动的结果。这三个系统是:图中有箭头连接的6个方框代表的加工系统,图上方的两个方框分别代表执行控制系统和期望系统。

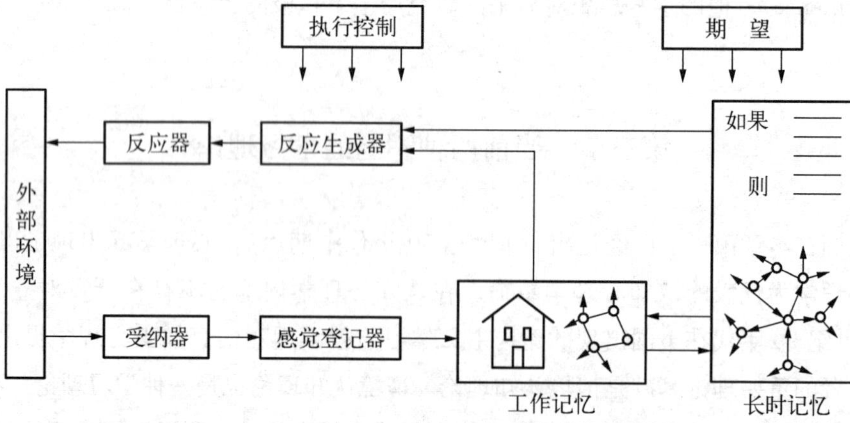

图3-9 加涅的学习与记忆的信息加工模型

1. 加工系统

又称操作系统,它由受纳器、感觉登记器、工作记忆(短时记忆)、长时记忆、反应生成器和反应器构成。外界环境中的刺激作用于受纳器,受纳器将接收到的信息传递至感觉登记器。这里的信息受初步处理,信息在这里逗留的时间不到1秒。在这一阶段,绝大多数的信息未能受到注意,只有一小部分信息被注意选择而进入短时记忆加工阶段。在短时记忆中逗留的信息一般也只有20秒钟左右。短时记忆容量极为有限,只有7±2个信息单位。这个数量又称记忆广度。如果学习者能进行复述,信息就能保持较长时间。此时信息加工进入下一个加工阶段,即长时记忆阶段。否则短时记忆的信息被遗忘。短时记忆又称工作记忆。这两个术语分别强调同一概念的不同方面。短时记忆强调信息停留的时间，工作记忆强调其功能。与短时记忆相比，长时记忆对信息保留的时间很长，且贮存容量很大。贮存在长时记忆中的信息如果要用，必须通过“提取”，提取的信息构成“反应发生”的基础。对有意识的认知活动而言，信息从长时记忆流向短时记忆，然后达到“反应生成器”，而对于熟练的自动化反应而言，信息可以直接从长时记忆流向反应生成器。反应生成器对反应系列进行组织并指引反应器。反应包括人的所有肌肉活动和腺体分泌。对学校学习活动来说，主要的反应器是书写中的手臂及发音器官。

2. 执行控制系统

在图 3-9 中，这一系统不与任何一个操作成分直接相连，意味着它对整个加工系统进行调节和控制。好比一个工厂或企业的生产活动，需要有专门部门和专门人员进行监督、协调和控制，以提高生产效率和产品质量。与此同理，学习活动作为一个信息加工过程也需要自我调节和控制。比如，通过对感觉系统的调节，可以使之选择适当的信息加以注意；对记忆的编码方式进行调节，可以提高信息的贮存质量等。这种对信息加工过程的内在调节控制能力，在加涅学习结果的分类系统中称为“认知策略”。

3. 期望

这是信息加工的动机系统，它通常不包括在完整的信息加工过程中，但对信息加工过程起定向作用。任何学习活动都是指向一定目标的活动，如读完一段文章后回答课后的问题，或给该文章分段，归纳段落大意等。这些目标有时是教师或学校确定的，有时是由学生自己设定的，它会影响学习者的努力程度和注意力集中水平。如果学习者对达到约定目标有强烈愿望，即处在较高水平的动机状态，他就能集中注意，专心学习，选择行之有效的学习和记忆策略。学习目标的实现会令学习者感到满足、愉快，从而增强了学习的信心，更加努力地投入下一个学习活动。

（二）关于学习的结果

学习结果涉及经过学习过程之后人脑中贮存的内容及其分类，以及当前的学习如何影响后继的学习这样两个问题。

1. 两类知识及其心理表征

信息加工心理学以人类知识为研究对象，一般不研究情感领域的学习。当代信息加工心理学的著名学者安德森（J. R. Anderson）于 1996 年在《美国心理学家》（*American Psychology*）杂志上发表《ACT：复杂认知的简单理论》（ACT：*A Simple Theory of Complex Cognition*）一文，认为人类复杂的认知可以用一个简单理论来解释。这个简单理论被称为思维的适应性控制理论（theory of adaptive control of thought，简称 ACT 理论）。该理论认为，人类学习的结果就是获得两类知识，一类为陈述性知识(declarative knowledge),另一类为程序性知识(procedural knowledge)。前者为言语陈述的知识,后者一般不能用言语陈述,但可以从人的行为中推测其存在。例如儿童未接受学校正式教育之前,已掌握母语的口语交流能力。儿童能用这些能力背后存在的言语概念和规则,但不能陈述。信息加工心理学家认为,儿童已在日常交流中掌握了口语交流的程序性知识。这类知识也被称为默会的知识(tacit knowledge)。ACT 理论认为,“复杂的认知是程序性知识和陈述性知识相互作用的结果”。

不同类型的知识在人脑中的表征不同。信息加工心理学认为,陈述性知识主要以命题和命题网络在人脑中表征和贮存,但也能以表象的形式表征和贮存。这就是所谓双编码,即许多知识既可以用语义(命题)编码,也可以用形象编码。程序性知识以产生式和产生式系统编码。陈述性知识的提取需要有意的回忆。程序性知识的提取一般可以自动进行,不需要有意识回忆。

2. 学习结果的迁移

安德森和他的学生辛格利(M. K. Singley)于 1989 年出版了《认知技能的迁移》(*Transfer of Cognitive Skill*)一书。作者通过分析一名叫 BR 的被试在学习用 LISP 语言定义新函数时的学习过程及其所遇到的困难,然后用计算机辅助教学模拟他解决问题的过程,从而探讨产生式获得的影响因素、产生式的特点、产生式习得的过程和规律等一系列的问题。他们的研究表明,迁移产生的原因是由于两种技能之间具有共同的产生式规则。这一观点与桑代克关于迁移的共同元素说有相似之处。两者都认为两种活动之间有共同成分才导致迁移。安德森提出了四种迁移:(1) 陈述性知识向程序性知识迁移;(2) 程序性知识向陈述性知识迁移;(3) 陈述性知识向陈述性知识的迁移;(4) 程序性知识向程序性知识迁移(详见第九章)。

(三) 关于有效学习的条件

信息加工心理学主要研究学习的内部过程和条件。学习的内部过程和条件难以严格区分,有的内部过程也是学习的内部条件。从上述加涅的学习的信息加工模型中可以概括出如下影响学习的内部条件。

1. 注意与预期

当面对新的学习任务时,学生必须保持一定的唤醒状态,时刻保持对外部信息的注意。注意是信息进入工作记忆的门户。任何有意义的学习都必须维持较长时间的注意,这就需要学生排除干扰,坚持持续的努力。对学习结果的预期是学习动力的重要源泉。

2. 原有知识

从信息加工的观点看,有效学习的一个前提条件是学生必须对进入感觉登记的信息进行筛选。筛选过程就是选择性知觉。选择性知觉的前提条件是学生要激活或提取与学习任务相关的原有知识。缺乏原有知识,学生可能视而不见。信息不能被有效加工。

3. 新旧知识的联系与编码

信息加工心理学认为,影响新的学习的关键因素是建立知识的两个联系:一是新知识内部的联系,如理解课文字、词、句、段、篇之间的内在联系;二是新知识与原有知识的联系,包括与自己的生活经验的联系。两个联系的建立也称知识的编码。只有经过编码的知识才可以进入长时记忆系统并在必要时被提取出来。

4. 学习策略与元认知

加涅提出的学习的信息加工模型中的"执行控制"代表这个内部条件。信息加工心理学家对认知策略和元认知进行了大量研究,认为学生的认知策略和元认知水平是影响学习效率的重要条件(参见第六章关于认知策略和反省认知的论述)。

二、情境认知理论

如上所述,信息加工心理学在研究学习时,把研究的重点放在个体的头脑内部,忽略了学习的外部条件,特别是社会文化环境。出于对信息加工心理学的不满,情境认知理论提出了与信息加工理论迥异的学习理论。

(一) 关于人类认知与学习的性质

情境认知论者主张,人类的思想是对环境的适应,也就是说是情境性的(situated)。因为人知觉什么,人如何思考自己的活动和做什么,都是发展的。而且人的所知、所思和所为是在社会情境中发展的。承认这些观点,就需要改写个体心理学。

情境认知理论认为,当代主要心理学派别,如信息加工心理学、行为主义心理学、皮亚杰、奥苏伯尔等主张的认知心理学都是个体心理学。其研究重点在于个体如何接受外界输入的刺激(或信息),对信息进行加工,输出行为。认知心理学不同于行为主义心理学之处,是侧重研究个体头脑内的加工过程。虽然认知心理学考虑了外部社会文化的影响,但学习仍被视为学习者将知识内化的过程(见图3-10)。

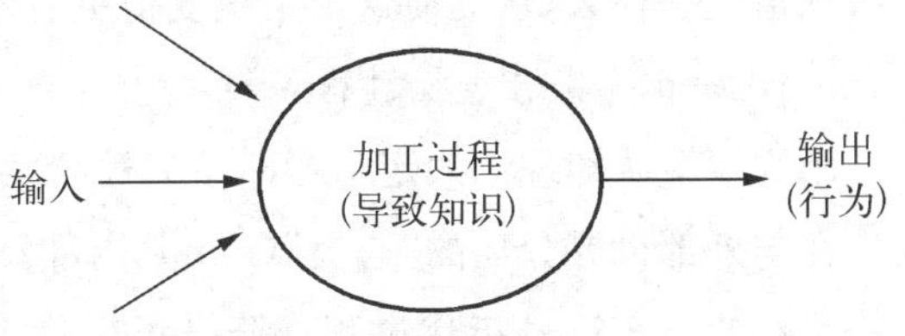

图3-10 认知观中的学习内化过程

与个体心理学不同,情境认知理论主张把认知研究的重点从个体转移到社会文化情境和那种情境中的人们的活动。从情境认知观点看,知识是通过社会中的人们的生活实践自然出现的。国内有学者(如高文,2002;王文静等,2005)认为,情境学习是有关人类知识本质的一种理论,它是研究人类知识如何在活动过程中发展的,特别是人们如何去创造和解释他们正在做什么的表征;知识不是一件事情或一组表征,也不是事实和规则的云集,知识是一种动态的建构与组织。所以该理论的两个基本观点是:“知识即生活实践”,“学习即参与社会团体的实践之中”。

(二) 情境认知的过程与条件

情境认知理论家从两方面阐明情境认知过程。一是学习者采用不同方式和不同长度时间参与社会文化团体的活动,从而获得学习;二是通过符号的中介过程进行学习。其中蕴含了学习的条件,特别是外部条件。

1. 参与社会团体的活动

由于情境认知理论家认为学习过程就是参与社会团体的实践活动过程,所以他们区分了多种学习者参与的形式。

(1) 合法参与(legitimate participation)和非法参与(illegitimate participation)。“合法的”这一概念指资源的社会组织和控制。非法的参与者不许获得资源,如未在学校注册的人,不能到校图书馆借书。

(2) 部分参与和完全参与。“部分”这一概念是用来区分新手与老成员的。新到某一实践团体的新手只能部分参与该团体的活动。如工场新招收的学徒,只能接触部分工艺。而老成员则参与全部工艺。就参与导师主持的科研活动而言,硕士生与博士生参与的程度与性质不同。前者参与程度低,而且一般只做辅助性工作,如查找资料;后者参与程度高,可以参与核心工作,如主持子课题设计与实施工作,甚至代替指导教师对硕士生进行指导。

温格提出,可以从三种广义的水平上思考把学习作为参与的过程:

第一种水平是个人的学习,指个人参与其所在团体的实践活动之中;

第二种水平是团体的学习,指提炼和提高团体的实践水平并保证新成员顺利成为老成员;

第三种水平是组织的学习,指维持实践团体之间的相互联系,借此某个组织知道它所知道的是什么,从而使这个组织变得更有效和更有价值。

2. 认知作为符号表征过程

因为情境认知理论假定学习即参与社会实践,所以认知发生在外部世界,而不是发生在与外部世界分离的“心灵”(mind)内部。从情境观来看,认知是符号活动,是语言符号和非语言符号指代过程。符号可以代表任何东西。如英语词“dog”是一个语言符号,代表实际的狗。符号指代理论认为,关于现实世界的一切知识都是通过符号中介的。符号是物理世界和认知机体共同决定的。人有独特的创造与使用符号的能力。符号使人超越直接经验。关于符号怎样实现指代作用，情境认知理论家认为，这是通过人的活动和人们对那些活动的理解而实现的。如古代洞穴中的居民可能在洞壁上画出狗的图形，通过手势和语音将狗的图形传达给洞穴中的其他居民，表示狗的图画代表实际的狗。这样就实现了图画符号的指代功能。符号以三种形式表征客体：

(1) 作为指示物(如温度计升高的水银柱代表温度升高)；

(2) 作为形象(如洞穴中表示狗的图画)；

(3) 作为符号(如英语词 dog 代表实际的狗)。

一个符号又可以被其他符号代表，从而形成符号链，如"38℃"代表"发烧"。"发烧"又可代表某种疾病的症状。当人们相互作用并与其物质世界相互作用时，他们创造了符号系统，如语言和数学都是符号系统，以帮助人们表征知识和解释世界。这些符号系统是发展的，因为它们对一个实践团体来说是独特的，但又成为新加入该团的成员的语言和文化的一部分。

(三) 情境认知的教学含义

情境认知的提倡者相信，情境认知代表有关学习与教学的思想的一次转变。其在哲学观和方法论上的深刻程度至少可以与行为主义向认知主义转变相媲美。不论这种评价是否过高，但自 20 世纪 80 年代后期以来，情境认知理论在教学上产生了不小的影响。其教学含义可以归纳如下。

1. 认知学徒制(cognitive apprenticeship)。师傅带徒弟的学徒制在任何社会中都是存在的。情境认知理论家把学徒制看成学习者参与社会实践的一种重要形式。而且认为，这种形式不仅适合于大学高年级，如理工科大学生在高年级到工厂和企业去实习和师范院校高年级学生到中小学担任实习教师。他们在"师傅"的指导下，从事与工人和教师相似的工作，把在学校习得的知识技能运用于真实的和复杂的环境。这不仅使他们加深了对原有知识的理解，并有利于技能的提高。

2. 情境支持的教学(anchored instruction)，又译"抛锚式教学"。实现情境学习理论的一种手段。1990 年由设在范德比尔特(Vanderbilt)大学的认知和技术小组提出。他们主张，信息丰富的电视、光盘环境可以为解决复杂而又实际的问题提供一种支持性情境。例如他们制作名为"贾斯伯·伍德伯里问题解决系列"光盘。电视中出现一男孩名叫贾斯伯(Jasper)。他面对各种需要解决数学问题的情境。如在一个场景中为了救助一只被困的老鹰，他必须计算，用超轻量级的飞机，飞到遥远的树丛地区需要耗多少汽油。

该小组相信，给学生呈现这样的冒险故事将使学生卷入这些情境，激励学生对贾斯伯所面临的问题去寻求解答方法，并将他们的解答与贾斯伯的解答相比较。伴随电视系列的教材与课程的其他方面如历史、文学与自然科学提供了联结。因此教师可以利用这个系列以各种方式支持课程目标。

3. 学习社团（learning community），又译"学习共同体"。为了贯彻情境认知理念，情境认知论者主张将课堂改造为实践社团。传统学校的社会结构以教师为中心，教师通过课堂活动、教科书和其他媒体向学生传授知识和技能。他们不仅安排学习日程，确定目标，而且决定追求和达到目标的手段。当课堂被改造为学习社团之后，其社会结构改变了：教师和学生通过合作建立与达到目标。学习社团一般强调不同专长，即允许学生以不同的兴趣和经验面对学习任务，为他们学习不同的知识与技能提供机会。

4. 在情境中评估。根据情境认知观，随着学习方式改变，评估方式也必须改变。传统评估重视学习结果，而情境认知理论重视评估学习的过程。如采用文件夹形式评估。这种评估形式在情境认知理论出现之前已被采用很久，但它更适合于情境学习的评估，因为它既强调过程也强调结果。采用文件夹也鼓励学生参与评估，因为他们承担选择构成文件夹的作品的任务。一般来说在教师指导下，学生选择能反映他们进步和成就的工作。学生自己的日记及教师评语也可以作为文件夹的补充材料。

安德森、里德和西蒙（J. R. Anderson, L. M. Reder & H. A. Simon 1996）提出疑问：情境观提出的新的、不同于认知观的东西是什么？他们介绍并评论了情境观的四个主张：（1）活动基于它所处的具体情境；（2）知识不能在任务之间迁移；（3）抽象的训练几乎无用；（4）教学需要在复杂的社会环境中进行。他们的结论是：情境观和认知观在许多重要教育问题上的看法是一致的，所以采用情境观的含糊语言所得到的东西很少。

本章概要

1. 心理学中的学习理论是研究学习结果及其性质、学习分类、学习的一般过程和条件以及不同类型的学习的特殊过程和特殊条件的各种学说。

2. 在19世纪后期科学心理学诞生之前，哲学的认识论就对人如何认识世界、如何习得知识、人的知识与外部世界的关系如何等问题产生过长期争论。争论的结果是出现唯物主义与唯心主义两大对立的哲学认识论阵营。前者一般坚持经验主义认识论；后者一般坚持理性主义认识论。由于心理学来源于哲学，所以早期的学习论流派都可以从哲学中找到它们的认识论根源。

3. 20世纪中期以前，两个阵营的学习理论在学习结果的性质、学习过程和学习条件的看法上存在严重的对立。在学习结果的性质方面，经验主义心理学家强调学习的结果是行为变化(或刺激与反应的联结),理性主义心理学家强调学习的结果是认知结构(或内在能力)变化;在学习过程方面,前者强调重复经验的作用,后者强调理性和顿悟的作用;在学习条件方面,前者强调外部奖励的作用,后者强调原有认知结构的作用。这两大对立的观点都能解释部分学习现象。

4. 在20世纪中期之后,学习的研究重点转入认知领域。持认知观的学习理论又可分为信息加工理论和认知建构理论。前者的代表人物是西蒙和安德森;后者的代表人物是布鲁纳、奥苏伯尔等。许多心理学家(如R·M·加涅、班杜拉和维特罗克等)持折中观点。学习理论的这两种观点的尖锐对立逐渐消失。

5. 当前出现的情境认知理论与信息加工理论的争论不是学习心理学内部的不同流派之争,而是哲学认识论与科学心理学研究方法论之争。前者坚持在真实的社会文化环境中研究学习,但只能得出一些模糊的理论;后者主张通过计算机模拟来研究学习,能得出比较精确的理论,但其运用要受到限制。

练 习 题

一、解释下列术语

学习理论	经验主义(empiricism)	理性主义(rationalism)
系列学习	配对联想学习	自由回忆学习
条件反应(conditioned response)	强化物	尝试与错误说
桑代克三大学习定律	认知地图	顿悟说
思维的适应性控制理论	情境认知论	
学习社团(learning community)	认知学徒制(cognitive apprenticeship)	
情境支持的教学(anchored instruction)		

二、填空

1. 条件反应的两大范型是(1)__________、(2)__________。

2. 桑代克提出的效果律是__________。

3. 从后期的观点来看,桑代克早年所做的饿猫学会逃出迷笼实验,实为条件反应学习实验,猫的行为不必用效果律解释,而是可以用__________原理解释。

4. 在巴甫洛夫条件反射中,"强化"指__________。

5. 在斯金纳操作条件反应中,"强化"指__________。

6. 人类联想学习研究的三种基本范型是(1)__________、(2)__________、(3)__________。

7. 信息加工心理学把人类习得的知识分为(1) ________、(2) ________两大类。

8. 经验主义对人的认识的分析具有四个特点(1) ________、(2) ________、(3) ________、(4) ________。

9. 在心理科学史上________第一次用自然科学方法研究了人类联想规律；________首次用动物作被试研究动物联想学习的规律。

10. 信息加工心理学家把记忆分为三阶段：

(1) ________、(2) ________、(3) ________。

11. 情境认知关于学习两个基本观点是 (1) ________、(2) ________。

12. 理性主义强调________在人的认识中的作用。

13. 欣茨曼将学习论流派分为________和________两大阵营。

14. 学习的 S-R 联结观强调学习是________过程。与此相对的格式塔学派强调学习是________过程。

15. 托尔曼不赞成学习的________公式，把学习公式改成________公式。强调________的变化导致行为变化。

三、选择

1. 桑代克的准备律与现代学习心理学中的____相一致。(1) 动机原理；(2) 强化原理；(3) 学习的发展准备原理；(4) 成熟概念。

2. 桑代克后期把练习律看成效果律的附律的原因是____。(1) 练习只能为奖励提供机会；(2) 光有练习而无满意的效果不能导致学习的进步；(3) 多练习产生疲劳；(4) 缺乏正确指导的练习易形成错误习惯。

3. 适合系列学习研究范型的例子是____。(1) 儿童背诗词；(2) 记住中国各省份名称；(3) 记电话号码；(4) 记数学公式。

4. 适合自由回忆学习研究范型的例子是____。(1) 记住中国各省名与相应省会名；(2) 记忆电话号码；(3) 记忆外语单词；(4) 记忆班级同学名字。

5. 外语单词语音和字形联系的识记最适宜于用早期学习研究中的____范型来解释。(1) 系列学习；(2) 配对联想学习；(3) S-R 学习；(4) 自由回忆学习。

6. 苛勒的顿悟学习实验中，能解决此类问题的动物是____。(1) 人工饲养的黑猩猩；(2) 所有野生的黑猩猩；(3) 所有灵长类；(4) 个别野生黑猩猩。

7. 艾宾浩斯的遗忘曲线是根据____实验结果得出的。(1) 系列学习；(2) 配对联想学习；(3) 自由回忆学习；(4) S-R 学习。

8. 主张“知识是外部现实在人脑中的表征”属于____。(1) 社会建构主义理论;(2) 信息加工理论;(3) 皮亚杰理论;(4) 激进建构主义观。

9. 主张“知识是个人的建构,不存在共同的知识”属于______。(1) 社会建构主义观;(2) 信息加工理论;(3) 激进建构主义观;(4) 奥苏伯尔的理论。

10. 强调知识的情境性属于______的观点。(1) 皮亚杰;(2) 信息加工心理学;(3) 行为主义心理学;(4) 社会建构主义。

11. 区分操作条件反应与经典条件反应的正确标准是______。(1) 条件反应是否受到直接强化;(2) 新的S-R联结是否形成;(3) 反应与强化出现的前后;(4) 在每次反应后是否给予强化。

12. 机械学习与有意义学习划分的主要依据是______。(1) 学生是否理解学习材料;(2) 学生是否主动学习;(3) 要学习的主要内容是呈现或由学生发现;(4) 学习目的是解决问题或是获得知识。

四、研究与设计

比较学习的信息加工论与情境认知理论在哲学认识论、关于学习结果、学习过程和有效学习的条件等方面的观点的差异,并做出适当评价。

第二部分 学习过程

这一部分设六章分别论述陈述性知识、智慧技能、认知策略、问题解决、动作技能和态度的性质、学习过程、有效学习的内部和外部条件。在分别阐明每类学习结果的性质与学习规律的基础上，简要说明各种类型学习结果、学习规律的教学含义。

第四章　知识的性质与陈述性知识的学习

本章要点

知识的性质

知识的定义与类型

知识的定义

知识的分类

广义知识学习阶段与分类模型

陈述性知识的心理表征

命题与命题网络理论

图式与脚本理论

双编码理论

神经网络理论

陈述性知识的学习过程和条件

奥苏伯尔的有意义言语学习理论

下位学习

上位学习

并列结合学习

现代认知心理学对陈述性知识学习的认知过程的解释

选择

整合

组织

精加工

陈述性知识学习的条件

外部条件

内部条件

陈述性知识学习规律的教学含义

利用学生的原有知识经验促进陈述性知识的学习

引发与促进学生陈述性知识学习的内部过程

教会学生自己引发陈述性知识学习的内部过程

本章目标

学完本章后，应能做到：

1. 用实例解释广义知识学习阶段与分类模型；

2. 举例说明本章介绍的几种陈述性知识表征理论的优缺点；

3. 举例说明陈述性知识学习的四种认知过程在课堂学习与教学中的体现；

4. 根据陈述性知识学习的规律，为陈述性知识的教学提出建议或分析评价陈述性知识的教学案例。

本章首先根据现代认知心理学提出的广义知识的分类，用新的视角重新阐明知识与技能的关系，并通过介绍几种知识表征理论来说明陈述性知识的本质；在此基础上，运用奥苏伯尔的有意义言语学习理论和现代认知心理学的有关研究，阐明陈述性知识学习的内部认知过程和条件；最后结合陈述性知识学习的规律，探讨教学如何促进学生学习陈述性知识的一些问题。

第一节 知识的性质

一、知识的定义与类型

（一）知识的定义

知识 历来是哲学认识论研究的对象，故我们常见的知识定义多是从哲学角度提出的。在我国教育类辞书中流行的知识定义是："对事物属性与联系的认识。表现为对事物的知觉、表象、概念、法则等心理形式"（顾明远，1990：144）。或者更具体地说："所谓知识，就它反映的内容而言，是客观事物的属性和联系的反映，是客观世界在人脑中的主观映象。就它的反映活动形式而言，有时表现为主体对事物的感性知觉或表象，属于感性知识，有时表现为关于事物的概念或规律，属于理性知识"（董纯才，1985：525）。这两个定义都是根据哲学认识论中的反映论给出的，强调知识是客观世界的主观反映。

从心理学的观点看，知识是个体头脑中的一种内部状态。持行为主义观点的心理学家反对研究人脑中的内部状态，自然不会研究知识。由于 20 世纪 60 年代之前，心理学主要受行为主义的影响，因此在心理学辞书或教科书中很难找到知识的定义。

当代著名的认知心理学家皮亚杰认为，知识是主体和环境或思维与客体相互交换而导致的知觉建构，知识不是客体的副本，也不是由主体决定的先验意识。根据皮亚杰的思想和当代信息加工心理学的观点，我们把知识定义为主体与其环境相互作用而获得的信息及其组织，贮存于个体内即为个体的知识，贮存于个体外即为人类的知识。知识的本质是信息在人脑中的表征。

（二）知识的分类

根据不同标准和不同目的，可以将知识划分为多种类型。

1. 信息加工心理学的陈述性知识与程序性知识

随着近 40 年来信息加工心理学的崛起，知识成了信息加工心理学的一个中心概念。信息加工心理学家大多同意把人类习得的知识分为两大类：一类为 陈述性知识（declarative knowledge），另一类为 程序性知识（procedural knowledge）。前一类知识是用于回答“世界是什么”的问题，如回答“中国的首都在哪里?”“第二次世界大战的原因是什么?”“人的心脏结构与血液循环有什么关系?”等问题，都需要陈述性知识。这类知识大致与我们传统上讲的知识概念(本书称之为狭义的知识)相当。后一类知识是用于回答“怎么办”的问题，如回答“$\frac{1}{3}+\frac{2}{5}=?$”“将‘We go to school yesterday’改成合适的时态”等问题，需要程序性知识。本书将涵盖了陈述性知识和程序性知识的知识概念称为“广义的知识”。

2. 哲学的显性知识与默会知识

英籍匈牙利哲学家波兰尼(M. Polanyi, 1891—1976)提出将知识分为显性知识(explicit knowledge)与默会知识(tacit knowledge)。前者也称“明言知识”(articulate knowledge)，是能用语言文字(包括数学公式、图表)等诸种符号表达的知识。后者是只能意会而不能言传的知识。如幼儿在受正规教育之前，能用合乎语法的句子表达自己的思想，但是他们未清晰地意识到自己的话语中暗含的语法规则。实际上，信息加工心理学的两类知识划分与波兰尼的两类知识划分存在着很大的一致性。陈述性知识也就是显性知识，是个体能够意识到并能用言语表达的；程序性知识中有些是个体不能意识到和用言语表达的，也就是默会知识。

(三) 广义知识学习阶段与分类模型

上述广义知识的分类是静态的分类。如果考虑到知识学习的过程，从动态的角度考虑知识的分类，则知识分类问题就更为复杂。

现代认知心理学家认为，陈述性知识的学习可以分为三个阶段。第一阶段，新信息进入短时记忆，与长时记忆中被激活的相关知识建立联系，从而出现新的意义的建构。第二阶段，新建构的意义储存于长时记忆中，如果没有复习或新的学习，这些意义会随着时间的延长而出现遗忘。第三阶段，意义的提取和运用。

程序性知识的学习一般也可以分为三个阶段。第一阶段与陈述性知识的学习相同。例如，在英语学习中，学习“将‘We go to school yesterday’改成合适的时态”，这是一种典型的程序性知识的学习(或智慧技能的学习)。学生要能顺利完成这一任务，必须知道英语中动词时态变化的规则，在这里是将动词改为过去式的规则。知道某一规则或能陈述该规则，与应用这一规则支配自己的行为并不是一回事。所以，程序性知识学习的第一阶段学习的是陈述性知识，也就是说程序性知识学习的前身是陈述性知识。程序性知识学习的第二个阶段是通过应用规则的变式练习，规则由陈述性形式转化为程序性形式。就“英语动词一般现在时态改为一般过去时态”来说，学生通过教师讲解或阅读教材，知道了一般现在时态改为一般过去时态的规则，并能陈述这些规则（陈述性知识），再通过大量的句子变化的练习，每当看到“yesterday”、“some years ago”等表示过去某时刻的词时，能立即根据规则把句子中的动词改为适当的过去式。此时相应的规则已经开始支配学生的行为，规则开始向办事的技能转化。程序性知识学习的第三个阶段是程序性知识发展的最高阶段，规则完全支配人的行为，技能的执行达到相对自动化的程度。例如，熟练掌握英语的人，可以脱口说出规范的符合时态规则的英语句子，而不必有意识地去考虑有关规则。作为一种特殊的程序性知识的认知策略的学习也是如此，必须先知道要学习的认知策略是什么；然后通过应用有关策略的练习，有关学习、记忆或思维的规则支配自己的认知行为；最后能在变化的条件下顺利地应用有关规则，支配和调节自己的认知行为，达到提高学习与记忆效率的目的。

综上所述，根据学习结果和学习过程这两个维度，可以用图 4－1 描绘广义知识学习的阶段和类型之间的相互关系。它是根据现代认知心理学的知识分类理论和认知学习理论提出的广义知识学习与分类模型。该模型可以解释学生认知领域绝大多数的知识、技能和策略的学习。

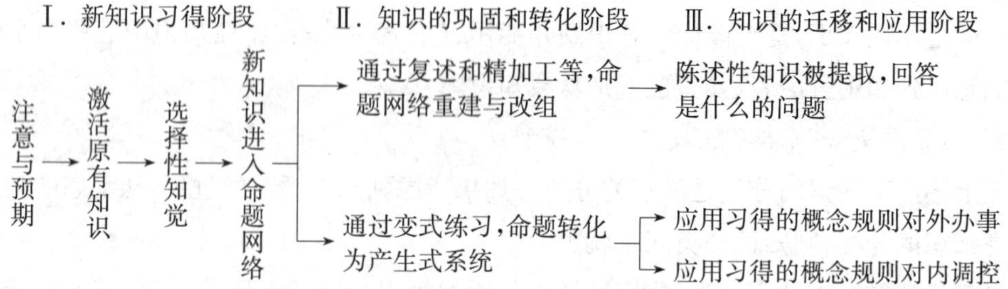

图 4－1　广义知识学习阶段与分类模型

二、陈述性知识的心理表征

我们常听到教育界人士说，好的教学不只是单纯传授知识，更重要的是发展学生的能力。但是能够通过教学发展而来的学生的能力的本质是什么？对此，研究教育学的人很少关心。在西方教育史上，杜威为了避免学生学了知识而缺乏能力的弊端，将知识一词改为经验，但是杜威的教学改革并未成功。为了理清知识与能力之间的关系问题，需要较深入地介绍现代学习心理学关于知识的心理实质（即知识的心理表征）的研究。

知识的表征 或知识的心理表征（mental representation），指信息在心理活动中表现和记载的方式。一个外在的客体在心理活动中可以以具体形象、概念或命题等形式表现出来。这些形象、概念或命题都是信息的表征形式。表征反映着客观事物，它代表相应的事物，如儿童见到过一只小花猫，便在他的头脑中留下“小花猫”的形象，该形象便是他见到小花猫的心理表征。同一事物可以有不同形式的表征。不同表征形式所具有的共同信息称为表征的内容，而每一表征形式称为编码。下面介绍现代学习心理学中的几种知识表征理论，以解释个体具有的知识的性质。

（一）命题与命题网络理论

1. 命题

“命题”这个术语来自逻辑学，指表达判断的语言形式，由系词把主词和宾词联系而成。例如，“北京是中国的首都。”这个句子就是一个命题。

在认知心理学中，命题是指语词表达的意义的最小单位。一个命题是由一种关系和一组论题(arguments)构成的。关系一般由动词、副词和形容词表达，有时也用其他关联词如介词表达。论题一般指概念，通常由名词和代词表达。

请看下面的句子：

(1) 小明给张英一本有趣的书。

这个句子可以分解成下面两个更简单的句子：

(2) 小明给张英一本书。

(3) 这本书是有趣的。

句子(2)和(3)各表达一个命题。句子(2)中的论题是“小明、张英和书”，关系是“给”。句子(3)中的论题是“书”，关系是“有趣的”。可见，句子(1)是由两个命题构成的。命题用句子表达，但命题不等于句子，命题只涉及句子表达的意义。人们在长时记忆中保持的不是句子本身，而是句子表达的意义。

认知心理学家用了许多不同方法来表示命题。常用的方法是，用一个圆（或椭圆)表示一个命题，用箭头指出命题的论题和关系。如，“蚂蚁吃了甜果酱”这个句子中包含两个命题，用上述方法表示(图中S代表主体，O代表客体，它们都是论题；R表示关系)：

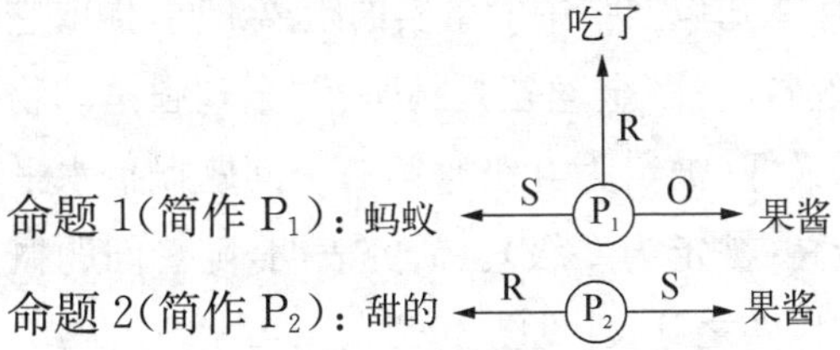

2. 命题网络

如果多个命题具有共同成分，就可以把若干命题彼此联系起来组成命题网络。例如，上面两个命题中有共同成分“果酱”，通过它可以把两个命题联系起来组成如下命题网络：

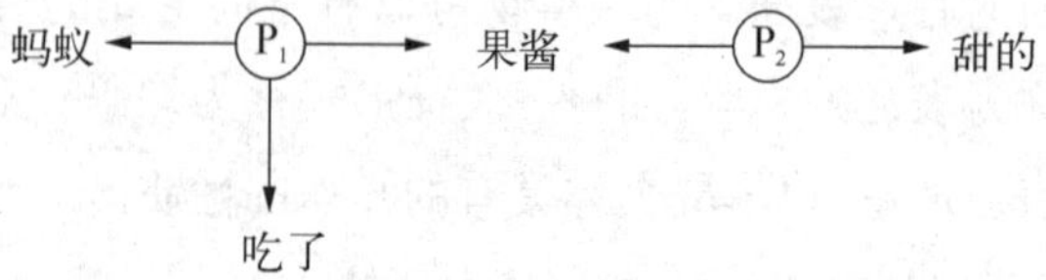

科林斯和奎廉(A. M. Collins and M. R. Quillian, 1969)的一个经典实验支持了知识以命题网络的层次结构贮存的观点。他们认为对动物、鸟、鱼等分类的知识，是以图 4－2 的层次结构贮存的。

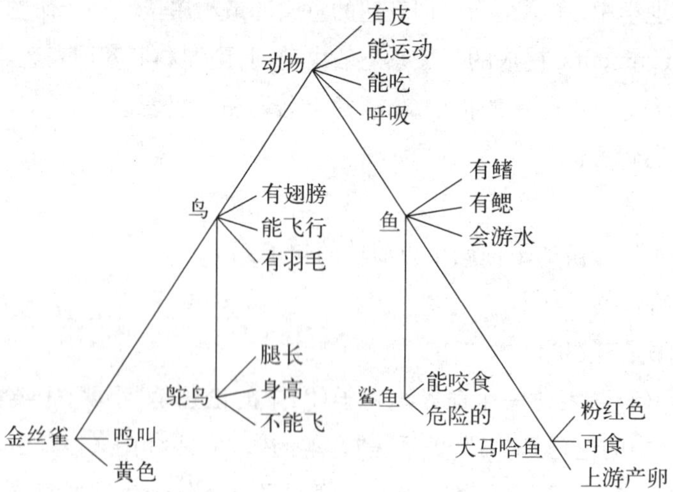

图 4－2　知识的层次结构贮存

科林斯和奎廉认为，不同动物的知识概括水平不同。在每一概括水平上贮存了可以用来区分其他水平的物体的属性。例如，“有皮”是所有动物的属性，贮存在最高水平。用这一属性可以把动物与矿石(没有皮)等区分开。又如，“有羽毛”是所有鸟的属性，贮存在比“动物”低一级水平上，可以用来区别鸟与非鸟的动物(如，鱼、狗等没有羽毛)。科林斯等进一步假定，由于贮存在知识网络中的事实的距离不同，提取它们的反应时也将不同。例如，“金丝雀是金丝雀吗?”“金丝雀是鸟吗?”“金丝雀是动物吗?”这三个问题，其中第一个问题概括水平最低(被定为 0 级)，第二个问题概括水平较高(被定为 1 级)，第三个问题概括水平最高(被定为 2 级)。研究表明，随着问题概括水平的提高，被试判断问题真伪的反应时也随之延长(见图 4－3)。

(二) 图式与脚本理论

现代著名认知心理学家 J・R・安德森认为：“对于表征小的意义单元，命题是适合的，但是对于表征我们已知的有关一些特殊概念的较大的有组织的信息组合，命题

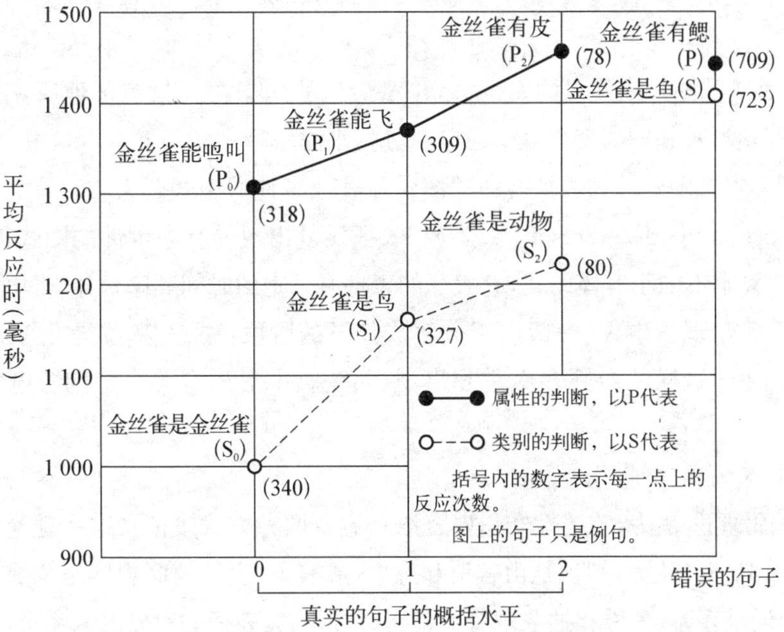

图 4-3　判断句子真伪的反应时是概念在记忆层次中的距离的函数

是不适合的。”例如，人们有关房子的知识，如果用“房子是人的居住处”这一命题表征，则不足以表征与人有关的“房子”的全部知识。现代认知心理学认为，人的较复杂的整块的知识是用图式（schema）来表征的（Anderson，1990）。

现代认知心理学家把图式定义为：人头脑中关于普通事件、客体与情景的一般知识结构。其含义是：

(1) 图式具有概括性。例如，人关于房子的图式不只表示个别房子，而是表示个体所看到的一般的房子。

(2) 图式中含有同类事物的本质特征，也含有非本质特征。人关于鸟的图式中既有“长羽毛”这一本质特征，也有“能飞”这样的非本质特征。因此，一类事物的图式不同于它的概念，后者只反映一类事物的本质特征。

(3) 图式中的知识是以某种方式或结构组织起来的。如房子的图式包括：

上位集合：建筑物

组成部分：房间

材料：木头、石头、砖头

功能：供人居住

形状：方形、三角形、圆形等

大小：100 平方米～1 000 平方米

房子图式的这些维度被称为图式的槽(slots)。每一个槽中的值不是一成不变的，如“功能”这个槽可以填充“供人居住”、“供人开会”、“展览场所”等不同的值。

(4) 个体的图式是发展的。例如，儿童最初的房子图式只表征他所见到的茅草房，随着经验增长和图式变化，能表征砖瓦房、水泥房等。

心理学家把图式分为表征客体的图式与表征事件的图式两大类。香克和阿伯尔逊(R. C. Schank & R. Abelson, 1977)把表征反复出现的有序事件的图式称为脚本(script)。脚本不同于客体图式，它表征的事件有一定的时间顺序。如“去电影院看电影”这个经常出现的事件，一般可以分解成如下的阶段：去影院、购票、进场、观看影片、退场。由于这样的步骤多次重复出现，人头脑中形成有关去影院看电影的定型图式。

(三) 双编码理论

双编码理论认为，陈述性知识以言语和意象两种方式表征。这一理论的提出者佩维沃(A. Pavio)认为，知识是由言语和意象(或表象)表征的联想网络构成的。言语系统中的词是客体、事件和抽象观念的代码，它们与其表征的对象的联系是任意的(如“书”这个词与实际书并没有物理上的相似性)。意象系统(imagery system)的非言语表征与引起它们的知觉具有某些共同特征(如一本书的表象与实际书的知觉有某些共同特征)。意象表征包括视觉表象(如铃的表象)、听觉表象(如铃声)、动觉(如摇铃的运动)、与情绪有关的骨骼肌感(如心跳加速)以及其他非言语表征。例如，一本书的意象表征涉及与书相关的视觉和触觉的性质。言语表征一般是系列化的，而意象表征能同时对许多特征进行编码。一个复合意象(如教室的意象)能同时对与教室有关的特征进行编码，而教室的言语表征一次只能涉及某一信息(如房子内有课桌，中间有通道，墙壁上有窗子，如此等等，直至穷尽教室的所有特征)。

意象表征系统和言语表征系统的成分是彼此联系的。如大多数人有关书的意象表征和言语表征之间存在联系。当客体与图片呈现时，由于有这样的联系，人们见到图片，就能生成心理表征和名称。又如，“外科”一词可以引起丰富的非言语联想，包括生动的疼痛的意象，缝针处的撕裂和紧绷感的记忆。因此，双编码是有效和高效思维的重要方面。

佩维沃曾经列举了60种可以用双编码理论解释的现象。如具体材料比抽象材料易记，因为前者易于双编码，后者不易于意象表征。又如，图片与词语相比，图片比词易学，词读起来快，而图片的命名较慢。这表明，对于词语而言，可以直接进行言语编码，在对图片的反应中，只能通过意象表征才能接近言语编码。许多证据表明，视觉表象的激活干扰视知觉，反之亦然。从神经生理学来看，左半球损伤更易于干扰言语加工；相反，右半球损伤则更易于干扰非言语加工。这些都是有利于双编码理论的证据。

（四）神经网络理论

有些认知心理学家对知识在人脑中表征的基本形式感兴趣，但是他们的大多数研究是通过计算机模拟进行的。也就是说，计算机程序可以将信息编成神经网络的代码。这些神经网络与生物神经网络有许多相似点。在计算机中研究的神经网络包括如下成分：(1) 有与神经元相似的结点(nodes)或单元，但它们与神经元不同，只有一种性质，即可以在不同水平上被激活(神经元则有多种性质)。如果结点在高水平上被激活，则人可以意识到被激活的东西；结点也可以在低水平上被激活，此时人处于无意识状态。(2) 结点与结点之间有联结。两个结点可以通过同时兴奋相联结，也可以通过一个兴奋与一个抑制的方式相联结。结点之间的这些联结是长时记忆的原材料。(3) 学习是联结的创造及其强度的改变。与神经元之间的联结增强相似，联结加强的基本方式之一，是同时激活若干结点。

这种理论可以解释字母和词形的识别。就成人识别字母而言，字母有如下特征：横线、竖线、锐角、向右凸出的曲线和对角线。假定呈现某个字母，它激活了人脑中竖线和向右凸出的特征，因为成人无数次见过 P、R 和 Q，所以这两个特征与 P、R、Q 有牢固的联系。因此，当呈现 P 时，这两个被激活的特征与 P、R、Q 相联系，从而激活表征这些字母的结点，并认出 P。由于确认 R 需要激活另一特征，即字母下半部分的对角线，而确认 Q 需要激活下面的对角线和右面的凸出部分，所以上述两个特征与 P 相吻合，抑制的信号从 P 发送到 R、Q 和其他字母的结点。

儿童学习字母就是在特征和字母之间建立联结。婴幼儿在认识字母之前会唱字母歌，知道字母名称。以后，当幼儿见到字母并被告知这是字母“P”时，P 字母名称和其特征的联系得到加强。通过日常交往和看图画、书籍等，幼儿多次经历字母 P 名称和 P 的视觉表征之间的联系。每次接触，字母名称和其特征的联系得到一次加强，最终每当见到 P 的特征时，该特征便能自动激活 P 的名称。

同理，可以解释单词的再认。例如，当呈现单词 EACH 时，每一个字母的特征和这些字母之间的联结被激活。与此同时，该词中的 E 与首位之间的联结，A 与第二个位置，C 与第三个位置以及 H 与第四个位置之间的联结也被激活。也就是说，在激活了 E 的同时也部分激活了其与首位的联结，其他字母也一样。对于成人而言，他们曾多次经历第一 E、第二 A、第三 C、第四 H 这组字母与其位置的联结，所以在见到 EACH 时，EACH 的特征及其位置被激活，而其他词被抑制。

研究表明，英语词汇中相同词干的词语与无相同词干的词相比，前者更易于识别。这可以用神经网络理论来解释。因为词的一个部分越是常用，人们接触的机会越多，越容易被激活。

鲁梅哈特和麦克里兰(D. E. Rumelhart & J. L. McClelland 1986)提出平行分布加工(parallel distributed processing)理论解释英语单词的识别。他们认为,大脑由许多小机器构成,每一小机器学习一类特征信息,这些小机器相互联系且能同时运作。例如,当呈现字母E、A、C、H及其位置时,大脑同时进行加工。一个多音节词可分成几个音节,每一个音节又由几个字母构成,每一个字母又具有几个特征。这样,通过激活字母的特征及其联结来识别字母,通过激活一组特征字母及其联结模式来识别音节,通过激活一组特殊音节及其在词中联结的位置来识别多音节词。

按照平行分布加工理论,词义(概念)的激活依赖较低级音节和模式的激活。知晓意识中的任何东西(如,一个词、一个表象或一个概念)都要归根于神经网络中的基本表征,即联结的模式。虽然现代联结主义者对词义加工提供了解释,但其解释不如解释字形与字音的知觉有效。

联结主义对知识的解释的重要教育含义是:在掌握高级的知识之前,必须先掌握低级的知识。因此,在学习单词之前必须先掌握特定的字母,即在字母特征模式及其名称与声音之间建立联系。这种由低级到高级的知识加工被称为自下而上加工,与之相对的是自上而下加工。

许多心理学家在考虑人的心理时,重点放在高级信息加工,很少关心支配符号表征系统的结点的神经或特征模式的激活。有些心理学家认为,联结主义模型不能表征某些作为人类知识核心的关键信息。例如,该模型不能解释蕴含在命题中的句法关系。

第二节　陈述性知识的学习过程和条件

根据奥苏伯尔的学习分类,陈述性知识的学习可以分为机械的学习和有意义学习,这两类学习的过程和条件不尽相同,用来解释其学习规律的学习理论也不尽相同。心理学史上早期的认知与行为主义学习理论适合解释机械的、低级的学习,晚期的认知与组织的学习理论适合解释有意义的、高级的学习。例如,小学生的识字既包括机械学习,又包括有意义学习。字音和字形的记忆一般是机械的,其学习过程是刺激—反应联结形成的过程,即呈现音、形(刺激),学生听或读与写(反应)和重复练习的过程,其学习的最重要条件是儿童的反应,教师针对学生的反应提供反馈与强化。字或词义的学习是有意义的,其学习过程不适合用S-R联结、重复练习、反馈与强化来解释,宜用强调认知和组织的学习理论来解释。机械学习理论已在第三章作了较详细的介绍，这里不再展开。下面侧重介绍适合解释有意义知识学习过程和条件的理论。

一、奥苏伯尔的有意义言语学习理论

奥苏伯尔认为，知识和意义是等价的。他区分了言语材料的逻辑意义、潜在意义和学习者个体的心理意义。逻辑意义相当于人类的知识，潜在意义是指在个体具有适当原有知识的条件下能被个体同化的人类知识，心理意义是指个体习得的知识，具体包括单个符号引起的具体事物的表象，一类事物的共同本质属性（即概念）以及一组符号引起的命题。奥苏伯尔的有意义言语学习理论是用同化的思想来解释外在的逻辑意义怎样向个体的心理意义转化的过程和条件的学说。

“同化”一词的基本意义是接纳、吸收、合并成自身一部分的过程。在生理学中，指机体吸收食物并使之转化成原生质。德国教育家赫尔巴特最早用这一概念来解释知识的学习。他认为，学习过程是新观念进入原有观念团内，使原有观念得到丰富和发展，从而为吸收新观念做好准备的统觉过程，即原有观念同化新观念的过程。

奥苏伯尔则用同化的思想系统解释了陈述性知识的学习。在新知识的学习中，认知结构中原有的适当观念起决定作用。这种原有的适当观念对新知识起固定作用，故称这种观念为起固定作用的观念（anchoring idea）。新知识的获得主要依赖认知结构中原有的适当观念，必须通过新旧知识的相互作用，有意义学习才能实现。这种新旧知识相互作用的结果，就是新旧意义的同化，进而形成更为高度分化的认知结构。

如学习者经常要学习单个符号或一组符号的意义，也就是说学习它们代表什么。这种学习叫符号表征学习，其主要内容是词汇学习（vocabulary learning），即学习单词代表什么。符号表征学习的心理机制是符号与其代表的事物或观念在学习者认知结构中建立相应的等值关系。例如，“狗”这个符号，对初生儿童是完全无意义的，在儿童多次同狗打交道的过程中，儿童的长辈或其他年长儿童多次指着狗（实物）说“狗”，儿童逐渐学会用“狗”（语音）代表他们实际见到的狗。我们说“狗”这个声音符号对某个儿童来说获得了意义，也就是说，“狗”这个声音符号引起的认知内容与实际的狗引起的认知内容是大致相同的，同为狗的表象。

陈述性知识的学习涉及新的知识被认知结构中起固定作用的观念所同化，奥苏伯尔便根据新的知识与认知结构中起固定作用的观念的关系区分出了三种不同的同化过程：下位学习，上位学习，并列结合学习。

（一）下位学习

当学习者原有知识的包容和概括水平高于新学习的知识时，所进行的学习是下位学习，有时也叫类属学习。如学习者头脑中的原有知识是“空气中的水蒸气遇冷凝结成水”，要学习的新知识是“冬天从寒冷的室外进入温暖的室内，眼镜片会变得模糊”时，由于原有的知识的概括程度高于新知识，因而在这种情况下的新知识学习叫下位学习，是从一般到个别的学习。

在下位学习或类属学习中，需要区分两种不同的类属过程。

第一，派生类属过程(derivative subsumption)。当新的学习材料作为原先获得的概念的特例，或作为原先获得的命题的证据或例证而加以解释时，便产生了派生类属学习。在上述两种情形中，所要学习的新材料可以直接从认知结构中原有的具有更高包容性和概括性的概念或命题中推衍出来，或者蕴含在其中，也就是说，新知识只是旧知识的派生物。在这样的条件下，派生材料的意义出现很快，学习比较省力。例如，若学生在学习正方形、长方形、三角形时已形成轴对称图形概念。在学习圆时，“圆也是轴对称图形”这一命题被纳入或类属于原有的轴对称图形概念，新的命题很快就获得意义，学生立即能发现圆具有轴对称图形的一切特征。这种类属作用的结果，不仅使新的命题获得意义，而且使原有的概念或命题得到充实或证实。

第二，相关类属过程(correlative subsumption)。新的材料类属于原有的具有较高概括性的概念中，原有的观念得到扩展、精确化、限制或修饰，新的命题或概念获得意义，在这种条件下产生相关类属学习。例如，过去已经知道“挂国旗是爱国行动”，现在学习这个新命题：“保护能源是爱国行动。”新命题类属于原先的“爱国行动”中，结果新命题获得意义，原有的“爱国行动”被扩展或深化。在这类学习中，新学习的材料与一些具有较高包容性和概括性的类属者如“爱国行动”结合，发生相互作用，但前者的意义并未完全蕴含在后者之中，也不能为后者所代表。

通过类属过程，原有的概念或命题是否发生本质属性的改变，这是区分上述两种类属过程的关键。在派生类属学习中，新知识纳入原有的旧知识中，原有的概念或命题只是得到证实或说明，本质未变。例如，“圆”类属于轴对称图形中，轴对称图形的本质特征未变。但在相关类属学习中，每次新知识类属于原有的概念或命题中，原有的概念或命题便扩张、深化、精确化或修改，如“保护能源”、“卫生大扫除”、“五讲四美”等新知识类属于“爱国行动”，原有的“爱国行动”概念不断地得到扩展和深化。

(二) 上位学习

当学习者原有知识的包容和概括水平低于新学习的知识时，所进行的学习是上位学习，又叫总括学习。这种学习一般是在若干个比较具体的例子基础上习得一个较为概括的概念、原理，如在小学里教面积概念时，教师让学生比较台面、桌面、教室地面、墙面、操场等等的面积大小，最后概括出“面积就是平面图形或物体表面的大小”这一命题，即面积的定义，这样的学习就是上位学习。

（三）并列结合学习

当学习者的原有知识与新学习的知识之间既不存在从属关系，又不存在总括关系，但两者在横向上存在某种吻合或对应关系时，所进行的学习就是并列结合学习，又叫类比学习。如物理课上学习“电压越大，电流越强”这一新知识时，常用学生的原有知识经验“水压越大，水流越强”来类比。新旧知识间不存在上下位关系，但电压与水压相对应，电流与水流相对应，电压与电流之间的关系与水压和水流之间的关系相对应，通过这些对应关系，新旧知识联系了起来。

同化论的核心是相互作用观。它强调学习者的积极主动精神，即有意义学习的心向；强调有潜在意义的新观念必须在学习者的认知结构中找到适当的同化点。新旧观念相互作用的结果导致有潜在意义的观念转化为实际的心理意义，与此同时，原有认知结构发生变化。这种变化既有质变，又有量变。总之，在人类的认识运动中，奥苏伯尔提出的几种同化模式体现了外因是变化的条件，内因是变化的依据的辩证思想。这几种同化模式较具体地描述了人是如何通过不同的内外因素之间的相互作用而产生新认识的。

二、现代认知心理学对陈述性知识学习的认知过程的解释

现代认知心理学认为，陈述性知识的学习不仅涉及感觉记忆、工作记忆、长时记忆等认知架构（architecture），还涉及学习者在这三种结构之间和之内进行的一系列认知操作或认知过程，这些过程具体包括选择、整合、组织、精加工等。

（一）选择

选择过程是学习者将其注意集中于环境中所呈现的信息的有关方面，或者将有关的信息与无关的信息区分开来，并将信息从感觉记忆移送到工作记忆中。登记在感觉记忆中的信息量是很大的，我们虽能同时看到、听到很多信息，但并非所有的信息都可引起我们的关注和进一步加工，由于工作记忆容量的有限性，我们只能从大量呈现的信息中选择重要的、有关的信息进行进一步的加工处理。保存在外部环境中的陈述性知识，如果未被我们选中或注意到，是不可能被习得的。

（二）整合

整合过程是指学习者在工作记忆中将新的陈述性知识与原有的陈述性知识联系起来的过程。新的陈述性知识源自环境，是经学习者选择出来而进入工作记忆的。原有的陈述性知识是学习者从其长时记忆中提取到工作记忆中的。简单地说，整合就是学习者在新旧知识之间建立联系。当新旧知识间建立了有意义的、实质性的联系时，我们就可以说学生理解了新知识。奥苏伯尔根据新旧知识之间的关系区分的三种同

化模式(下位学习,上位学习,并列结合学习)也可看作是新旧知识整合的模式。

(三) 组织

组织过程是指在工作记忆中建立新知识内部的联系,或者是将所选择的信息组织成一个连贯的整体。如地理课上学习有关日本这个国家的地理情况:日本国土面积狭小,山地多,河流短急,水力资源丰富。对这些新知识的学习,需要学习者认识到新知识内部的联系,如山地多,国土面积狭小就导致了河流的短急,而河流的短急说明水流落差大,水力资源丰富。学习者只有将日本地理情况的几条信息按其内在关系联系起来而不只是机械地记住这些话语,才能表明他们以连贯整体的方式习得了这些陈述性知识。

在将新信息的不同部分进行组织时,有些学习者会发现不同信息之间存在矛盾。如一篇关于科学的课文前边提到:海底深处没有阳光,漆黑一片,在后边却讲到,一些生活在海底深处的鱼能通过食物的颜色寻找食物。学习者在将前后联系起来时会发现这两条信息是矛盾的,学习者的这种能力叫理解监控,属于元认知范畴。良好的理解监控能力是组织新知识的重要条件。

(四) 精加工

精加工过程是指对所呈现的信息进行添加、补充的活动。精加工的结果是生成了新知识中没有明确呈现出来的内容,类似于布鲁纳所讲的“超越给定的信息”,也类似于我们平常所讲的推断。如看到“我们的邻居打开了门锁”这句话,虽然其中没有明确指出,但读者能推断出“开门的工具是钥匙”。读者的这种活动就是精加工。学习者在学习陈述性知识时,经常要进行精加工的活动,这种活动也最为集中地体现了学习的建构性。精加工活动还与整合、组织过程结合在一起,更好地促进学习者建立新旧知识和新知识内部的联系。

加涅的女儿E·D·加涅等人举了这方面的一个例子。给学习者呈现“维生素C能促进白细胞的生成”,学习者提取到其工作记忆中的原有知识是:“维生素C能抵抗感冒”,“病毒引起感冒”,“白细胞能消灭病毒”。在此基础上,学习者进行了精加工的活动,生成了新的陈述性知识:“维生素C之所以能抵抗感冒是因为它能促进白细胞的生成。”

三、陈述性知识学习的条件

根据奥苏伯尔、加涅等心理学家的观点,陈述性知识的学习需要具备内部和外部两方面的条件。

（一）外部条件

陈述性知识学习的外部条件主要是指给学习者呈现有内在逻辑联系的材料，如教师的讲演、课件、教科书中的内容等。这方面的条件在中小学教学中基本上都能得到满足。此外，外部条件还包括教师为促进学生学习所采取的一些教学方法、提供的反馈指导等。

（二）内部条件

1. 学习者的原有知识基础

学习者的原有知识基础对其学习新的陈述性知识十分重要，缺乏相关的原有知识，学习者就不能对新旧知识进行整合，其结果是学习者只能进行机械学习。对此，奥苏伯尔强调指出，"假如让我把全部教育心理学仅仅归结为一条原理的话，那么，我将一言以蔽之曰：影响学习的唯一最重要的因素，就是学习者已经知道了什么。要探明这一点，并应据此进行教学"（奥苏伯尔，1994：扉页）。

2. 学习者的主动加工活动

有了要学习的新的陈述性知识，学习者也具备了相关的原有知识，要想发生有意义的学习，还需要学习者积极主动地回忆起相关的原有知识、把新旧知识联系起来、找到新知识内部的联系等等。要完成这些活动，学习者不仅要有较强的动机，付出有意识的努力，还要采用一些方法、策略来促进自己的上述活动。奥苏伯尔将这一条件称之为"有意义学习的心向"。

第三节　陈述性知识学习规律的教学含义

上一节介绍了陈述性知识学习的内部过程及其所需要的内外条件，这对于我们设计和安排陈述性知识的教学有重要指导价值。要促进学习者的陈述性知识学习，需要教师在如下几方面做出努力。

一、利用学生的原有知识经验促进陈述性知识的学习

学生的陈述性知识主要是从言语陈述（包括口头语言陈述和书面语言陈述）中习得的，他们要学习的是言语陈述传达的意义而不是言语陈述本身。但是，如果学生缺乏相关的知识经验，就有可能难以习得言语陈述传达的意义，而只是习得了言语陈述本身。要避免学生习得言语陈述本身而不是它们传达的意义这种现象，就需要保证学生有丰富的相关知识经验。

如果学生已经具有相关的原有知识经验，在教学时就需要激活或调动学生的这些知识经验。激活或调动的方式可以是向学生提问，也可以是通过类比、比喻来实现。如在学习蚕生长的过程中要蜕皮的知识时，学生在日常生活中已习得了自己身体长大了，原来的衣服就小了，需要换大一点的新衣服，于是教师在讲课时，就用后者来比喻前者，从而调动学生的原有知识经验理解新知识（李培实，1996：68）。特级教师于漪则通过提问来激活学生的原有知识。她在教学课文《春》里的“小草儿也青得逼你的眼”一句时，就要求学生运用学过的诗句恰当地表达出“逼”这个生动字眼的含义。学生积极地搜寻、思考、辨别，终于找出了“两山排闼送青来”的诗句，更深刻地体会到了“逼”字的含义（于漪，1984）。

如果学生缺乏理解新知识所必需的知识经验，就需要教师创设条件，以便让学生具备这些知识经验。如特级教师斯霞教小学生“我们是祖国的花朵，老师是辛勤的园丁”一句时，为了让学生理解这句话的意义而不是机械地记住这句话，就在教学前带领学生到公园里看园丁如何为花草浇水、施肥、除草。学生有了这种生活经验，在课堂上学习时就容易理解“我们是祖国的花朵，老师是辛勤的园丁”这句话的含义了。

如果学生的原有知识对新知识的学习有可能存在干扰，则在教学时需要教师做出有意识的预防。如学生要学习的新知识是“平行四边形的面积＝底×高”，学生的原有相关知识是“长方形的面积＝长×宽”。这一原有知识既对新知识的学习有促进作用，也会起到干扰作用，易使学生误认为平行四边形的面积＝底边×斜边。为避免原有知识的干扰，有经验的教师会设计这样的活动：用一个对边相等的四边形做实验，拉动四边形，逐渐由长方形变成不同高度的平行四边形，让学生思考，在这个过程中什么变了，什么没有变，从而让学生认识到平行四边形面积的大小和它的底和高有关，与斜边无关（刘可钦，2006），以此消除原有知识的不利影响。

二、引发与促进学生陈述性知识学习的内部过程

陈述性知识的学习不是机械的背诵、操练，而是涉及一系列的内部认知过程。知晓了这一点，要想促进陈述性知识的学习，就需要采用一些教学措施来引发和支持学习者的这些内部过程。有许多这样的教学措施，其中最基本、最常用的是提问。

作为教育者的教师要向学生提出一些好的问题，好的问题要能引发、促进学生学习时的选择、整合、组织、精加工等内部过程，那种“对不对？”“好不好？”的问题不属此类。在学生学习陈述性知识之前提出合适的问题会对学生接下来注意、选择哪些陈述性知识产生影响。如提出“珠江和淮河哪条河流更长？”学生会在接下来的阅读课文或听讲中选择两条河流长度的信息予以关注；提出“太平天国运动为什么会失败？”有助

于学生更加注意这方面的内容。好的问题还会引发学生的组织、整合、精加工等活动。如在学习有关茶壶的物理学知识时,可以在学生观察茶壶基础上提下列一些问题:茶壶嘴和茶壶身的连通处为什么要做在较低的位置?茶壶嘴的高度为什么要做成比壶口略高一点?这些问题有助于引发学生思考茶壶各组成部分之间的内在联系。类似这样的问题还有:……与我们以前研究的……如何联系起来(促进整合过程)?……如何影响……(促进组织和整合过程)?……和……如何相类似(促进整合或组织过程)?由于这一类的问题引发了学生的思考和添加、补充等活动,因而有时又称这些问题为精加工式的问题。

除了问题外,还有其他一些教学措施也可用来引发学生的内部学习过程。如在呈现陈述性知识的课文中,用粗体、下划线,或用上"首先"、"其次"等表明结构和顺序的词语,会促进学生对新知识的选择和组织过程。而有的教师在讲解陈述性知识的过程中,在某些地方故意戛然而止,或者在以文字形式呈现的内容中略去一定的内容,让学生预测或思考接下来或略去的内容是什么,这些措施也有利于引发学生的整合、精加工等活动。

三、教会学生自己引发陈述性知识学习的内部过程

学生学习陈述性知识的内部过程除了受教师教学方法的影响外,还受学习者自己采用的学习方法的影响。当教师使用的教学方法的执行主体由教师转变为学生,即学生采用教师的教学方法来促进自己的内部学习过程时,学生就成了学习的主人。有研究表明,优秀学生在学习陈述性知识时,很善于自己主动引发相应的内部学习过程。如有人调查了高中生学物理时的情况,发现当老师在课堂上讲解某一物理现象时,优秀生不仅听讲,而且更多地联想到与该现象相反或相似的现象,表明他们在积极地进行整合活动,而物理成绩差的学生只是静静地听讲(乔际平,1991)。如果我们的教育目标是教会学生自己学习陈述性知识,则这种学习的技能就必须教给他们。比如,学生的记笔记(note taking)和做笔记(note making)行为就是学生自己采用的可促进其内部学习过程的技术,维特罗克称之为生成技术。研究表明,笔记有助于指引个人的注意,有助于发现新知识的内在联系,有助于建立新知识与旧知识之间的联系。心理学家认为,笔记有两步:第一步是记下听讲中的信息(即 note taking);第二步是使记下的信息对你有意义,即理解它们(即 note making)。如果笔记只停留在第一步,对学习并无多大的帮助。重要的是进入第二步,对笔记加工。有人建议采用如下三步做听课笔记:

1. 留下笔记本每页右边的$\frac{1}{4}$或$\frac{1}{3}$；

2. 记下听课的内容；

3. 在整理笔记时，在笔记的留出部分加边注、评语等。

第三步非常重要，这些边注、评述或其他标志不仅可以通过引发整合、精加工等认知活动来促进学生的理解，而且可以为他们今后的回忆提供线索。

学生的这种技能也受到了心理学家的广泛关注，他们称之为“认知策略”或“学习策略”，其具体的学习过程和教学建议将在本书第六章介绍，这里从略。

本章概要

1. 知识是教育学的一个核心概念。由于心理学研究的滞后，我国教育学一直沿用哲学的知识定义，把知识定义为客观事物的属性及其联系在人脑中的反映。本书把知识定义为主体与其环境相互作用而获得的信息及其组织，贮存于个体内即为个体的知识，贮存于个体外即为人类的知识。知识的本质是信息在人脑中的表征。

2. 知识概念可以在广义和狭义上使用。广义的知识包括认知领域的全部学习结果，既包括信息加工心理学家区分的陈述性知识和程序性知识，哲学家区分的显性知识和默会知识，也包括奥苏伯尔区分的机械知识和有意义知识。程序性知识或默会知识都是从人的智慧技能和动作技能中推测出来的，或者说技能的本质是程序性知识或默会知识。狭义的知识大致与陈述性知识相当。所以，广义的知识概念包括了技能。

3. 本书提出的广义知识学习阶段与分类模型既考虑了广义知识的分类，又考虑了知识学习的阶段。它既可以解释陈述性知识习得的一般过程，又可以解释陈述性知识向技能的转化，但不能解释从实践或模仿中习得的技能，如本族语的听说技能。

4. 不同倾向的心理学家分别提出命题网络理论、图式理论、双编码理论和神经网络理论来解释信息是怎样在人脑中编码和长时贮存的。命题网络和图式理论适合解释复杂的知识表征，双编码理论得到了大量的研究和观察到的事实的支持，神经网络理论适合解释机械的和较低级的知识的表征。

5. 奥苏伯尔的有意义言语学习理论运用同化的思想来解释陈述性知识的学习。学习陈述性知识就是新的知识被认知结构中起固定作用的观念所同化的过程，根据新知识与认知结构中起固定作用的观念的关系，奥苏伯尔区分出三种不同的同化过程：下位学习、上位学习、并列结合学习。

6. 陈述性知识的学习涉及感觉记忆、工作记忆和长时记忆三个记忆结构。陈述性知识的学习还涉及选择、整合、组织、精加工等内部认知过程。选择是指从呈现的大量信息中选择出相关的信息予以注意;整合是指将新知识与原有知识联系起来;组织是建立新知识内部的联系;精加工则是添加、补充一些内容。整合、组织、精加工都要在容量有限的工作记忆中进行。

7. 根据陈述性知识学习的规律,我们建议,要根据学生的原有知识来促进陈述性知识的学习;要采用提问、符号标志等教学手段来引发、促进学生的内部学习过程;要将引发、促进学生内部学习过程的技术、手段教给学生,让其自己学习。

练 习 题

一、解释下列术语

知识	陈述性知识	程序性知识	默会知识
知识的表征	命题	命题网络	神经网络理论
脚本	双编码理论	知识分类学习论	上位学习
下位学习	并列结合学习	同化论	选择过程
组织过程	整合过程	精加工过程	

二、填空

1. 信息加工心理学把人类习得的知识分为__________和__________两大类。

2. 在认知心理学中,命题由两个成分构成,第一个成分是__________,第二个成分是__________。

3. 根据广义知识学习阶段与分类模型,可把陈述性知识的学习全过程分成__________、__________、__________三个阶段。

4. 认知心理学家认为,陈述性知识主要以__________或__________表征和贮存。

5. 人们日常生活中反复出现的有序事件可能以__________的形式表征。

6. "我爱冬天的梅花"这个句子包含两个命题,第一个命题是__________,第二个命题是__________。

7. 陈述性知识的学习涉及__________、__________、__________三个记忆结构和__________、__________、__________、__________四个认知过程。

8. 陈述性知识学习的内部条件是指__________、__________。

9. 整合涉及新旧知识的联系。奥苏伯尔根据新旧知识之间的关系将整合的模式分为__________、__________、__________三种。

三、选择

1. 在日常经验中感到形象材料比抽象材料保持牢固,这种现象最可能的解释是

______。(1) 双编码理论;(2) 加工深度说;(3) 图式理论;(4) 知识分类学习论。

2. 信息加工心理学的广义知识概念在外延上与______概念对应。(1) 智力;(2) 习得的认知能力;(3) 习得的认知能力与动作技能;(4) 认知技能。

3. 我们常说:"学生不但要掌握知识,而且要获得技能。"此处的"知识"概念与信息加工心理学的______大致相对应。(1) 书本知识;(2) 陈述性知识;(3) 言语知识;(4) 程序性知识。

4. 广义知识学习阶段与分类模型表明,在确定知识类型时要考虑______。(1) 学习的内容;(2) 学科特点;(3) 测量的条件;(4) 学习所处的阶段。

5. 儿童在看动画片时,看到上面的情节可推知下面的情节发展。根据现代认知心理学,这种能力的适当解释是______。(1) 儿童观察力强;(2) 思维的逻辑性;(3) 儿童想象能力发展快;(4) 儿童头脑中贮存了相关情节的脚本。

6. 生物课上教师在黑板上画出血液、内环境、红细胞、白细胞等概念之间的关系,这样做是为了引发和促进学生______的认知过程。(1) 选择;(2) 组织;(3) 整合;(4) 精加工。

7. 在学习分数后学习百分数,这种学习最宜用______模式进行教学。(1) 上位学习;(2) 下位学习;(3) 并列学习;(4) 发现学习。

8. 在学习重力场知识后学习电力场知识,用重力场知识同化电力场知识。这种学习属于______。(1) 上位学习;(2) 下位学习;(3) 并列结合学习;(4) 派生学习。

9. 下列教学方法旨在引发学生选择过程的是______。(1) 复习上节课学习的内容;(2) 告诉学生这些概念很重要;(3) 提问学生学了这段内容后有什么想法;(4) 让学生比较两个概念的异同。

10. 下列对同化论的描述错误的是______。(1) 学生的原有知识吸收、同化新知识后,原有知识本身不会发生变化;(2) 同化论认为学生在陈述性知识学习中有积极主动的作用;(3) 同化论非常看重学生原有知识的作用;(4) 同化论也是一种知识建构的理论。

11. 知识分类学习论来源于______。(1) 皮亚杰的图式理论;(2) 加涅的学习条件论;(3) 安德森的激活论;(4) 学习的信息加工模型。

12. 下列论断正确的是______。(1) 学生学习陈述性知识时的认知过程只能由教师来引发和促进;(2) 提问可以引发学生陈述性知识学习的多种认知过程;(3) 学习陈述性知识就是要记住老师或课本中呈现的内容;(4) 原有知识能促进学生对新知识的学习。

13. 心理学研究发现,在一段主题思想不明确的短文之前加上标题与未加标题相比，被试感到加上标题的材料更易于理解且记忆效果好。这一现象最适宜的解释是______。(1) 同化论；(2) 生成论；(3) 联想论；(4) 图式理论。

14. 在学完一篇逻辑结构严密的课文以后，勾画出课文的论点论据的逻辑关系图以帮助理解和记忆。这种学习方法旨在促进哪种认知过程______。(1) 选择；(2) 组织；(3) 整合；(4) 精加工。

15. 下列论断错误的是______。(1) 长时记忆中储存有图式、命题网络、脚本、意象等知识表征形式；(2) 做笔记是促进陈述性知识学习的有效方法；(3) 学生阅读课文时能读出“言外之意”，说明他在进行精加工活动；(4) 精加工式的问题只能引发和促进陈述性知识学习的精加工过程。

四、研究与设计

1. 选择教师的一段教学录像或教学实录，根据陈述性知识学习的内部认知过程，分析教师采用了哪些教学手段来引发和促进学生的内部学习过程。

2. 请指出陈述性知识表征的主要形式和研究依据。

3. 比较奥苏伯尔的有意义言语学习理论和现代认知心理学对陈述性知识学习过程的解释。

第五章 智慧技能的学习

本章要点

技能与智慧技能的性质	规则的学习过程
技能的性质	从例子到规则的学习
技能的含义	从规则到例子的学习
技能的心理实质——程序性知识及其心理表征	程序的学习过程
技能(程序式知识)的分类	智慧技能学习的条件
智慧技能的性质	内部条件
智慧技能的含义	外部条件
智慧技能的类型	智慧技能学习规律的教学含义
智慧技能在学科教学中的作用	运用合适的例证促进学生的学习
智慧技能学习的过程和条件	选择和呈现合适的正例
辨别的学习过程	设计和寻找合适的反例
概念的学习过程	提供学习指导
概念的分析	设计并提供有效的练习
概念学习的认知过程	设计变式练习
	安排间隔练习
	对程序的练习可采取多种形式
	为学生的练习提供反馈

本章目标

学完本章后,应能做到:

1. 陈述技能的分类及其依据;
2. 举例说明知识怎样转化为技能;
3. 举例说明智慧技能中的辨别、概念、规则、程序学习的过程;
4. 举例说明智慧技能学习的内外条件;
5. 举例说明在教学实践中如何促进智慧技能的学习。

在上一章,我们介绍了信息加工心理学的广义知识概念。广义知识包括陈述性知识和程序性知识。陈述性知识大致与我们传统上讲的知识概念相当，这种知识被称为狭义的知识，其分类及其学习过程和条件已在第四章阐述。本章转入传统上讲的技能学习问题，先用信息加工心理学观点分析技能的性质和分类，然后论述作为程序性知识的智慧技能的学习过程和条件，最后论述如何基于智慧技能的学习规律安排教学。

第一节　技能与智慧技能的性质

一、技能的性质

在信息加工心理学中，知识与技能这两个概念是密切相关的，所以在论述技能的心理实质之前，我们先来研究知识与技能的关系问题。

(一) 技能的含义

1. 技能的传统定义

我国教育学和心理学沿用活动方式来定义技能。例如，《中国大百科全书·心理学》把技能定义为“通过练习获得的能够完成一定任务的动作系统”(潘菽、荆其诚，1991：153)。《心理学大词典》的技能定义是：“个体运用已有的知识经验，通过练习而形成的智力动作方式和肢体动作方式的复杂系统”(朱智贤，1989：300)。《教育大辞典》的技能定义是：“主体在已有知识经验的基础上，经练习形成的执行某种任务的活动方式。”(顾明远，1990：147)

把技能定义为活动方式来源于苏联心理学。例如，1956 年出版的由斯米尔诺夫主编的《心理学》一书写道：“我们把依靠练习而巩固起来的行动方式叫熟练。”又说技能“正像熟练一样，它也是完成行动的方式”(阿·阿·斯米尔诺夫，1956：459,468)。1984 年出版的克鲁捷茨基主编的《心理学》把“人已掌握的活动方式叫技能”(B·A·克鲁捷茨基，1984：86)。这两个定义都是针对动作技能而给出的。1953 年苏联学者T·R·叶戈波罗夫在《阅读技能的掌握心理学》一书中曾使用智力熟练一词，后来H·A·梅钦斯卡娅等人在他(她)们的著作中把智力熟练称为智力技能。

把技能定义为活动方式的缺点是，人们从这样的定义中看不出知识与技能到底有什么关系。看不清知识与技能的联系，就无法有效地指导技能的学习。

2. 从信息加工观看知识与技能的关系

从现代信息加工心理学的观点看，技能是广义知识中的一种类型，即程序性知识。这里的程序性知识是就个体知识而言的。程序性知识中包含做事的规则，如将主动句“红军打败了敌人”改为被动句“敌人被红军打败了”，其暗含的规则是：

(1) 将主动句中的宾语“敌人”提前作为被动句的主语；

(2) 将主动句中的主语“红军”作为被动句介词“被”的宾语；

(3) 在被动句中，介词“被”的宾语常可省略(被动句是“敌人被打败了”)。

按信息加工心理学的知识与技能观，如果学生能陈述将主动句改被动句的三条规则，就可以认为，该学生习得了主动句改被动句的陈述性知识。如果学生能正确完成主动句和被动句互换的任务，不论他能否正确陈述上述规则，都可以认为，该学生已掌握了主动句与被动句互换的技能。

技能习得可分为两种情况。一种情况是先知道做事的规则，然后学会用这些规则来支配自己的行为。如，给予“$\frac{1}{3}+\frac{1}{4}=?$”这样的问题，如果学过分数加法的小学生能顺利完成这一任务，我们就认为，该学生已经掌握了分数加法技能。这种技能一定是规则学习在先，而且这种规则是学生能意识到和能陈述的，故可以称这种规则为陈述性知识。其后经过反复的运用练习，当规则支配儿童的解题行为时，规则变成了技能。

技能习得的另一种情况是，行为或实践在先，对行为或做事的规则的意识在后。这类技能的学习主要是通过模仿和自发发现进行的。本族语的学习是一个典型的例子。例如，通过反复模仿和语言实践，3～4 岁的幼儿能正确说出“风吹倒了大树”和“大树被风吹倒了”这样的句子，但他们不知道其中暗含的主动句变被动句的规则。这样的规则学习被称为内隐学习，习得的知识被称为默会知识。

从上面的实例分析可见，技能的本质是知识的运用，说得明确一点是程序性知识的运用。有些程序性知识是技能的执行者能意识到的，有些是他们意识不到的。

3. 技能的新定义

本书把技能定义为：在练习基础上形成的、按某些规则或操作程序顺利完成某种智慧任务或身体协调任务的能力。这个定义强调技能是一种习得的能力，其实质是一套办事规则支配了人的行为。这一定义使技能变得可以捉摸和便于操作。

(二) 技能的心理实质——程序性知识及其心理表征

由于现代信息加工心理学用程序性知识来解释技能，这就为我们研究技能的心理实质(即技能的心理表征)问题提供了方便。认知心理学家认为，程序性知识是以产生式和产生式系统的形式表征的。

1. 产生式

信息加工心理学认为，表征程序性知识的最小单位是产生式(production)。“产生式”这个术语来自计算机科学。信息加工心理学的创始人西蒙(H. A. Simon)和纽厄尔(A. Newell)认为，人脑和计算机一样，都是物理符号系统，其功能都是操作符号。

计算机之所以具有智能，能完成各种运算和解决问题，是因为它贮存了一系列以“如果/那么”(if/then)的形式编码的规则的缘故。也就是说，由于人经过学习，其头脑中储存了一系列以“如果/那么”的形式表示的规则，这种规则被称为产生式。产生式是所谓的条件—行动(condition - action)规则(简作 C - A 规则)。C - A 规则与行为主义的 S - R 公式有相似之处，但也有原则上的区别。相似之处是，每当 S 出现或条件满足时，便产生反应或活动。不同的是，C - A 中的 C 不是外部刺激，而是信息，即保持在短时记忆中的信息，A 也不仅是外显的反应，还包括内在的心理活动或运算。

正如命题网络有不同的表示方法一样，不同作者用于表示产生式的符号也不完全统一。以 E·D·加涅的描述方法为例，说明最简单的产生式(简作 P)的表示法(见表 5 - 1)。产生式中的“如果”部分规定了行为必须满足的条件，在第一个产生式中有两个条件，在第二个产生式中有三个条件；“那么”部分规定应进行的活动，第一个产生式中的活动是“表扬”儿童，第二个产生式中的活动是“识别”与“说”三角形。

表 5 - 1　实施强化和鉴别三角形的产生式

P_1	实施强化的产生式：	
	如果	目标是要增加儿童的注意行为，
		且儿童注意时间比以前稍微延长，
	那么	对儿童进行表扬。
P_2	鉴别三角形的产生式：	
	如果	已知一个图形是两维的，
		且该图形有三条边，
		且三条边是封闭的，
	那么	识别此图形为三角形，并说“三角形”。

2. 产生式系统

简单的产生式只能完成单一的活动。有些任务需要完成一连串的活动，因此需要许多简单的产生式。经过练习，简单产生式可以组合成复杂的产生式系统。这种产生式系统被认为是复杂的技能的心理机制。如果若干产生式通过控制流而形成联系，即一个产生式的活动为另一个产生式的运行创造了需要的条件时，那么控制流就从一个产生式流入另一个产生式(见表 5 - 2)。

(三) 技能(程序式知识)的分类

1. 加涅的广义技能分类

在加涅的学习结果分类中，广义的技能可分三类：

(1) 智慧技能，运用概念或规则对外办事的能力；

(2) 认知策略，学习者内部组织起来的、用以支配自己心智加工过程的技能。加涅认为认知策略是一种特殊的智慧技能；

表 5－2　分数加法前三步的产生式表征

P_1	如果	我的目标是要将分数相加， 且现在有两个分数，
	那么	建立一个子目标，即求出它们的最小公分母。
P_2	如果	我的目标是要将分数相加， 且现在有两个分数， 且两个分数的最小公分母已知，
	那么	用最小公分母除第一个分数的分母，并得到结果 1。
P_3	如果	我的目的是将分数相加， 且现在有两个分数， 且两个分数的最小公分母已知， 且已得到结果 1，
	那么	以结果 1 乘第一个分数的分子和分母。

(3) 动作技能，运用规则支配自己身体肌肉协调的能力。

加涅用对内调控和对外办事来区分智慧技能与认知策略，但在实际运用时，这一划分标准似乎难以操作。E・D・加涅提出程序性知识划分的两维标准，似乎更有助于区分一般技能与认知策略。

2. E・D・加涅的程序性知识分类

(1) 一般与特殊维度

根据这一维度，可以区分出专门领域的程序性知识与非专门领域的程序性知识。专门领域的程序性知识是由仅适用于特殊领域的产生式系统构成的。例如，表 5－2 中的分数加法产生式，只适用于解决分数加法问题。又如，中小学生学习的算术四则运算规则，在语文课上学习的造句、改错句的规则，在英语课上学习的语法规则等，都属于专门领域的程序性知识。

非专门领域的程序性知识也称思维或解决问题的一般方法和步骤的知识，如“做事之前先有计划”、“三思而行”、“从多方面考虑问题”等等，这些规则不只是适用于特殊情境，还可以适用于多种多样的情境，所以这类程序性知识又称跨情境的程序性知识。表 5－3 描述了“做事之前先有计划”的产生式系统。

(2) 自动与受控维度

根据这一维度，可以区分出自动化的程序性知识与受意识控制的程序性知识。

自动化的程序性知识是由经过系统练习而能自动激活的产生式系统构成的，也可以称为经过充分练习而达到熟练的技能。在现代认知心理学中，自动化程序性知识与熟练技能是等同的。如前面所说的异分母分数加法的程序，儿童在初学时要分成许多

表 5-3 “做事之前先有计划”的产生式系统

P_1	如果	目标是为 X 定一个计划，
	那么	建立一子目标：选择与 X 有关因素的最佳联合。
P_2	如果	目标是选择与 X 有关因素的最佳联合，
	那么	建立一子目标：评价与 X 有关因素的各种联合。
P_3	如果	目标是评价与 X 有关因素的各种联合，
	那么	建立如下子目标：制定评价各种联合的标准并根据它和已知限制条件比较，再说明已知限制条件。
P_4	如果	目的是说明已知限制条件，
	那么	依次列出限制条件。
P_5	如果	目的是建立评价各种联合的标准，
	那么	建立子目标：设想出与 X 有关的诸因素。
		……

小步子，一步学一个子程序。首先学习找最小公分母的方法，其次学习通分方法，再学约分方法等等。有经验的教师在教这些子程序时，使儿童对每一个小步骤都有明确的意识，并能用明晰的语言说出每一个子程序所遵循的规则。但当学生的运算达到高度熟练以后，他们反而不能明确说出自己运算中每一步的规则。中小学生掌握有关读、写、算的程序性知识，大多数要达到自动化的程度。

受意识控制的程序性知识是由一系列未达到自动激活程度的产生式构成的。例如，“做事之前先有计划”的产生式系统，因 X 所指对象是变化的，与 X 有关的因素及其组合也是变化的，所以这样的产生式系统难以达到自动化执行的程度。

应当指出的是，从受意识控制到自动化是一个连续变化的维度。完全自动化的与纯粹受意识控制的，只是这个连续体的两极。大量的程序性知识是介于这两极之间的。同理，从特殊到一般也是一个连续变化的维度，大量的程序性知识介于一般与特殊这两极之间。如果我们同时考虑上述两个维度对程序性知识进行分类，各类程序性知识之间的相互关系可以表示为图 5-1。

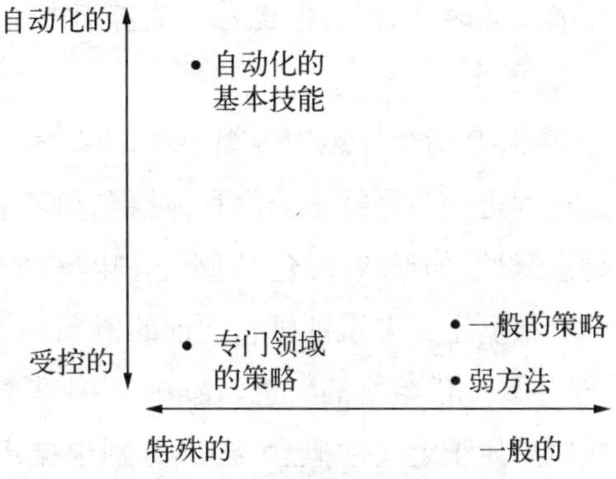

图 5-1 根据自动化维度和特殊性维度对认知策略(或程序性知识)的分类

二、智慧技能的性质

(一) 智慧技能的含义

加涅认为，智慧技能是个体有可能通过语言、数字之类的符号来对环境做出反应与描述的性能(加涅等,2007：58)。这里的语言、数字之类的符号表示的往往是客观事物及其之间的关系。如 π 表示的是圆周率，$S=\pi r^2$，则表示圆面积、圆的半径、圆周率三个事物之间的关系。个体运用这些符号与外界相互作用，与他人进行有效交流的能力就是智慧技能。

智慧技能有时易与陈述性知识混淆起来。陈述性知识涉及个体运用语言表述客观事物及其之间的关系，而智慧技能则要将这种知识用到先前没有遇到过的事例中。如学了一篇课文后，学生能说出课文中“花儿像火一样红”一句是比喻句，这表明学生习得的是陈述性知识。如果学生在没有读过的课文中能找出其中的比喻句来，就表明学生习得的是智慧技能。

(二) 智慧技能的类型

加涅将智慧技能分成了四类，分别是辨别、概念、规则和高级规则。

1. 辨别

辨别是指在一个或更多的物理或感觉维度上觉察出刺激差异的性能。简单地讲，辨别就是个体能否指出两个事物是不是一样。如给出两种不同的气味，学习者闻过后能指出这两种气味是不一样的，就表明他有辨别这两种气味的能力。但辨别并不需要学习者对刺激进行命名，如这种味道是酸味，那种味道是甜味等，学习者只需指出两者是否一样即可。

辨别通常涉及个体在多个感知觉通道觉察刺激间的差异。学习者可通过眼睛辨别刺激物的形状、颜色的差异，也可以通过嗅觉、味觉辨别刺激物在气味、味道上的差异，还可以通过触觉、平衡觉等辨别刺激物的轻重、冷暖及方位等。许多辨别的学习通常在婴幼儿时期完成，但也有一些辨别需要在学校教育情境中习得。

2. 概念

概念是指个体运用一类事物的关键特征将某一事物识别为该类事物一员的性能。加涅进一步将概念分为具体概念和定义性概念。具体概念是指学习者根据事物的物理属性(如形状、颜色、轻重、气味等)来识别概念例证的概念；定义性概念则是指学习者根据定义来识别概念例证的概念。如“红色”、“千克”对小学生而言就是具体概念，学生要凭借事物的颜色、轻重这些物理特征来对例证进行识别。而“密度”、“舅舅”这些概念属于定义性概念，必须分别根据定义“单位体积的物质的质量”、“妈妈的兄弟”来识别。我们不能根据事物的形状、颜色或人物的衣着、相貌等特征来识别后两个概念的例证。

判断某一个概念是具体概念还是定义性概念，有时要考虑到学生的知识经验水平。如“酸”的概念，对于化学知识甚少的幼儿、小学生来说，就是具体概念；而对于有较多化学知识的中学生、大学生来说，就是定义性概念，他们要通过定义“在水溶液中电离出的阳离子全是氢离子的物质”来判定。

3. 规则

规则是学习者在多种情境中一致地应用若干概念之间关系的性能。如学生学习英语的“一般现在时第三人称单数后动词词尾要加 s”，这就是表示“第三人称单数”、“动词词尾”、“加”、“s”几个概念之间关系的一个规则。学生要在多个情境中一致地应用这一关系(He reads a book; Tom washes dishes; The moon moves round the Earth.)才能表明他具有这一规则，而用语言陈述这一规则只表明他具有相关的陈述性知识。

规则的一种特殊的、较为复杂的形式是程序，有时也叫操作步骤，是一些较简单的规则按一定顺序构成的连锁。如开电脑、使用显微镜、做小数除法等等，都涉及由简单规则构成的程序。有些程序是由一些操作按顺序组成的，称之为“线性程序”，如计算平均数就是这样一种程序：(1) 将所有数值加在一起；(2) 计算数值的个数；(3) 用数值的和除以数值的个数。有些程序包含有决策的步骤，称之为“分支程序”，如除数是小数的除法的计算步骤就是一个需要决策的程序(见图 5－2)(胡本炎，1998)。

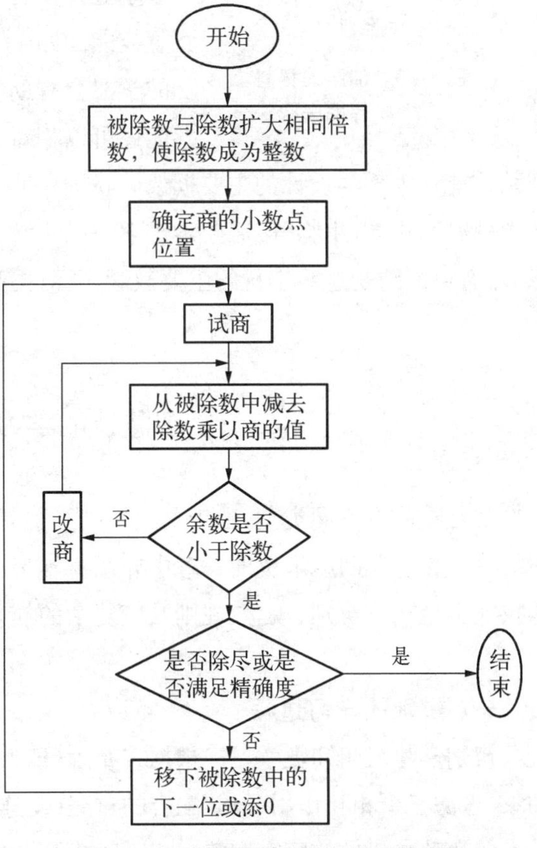

图 5－2　除数是小数的除法的计算步骤

4. 高级规则

高级规则是由若干简单的规则组合而成的复杂规则，一般是学习者在问题解决情境中习得和创造的，因而高级规则有时也叫问题解决。如学生已学过了 $2x+5x=?$，$3x^2+4x^2=?$ 之类的单项式加法，然后给学生呈现多项式加法的新题目 $(2x+3x^2+1)+(2+3x+4x^2)=?$，学生要解决这一问题，就要利用原先习得的规则组合成复杂的规则：将同指数的变量相加；将各项用“＋”连起来表示和。这一复杂的规则就是高级规则。

加涅进一步指出，智慧技能的四个亚类之间存在层次关系，即高级规则学习以简单规则学习为先决条件；规则学习以概念学习为先决条件；概念学习以知觉辨别为先决条件（见图 5－3）。这一思想叫智慧技能层次论，它对课程与教学的设计有重要意义。

高级规则
（以规则为条件）
↑
规则
（以概念为条件）
↑
概念
（以辨别为条件）
↑
辨别

图 5－3　加涅的智慧技能层次

（三）智慧技能在学科教学中的作用

在五种类型的学习结果中，加涅十分看重智慧技能，认为它是“构建大多数课程的基础”，而且“一名学生要想在某一学科领域被看作是有胜任能力的，就必须掌握许多智慧技能”（加涅等，2007：12）。由于智慧技能的四个亚类之间存在层次关系，一种智慧技能的学习会有助于高一级智慧技能的学习，而且智慧技能还可以相对容易且可靠地观察到，因而加涅主张把智慧技能作为教学设计的主要框架。我国中小学的大多数学科，如语文、外语、数学、科学（物理、化学、生物等）需要学生学习的主要学习结果就是智慧技能。明确了这一点，才有可能清楚这些学科的主要教学目标，提高教学的效率。

第二节　智慧技能学习的过程和条件

智慧技能有不同类型，由于高级规则一般是在问题解决情境中习得的，因而其学习规律将在有关问题解决的一章中介绍。本节介绍中小学学科教学中常见的几种智慧技能类型——辨别、概念、规则及较复杂的规则即程序——的学习。

一、辨别的学习过程

辨别学习又叫知觉学习。根据吉布森（E. J. Gibson）的研究，辨别学习涉及注意、抽象、过滤三个相互作用、彼此配合的过程（皮连生等，1998）。注意是指学习者在探索外界的活动中所做的感官调整。如听时将耳朵转向声源，嗅时用鼻子用力吸气，品尝时用舌头拨动食物等。对感觉器官的这些调整使得学习者的感觉器官与所要辨别的刺激能更好地接触，从而有助于发现刺激所独具的区别性特征。抽象是学习者在一系列不同的客体和事件中发现恒定不变的关系。抽象的结果一般是学习者发现了区别不同刺激的维度，而且这种抽象的过程可能是无意识进行的。如字母的区别性特征可能是一些像直线—曲线、垂直—倾斜这样的对照关系，这种关系是恒定不变的，即使字母的大小、颜色变了，这些关系仍是不变的。研究发现，如果恒定的关系所处的情境发生变化，就有利于学习者的抽象，反之，如果恒定的关系和关系所处的情境都不变，抽象就很难进行。过滤是学习者忽视无关的、随机变化的刺激。如在学习辨别英语音标的发音时，环境中除了有音标的发音外，还有其他不断变化的声音，如同学的说话声，教室外的风声等，学习者要忽视这些声音，否则就无法完成对音标发音的辨别。

尽管有许多知觉学习任务是在未经专门教学的条件下实现的，但是到了学龄期，儿童在语文识字、外语语音和词汇学习以及其他许多学科的学习中仍有辨别学习的任务，所以教师要采取相应的教学方法促进辨别学习。

(1) 突出刺激的关键特征。在学生遇到难以辨别的细微特征时，将要辨别的特征突出出来可以促进辨别学习。在教学中，可以采用卡片、投影、彩色粉笔等手段来突出关键特征。如识字教学中，教师用不同颜色的粉笔把“已、己、巳”三字的关键部分标出，以便学生辨别。

(2) 对比。在辨别多个刺激时，将刺激彼此对照有助于辨别。如辨别 b、d、p、q 等字母时，将 b 与 d 对比，指出 b 的尾巴在左面，d 的尾巴在右面；将 b 与 p 对比，注意 b 的尾巴向上，p 的尾巴向下等。在语音辨别学习中，对比的作用更重要。

(3) 重复。吉布森的知觉实验表明，在没有外部反馈信息或强化的条件下，单纯重复观察图片，也能提高知觉辨别能力。

(4) 用言语标志区别性特征。在辨别学习中，将刺激的区别性特征用言语标志出来有助于辨别，如上文中对 b 与 p 的辨别就利用了言语标志，即用语言指出了“b 的尾巴向上”，“p 的尾巴向下”这样的区别性特征。言语标志或言语指导不仅可以将学生的注意引向先前未注意到的刺激特征上，还可以作为回忆线索提高回忆效率。

二、概念的学习过程

(一) 概念的分析

概念是思想的细胞，在介绍概念的学习过程前，有必要先分析一下概念的构成成分。一般而言，一个概念是由四个成分构成的。

(1) 概念例子。每一概念都指的是一个类。这个类中有许多成员，如“首都”这个类中有北京、莫斯科、东京、华盛顿等。首都概念就是从这个类的例子中概括出来的共同本质特征——国家政权所在的城市。凡符合概念本质特征的例子是概念的正例，凡不符合概念本质特征的例子是概念的反例，如纽约、上海是首都的反例。

(2) 概念名称。对大多数人来说，“三角形”、“首都”这些文字符号引起的是概念的意义，而不是具体的图形或城市。这些词是概念的符号或名称。但研究表明，婴幼儿或动物可能具有某些概念，但没有这些概念的符号或名称。

（3）概念定义。概念定义是其正例的共同本质特征的概括。但也有一些具体概念没有定义，如小学低年级学生在语文实践中初步掌握了“句子”概念，但他们未掌握“句子”的定义。

（4）概念属性。又称关键特征或标准属性，是指概念的一切正例的共同本质属性。例如，一切哺乳动物都有胎生和哺乳这两个属性，则胎生和哺乳是哺乳动物这一概念的属性。

（二）概念学习的认知过程

概念的学习有两种方式：概念形成与概念同化。概念学习的这两种方式涉及不同的认知过程。

1. 概念形成的认知过程

概念形成是指学习者从概念的具体例子中概括出概念的关键特征，其中涉及的认知过程主要是概括和分化。概括是指学习者从具体、特殊的例子中推导出适用于同类其他例子的共同特征。这里的例子是指概念的正例，如学生在柳条、莴笋、梧桐枝这几个茎的例子的基础上，推导出茎的共同特征是有节、有芽、有皮。这就是概括。在概括时，学习者易犯两种错误，一是过度概括，又叫泛化，是指学习者把不属于某一概念的例子包括进该概念类别中。如学生认为，鸟就是能飞的动物，因而认为蝙蝠、蜜蜂都是鸟。二是概括不足，即把本该属于某一概念的例子排斥在该概念类别之外。如上述学生对茎的特征的概括会使他们认为竹子没有皮因而不是茎。学生要形成正确的概括，还需要分化这一过程，所谓分化是指学习者在反例呈现的情况下纠正不当概括的过程。如学生将茎的关键特征概括为“有节、有芽、有皮”，这时呈现茎的反例“苹果”、“柳树根”，就有助于学生认识到“有皮”不是茎独有的关键特征。

2. 概念同化的认知过程

概念同化是一种接受式的学习方式。概念的关键特征通常是以定义的方式呈现给学习者，而后学习者利用其头脑中的相关原有知识来理解和习得（同化）概念的关键特征。如小学生已习得了“四边形”的概念，在学习“平行四边形”的概念时，就可以以概念同化的方式进行。他们从教科书或教师的讲授中接触到了平行四边形的定义：“两对边平行且相等的四边形”，然后在其原有的“四边形”的概念与平行四边形概念的定义之间建立了联系，认识到新概念是对原有四边形概念的进一步限制，从而习得新概念的关键特征。

概念形成这种习得方式既适用于具体概念学习，也适用于定义性概念学习，概念同化则主要适用于定义性概念学习。加涅指出，学习定义性概念时，概念的定义固然重要，但概念的正例和反例对定义性概念的学习有时也是必要的（加涅，1999）。

3. 变式练习：知识转化为技能的途径

不论用何种方式习得概念，学生理解了概念并能用语言陈述同类事物的共同本质特征，这仅仅表明智慧技能学习达到了陈述性知识阶段。概念作为一种智慧技能的本质特征，在于它们能在不同于原先的学习情境中应用，而促进应用的关键是变式练习。

变式是指概念的正例的变化。例如，2、3、5、7、11、13、17、19 等都是“质数”的变式，鸡、鸭、企鹅、鸵鸟、麻雀、鸽子都是“鸟”的变式。在概念形成中，总是先出现若干变式例子，使概念的无关特征不断变化，但保持概念的本质特征不变，这种习得概念的方式本身包含了变式练习。而且，如果还伴随出现反例，保证学生掌握的概念精确化，那么学生的概念掌握已经达到应用水平，智慧技能已经形成。在概念同化中，如通过呈现定义“分母为 100 的分数是百分数”，学生理解了概念，教师仍需要设计计算百分数的变式练习，保证百分数的概念的应用达到熟练程度。在概念的检测阶段，教师提供概念的正反例证让学生进行判断的过程，实际上也是变式练习的继续。如检测质数概念时，出示 19、20、21、22、23、24、25、26、27、28，让学生判断哪些是质数，学生判断正确则是一种变式练习，如果判断有误，说明学生的概念未掌握，还要设计更多的变式练习并伴随反馈，直到学生正确掌握概念为止。

三、规则的学习过程

和概念的学习一样，规则的学习也有两种常见的方式，每种方式涉及不同的学习过程。

（一）从例子到规则的学习

从例子到规则的学习又叫例规法，在这种学习中，学习者首先接触或学习若干规则的例证，这些例证往往体现了若干个概念之间的关系，而后学习者对这些例证进行分析、概括，并通过检验自己形成的有关概念间关系的假设而理解规则。最后，学习者多次尝试将习得的规则应用于不同情境中而最终习得作为智慧技能的规则。学习者的这种学习方式属于发现学习或有指导的发现学习。

如在科学课上学生要学习“声音可通过固体传播”这一规则，就先通过三次实践活动来接触该规则的三个例证。第一次活动是学生耳朵紧贴桌面，用手敲击桌腿，学生听到敲声；第二次活动是学生耳贴桌面，教师敲击水泥地，学生听到敲声；第三次活动是学生在教室的一头耳贴墙壁，教师在另一头敲击水泥墙，学生听到敲声。而后学生对这些例子进行分析讨论，概括出敲击产生的振动会通过桌腿、地面、墙体等固体而传播的结论。最后学生将这一规则用来回答“在铁轨旁如何知道很远处是否有火车开来”之类的问题而形成技能。

（二）从规则到例子的学习

从规则到例子的学习又叫规例法。在这种学习中，学习者首先运用其原有的知识经验学习规则的言语陈述，而后再学习说明该规则的例证，从而实现对规则的理解。最后学习者在不同情境中尝试练习和应用这一规则。学习者的这种学习方式相当于接受学习。

如在英语课上学生通过阅读教科书或听教师讲解，先来学习动词变过去式的一条规则：对以字母 e 结尾的动词，在其后加“d”，而后又学习了“live—lived”、“move—moved”、“approve—approved”等说明该规则的例证，理解和记住该规则后，学生又将这一规则用于写出下列动词的过去式：continue，hope，assure，improve，arrive。

四、程序的学习过程

概念与规则的学习都有两种可行的学习方式供选择。程序的学习也有多种方式，其中一种比较好的学习方式是从对程序的示范中或从应用程序的样例中进行学习。在这种学习方式中，学习者先观察他人（一般是专家或教师）对程序的示范，而后对所示范的样例进行分析、解释，将所示范的程序的步骤类比到要解决的问题上，从而开始对程序的练习，直至熟练掌握为止。如在数学课上学生要学习的“用尺规作一个角的平分线”就属于程序。在学习之初，学生观察教师或教科书上呈现的对作图程序的示范：首先以$\angle AOB$的顶点O为圆心，R为半径作圆与角的两边分别交于点C和点D。而后再分别以点C和点D为圆心，r为半径作圆，两圆在角内交于点E。点O和点E所确定的射线OE即为$\angle AOB$的角平分线（见图 5-4）。在观察研习完对作图程序的示范后，学生参照这一程序的示范，练习作其他角的角平分线。经过多次练习并获得反馈，学生最终学会了运用这一程序作角的平分线。

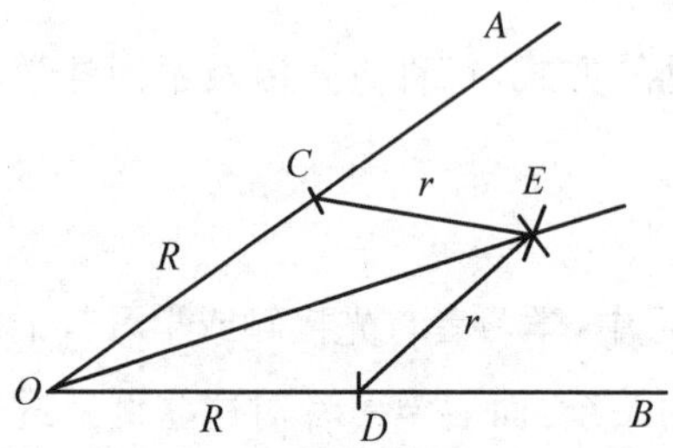

图 5-4　用尺规作一个角的平分线程序

程序的学习还可以有其他方式。一种方式是学生自己发现或自己建构出程序来。在这种学习中，学生虽然也能习得程序，但费时较多，而且习得的主要结果是生成程序的技能，这种学习更适合问题解决或高级规则的学习。另一种方式是将程序的步骤用言语方式列成清单，学习者参照清单来练习程序。但心理学的研究发现，从样例当中进行学习有助于减轻学生的认知负荷，因而给出程序的言语清单和程序运用的样例，学习者更偏爱从程序运用的样例中而不是列出的清单中学习。我们学习用电脑绘图、排版等程序时，照着书上开列的步骤做感觉学起来很吃力，但如果有人在旁边给我们示范一下如何绘图、排版，则从对其示范的观察中，我们能很快学会这些程序。示范的样例比一大堆的言语描述更有利于学习程序。

五、智慧技能学习的条件

（一）内部条件

智慧技能学习的内部条件是指学习者事先具备的相关原有知识。加涅的智慧技能层次论具体描述的就是这种内部条件，即概念的学习要以辨别或概念定义中涉及的概念为先决条件，规则的学习要以构成规则的概念为先决条件，程序的学习要以构成程序的较简单规则为先决条件。此外，在从概念、规则的例证中进行学习时，还需要学习者具备理解这些例证的原有知识。

（二）外部条件

智慧技能学习的外部条件指教学环境中影响智慧技能学习的一些因素，主要涉及例证与练习的选择与呈现，言语指导与反馈等。

1. 例证与练习的选择与呈现

概念、规则与程序的学习往往要涉及相应的例证。学习者在其学习环境中接触到的例证的质量和数量对智慧技能的学习有重要影响。学生学习中形成的一些错误观念往往是受例证的影响所致。如学生在日常生活中经常看到，静止的车子，人推它以后就动了；静止的树枝，风吹它就动了；静止不动的犁，牛拉它就动了。在这些例证基础上，学生会概括形成“力是使物体运动的原因”这一错误的观念。导致这一错误的原因在于学生接触的例证不充分，他们没有注意到或接触到运动中的物体受力后速度变化的例证。

学习环境中为学习者提供的练习的质与量也影响智慧技能的学习。如果学习者在学习环境中进行练习的量较少，则熟练的智慧技能就不可能形成。此外，对智慧技能的练习如果集中在一段时间内，“毕其功于一役”，虽然有助于技能的形成，但不利于技能的长久保持，而同样数量的练习，如果分散在不同时间练习（称之为间隔练习），就会有利于技能的保持。

2. 言语指导与反馈

言语指导指学习者在学习智慧技能过程中从外部获得的概念的定义、规则的陈述及对其加工概念规则的例证所给予的提示。反馈主要是指学习者在练习中所获得的有关练习效果的信息。智慧技能学习中如果缺乏言语指导,学生可能就难以进行学习。在概念同化和规例法中,言语指导是必不可少的外部条件。在概念形成和例规法中,言语指导也同样重要。如学生学习“能化成有限小数的分数”这一定义性概念,在找到了一些概念的正例(能化成有效小数的分数)和反例(不能化成有效小数的分数)后,如果没有来自教师的言语指导(将分数的分母分解质因数),学生是很难发现这一定义性概念的关键特征(分母的质因数中只含有 2 和 5)的。

学生在练习智慧技能过程中获得的反馈也是智慧技能学习的重要条件。如果只有学生的练习而没有反馈,学生可能会形成不正确的智慧技能。如学生学习了“化石”的概念后,练习识别化石的例子。有些学生把岩浆岩表面树枝状薄膜当作苔藓和藻类的印迹。如果不给他们反馈,学生很有可能形成错误的识别化石的技能。

第三节　智慧技能学习规律的教学含义

从智慧技能的学习规律中可引申出如下一些教学含义。

一、运用合适的例证促进学生的学习

不管智慧技能以何种方式习得,都要涉及相应的例证。这里的例证包括正例和反例。要想运用好例证这一影响因素来促进学生智慧技能的学习,可以考虑如下建议。

(一) 选择和呈现合适的正例

正例在无关特征上的充分变化有利于学生形成正确的概括。如教学“力是物体与物体之间的相互作用”这一定义性概念,所举的例证既要包括人对物体的作用(人推车),还要包括物体对物体的作用(起重机吊起货物);既要包括物体与物体相接触的作用例证(推土机推土),也要包括物体与物体间不相接触而发生作用的例证(磁体吸铁钉)。这些例证都体现了物体与物体的相互作用。但在物体具体是什么,以及作用的具体形式这些无关特征上要有所变化,否则,如果只用物体与物体相接触的例子,学生可能会形成“物体之间必须相接触才会有力的作用”的错误认识。

在运用正例时,要充分认识到例证形式或来源的多样性。有些例证体现为具体的实物,如“果实”、“圆锥”等概念的例证;有些例证体现为言语陈述的形式,如“观察结合合理想象”的写作规则就体现为运用这一规则的一段描写文字;还有些例证体现为学生或师生的活动,如学生使用显微镜的程序的例证就体现为教师或学生实际使用显微镜的活动。有些例证是由教师呈现给学生的,如教师将自己收集的茎的例证呈现给学

生观察；有些例证是由学生的活动提供的，这些活动有时被称为是学生的主动探究活动或动手活动，如“一杯热水温度降低的规律是先快后慢”这一规则的例证，是由班上几组学生动手测量一杯热水在不同时刻的温度值体现出来的。认识到了例证形式与来源的多样性，在教学时才能清楚地规划或认识到哪些教学活动是在呈现例证，从而更好地引导学生的学习。

学生对不同变化形式的正例有不同程度的理解。如果变化简单和变化复杂的例证同时呈现给学生，对于较复杂的正例学生可能难以理解，为此，在呈现不同形式的正例时，还要考虑到呈现的顺序。一般来说，从简单到复杂的呈现顺序有利于学生对例证和概念规则的理解。如在教授“进化”这一概念时，首先使用动物进化的例子，演示动物怎样通过进化而提高其在环境中生存的机会，这时可用海豹的鳍状肢的进化和骆驼驼峰的进化为例子说明。接下来可呈现植物进化的例子（如沙漠中的植物表层的蜡层），这就在某种程度上扩展了进化的概念。再接下来可以呈现社会行为的进化（如狮子、狒狒以及人类群体中的合作行为）。最后可以讨论与进化过程有些相似的现象（如在市场经济中，根据市场需要而调整生产）。这样就首先用较简单的例子让学生理解进化的概念，然后逐渐扩展该概念，直到学生能看到在选择性压力下逐渐适应的原理如何在不同情境中展示出来为止。

（二）设计和寻找合适的反例

在智慧技能的教学中，效果最好的反例是匹配的反例，这些反例在概念的无关特征方面与正例非常相似，但不具有概念的关键特征或本质特征。如鸟的本质特征是“有羽毛”，其最常见、最明显的无关特征是“会飞”，因而作为“鸟”这一概念的匹配的反例就是会飞但没有羽毛的动物，如蝙蝠、蜜蜂等。

发展心理学家建议，在运用反例这一教学手段时，要考虑到学生的年龄特征。因为有研究发现，年幼的儿童在理解反例上存在困难，他们可以理解某个事物是某个概念、原理的例子，却难以理解“某事物不是某个概念原理的例子”这一观念，因而教授他们学习概念时，应多采用正例，少用或不用反例（Eggen & Kauchak, 2001）。

二、提供学习指导

纯粹的发现学习并不是智慧技能学习的有效方式，有指导的发现学习才有可能促进智慧技能的学习。在智慧技能的学习中，教师要给学生提供有效的指导。

首先，要引导学生正确认识例证与概念、规则的关系。学习智慧技能关键是要学会用概念和规则做事，而概念和规则的学习通常要借助于其例证来进行。在学习时，学习者会接触到概念与规则本身（通常用定义、公式等言语陈述来揭示）及说明概念与规则的例证。由于例证本身的生动、具体、形象，学习者会给予更多的注意，而忽略了例证所说明的概念规则。有可能的是，学习者学过后记住的是具体的例子，但没有习得例子中蕴含的概念或规则，也就是说，学习者没有习得预期的智慧技能。要避免这种倾向，教师本人首先对例证与概念规则的关系要有正确认识。在教学时，可通过提问、练习等手段将学生的注意从例证引向概念规则。此外，在选用生动具体的例证时，要估计到这类例证可能会干扰学生对其中蕴含的概念规则的关注，从而在教学设计时做出预先的考虑。

其次，要引导学生对例证进行分析，关注例证中蕴含的关键特征。例证所体现的概念、规则的关键特征有时并不明显，需要教师采用一些教学手段给学生突出出来，这些教学手段可随所教学的概念规则的不同而有所不同。如要教学“对称轴”的概念，只观察对称的图形可能难以发现图中的对称轴，这时，教师可以指导学生将不同形状的对称图形折叠起来，让两部分图形重合。经过这样的指导，对称图形中的对称轴就以折痕的形式凸显在学生眼前。又如教学“热水水温降低的规律”这一规则时，不同组的学生收集了不同时刻某杯热水的温度数据，为帮助学生从这些数据中概括出规律，教师便指导学生将时间和温度两类数据画在一幅坐标图中，学生就易于从温度降低的曲线中概括出热水温度降低先快后慢的规律。

三、设计并提供有效的练习

与陈述性知识的学习不同的是，智慧技能的学习必须经过练习，练习的好坏也直接关系到智慧技能学习的效果。设计和提供良好的练习需要考虑如下一些建议。

（一）设计变式练习

由于智慧技能涉及学习者在新颖情境中运用概念与规则，因而要达到这一目标，学生练习智慧技能的情境要有所变化，既要与学习时的情境有所区别，也要保证练习的情境彼此之间有变化，即要进行变式练习。在变式练习中，变化的是概念、规则应用的情境或其无关特征，不变的是概念或规则本身。如对于“三角形内角和等于 180°”这一规则，可安排如下一些变式练习题目：一类题目是已知三角形一个或两个角的度数，求另一个角的度数，所用的三角形可以是锐角三角形、直角三角形、等腰三角形。第二类题目是求任意四边形的内角和。第三类题目是求任意多边形的内角和。这些题目都要用到三角形内角和定理，但应用的情境不同。第一类题目是在三角形情境中运用，第二类题目是在四边形中运用，第三类题目则是在不规则的多边形中运用。

（二）安排间隔练习

间隔练习有助于促进智慧技能的保持，因而不要将智慧技能的多次练习安排在比较集中的时间(如一节课、两节课)内进行,而应该分散在较长的时间内。在教学实践中实现这一点并不难。在新授课进行前的复习、练习中,可以安排一段时间来练习已学过的智慧技能,期中和期末的复习中也可以安排前边教学过的智慧技能的练习,这需要教师在明了这一原理后做出有意识的安排。

(三) 对程序的练习可采取多种形式

由于程序是由一些连续的步骤构成的,因而练习时可以先让学习者练习最后一步,等这一步练习熟练后,再把倒数第二步和最后一步连起来进行练习。如此这样倒推着,直到把所有步骤都练习完为止。这样安排的好处是,学生在练习之初就能看到执行程序的效果,有助于维持其练习的动机。

有些程序中有决策步骤,因而导致程序有不同分支。学习者练习所有的分支和步骤可能有些困难,这时可以先练习其中一个分支,等练习熟练后再练习其他分支。如检测和维修设备的程序涉及在许多错误原因中进行选择,这时可以先让学生练习如何检测和维修某一常见故障,等学习者熟练后再转向其他故障的检测和维修程序。

对一些较复杂的程序,可以采用学徒制的方式进行教学和练习。即由教师和学习者共同执行这一复杂程序,学习者一开始练习较少的步骤,而后再逐渐增加其练习的步骤数。教师负责执行的步骤则逐渐减少,直至学生能全部完成所有程序步骤为止。如科学探究有一套较为固定的程序:提出问题,做出假设,制定计划,收集资料,评价资料,得出结论,反思表达和交流。在教学这一程序时,可由教师负责提出问题,教师负责制定探究的计划,教师提示学生回顾和反思,学生则负责提出假设、执行教师制定的计划、进行讨论并得出结论。到后来,可以逐步放手让学生自己提出问题、提出假设、制定计划、得出结论,反思与交流。

此外,在程序的教学中,要防止学生对程序进行机械的操练。程序通常由一系列步骤构成,学会了程序构成步骤的学习者仅仅知道了怎么做,但却不知道为什么这样做,在遇到新的、需要变通的情境时,往往就不知所措。如有研究发现,一些日本儿童可以熟练地运用珠算进行乘法运算,速度快而正确率高。但还是这些珠算的题目,让他们用笔算,大多数儿童都难以完成。这些儿童掌握了珠算的程序,但没有掌握程序背后的原理,即为什么要这样珠算的道理,因而当他们遇到基于同样原理的笔算时,就不会变通运用。这提示我们,对程序的操作步骤的学习和对程序背后的原理的学习要结合起来。如对于上文提及的作一个角的平分线的程序的学习,除了要学习用尺规作图的具体程序外,还要学习为什么要这样作图的道理,即学生要能理解作图的程序其实是保证线段 $OC = OD$,$DE = CE$,再加上公共边 OE,于是 $\triangle OEC \cong \triangle OED$,$\angle AOE = \angle BOE$,射线 OE 便成了 $\angle AOB$ 的角平分线。

（四）为学生的练习提供反馈

学生对智慧技能的练习要想导致习得正确的智慧技能，就需要教师为学生提供有效的反馈。提供反馈并不是简单地告诉学生对错与否，而应给学生提供他们进行智慧技能练习方面的信息。如学生在数学练习中会出现一些错误，这些错误是由不同的原因导致的，有的是因为缺乏基本的事实而导致错误，如学生在计算涉及2的平方根的算式结果时总是出错，原因在于学生将2的平方根的值记作1.144而不是1.414，这就是由缺乏事实而导致的错误；有的是系统的程序性错误，如学生在计算退位减法时，会出现如下错误：76－49＝33，82－17＝75，40－22＝22，这里学生所犯的错误是被减数某数位上的数不够减减数数位上的数时，用减数数位上的数减被减数数位上的数。对不同类型的错误一概给予"错误"的反馈无助于学生技能的改进，而应该给以针对性的反馈。

此外，为促进学生以后能更好地学习，在智慧技能练习的早期，可以将学生练习中的成功和失败归之于其努力的程度上，即成功是因其学习和练习上的努力，失败是因为努力不够；而到了练习后期，相应的智慧技能已为学习者牢固掌握后，应及时将学生技能上连续而一致的成功归之于学生相应能力水平的提高。

本章概要

1. 我国教育学教科书和大多数心理学教科书沿用活动方式来定义技能。此类定义未反映知识与技能的关系，已经过时。本书主张用广义的知识观解释学生习得的技能。技能被定义为"在练习基础上形成的、按某些规则或操作程序顺利完成某种智慧任务或身体协调任务的能力"。技能的本质是规则支配了学习者的行为。

2. 早期的行为主义心理学用刺激—反应(即S－R)连锁的形成来解释技能的心理机制，但这种理论只能解释动作技能，而不能解释智慧技能。信息加工心理学家借用计算机科学中的语言，用"条件—行动"(或"如果/那么")的产生式解释技能。一个产生式是一组条件和一个行动的规则。第一个产生式执行的结果可以成为第二个产生式行动的条件。多个产生式可以联系起来成为产生式系统。这样，信息加工心理学较好地解释了技能的心理机制，即技能的心理表征。现代认知心理学家把技能看成是一系列条件和行动的规则支配了人的行为，个体的技能和程序性知识这两个术语是等价的。

3. 现代认知心理学家一般把广义的技能分为动作技能、对外办事的智慧技能和对内调控的认知技能(即认知策略)三种类型。技能也可以按自动与受控维度和一般与特殊维度分类。按前一维度，可以将技能分为自动化的技能与受意识控制的技能；

按后一维度，可以将技能分为一般领域的技能与专门领域的技能。

4. 加涅认为，智慧技能是个体有可能通过语言、数字之类的符号来对环境做出反应与描述的性能，一般分为辨别、概念、规则、高级规则四类。这四类之间存在层次关系，高级规则的学习以规则为先决条件，规则的学习以概念为先决条件，概念的学习以辨别为先决条件。由若干简单规则按一定顺序组合成的程序也是一种重要的智慧技能。智慧技能是中小学各主要学科教学的基石。

5. 概念可通过概念形成和概念同化两种方式习得。概念形成的认知过程主要是概括和分化，概念同化的认知过程则是学习者通过定义来理解概念的关键特征。概念的学习最后都要经过变式练习才能形成做事的技能。具体概念一般通过概念形成方式习得，定义性概念可通过概念形成、概念同化两种方式习得。

6. 规则可通过从例子中概括出规则来学习，也可先习得规则的言语陈述而后再学习其例证。程序的学习一般是学习者从观察程序的示范或样例中进行学习。规则和程序的学习都要经过练习才能形成对外办事的技能。

7. 智慧技能学习的内部条件是学习者在学习之前具备的原有相关知识。智慧技能层次论很好地指出了这种内部条件。外部条件主要指学习或教学环境中的一些影响因素，包括教师对例证与练习的选择与呈现，学习过程中教师给予的言语指导和反馈等。

8. 根据智慧技能学习的规律，要促进学生智慧技能的学习，需重点做好两项工作。一是选择和呈现合适的正反例证。正例在无关特征上要有所变化，要按由简单到复杂的顺序呈现多种例证形式。此外，对学生的例证加工要给予指导。反例最好使用匹配的反例，但对年幼的儿童应尽量少用或不用反例。二是要为学生设计并提供有效的练习。这种练习应当是变式练习，其安排以间隔练习形式为主，对程序的练习有多种练习形式可供选择，练习中要注意给学生提供针对性的、信息性的反馈。

练 习 题

一、解释下列术语

技能	概念同化	产生式	智慧技能
智慧技能层次论	产生式系统	概念	具体概念
变式练习	匹配的反例	定义性概念	规则
高级规则	概念形成	规例法	例规法

间隔练习　　　　　　程序

二、填空

1. 信息加工心理学家认为,程序性知识在人脑中以________方式表征和贮存。

2. 根据一般与特殊维度,可以将程序性知识分为________和________两类。

3. 根据自动与受控维度,可以将程序性知识分为________和________两类。

4. 加涅将智慧技能由低到高分成________、________、规则、高级规则四类。

5. 概念既是陈述性知识的核心成分,也是________知识的核心成分。

6. 智慧技能是指____________的性能。

7. 智慧技能学习的内部条件主要指________,其外部条件主要是________。

8. 程序是一种特殊的智慧技能,是由________组合而成的。

9. 具体概念的学习一般是通过________方式进行的。

10. 定义性概念可以通过________和________两种方式习得。

11. 从例子到规则的学习可以用________同化模式解释。

12. 从规则到例子的学习可以用________同化模式解释。

13. 在概念学习中需要变式练习。这里的变式指________。

14. 在规则学习中需要变式练习。这里的变式指________。

15. 可以把概念分解成________、________、________、________四个方面。

三、选择

1. 具体概念的最适当学习方法是_____。(1) 下定义;(2) 接受学习;(3) 发现学习;(4) 模仿学习。

2. 下列代表概念的词是_____。(1) 天安门;(2) 地铁;(3) 地球;(4) 高尔夫球。

3. 下列名称属于城市概念的正例有_____。(1) 苏州;(2) 长安街;(3) 人民广场;(4) 纽约。

4. 同概念一样,规则也有正例、反例。“效果律”的正例是_____。(1)“近朱者赤,近墨者黑”;(2)“得寸进尺”;(3)“一日被蛇咬,十年怕井绳”;(4)“吃小亏占大便宜”。

5. 程序的最合适的学习方式是_____。(1) 下定义;(2) 发现学习;(3) 模仿学习;(4) 探究学习。

6.“哺乳动物”这一概念的反例是_____。(1) 鲸鱼;(2) 山羊;(3) 乌鸦;(4) 大象。

7. 下列概念不适宜作具体概念教的是_____。(1) 喙;(2) 须根;(3) 二氧化碳;

(4) 铜。

8. 加涅智慧技能层次论在理论上的主要贡献是______。(1) 阐明了智慧技能在人脑中的表征方式;(2) 把认知策略看成智慧技能的最高形式;(3) 提出了智慧技能的发展观;(4) 阐明了不同类型智慧技能形成的条件。

9. 中学生在学习了单项式乘多项式的有理数代数运算规则后,学习如$(a+b)(a-b)$多项式运算规则,根据加涅的学习结果分类,这一学习属于______。(1) 发现学习;(2) 接受学习;(3) 高级规则学习;(4) 认知策略学习。

10. 下列论断正确的是______。(1) 练习对智慧技能的学习而言是必不可少的;(2) 在概念同化中学生进行的是机械背诵学习;(3) 程序的学习可由学习者的自主探究而获得;(4) 学生接触了概念的很多例子后,就会习得相应的概念。

四、研究与设计

1. 应用规—例法设计一个规则的教学方案,并确保规则转化为学生的技能。

2. 应用概念同化模式设计一个概念教学方案,并确保学生能用该概念做事。

3. 设计一个程序的教学方案,并确保学生能用该程序做事。

第六章　认知策略的学习

本章要点

认知策略的性质与分类	认知策略学习的过程与条件（续）
认知策略的性质与分类	认知策略学习的过程
认知策略的性质	认知策略学习的特点
认知策略与学习策略、元认知策略	**认知策略学习的条件**
认知策略与元认知策略	内部条件
认知策略与学习策略	外部条件
认知策略的分类	**认知策略学习规律的教学含义**
根据所支持的学习过程的阶段分类	**认知策略与教会学生学习**
根据适用的范围分类	**应结合具体的内容教授认知策略**
认知策略学习的过程与条件	**认知策略与教学策略**
认知策略学习的过程与特点	

本章目标

学完本章后，应能做到：

1. 举例说明认知策略的含义；
2. 用自己的话解释认知策略、学习策略、元认知策略三个概念间的关系；
3. 对常见的几种认知策略进行分类；
4. 陈述认知策略学习的一般过程与条件；
5. 为认知策略的教学提出若干建议。

认知策略是一种特殊的智慧技能，也是一种重要的教育目标，许多教育改革者十分看重这种学习结果，认为它关系到学生的“学会学习”、“自主学习”。本章介绍这种学习结果的学习规律。首先对认知策略的性质做出界定并描述其类型，而后介绍其学习的一般过程与内外条件，最后阐述认知策略学习规律的教学含义。

第一节　认知策略的性质与分类

一、认知策略的性质

可以从两个方面来认识认知策略的性质。第一，从学习的信息加工过程来看，信息加工心理学家一般将学习的信息加工过程区分为加工过程和执行控制过程，前者如信息的输入、短时记忆、长时贮存和提取等过程，后者指对信息加工过程起监测与控制作用的过程，如通过复述、精加工和归类组织等活动，使短时记忆中的信息在长时记忆中持久保存。所以，从过程来看，认知策略是学习者用来选择和调整其注意、学习、记忆与思维的内部控制过程（加涅等，2007）。第二，从学习的结果来看，信息加工的结果是学习者获得广义的知识，包括陈述性知识和程序性知识。认知策略的知识在本质上是一种特殊的程序性知识，或一种特殊的智慧技能。认知策略的特殊性在于，作为一种技能，其作用或指向的对象不同于上一章介绍的一般的智慧技能。一般的智慧技能指向的是环境中的客体和事件，如句子、图表或数学公式，而认知策略指向的对象是学习者自己的内部认知过程（加涅等，2007）。

二、认知策略与学习策略、元认知策略

认知策略、学习策略、元认知策略是研究者经常使用的三个概念，也是学习者易感混淆的三个概念，因此这里有必要梳理一下这三个概念间的关系。

（一）认知策略与元认知策略

元认知（metacognition，又译反省认知、后设认知）是个体对自己的注意、记忆、思维等认知活动的认知。如在阅读活动中学生需要安排一下阅读的顺序，评价自己对课文的理解状况以及适时调整自己的阅读行为以适应变化了的条件。学生对自己思维的这种反思就叫元认知。元认知策略是指学习者用来设置学习目的、评估达成目的的进展情况、选择调整其他策略运用的策略。加涅认为元认知策略的功能之一是支配其他策略的使用（加涅等，2007），它使学习者知道何时、何地、在什么条件下使用什么策略。有了元认知策略，学习者便可根据学习中的具体情况选择和调整相应的策略。如学生在学习中会使用一种列纲要（outlining）的认知策略，即列出文中重要的概念之间的关系。但这种策略并不总是促进学生的学习。有些学生知道，当所学的信息量很有限时或学生自己对所学习的内容不大熟悉时，列纲要的策略并不能促进他们的学习。学生的这种对列纲要策略适用条件的识别和判断就属于元认知策略。元认知策

略独立于特定的知识领域，普遍运用于信息加工过程，是一种更一般的认知策略，或"执行的""高级的"认知策略。这样看来，认知策略和元认知策略在本质上没有区别，都是对内调控，所不同的是元认知策略负责完成对内调控中的设置目标、监督进展情况及调整策略运用的功能，因而也有人从功能上将认知策略和元认知策略加以区分。

（二）认知策略与学习策略

普雷斯利（M. Pressley）、温斯坦（C. E. Weinstein）等人认为，学习策略是指学习者为成功完成学习任务而制定的认知计划（Schunk & Zimmermean，2003）。学习策略有时又简称为策略或策略性知识，它们可使学习者对信息加工有更好的控制，在这一点上，学习策略与认知策略是一致的。但由于学习这一概念的外延大于认知这一概念的外延，因而学习策略的外延大于认知策略的外延。温斯坦和梅耶（C. E. Weinstein & R. E. Mayer）1986 年将学习策略分为五类，分别是：复述策略（为保持信息而对信息进行多次重复），精加工策略（对记忆的材料补充细节、举出例子、做出推论或使之与其他观念形成联想，以达到长期保持的目的），组织策略（将学习材料形成有组织的结构以便长久保持），理解监控策略（又叫元认知策略）；情感策略（学习者用以集中和维持注意、控制焦虑、有效使用时间的策略）。后来麦基奇（W. J. McKeachie）等人在 1990 年将学习策略分为认知策略、元认知策略、资源管理策略三类（见图 6-1）（陈琦、刘儒德，2005）。

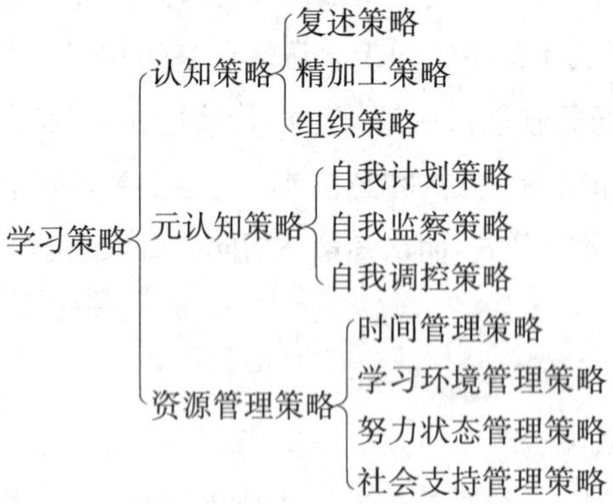

图 6-1　学习策略分类

这两个分类其实是一致的，温斯坦等人分类中的复述、精加工、组织策略就是麦基奇分类中的认知策略，其理解监控策略就是麦基奇分类中的元认知策略，其情感策略相当于麦基奇分类中的资源管理策略。学习策略与认知策略本质上虽没有区别，但学习策略包括的内容更多，认知策略、元认知策略都被包括在内。其中情感策略或资源管理策略主要涉及学习者自我激发动机的策略，相关内容拟放在动机一章介绍，因而本章介绍的是认知策略（含元认知策略）的学习。

三、认知策略的分类

（一）根据所支持的学习过程的阶段分类

认知策略可以根据不同标准划分为许多类型。加涅根据认知策略支持的信息加工过程的阶段提出如表 6-1 所划分的策略类别(加涅等,2007)。

(二) 根据适用的范围分类

据E·D·加涅的程序性知识两维分类,认知策略可分为专门领域的和一般的。专门领域的认知策略是指适合特殊领域的认知策略,如适合物理概念和原理的学习的推理策略:通过操作实验变量,推导出物理概念和原理的策略;适合语文学科中写作的特殊策略:通过具体描写人物语言、行动和外貌特征,揭示人物内心世界的策略;在解决几何问题时通过作辅助线把未知图形与已知图形联系起来,从而使问题得以解决的策略。一般的认知策略是指跨学科领域的认知策略。心理学家研究较多的有"目的—手段分析法"、"爬山法"、"倒溯法"等。这些方法可以广泛地适用于自然科学、社会科学和日常生活的问题解决。

表 6-1 基于信息加工阶段的认知策略分类

学习过程	支持策略
选择性知觉	突出 划线 先行组织者 附加问题 列提纲
复　　述	释义 做笔记 表象 列提纲 组块
语义编码	概念地图 分类学方法 类比法 规则/产生式 图式
提　　取	记忆术 表象
执行控制	元认知策略

第二节　认知策略学习的过程与条件

认知策略可以经由学习者的独立的发现或有指导的发现而习得。如在许多学习、记忆活动的例子中,在没有或只有极少指导的情况下学习者自己可以发现复述、分类记忆、将问题分解成几部分等认知策略。不过能够自主地归纳发现认知策略的只是极少数的优秀学生,对于大多数学生来说,发现认知策略是很困难的。他们的认知策略需要从有目的教学中才能习得,本节就从这一角度来介绍认知策略学习的过程与条件。

一、认知策略学习的过程与特点

认知策略本质上是一种特殊的智慧技能,是一些有关学习者自己记忆、思维等认知活动的概念、规则、程序调节和支配其实际的认知活动,因而智慧技能的学习过程基本上可以解释认知策略的学习过程。不过,既然作为一种特殊的智慧技能,其学习过程还有其特殊的地方。一个重要的特殊之处是认知策略通常要在有目的的教学环境中习得,在这种教学环境中有更多的来自教师的指导、示范等支持活动,因而认知策略的学习过程其实是一个教和学互动的过程。

(一) 认知策略学习的过程

普雷斯利等人(Pressley & Woloshyn, 1995)对认知策略做过长期深入的研究,他们将认知策略的教学与学习过程描述为如下三个阶段。

第一阶段是将认知策略描述给学生,学生构建出对策略的理解和认识。教师可以为学生实际示范策略的使用。由于策略的使用非常隐蔽,通常很难通过外显的行为表现出来,因而教师的示范应是"认知示范",教师要出声地说出他是如何执行策略的。除了教师的示范外,策略还可通过体现策略运用的"样例"来呈现。如学生在文章或段落写作中运用了一定的认知策略,这一策略体现在文章、段落的结构安排、语词运用上,如果教师再对这些体现策略运用的例子进行指导、讲解、评论,就可使学生理解所要学习的策略。此外,在这一阶段还要向学生描述为什么要使用某一策略的原因,用该策略要实现什么目的以及策略所适用的具体情境。这方面的信息涉及学习者在何时、何地运用某一策略,属于策略运用的元认知方面的信息,这种元认知的信息也有可能在练习使用策略过程中由学习者自己发现。

第二阶段是给学生提供运用策略的练习,学习者练习构成策略的概念、规则与程序。在练习的初期,应给学生提供简单的练习材料,因为学生要学习构成策略的程序。随着学生对策略的逐步掌握,可以给他们提供更复杂的练习。在练习过程中教师要负责监控学生练习的进展情况,诊断学生练习中遇到的困难并相应地调整策略的教学。对策略的练习可能会持续较长的时间,在这一练习过程中,对策略运用的控制权可逐步由教师转移给学生。在练习初期,教师可承担较多的控制,到练习后期,学生可承担起对策略执行的主要控制权。

第三阶段是给学生提供练习,促进策略运用的泛化和灵活性。学习者练习判断在什么情况下使用某一策略。这里的练习也是变式练习,即让学生针对不同类型材料练习策略的运用,如写文章概要的策略可以用语文课文、科学课文、历史、地理及报刊中的文章来练习。这类练习要持续较长时间,宜进行间隔练习。为此,在各科的学习中如果遇到了某一策略适用的情境,要把练习的机会让给学生,促进他们对策略的使用。练习中教师还要教会学生留意那些表明策略适用的一些线索,促进他们更好地选择并使用策略。

为说明认知策略学习的这一过程,下面以小学四年级学生掌握按时间分段的阅读和写作策略为例来加以阐释(姚夏倩、皮连生等,2001)。

1. 预测

实验开始前,研究者对小学语文第四册(华东师范大学版,简称 H 版)语文的文章结构进行分析,并参考其他一些书籍,概括出 6 种文章结构,它们分别是:时间顺序、地点顺序、事物的发展顺序、事物的几个方面、概括—具体、总—分。在正式实验前,为了了解学生的起点能力以及对比研究,对学生的分段能力进行了预测。

预测的课文(包括以后的练习材料)取自三年级和四年级的一些课外辅导书,并对有的文章进行了改编。每篇文章要求学生回答三个问题:(1) 课文是按什么顺序写的;(2) 课文分几层或几段;(3) 写出段意或节意。预测结果见表 6-2。根据统计分析,实验班和对照班的成绩不具有显著性差异。

表 6-2　前测中两班在不同结构的文章上的得分

篇　序	文章结构	实验班得分	对照班得分
第一篇	总—分	10.39	10.46
第二篇	时间	4.39	4.46
第三篇	地点	7.00	8.28
第四篇	概括—具体	9.85	10.07
第五篇	事物的几个方面	8.35	8.33
第六篇	事物的发展顺序	7.80	7.61

从前测结果可以看出,学生对按时间顺序写的文章结构的掌握最差,按总—分结构写的文章的掌握最好。为此,决定先教按时间顺序分段(或分层)的规则。

2. 教学过程

按时间顺序分段能力训练,共上了 8 节课,每节课 40 分钟。

第一,从分析例文入手。

给出按时间顺序分段或分层的材料(例文),每篇例文约 300 字。这些文章都是按时间顺序写的,但是内容不同,有写人记事的,也有写景状物的,而且在有的文章中时间词比较明显。例如:

有一天,妈妈回家晚了,她抱歉地说:"我今天学习,所以回来晚了。"

我微微皱了皱眉,一个问号直在我面前打转:妈妈是"交大"的毕业生,她还要学什么呢?

又有一个晚上,妈妈又回来晚了。我不高兴地拉起妈妈的衣角,一边摇一边说:"天天学习,烦死了。你是大学生,还学什么呀!"妈妈意味深长地说:"知识是一辈子也学不完的。学习像逆水行舟，不进则退。妈妈虽是大学生，但还有很多知识不懂呢！不学习怎么行？”说完，她到厨房去了。

等她一走，我就去翻她放在写字台上的书。我随手拿了一本打开一看，这是什么字呀，像蚯蚓似的，弯弯扭扭，句子像一行一行蚂蚁，密密麻麻，什么也看不懂。我跑去问妈妈才知道她在学俄语。

这是一篇写人的文章，文中有“有一天”、“又有一个晚上”，是两个很明显的时间词。根据这两个很关键的时间词，可以帮助学生把文章分成两段。

但下面一篇例文没有明显的时间词：

清晨，阳光洒落下来，水面顿时有了暖意。在青青禾苗的掩映下，田螺探头探脑地伸出螺壳，觉得这天地安全温暖，它便把乳白柔软的身体，赤条条地展露出来，接受大自然的沐浴。直到傍晚，凉风吹来，禾苗瑟瑟地抖动，它才慌忙缩进密不透风的硬壳里打瞌睡。

稻子渐渐黄了，田螺也已渐渐长大，有的像核桃，有的像婴儿的拳头。这时候，田螺急着要寻找一个安身的地方过冬，等到来年春天撒下它们的子孙。

稻子开始收割，稻田排水了。田螺背着笨重的硬壳，拼命地往泥里钻，直到地面只留下一个透气的小孔才歇。

这篇文章中的“在青青禾苗的掩映下”、“稻子渐渐黄了”、“稻子开始收割”是几个不明显的时间词。但是学生理解课文后，可以推断出，这三句话分别表示三个季节：春天、夏天和秋天。文中随着季节的变化，描写了田螺的生长过程，学生可按时间顺序的变化把文章分成三段，从而既了解到文章主要写了什么，也掌握了文章的结构。

在课堂教学中，教师指导学生阅读例文，对每篇例文要求学生回答下列问题（板书）：

（1）这篇例文讲了什么？

（2）找出时间变化的关键词。

（3）想一想，时间变了，所讲的事物是否跟着变化？

第二，从例文中归纳出分段规则。

在教师指导下，学生仔细阅读三篇例文。阅读后，根据每篇例文，对教师所提的三个问题逐一加以讨论之后，教师引导学生归纳（板书）：

（1）找出表示时间（或隐含时间）的关键词，根据表示时间的关键词分段或分层；

（2）在找表示时间的关键词时，看时间变化后所写的事物是否发生相应的变化。

第三，应用规则的练习。

为了检查学生是否领悟上述按时间顺序分段的规则，再让学生在课堂上完成另外两篇例文的分段练习。练习时要求学生根据表示时间的关键词划分例文的段(或层)，并划出表示时间的关键词。

第四，发现学生学习中的问题并针对问题进行反馈与纠正。

课后，实验人员和试教教师对学生练习中的错误加以分析和统计，还对5位同学进行面谈，发现少部分学生已掌握了上述分段规则，但多数人未掌握。学生的主要错误如下：

(1) 不仔细，没有进行填写；

(2) 分段与分层的区别不清楚；

(3) 找不准表示时间的关键词；

(4) 关键的时间词找对，但分段不正确。

针对学生的错误，用已学过的5篇例文，先后进行了两节课的补充练习。训练中针对学生不仔细阅读例文的毛病，要求学生仔细阅读课文，把握例文所讲的内容；其次，针对学生把表示时间的关键词划错的问题，让学生结合例文反复领会“时间变了，看所写事物是否发生相应变化”这个分段策略。此外，还让学生领悟“发生变化的时间词的单位往往是一致的”，如季节是春天、夏天、秋天，日期是“一天”、“过了几天”，大段时间如“上小学时”、“上中学时”等。

第五，进一步做变式练习，使分段规则的领悟达到反省水平。

在第4节课时，引入第二套按时间顺序分段的例文4篇，例文涉及写人记事、写景状物，关键时间词也有明显的和不明显的。学生独立划出关键的时间词和进行分段的练习。课后，教师和实验人员对学生练习中的错误进行分析和统计，还和3位学生进行了面谈。

在第5节课时，让学生对第二套材料中的例文逐篇讨论，讨论的重点是要求学生说出分段的依据。到这时，学生的反应发生了明显变化，大多数人抢着发言，都能说出按时间顺序分段的依据。看来，学生已明显领悟到分段的规则。

为了加强学生对时间顺序分段规则的掌握和应用，我们把阅读教学和写作结合起来。要求学生在课后完成一篇按时间顺序把事物写清楚的文章。第一篇作文，大多数学生都能按时间顺序来写。挑选了其中较好的6篇文章，打印后在课中进行评析。

作文实验课共进行了3节，学生基本上能按一定的时间顺序进行写作，这一方法对中等或中等偏下的学生特别有帮助，和班上的8位学生的面谈也表明了这一点。

3. 后测结果

后测题目的类型基本上和前测一致，总共6篇文章，18道题目。结果见表6-3。

经统计分析，实验班成绩和对照班成绩具有极其显著的差异。此外，实验班前后测验成绩差异显著，除按时间顺序分段的文章之外，对其他类别的文章分段，学生能力也有明显提高。这表明发生了学习迁移。

表 6-3　后测中两班在不同结构的文章上的得分

篇　序	文章结构	实验班得分	对照班得分
第一篇	时间	11.09	8.61
第二篇	总—分	11.43	10.96
第三篇	地点	9.74	9.51
第四篇	概括—具体	12.07	9.63
第五篇	事物的几个方面	10.11	8.57
第六篇	事物的发展顺序	10.93	10.43

从以上教学实验中可以概括出读写分段策略的如下过程：

辨别若干课文范例——在教师指导下，从例文中发现按时间分段的规则（启发式规则）——将启发式规则运用于新的例文（变式练习）——在运用中发现原先理解的缺陷或错误——通过反馈和纠正进一步认识启发式规则运用的条件，从而初步掌握按时间分段的阅读或写作策略。

（二）认知策略学习的特点

从上述分段策略的教学可见，认知策略的学习具有不同于一般智慧技能学习的特点。

第一，支配认知策略的规则具有内潜性。根据加涅的学习结果分类，支配智慧技能的规则是对外的，而支配认知策略的规则是对内的。对外办事的规则易于通过实物或其他媒体进行演示。而由于人的认知活动潜藏人脑内部，无法直接观察到，所以难以把支配人的认知活动的规则用演示的方法告诉学生。

第二，支配认知策略的规则具有高度概括性和模糊性。学生要学习的认知策略主要是思维与解决问题的策略。支配这些策略的规则一般具有高度的概括性。例如，上述按时间分段的规则尽管是属于具体领域的，但也是高度概括的，因为以时间为分段线索的文章内容千变万化，可以写人、记事、写景、状物等。支配认知策略的规则的高度概括性也给它带来了模糊性。如，按时间分段的文章很可能与按地点或按事物发展顺序分段的文章交叉重叠，这样给学生的掌握带来了困难。

第三，支配认知策略的规则多数是启发式的。例如，按时间分段的三条规则是启发式的。运用这三条规则进行阅读，有助于学生分段，但不能保证学生分段的成功。

由于这些特点,认知策略的学习一般比智慧技能的学习更困难,需要接触的例子更多,需要变式练习的机会更多,需要从外界得到更具体的反馈和纠正,需要元认知的参与。

二、认知策略学习的条件

(一) 内部条件

1. 学生的原有知识基础

根据信息加工过程理论,认知策略对整个信息加工过程起调控作用,使用策略的目的就是提高信息加工的效率。这就使得策略的应用与它加工的信息有着十分密切的关系。研究表明,策略的应用离不开被加工的信息本身,儿童在某一领域的知识越丰富,就越能应用适当的加工策略。例如,我们曾在小学一年级进行实验,要求学生利用生成表象的策略记忆配对词组。这些配对词组被分成两组,A 组由被试熟悉的动物组成,B 组则由被试不熟悉的动物组成。

A 组例子:大象—强壮,松鼠—灵巧,狗熊—愚蠢,乌龟—长寿;

B 组例子:树懒—迟缓,考拉—可爱,猞猁—敏捷,伯劳—凶猛。

研究发现,当被试记忆熟悉动物的配对词组时,能较好地利用生成表象策略,记忆成绩也较好。而当他们记忆陌生动物的配对词组时,策略应用明显存在困难,记忆效果也较差。

又如,有研究调查了中学生对划线(underling)策略的使用情况后发现,如果学生对所学习的主题知之甚少,则这种划线策略对他们并没有多大帮助,因为他们不能区分出重要的和不重要的信息,不知道在什么地方划线进行强调突出(Alexander, 2006)。由此可见,学生的原有知识基础是策略学习与应用的一个重要条件。

认知策略是学习者用来调节控制自己认知活动的技能,要习得这种技能,学习者必须先具备执行这种认知活动的智慧技能。如加涅等人指出的,为了"学会思维",需要给学生思维的机会(加涅等,2007)。同样,要让学生习得调控策略运用的元认知策略,必须让学生先会执行认知策略。因而学生认知策略学习的原有知识基础不仅包括相应的言语信息,还包括相应的智慧技能及作为特殊智慧技能的认知策略。

2. 学生的动机水平

任何认知策略或学习策略都可以用一套规则来描述。早期研究学习技能的心理学家以为,告诉学生某些有关学习方法的规则,就可以使他们掌握该策略,提高学习成绩。后来的研究表明,简单地教学生执行某一策略,并不能保证学生理解运用策略所带来的效益,但这种理解是学生在教学之后继续运用策略的关键因素,它能起激励作用，激励学生运用学过的策略。支持这一结论的实验如下：两组学生同样学习某一策略以完成某项任务。对甲组，只单纯教授策略；对乙组，除此之外，还提供应用策略所带来的效益的信息。结果表明，凡是知道策略运用所带来的效益的学生同不知道的学生相比，更能保持习得的策略。

3. 学生的元认知发展水平

前面已经提到，认知策略中的元认知成分是策略运用成败的关键，也是影响策略可迁移性的重要因素。而元认知成分的掌握情况主要取决于个体自我意识发展水平的高低。一般来说，儿童先有对外部事物认识的发展，然后才有自我意识的发展。由于儿童的自我意识发展水平较低，对他们来说，策略的应用达到反省水平相对比较困难，这也是低年级儿童使用策略效果较差的原因之一。因此，有些心理学家主张，认知策略学习应与元认知训练结合进行。例如，普雷斯利等人(1984)用成人和5～6年级儿童为被试，任务是学习外语词汇，教授的方法是关键词法。对于呈现的单词，一半词用关键词方法，另一半词采用复述策略。结果运用关键词法比用复述策略效果好。

一个重要的发现是，当要求所有被试评估用关键词法和复述策略各学会了多少词时，在测验之前，成人和儿童都未认识到关键词法优于复述法，即学生未监测他们采用的两种记忆方法的效果。当通过测验之后，被试清楚了关键词法优于复述法。这种意识怎样影响学生选择较好的策略呢？

在测验之后，当学习新词时，儿童和成人都选择关键词法，因为他们都认识到前者效果较好。不过，成人比儿童更相信采用关键词法的效果。以后，当实验人员建议被试用复述法时，成人被试公开拒绝，因为他们亲身感受到复述法效果较差。但可以说服儿童采用复述策略，尽管他们知道这一方法效果较差。这说明，尽管经过测验，儿童对不同策略对自己成绩的影响不够确定。由此得出一个结论：教某种方法并予以测验，但不与其他方法比较，两周之后这种方法就不能保持。当将关键词法与儿童熟悉的其他方法进行比较后，两周后更可能保持效果好的策略。

另一实验以10～13岁学生为被试，用两种策略学习词义：一种为关键词法，另一种是他们更熟悉的方法，即用造句法造出正确句子来学习词义。用这两种方法学习几列词后分别进行测验，结果关键词法效果较好。

以后要求学生学习另一批新词的词义，因为儿童原先用过这两种策略，也知道它们效果不同。在学习新词时，要对这两种策略做出选择。结果只有42%的学生在学习新词词义时运用关键词法。这一发现导致研究者做出如下推论：在作出策略选择前，儿童也许能运用他们从实践中习得的策略效益的知识，如果情形是这样，那么提示学生：在策略选择时想一想用哪一策略效果更好。研究结果表明，通过提示，儿童在

89%的时间内选用关键词法。这一研究表明，即使小学高年级和初中生对于策略具有元认知（知道其效果较好），但仍不能运用这种知识去进行策略选择，所以对于这样的儿童而言，适当的外部提示是必要的。对于低年级学生的策略教学应做到：

(1) 引导儿童评估采用不同策略的不同效果；

(2) 引导他们把不同学习成绩归因于采用的策略不同；

(3) 引导他们运用他们从实践中习得的关于策略效益的知识进行未来的策略选择。

只有经过这样的引导，二年级小学生才有 90%的时间选择运用较为有效的策略。

4. 学生所持有的认识论信念

认识论信念是指学生对知识与学习的性质的信念。如有些学生认为知识是一些零碎的、孤立的事实，学习就是一个不断地重复记忆的过程；有些学生认为知识都是确信无疑的、不容争议的，学习不只是记住事实，还要弄清楚事物之间的内在联系；还有些学生认为学习是一个持续渐进的过程，而另一些学生则认为学习是在较短时间内完成的，你要么学会了，要么根本就学不会。学生所持有的这些有关知识与学习的看法就叫认识论信念或个体的认识论。

研究发现，学生所持有的认识论信念影响其对策略的学习与使用。如果学生认为学习就是记住孤立的事实，那么他们是不会去学习和使用涉及组织知识的一些策略的，如画概念关系图、精加工或提问等。如果学生认为学习要求主动地阐明前后知识的联系，那么他们就不会去学习和使用简单复述的策略。有时学生偏爱或拒绝某种学习策略，主要是因为这一策略与其持有的认识论信念相一致或相矛盾。

(二) 外部条件

从现有认知策略的教学研究来看，认知策略学习的外部条件涉及教师处理好如下问题。

1. 若干例子同时呈现

在学生的自发学习中，例子未经过精心选择，未预先考虑呈现的时间安排，支配策略的规则的发现具有很大的偶然性。这样的外部条件只对极少数聪明的学生有利，不利于绝大多数学生习得策略。例如，在上述四年级小学生课文分段研究中发现，在未经系统分段教学前，小学四年级一个班级约 10%的儿童已自发习得 6 种适合他们水平的分段策略，而 90%的儿童未掌握这些策略。为了帮助大多数学生发现支配策略的规则，教学提供的例子要精心选择，而且必须同时呈现两个以上的例子。越是高度概括的规则，越要提供更多的例子。有的教学理论强调学生的自发学习，反对将例子作系统安排。这种理论只看到了极少数聪明的学生自发发现的能力，忽视了大多数学生缺乏这种能力这一事实。

传统教材多从学科本身的概念或原理的体系组织教材，未从发展学生认知策略的角度选编教材。新的课程改革强调学习方法的学习，教材例子的选择与呈现的时间安排也应作相应改革。

2. 指导规则的发现及其运用条件

传统教学论不强调同时呈现多个例子，当然也谈不上强调指导学生从多个例子中发现支配策略的规则。在自然学科和数学教学中，教材和教师通过呈现若干例子，让学生发现自然和数学规律。在语文学科教学中，单篇课文就是一个例子。但从例子习得什么呢？传统的教学论强调学生自己“悟”，而对于悟什么，则说不清楚，有人甚至强烈反对将“悟”的结果明明白白地教给学生。现代认知心理学的研究与这种观点刚好相反，不仅要明明白白地把支配策略行为的规则是什么告诉学生，而且要使他们体验到运用策略带来的效益。为了使习得的策略在新情境中应用，教学中还应使学生清楚地知道策略运用的条件。

例如，一实验以五、六年级小学生为被试，学习用关键词法记忆某城市与物产的联系，如记忆长滩(Long Beach)与海生动物的联系时可以想象海底动物沿长滩游来游去，但是告诉学生该策略在什么条件下运用的这种知识的量是不同的。在充分的教学指导下，学生被告知，凡是要记住成对的两个项目都可以采用上述策略，而且只要能找到关键词，都可以运用这一策略来记忆。

萨里文(O. Sullivan, 1984)等用拉丁词及其意义匹配的记忆作为迁移任务。被试未被告知，关键词法可以用于此项任务。研究表明，学习过用关键词法记住城市与其物产匹配的学生可以把先前习得的策略应用于新任务，即用关键词法帮助学习拉丁语词与其意义的记忆。但研究中发现，这种迁移是有条件的，也就是说，只有当给学生提供该策略在何时何处运用的信息的条件下，迁移才出现。这说明特殊策略的学习必须达到元认知水平才可迁移。

3. 提供变式练习的机会

变式练习不是简单的重复练习。重复练习只适合动作技能学习，不适合智慧技能学习，更不适合认知策略学习。变式是适合规则的情境的变化。例如，上述适合按时间分段规则的例文可以是写事、记人、写景、状物，时间词可以是明显的，也可以是隐含的。只有在这样变化的情境中应用习得的规则，学生才能深刻理解习得的规则。在变式练习的初期，学生可能会出现错误，教师应注意发现学生的错误，针对错误提供反馈和纠正。

几乎没有教学理论否认练习中反馈信息的作用，但是在实际教学中，因为学生人数多，学生实际受到的反馈少。这不仅不利于一般技能的学习，也不利于认知策略的学习。

4. 长期系统的练习

正如加涅所指出的："许多人以其自身的经验认识到，思维策略很少在短时间内获得，而是需要数年的实践方能达到精炼水平，从而可迁移至新的问题解决情境。认知策略的习得有多快以及需要多少概括化的经验才能使其具有广泛的可迁移性，这显然与直接的指导有关。"

第三节　认知策略学习规律的教学含义

一、认知策略与教会学生学习

在我们所处的信息时代，知识的数量成倍增长，在学校教育期间，教育者不可能把学生需要的知识全部教给学生，在这种背景下，"教会学生学习"、"教会学生思维"等口号应势而生。既然教育不可能把知识全教给学生，那么教给他们自己获取知识的能力，教会他们在信息时代如何思考、如何学习，将更有利于学生今后的发展。这一思想已成为许多教育工作者的共识。

如何"教会学生学习"、"教会学生思维"呢？教育心理学有关认知策略、学习策略的研究启发人们，教给学生一些认知或学习的策略，就可以教会他们学习和思维。因为这些策略都是关于学习者如何记忆、思维、学习的一些技能。于是策略的教学和研究很快成为教育工作和研究的热点，策略也被看作是教育的重中之重，直接关系到学生在信息时代的适应能力。

但这一观点并没有得到研究证据的有力支持。加涅虽然将认知策略作为五种学习结果之一，但他并不认可认知策略与教会学生学习、教会学生思维之间的密切关系。他指出，通过认知策略的精心教学能成功实现"教会学生思维"这一目标的证据还远远不够。要实现"教会学生思维"这一目标，仅仅有认知策略是不够的，因为学生的思维没有办法在真空中进行，他们必须具备构成其思维内容的基本技能和知识（加涅，1999）。加涅主张，学校教育应将大量时间和精力用在知识和智慧技能的教学上。加涅的这一看法也得到了近年有关专家问题解决研究的支持。这些研究表明，专家在解决问题时并不一定比新手使用更好的问题解决策略，专家是用更大的、组织更好的知识基础来解决问题的，这种知识基础就包括加涅提及的言语信息和智慧技能。认知策略固然是一种重要的学习结果，也有一定的"教会学生学习"的作用，但不能高估这种作用，其他的学习结果如智慧技能、言语信息也有一定的作用。正如普雷斯利等人指出的，成功的表现不应单纯地归因于策略或知识，而应归因于策略和非策略知识的共同作用(Pressley & Woloshyn, 1995)。

二、应结合具体的内容教授认知策略

对认知策略重要性的推崇也反映在如何教认知策略上。为了突出认知策略的地位，一些人主张单独设置一门课程来教授学生在其他学科中要用到的认知策略，从而广泛大面积地促进学生的学习。这一思想很诱人，历史上也有人做过这方面的尝试，如美国在 20 世纪 60 年代开展的“创造性思维计划”由 15 个卡通小册子构成，每个小册子讲的都是两名孩子破案的侦探故事。故事的主人公示范了基本的思维技能，如生成与检验假设等。然后小册子再给读者提供练习的机会。这一计划旨在教给学生一般的问题解决策略，并希望以此改善学生解决各学科问题的能力。但计划实施的结果却发现，受训的学生只在解决与小册子中类似的侦探问题上的成绩优于控制组，一旦要求解决的问题与训练时的问题不一样，这种训练的效应就不复存在。此外，富恩斯坦(R. Feuerstein)的工具丰富教程，委内瑞拉在 20 世纪 80 年代开展的智力项目研究，都得到了类似的结果(Mayer, 1997)。这说明，认知策略的教学宜结合具体的内容、学科来教。

三、认知策略与教学策略

厘清认知策略与教学策略的关系有助于我们认识认知策略教学的问题。

现代认知心理学将学生的学习刻画成一系列的内部信息加工过程，这些过程既受外部事件的影响，也受学习者内部事件的影响。学习者自己对其内部学习过程的调节与控制就是认知策略。而教师、教科书等外部主体对学习者内部学习过程的调节和控制则属于教学策略。因而从其作用来看，认知策略与教学策略是一样的，都是要调节、促进学习者的内部学习过程。普雷斯利等人在对认知策略进行分类时也有这一思想。他们依据执行的主体的不同将认知策略分为三类。第一类认知策略主要是由教师来使用的，他们称其为教学策略。第二类是由学生自己使用的。第三类是教师和学生都可以使用，这类策略既可看作是认知策略，也可看作是教学策略(Pressley & Woloshyn, 1995)。

既然认知策略与教学策略的作用是一样的，那么，教师所采用的支持、促进、调节学生内部学习过程的一套程序若被学习者自己用来调控其学习过程，这套程序不就变成了学习者的认知策略了吗？事实上加涅也有这一认识，他和迪克(W. Dick)早在 1983 年就指出，随着学习者经验上的增长，教学事件倾向于更经常地由学习者自己来提供，而不是由外在的主体来提供(Gagné & Dick，1983)。这里的教学事件就是支持学生内部学习过程的一套程序，教师能为学生提供，学生自己也能为自己提供。

维果茨基的社会文化理论也指出，高级心理机能是由个体间的过程内化为个体内的过程的结果，因而认知策略的教学可以描述为由教师的教学策略逐渐转化为学生的认知策略的过程。普雷斯利等人对认知策略的三种分类其实也可用来说明这一转化过程。某种认知策略最初作为教学策略由教师施行对学习者内部学习过程的促进和调控，而后教师再适当地放权，由教师和学习者共同对学习过程进行调控，最后教师完全放权，过渡到由学习者独立执行，从而让学习者习得相应的认知策略。因而作为一名教师，在设计和选择实施好的教学策略的同时，还要有意识地思考自己所用的有效教学策略如何为学生所用，变成学生自能运用的认知策略进而达到“教是为了不需要教”的境界。

本章概要

1. 认知策略是一种特殊的智慧技能，是学习者运用一套规则或程序来调节、控制其注意、学习、记忆与思维的内部过程。与作用于环境中的客体或事件的智慧技能不同的是，认知策略指向的对象是学习者的内部认知过程。

2. 认知策略与元认知策略、学习策略在本质上是一样的，都涉及学习者对其学习过程的调控。所不同的是，元认知策略是更一般的认知策略，负责根据具体的情境或条件来选择和调用相应的认知策略。学习策略的范围大于认知策略的范围，一些维持注意、控制焦虑、有效安排学习时间的情感或动机策略不属于认知策略范畴，但属于学习策略范畴。

3. 可以根据认知策略指向的内部学习过程将其分为促进选择性知觉、促进复述、促进语义编码、促进提取、促进执行控制的策略，也可以根据策略适用的范围将其分为适合特殊领域的策略和跨领域使用的认知策略。

4. 认知策略可由少数优秀的学习者自己发现而习得，但对于大多数学习者而言，需从有目的的教学中习得，其学习过程可分为三个阶段。在第一阶段，由教师将认知策略及其运用的条件描述给学生，学生建构出对策略的理解。在第二阶段，教师给学生提供练习，学生练习执行构成策略的概念、规则和程序。在第三阶段，学生练习策略的运用条件，促进策略运用的泛化。

5. 认知策略的学习需要一些内部条件。研究发现，学习者的原有知识基础(包括原有的陈述性知识、智慧技能和认知策略)、学习者的动机水平、学习者的元认知发展水平、学习者持有的认识论信念都影响他们对策略的学习和选用。认知策略学习的外部条件主要涉及教师对认知策略的示范、指导以及系统安排的变式练习、间隔练习。

6. 认知策略只有与陈述性知识、智慧技能共同作用才可使学习者有良好的学习表现，孤立片面地强调认知策略的作用是不合适的。

7. 是单独设课还是结合学科进行认知策略教学，心理学家对此有不同意见，但多数心理学家已经认识到，结合学科具体内容开展认知策略教学效果更好。

8. 教学策略是由教师采用的促进学生内部学习过程的外部事件。当教学策略执行的主体逐渐由教师转变为学生自己时，教学策略就变成了认知策略。

练 习 题

一、解释下列术语

认知策略　　元认知策略　　学习策略　　元认知

认识论信念　　专门领域的认知策略　　一般领域的认知策略

二、填空

1. 从信息加工的角度来看，认知策略是指__________。

2. 认知策略不同于一般智慧技能的地方是__________。

3. 元认知策略是指__________的认知策略。

4. 学习策略是指__________。学习策略的外延__________认知策略的外延。

5. 麦基奇将学习策略分为__________、__________、__________三类。

6. 温斯坦和梅耶将学习策略分为__________、__________、__________、__________、__________五类。

7. 认知策略可经由__________和__________两种方式习得。

8. 普雷斯利等人将认知策略教与学的过程分为__________、__________、__________三个阶段。

9. 影响认知策略学习的内部条件主要包括__________、__________、__________、__________。

10. 根据策略运用的主体，普雷斯利等人将认知策略分为__________、__________、__________三类。这三类策略若按一定顺序排列可用来描述认知策略教学的过程。

三、选择

1. 历史教师告诉学生，记忆历史年代时，可先记住某个熟悉的年代，而后再通过在该年代上增减数字来记住其他历史事件的发生年代。某个学生对此却不以为然，认为这种方法不可行。对该生行为最适宜的解释是______。(1) 该生具有叛逆精神；

(2) 该生具有运用策略的元认知意识;(3) 该生会使用记忆策略;(4) 该生不喜欢学历史。

2. 下列判断不属于元认知功能的是______。(1) 使学习者知道何时何地使用什么策略;(2) 支配其他认知策略的使用;(3) 监控目标的达成情况;(4) 调整自己的焦虑状态。

3. 下列学习策略中不属于麦基奇分类体系的是______。(1) 元认知策略;(2) 资源管理策略;(3) 专门领域的认知策略;(4) 认知策略。

4. 下列有关认知策略学习的论断正确的是______。(1) 认知策略不能通过学习者的独立发现习得;(2) 认知策略的学习过程与智慧技能的学习过程没有区别;(3) 认知策略应在具体的内容领域习得;(4) 教师为学生示范认知策略以后学生自己应负责对策略应用的练习。

5. 儿童遇到熟悉材料时能应用分类记忆策略,在遇到陌生材料时,却不能应用该策略。这说明儿童的策略应用受______制约。(1) 思维能力;(2) 元认知;(3) 年龄;(4) 相关知识。

6. 在儿童的学习策略训练中,使策略与动机激励相结合的最有效方法是______。(1) 使儿童能陈述策略学习的重要性;(2) 开展学习竞赛;(3) 使儿童知道策略应用的适当条件;(4) 使儿童亲身体验到应用策略可以提高学习效率。

7. 学生在参观访问或开展其他户外活动后写作文,尽管教师作了写作指导,可学生写出来的作文仍然像报流水账。这个现象的最适当解释是儿童缺乏______。(1) 生活经验;(2) 观察力;(3) 思维灵活性;(4) 写作策略。

8. 教师为学生讲解示范了某种认知策略,但学生从未主动地使用该策略,其中可能的原因是______。(1) 学生的元认知水平较低;(2) 与学生的认识论信念抵触;(3) 学生不想学习;(4) 学生缺乏运用策略所需的原有知识。

9. 物理学家研究问题时常用理想实验来进行,即不考虑一些影响较小的因素如阻力、摩擦等。这种理想实验本质上是______。(1) 规则;(2) 程序;(3) 认知策略;(4) 元认知策略。

10. 有一种画概念关系图的学习方法,这种方法本质上是______。(1) 促进语义编码的认知策略;(2) 是一种元认知策略;(3) 是一种教学策略;(4) 是个体的一种认识论信念。

四、研究与设计

在中小学各科教学与学习中,有一种“精加工提问”的方法,即学生通过自己给自己提出一些可以促进新旧知识及新知识内部联系的问题而促进学习。请设计一个方案,将这一策略教给初中一年级的学生。

第七章　解决问题与创新性学习

本章要点

解决问题的研究概述

关于问题与解决问题的科学含义

问题与解决问题的早期观点

问题与解决问题的现代观点

解决问题的过程

影响问题解决的心理因素

问题解决与知识的综合运用

奥苏伯尔问题解决模型中的知识类型及其作用

数学问题解决过程及其知识类型分析

问题表征

设计解题计划与监控

执行解题计划

写作过程及其知识类型分析

写作过程

三类知识在写作过程中的作用

专家与新手解决问题能力的差异

有意义的知觉模式的差异

短时记忆和长时记忆的差异

技能执行速度的差异

用于表征问题的时间差异

表征的深度差异

自我监控技能的差异

研究性学习及其教学

研究性学习的含义

研究性学习的条件

内部条件

外部条件

研究性学习的心理过程

研究性学习的教学指导

学科教学中的研究性学习指导

研究性学习课程中的教学指导

创新性学习与教学

创新性学习的实质

创新性学习的心理机制

维果茨基的联想论

芬德利和拉姆斯登的激活论

芬克的生成论

课堂中缺乏创新性学习的根源

教学方面的原因

教师方面的原因

评价方面的原因

创新性学习的教学策略

创设创新性学习条件

示范创新策略

褒奖创新活动

本章目标

学完本章后，应能做到：

1. 陈述20世纪60年代之前心理学中关于问题解决的实质、过程与条件的主要结论，并用知识分类学习论说明其不足之处；

2. 用数学或语文学科问题解决实例，说明不同类型的知识在解决问题中的作用；

3. 陈述专家与新手解决问题差异的主要表现，并用广义知识观对差异的原因作出解释；

4. 通过分析和比较，指出本章论述的问题解决与我国课程改革专家提倡的研究性学习在学习性质、教学过程和学习结果方面的异同；

5. 举例说明界定明确和界定不明确问题的研究性学习过程；

6. 结合具体事例，分析创新性学习的实质及教学策略。

思维与解决问题是普通心理学研究的传统课题。现代教育心理学之所以也关心这一课题，是因为学生创造性思维与解决问题的能力是当代教育最为关注的目标。本章先概述解决问题的性质、过程和条件的研究；然后结合学科任务，分析不同类型的知识在解决问题中的作用；最后论述与解决问题能力的培养有关的研究性学习和创新性学习的性质、过程、条件与教学指导。

第一节　解决问题的研究概述

解决问题(problem solving)，也译作问题解决。解决问题的研究涉及问题与问题解决的科学定义、问题情境的类型、问题解决的心理过程以及影响问题解决的心理因素。

一、关于问题与解决问题的科学含义

(一) 问题与解决问题的早期观点

早期的问题解决研究者并未给问题与问题解决下一个令人满意的定义。早期行为主义心理学家研究学习的基本课题是条件反射、动物走迷宫和打开迷笼等行为。在斯金纳提出操作条件反应概念之前，心理学家把桑代克的猫学习逃出迷箱和动物学会走迷宫等行为称为解决问题。解决问题也就是机体获得对新的刺激情境作出适当反应的过程。如，桑代克迷箱中的猫学会抓住连结门闩的金属绳，把箱门打开，逃出迷箱，就是解决了问题。行为主义心理学家把斯金纳的操作条件反应看成是一种解决问题的学习形式。

格式塔心理学家为了便于与行为主义进行争论，也用动物作被试研究问题解决。黑猩猩面对放在栅栏远处的香蕉，用两根棒中的任何一根都够不着香蕉，这也成了它的问

题。格式塔心理学家认为黑猩猩将两根棒子接起来够到远处的香蕉也是解决了问题。

早期的研究者缺乏学习分类观，混淆了人的学习与动物学习的区别，人类低级学习与高级学习的区别，自然不能给问题与问题解决提供一个科学的定义。研究得出的结论也很难在学校教学中应用。

（二）问题与解决问题的现代观点

直到20世纪60年代学习分类理论提出以后，把问题解决放到不同学习类型的层次排列之中，问题与问题解决才得到较明确的定义。

在奥苏伯尔的有意义言语学习理论中，学习由低级到高级分为符号表征学习→概念学习→命题学习→概念和命题的应用→解决问题（包括创造性解决问题）。在加涅的学习结果分类中，智慧技能的学习由低级到高级依次为辨别学习→概念学习→规则学习→高级规则学习。高级规则可以通过接受学习习得，也可以通过发现学习习得。高级规则的发现学习也就是解决问题。

根据学习分类理论，应将问题解决与概念和原理的简单应用或在熟悉情境中的应用相区别，因为这种应用的结果未习得新的概念和规则。问题解决是学习者将原有的概念和规则加以综合，在新情境中应用并得到新的认知成果的过程。这种新的认知成果可能是新的规则（高级规则），可能是新的解决问题策略，也可能是一篇新的文学作品或一份研究计划等。

信息加工心理学家把 问题 定义为："给定信息和目标之间有某些障碍需要被克服的刺激情境。"学生解决一道算术应用题或证明一条定理，成人谋求一份工作，教师转变一个学生的态度，医生治愈某种疾病，至少在当前缺乏现成方法的条件下，他们都处于问题情境中。

根据个人问题的起始状态、中间状态和目标状态的不同，可以把 问题空间 分为四种类型（见图7-1）。图7-1中，A表示问题空间起始状态和目标状态明确，而且达到目标的两条途径都是相同的。如，有一组数字，要求它们的和，此处问题空间的起始状态是给定的一组数字，目标状态是求它们的和，算子是加法。这里有两种同样有效的求和方法。B表示问题空间起点和目标明确，但有两条效率不同的达到目标的途径。如，某位有阅读能力的儿童想知道一个故事，其起始状态是现有的书，目标状态是知道书中的故事，达到目标的有效途径是自己看书，较为无效的途径是找人给他讲述书中的故事。C表示问题空间的起点和目标都明确，但不知如何达到目标。学生在证明几何题时遇到的问题多半是这类问题。D表示问题空间只有起始状态明确，目标和达到目标的途径都不明确。如解决能源危机问题，我们只知道能源有限，但是解决能源问题要达到的目标和用什么方法去达到这些目标，都是不明确的。

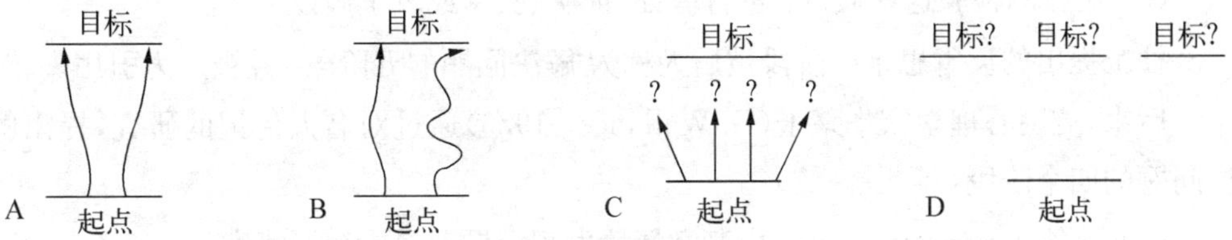

图 7-1　四种不同类型的问题空间

根据问题的起点、目标和允许的操作(运算)的不同,可以将问题分为界定不明确的问题(ill-defined problem)和界定明确的问题(well-defined problem)。前者指问题的三个成分都明确的问题,也称常规性问题(routine problem);后者指三个成分中有部分不明确的问题,也称非常规性问题。

二、解决问题的过程

对于问题解决的心理过程,20 世纪 60 年代之前许多研究者依据个人研究的方法和掌握的资料不同,提出了不同的观点和阶段模式。

行为主义心理学家和格式塔心理学家都是以动物为被试研究问题解决,由于观察到实验中动物行为表现的不同,提出了完全对立的观点。行为主义心理学家如桑代克、斯金纳等以较低级的动物如猫、白鼠为实验对象,认为解决问题是一个尝试与错误的过程。正如鲍尔和希尔加德在《学习论——学习活动规律的探索》(1981)一书中所述:"碰到新的陌生问题时,学习者是怎样解决的呢?刺激—反应理论家认为,学习者将其过去经验中与新问题有关的行为集中起来,或是按照新情境与以前遇到的情境的相似方面作出反应。如果这些反应不能使问题获得解决,学习者便求助于尝试错误,从他们的全部行为中发出一个又一个反应,直至问题解决。"

格式塔心理学家以高等动物黑猩猩为被试,认为解决问题中很少有尝试错误,主要是一个顿悟的过程,而且一旦解题方法被顿悟,便能保持。

哲学家杜威、心理学家华莱士和邓克尔以人为研究对象,对人解决问题的心理过程分别提出了不同的阶段模式。第一个著名的解决问题的过程模式是由哲学家杜威于 1910 年提出的。他在《我们怎样思维》一书中提出反省思维经过如下五阶段:

(1) 暗示:困惑、挫折或意识到困难的状态;

(2) 理智化:确定疑难究竟在什么地方,包括不太具体地指出所追求的目的,需要填补的缺口或要达到的目标;

(3) 假设:提出问题的种种假设;

(4) 推理:如有必要,连续检验这些假设,并对问题重新加以阐述;

(5) 用行动检验这些假设：进行验证，证实、驳斥或改正假设。

杜威提出的反省思维五阶段被后人称为解决问题的五阶段，并被广为引用。

后来，英国心理学家华莱士(G. Wallance, 1926)通过对名人传记的研究，提出解决问题的四个阶段：

(1) 准备(preparation)——由刺激情境发现问题及寻求解题线索；

(2) 孕育(incubation)——因问题复杂程度不同而经过一般或长或短的反复酝酿时间，以进行深入探索和思考；

(3) 明朗(illumination)——突然找到问题解答方法，有豁然开朗之感；

(4) 验证(verification)——用实践来检验所提出的解决方案。

德国心理学家邓克尔(Kar Danker)于 20 世纪 40 年代通过医学治疗研究，提出了范围逐渐缩小的解决问题过程模式：

(1) 确定问题的一般范围；

(2) 进行功能性解决，即缩小问题范围，寻找符合既定方向的解题途径；

(3) 进行特殊解决，进一步缩小功能解决的途径，使功能解决具体化。

奥苏伯尔 1978 年说："60 多年来并没有人对杜威 1910 年的描述作过明显改进。"(奥苏伯尔等，1989：698)从奥苏伯尔的这一评论可见，解决问题过程这一问题虽是心理学中研究的一个老问题，但长期以来，其研究进展甚微。

20 世纪 60 年代后，由于心理学研究方向整体转变，即从行为观转向认知观，研究手段也多样化，如计算机模拟、专家与新手解决问题比较研究、口语报告与分析法，心理学家不再只是对解决问题的心理过程的阶段作一般描述，而是更注重于揭示不同类型的知识在解决问题不同阶段的作用。例如，奥苏伯尔和鲁宾逊提出了解决问题四阶段模式(详见下一节)，并分析了问题背景知识、推理规则和策略在解决问题不同阶段的作用。此后，信息加工心理学家和持认知建构观的心理学家把这种知识类型分析深入到许多学科问题的解决。这类分析为学科教师培养学生的问题解决能力指明了方向。

三、影响问题解决的心理因素

20 世纪 60 年代之前，心理学家提出并研究较多的影响问题解决的心理因素是心理定势、功能固着。

心理定势(mental set)也称心向，指个体经由学习而积累起来的习惯倾向。它在学习和解决问题中既起积极作用，也起消极作用。

心理学家卢钦斯(A. S. Luchins, 1946)用三个大小不等的杯子盛水注入另一容器

的实验演示了心理定势的作用。下面是演示这一现象的另一个例子(Raudspp & Haugh, 1977):

“下面是由几根火柴杆排成的等式。请你在一个等式中仅移动一根火柴杆,以此改变该等式,使之成为如 V=V 这样的真正的等式。”

V=VII,　VI=XI,　XII=VII,　VI=II.

改变第一个“等式”的正确答案是 V1=V1,改变第二个和第三个“等式”的正确答案不难找到,但至第 4 个“等式”,你将会按原先的“习惯”(即定势)行事,结果将遇到困难。此时,你必须克服心理定势,改变思考方向才能求得正确答案(正确答案附后)。

功能固着(functional fixedness),指个人在解决问题时表现出的思考僵化现象。这表现为对问题情境不能多方面考虑,如对工具使用缺乏变通能力,认定老虎钳只能拔钉,而不能随机应变想到可作为钉锤之用。

梅尔(N. R. F. Maier, 1933)演示了功能固着现象。被试进入一房间,内有两根绳子从天花板垂下,实验人员要求被试将两根绳子结起来(两绳长度可以连接)。室内另有一张桌子,桌上有榔头和钳子。被试可能试着一手握住一根绳,再去抓另一根绳,但是够不着,在此情况下被试应如何办呢?

研究表明,被试不易想到用榔头或钳子作为摆锤,通过绳子摆动,以便同时够到两根绳子。这就表明了功能固着现象。

从上述有关影响问题解决的因素及其研究的介绍可见,传统的问题解决研究大多在人为的条件下进行的,这些因素的影响的确存在,但不是最重要的因素。影响问题解决的最重要因素是个人的原有知识及其组织特征。

(火柴杆问题答案:第 4 个等式的正确答案是 $\sqrt{1}=1$,即根号下 1 等于 1)

第二节　问题解决与知识的综合运用

从上一节的论述可见,把解决问题作为普通心理学一个重要课题来研究,往往脱离中小学学科教学实际,虽然心理学家提出过许多有关解决问题过程及其影响因素的理论,但这些理论很难指导课堂教学。20 世纪 80—90 年代上述倾向发生了转变,心理学家开始注意结合中小学学科特点进行解决问题过程及其影响因素的研究。但在 20 世纪 60 年代,奥苏伯尔已开启了这类研究的先河。

一、奥苏伯尔问题解决模型中的知识类型及其作用

奥苏伯尔和鲁宾逊问题解决模型中区分了如下三类原有知识。

1. 背景命题(background propositions)。指学生认知结构中与当前问题的解答有关的事实、概念和原理。学生在各门学科的学习中,系统地积累了许多这样的事实、概念和原理,当他遇到新问题时,随之而来的常常是要学习新的命题、定理与法则。为了解决当前的问题,他必须从已有知识的贮备中提取一组或多或少明确规定的命题。

2. 推理规则(rules of inference)。推理规则是作出合理结论的逻辑规则。在明智的论争或进行逻辑思维的过程中,都存在着各种外显的或内隐的规则。例如,在几何证明题中,必须利用已被证明了的定理进行推理,这是必须遵守的推理的规则。

3. 策略。解决问题的策略通常指为了便于填补问题的空隙,选择、组织、改变或者操作背景命题的一系列规则。策略的功能就在于减少尝试与错误的任意性,节约解决问题所需的时间,提高解答的效率。策略指出一连串步骤,从差距的一端向另一端移动,其方向或是逆向的,即从要求达到的终端开始,向后一步一步地倒退,酷似任务分析;或是顺向的,即从已知条件开始前进,直到终点(见图 7-2)。

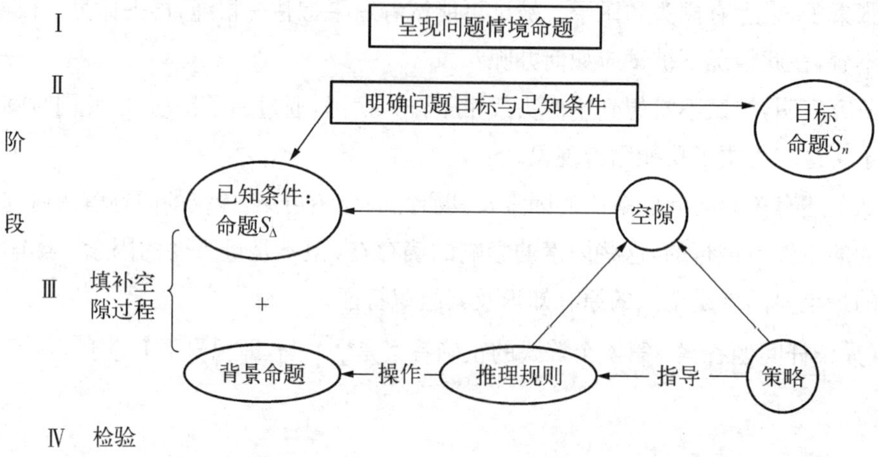

图 7-2 奥苏伯尔的问题解决模型

二、数学问题解决过程及其知识类型分析

信息加工心理学家一般把解决问题过程分解为问题表征、设计解题计划、执行解题计划和监控四个步骤。问题表征是指形成问题空间,包括明确问题的给定条件、目标和允许的操作。用我国教育界流行的术语来说,问题表征就是审题,即了解题意的过程。设计解题计划是指确定解题的一般步骤,如重新描述问题,使之转化为更类似

于熟悉的问题，建立问题的子目标的层次关系。执行解题计划是指问题解决者采取一系列行动贯彻解题计划，如进行运算或其他操作。监控是指问题解决者分析问题解决的过程并确定自己采取的行动是否适合解题计划。

例如，解决如下数学问题：

地砖按每块 0.72 元出售。地砖每边边长 30 厘米。用这种地砖铺满长 7.2 米、宽 5.4 米的房间，需花多少钱购买地砖？

下面根据解决问题的四个步骤，分析其相关的知识类型。

（一）问题表征

问题表征又可以分成两个小步骤。

1. 问题表层理解。指解题者逐字逐句读懂描述问题的每一个句子。读懂的标志是他能用自己的话重复问题的条件。如上述地砖问题的条件可以陈述为如下：a. 房间是一个长 7.2 米、宽 5.4 米的长方形；b. 每块地砖是边长为 30 厘米的正方形；c. 地砖每块售价 0.72 元。同时，还要能用自己的话陈述问题的目标。此处可陈述为："求与房间地面面积相等的地砖的价钱"。现代信息加工心理学把这种问题的理解看成是把问题中的每一陈述转换成解题者内部的心理表征的过程。

问题表层理解需要两种知识：一是词语知识，如果解题者不知道"地砖"、"出售"、"购买"等词语，他就不可能读懂题意；二是事实知识，在地砖问题中学生必须知道边长为 30 厘米的地砖是正方形，也必须知道 1 米＝100 厘米。按现代认知心理学的知识分类，上述两种知识都属陈述性知识。

2. 问题深层理解。问题深层理解也称问题综合，指在问题表层理解的基础上，进一步把问题的每一陈述综合成条件和目标统一的心理表征。问题深层理解又包括两个方面：识别问题类型，以及区分问题中的有关信息与无关信息。

问题深层理解需要问题图式的知识。图式是现代认知心理学中的一个重要概念。现代认知心理学认为，人之所以能识别某种事物或事件，是因为通过学习和长期的经验积累，人脑中贮存了该事物或事件的图式。图式是人脑对事物或事件一般特征的概括，贮存于人脑的长时记忆中。如人脑中贮存了"房子"的图式："房子有平顶或三角形的屋顶；有墙；用砖头或木头建成等"，当别人提到房子或呈现房子的部分特征时，他能立即识别房子与非房子，如碉堡、拱棚等。甚至当只能看到房子的部分特征的图画时，他还能想象房子内有房间，房间有门、窗、天花板等。在解数学题时，识别题型也像识别房子一样，学生头脑中必须贮存有关题型的图式，才能迅速识别题型。一旦识别了题型，他便能区分问题中的有关信息和无关信息，甚至能补充题目中缺乏的必要信息。

通过问题综合，解题者形成的问题的内部表征有时可以用图解的形式外显出来

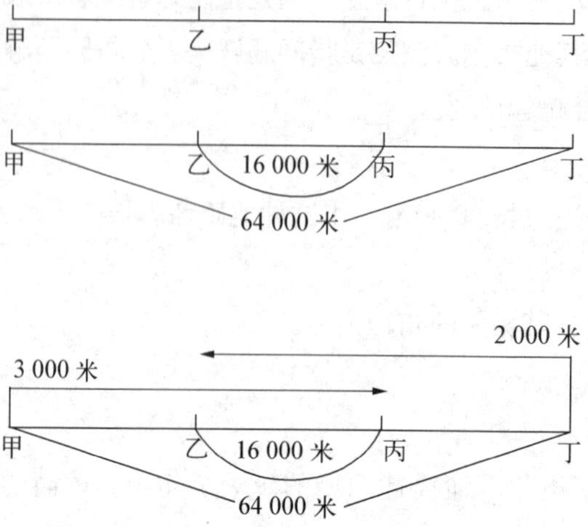

图 7-3　一名四年级学生理解复杂行程问题所画的示意图

(见图 7-3)。

例如,有这样一道行程问题:

"甲、乙、丙、丁四个村庄在一条直线上。从甲庄到丁庄的距离为 64 000 米。从乙庄到丙庄的距离为 16 000 米。小明和张华两人自甲、丁两庄同时出发,相向而行。小明每小时走 3 000 米,张华每小时走 2 000 米。当小明走到丙庄时,张华刚好走到乙庄。问他们各走了多少路?"

一名四年级小学生看到题目后,一字一句,仔细地读了一遍又一遍。在读到"当小明走到丙庄时,张华刚好走到乙庄"这里,重复了几遍,接着又回到前面去读。在他读懂题意后,画了示意图(见图 7-3)。从图中可见,两人走路的时间相同,两人合走的距离也已知,即为 64 000 米+16 000 米=80 000 米。有了这样清晰的表征,解题者就可以容易识别题型。一旦题型识别成功,解题计划就有了可靠的基础。

(二) 设计解题计划与监控

计划是在理解了问题的条件和目标之后,设想出一套解题方案。设计解题方案包括把终点目标分解成一系列子目标。解题方案的建构和子目标的分解总是受解题者的总目标调节与控制,所以有效的解题计划的形成是解题者受问题终点目标指引,同时考虑已知条件,选择合理的运算步骤的过程。它需要解题者具有解题策略的知识。例如,在地砖问题中,可以把问题分解成如下几步:a. 求房间面积,即 7.2×5.4;b. 求每块地砖面积即 0.3×0.3;c. 求所需的地砖数,即房间面积除以每块地砖面积;最后用每块地砖价格乘以地砖总数,得到购买地砖的总价格。

从人们的认知能力中专门区分出认知策略,这是认知心理学近 20 年来最新发展的结果。认知策略是由人们掌握的关于如何学习、记忆、思维和解决问题的方式方法的知识构成的。例如,在解决数学问题中,逆推法是一种重要的认知策略。已掌握了逆推法的学生可从问题的终点目标——求地砖总价钱出发,一步一步向问题的起始点推理:要求地砖总价格先必须求出地砖总块数,要求地砖总块数又必须求出每块地砖的面积和总的地砖的面积。这些中介性问题一旦解决,最后的终点问题就迎刃而解。在推理过程中,解题者每进行一次推理都必须反思自己这样推理所要达到的目的以及这样推理的合理性，所以优秀解题者的推理过程始终处于自己意识的监控之下。现代认知心理学把这种个人对自己的思维过程的有意识监控称为反省认知(或元认知)。这种反省认知水平的高低往往能区分出良好的解决问题者和不良好的解决问题者。新近的研究表明，学生认知策略和反省认知都可以通过系统而长期的教学得到改善。心理学家一般都同意，个人的认知策略和反省认知是构成智力的最重要成分。

(三) 执行解题计划

执行解题计划是利用数学计算规则进行一系列的数学运算，最后求得正确的答案。在地砖问题中，解题者需要迅速而正确地完成如下运算：

$$7.2\times5.4=38.88\text{(平方米)}$$

$$0.3\times0.3=0.09\text{(平方米)}$$

$$38.88\div0.09=432\text{(块)}$$

$$0.72\times432=311.04\text{(元)}$$

根据现代认知心理学的知识分类，这种数学计算能力是由个人的程序性知识支配的。程序性知识的术语是从计算机科学中借用来的。电脑之所以能进行数学运算，是因为人们事先向电脑内输入了适当的程序。同样，人脑要能正确进行数学运算，必须遵循适当的运算法则。学校教学中的一项重要任务就是要在学生认知结构中输入适当的运算法则，这些法则通过反复练习和使用，变成一种熟练的、能自动激活的程序。这时，学生的计算速度快，且正确率高。

以上，我们用求房间的地砖价格这样一个简单的问题来说明，学生解决数学问题的能力可以分解为应用三类知识的能力。问题表征，即问题的表层和深层理解，需要第一类知识即陈述性知识。这里涉及词语知识、事实知识和问题类型知识。解题计划的执行需要第二类知识即程序性知识。这里是算术运算技能。解题计划的设计与监控需要运用策略性知识，包括反省认知知识。

三、写作过程及其知识类型分析

(一) 写作过程

心理学家为了揭示人们在写作过程中的思维特征及其应用的知识类型，采用了出声思维的研究方法。例如，研究者给被试一项写作任务，并要求他描述在执行这项写作任务时的想法。研究者对这种思维过程的原始报告加以记录并作仔细分析。基于这样的分析，心理学家已鉴别出写作的三个独特阶段：构思、表达以及复看与修改。

1. 构思。构思也称计划，指从长时记忆中，从要写的题目和刚刚所写的东西中搜寻信息并用以建立写作计划。它又由三个亚过程构成：

(1) 生成——从长时记忆中提取有关的信息。例如，要写一篇有关“学习的信息加工过程”的文章，可能回忆起加涅关于学习过程模型中有关加工过程、执行控制过程和动力过程的内容。

(2) 组织——选择所提取出来的最有用的信息，并使这些信息组成一个有结构的书面计划。例如，写上述这篇文章时，可写三段文字，每段写信息加工过程中的一个方面并加以组织。

(3) 确定目标——建立指导执行写作计划的一般标准。例如，作者考虑到上述文章的读者可能不是专业心理学工作者，所以文章必须写得通俗易懂，尽可能避免用大家不熟悉的专业术语。

2. 表达。表达指把写作计划付诸实践，形成符合文法规范的文章初稿。

3. 复看与修改。复看与修改是改进文章初稿的过程。复看指复阅文章初稿，发现文章中的问题；修改则是改正已发现的问题。

图 7－4 描述了写作的一般过程。三个矩形表示写作中的三个主要阶段。左面的两个平行四边形代表向写作过程“输入”的信息，其中一个是写作任务，包括审题和了解读者的需要；另一个是作者的知识，包括任务的知识，对读者的了解和书面语言的知识。右边的平行四边形表示“输出”的成品，即生成的文章。写作过程三个阶段之间的箭头是双向的，表示这一个过程不是固定不变的，而是相互作用的。

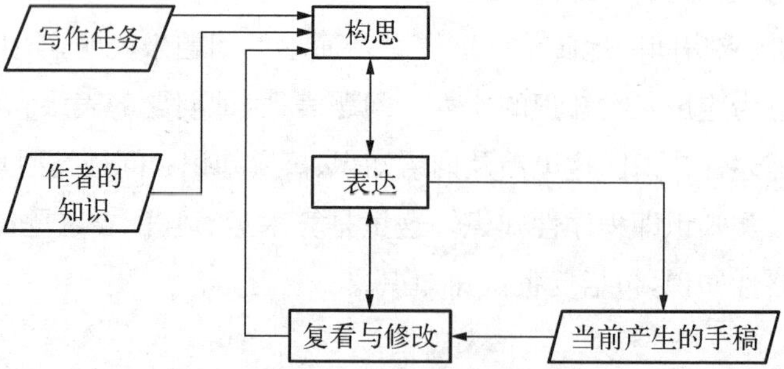

图 7－4　写作过程模型

海斯和弗劳(J. R. Hayes & L. S. Flower，1980)对典型作者的写作过程的出声思维的原始材料作了分析。整个记录有 14 页，共 458 句。这些句子是作者大声思维的结果。研究者把整个记录分成三部分。第一部分 116 句，第二部分 154 句，第三部分 188 句。研究者再把每一部分的句子按生成信息(G)、组织信息(O)、表达(T)、复看与修改(R)分类统计。结果发现，在每一部分中四类句子的比例有明显差异(见图 7－5)。

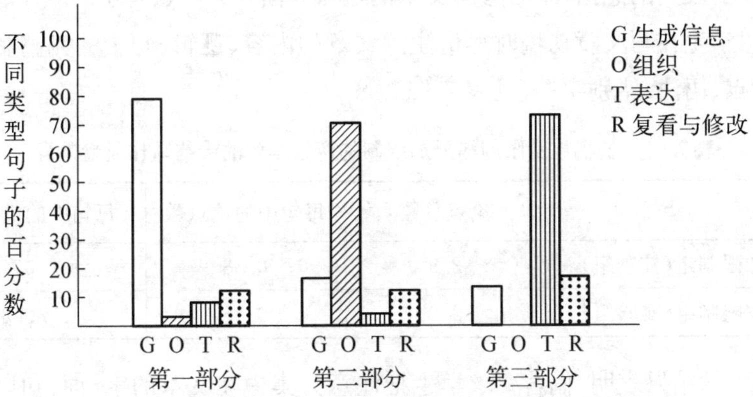

图 7-5　写作过程作者思考方向的统计分析

（资料来源：R. E. Mayer，1987：317）

在写作的第一阶段，作者思考的重点是生成信息，但偶尔也进行复看和修改；在第二阶段，作者的思考重点是组织信息；第三阶段，作者的思考重点是表达。虽然每一阶段都有复看和修改，但所占比例不大。

（二）三类知识在写作过程中的作用

研究表明，人们在写作时，大部分的时间用于构思写作计划。有人仔细观察了中学生在写作过程中的停顿，发现大约有$\frac{1}{2}\sim\frac{2}{3}$的时间用于构思写作计划。另一项研究以小学生为被试，教师请学生写一篇短文。在写作的各个点上，教师让学生停下来，问他们打算写什么。学生一般能在上句写完之前，预先想到 5～6 个词。低年级儿童倾向于自言自语，四年级以上儿童在写作时很少出声，但在停顿时出声思维。

这些观察表明，构思写作计划是很费时间的。不仅在写作的开头有整体的计划，而且在句段之间还有局部计划。计划涉及审题、选择信息和组织信息。这些活动的进行都需要用策略性知识。

研究也表明，复看与修改贯穿写作的全过程，尽管所占时间比例不大，但它涉及作者对自己思维成品的反省，需要应用反省认知知识。

表达受下列因素限制：字词——写出来的句子用词正确，不写错别字；句法——写出来的句子符合语法规则，文句通顺；语义——写出来的句子能向读者清晰表达自己想表达的意义；篇章结构——所写的句子前后连贯，形成完整的段和篇；体裁风格——所写的句子与文章的体裁、风格相一致。

格林（S. M. Glynn，1982）等人进行了如下对比实验。实验设实验组和控制组。实验组学生在写文章初稿时，只需注意文章的内容，可以只用 3～4 个词的短句，尽量表达自己所要表达的想法，不必考虑文章的机械方面，如标点、句子的顺序、完整性等。要求控制组学生在写文章初稿时尽量注意文章的内容、逻辑、句子的完整和其他机械方面，如标点、语法、错别字等(见表 7－1)。

表 7－1　初稿放宽限制和严加限制的两组学生的最终写作质量差异

	论点总数	每句中的论点数	每句中的机械错误数
初稿严加限制组(控制组)	2.9	0.38	0.43
初稿放宽限制组(实验组)	8.0	0.85	0.23

表 7－1 的结果表明，倘若要求学生把注意力集中在文章的字、词、句以及标点等机械方面，而学生的这些技能尚未达到自动化程度，会严重限制他们思维的自由发挥。学生运用字、词、句以及标点等方面的能力，取决于他们掌握的运用语言文字的程序性知识。由此可见，学生熟练掌握运用语言文字的程序性知识对提高写作能力有重要作用。

研究发现，学生不易发现自己文章中的错误，但比较容易发现他人文章中的错误。例如，巴特利特(E. J. Bartlett，1982)让四年级和五年级学生修改他们自己的和教师的文章。两篇文章都包含句法错误和指称错误(如代词所指代的人含糊不清)。研究结果见表 7－2。

表 7－2　发现文章中的错误(百分数)

	发现指称错误	发现句法错误
学生自己的文章	17	53
他人的文章	73	88

由此可见，在作文教学中应加强学生发现并改正自己文章错误的策略训练。

总之，写作作为问题解决的过程，与解决数学问题一样，作文能力也可以用三类知识来解释。

四、专家与新手解决问题能力的差异

格拉泽和齐(R. Glaser & M. T. H. Chi，1988)对有关的研究作了系统的概括。他们认为，专家与新手解决问题的能力差异表现在六个方面。

(一) 有意义的知觉模式的差异

测量知觉模式的典型方法是：给被试呈现某个方面的信息，然后请他复现这些信息。例如，有人以国际象棋专家和新手为被试，给他们呈现一典型的对弈棋盘，看 5

秒，然后要求他们在空棋盘上复现看到的棋子位置。结果表明，国际象棋大师看一眼能复现 20 多个棋子及其位置，新手只能复现 4～5 个棋子及其位置。这说明专家能知觉较大的有意义的刺激模式，新手不具备这样的能力。类似的实验在许多领域进行了重复。齐还以优秀的儿童棋手与成人新手、儿童新手进行对比实验，结果表明，优秀儿童棋手比成人或儿童新手有更大的棋子的知觉模式。这一研究表明，年龄不是决定棋子的知觉模式的关键因素，关键因素是专门知识的水平。

对国际象棋专家表现出来的超出常人的棋子知觉能力，按我国教育界和心理学界流行的智力四成分论（即智力由观察力、记忆力、想象力和思维力构成）来解释，是专家有非凡的观察力；按现代认知心理学的解释，是专家具有较大的有意义的知觉模式。前一解释显然科学依据不足。

（二）短时记忆和长时记忆的差异

人的短时记忆容量（也称短时记忆广度）为 7±2 个独立的信息单位。研究表明，通过专门训练，人的短时记忆容量可以扩大。典型的例子是切斯和埃里克森（C. Chase & Ericsson，1982）的研究。他们发现一位跑步运动员记忆数字的能力很强，通过仔细研究发现，该运动员记住了大量的跑步比赛成绩的数字记录。他利用已知的大量有意义的数字模式帮助记忆。它的短时记忆可以达到记住 80 个数字的水平，大大超过常人只能记住约 7 个数字的水平。

一般认为，成人的短时记忆容量是不会改变的。该运动员之所以能有超乎常人的短时记忆力，按现代认知心理学的解释，他利用已有的数学知识，将要记住的单个信息单位扩大。通常一个数字是一个信息单位，但利用有意义的数字模式，10 个数字可能只构成一个信息单位。这样，表面看来，他从短时记忆中回忆出来的具体数字增加了，但其信息单位未变。由此看来，决定短时记忆的是原有知识和利用原有知识将新信息组成较大组块的记忆策略。

同样，专家在他熟悉的领域有较优越的长时记忆能力。这种优越的长时记忆能力是用记忆品质说来解释，还是用知识来解释呢？现代认知心理学的研究表明，人的长时记忆能力决定于他的知识的加工程度。知识加工程度越深，记忆效果越好。而加工程度又决定于他采用的策略。策略的适当性又与个人的专门领域的知识基础密切相关。

（三）技能执行速度的差异

某一领域的专家，如物理学家、数学家、文学家等，他们对基本技能的掌握已达到高度熟练的程度，有的已达到自动化的程度。在解决复杂问题时，由于这些基本技能自动执行，便减轻了他们短时记忆负担，可以把精力集中于运用策略，完成需要高水平思维方面的任务。例如,不熟练的阅读者一字一句出声读出句子,而熟练的阅读者能做到所谓的"一目十行"。"一目十行"固然是一种夸张的说法,但熟练的读者阅读时不出声,且不必仔细分辨句中的每一个词,或者识字时也不必看清字的每一笔画,这样,他们的阅读速度比初学者快得多。

除了基本技能熟练之外,专家有时解决问题速度快的另一个原因是,他们不必一步一步地进行推理。格拉泽提出了机遇推理(opportunistic reasoning)概念。这种推理是专家在收集信息到一定程度之后偶然抓住的。例如,电子工程专家在检测机器故障时,不必预先计划每一步,在检测过程中,他们可能偶然出现某种想法,而这种想法与已经收集的信息相一致,由此导致问题迅速解决。

(四) 用于表征问题的时间差异

在解决常规问题时,专家比新手快得多;但在解决困难的新问题时,专家用于表征问题的时间比新手要长一些。原因是,他们有更多可供利用的知识,他们需要思考与当前问题最有关的是什么知识。例如,有人曾给苏联问题专家与新手这样一个问题:"为苏联企业提出一项政策以增加企业的产量。"对专家的解题过程的原始记录分析表明,他们解题时间的1/4用于表征问题。例如,他们利用自己有关苏联政策的知识,对解答的结果可能是什么加上一些限制条件。而新手仅用解题时间的1%表征问题。许多数学教师发现,代数学得好的学生在解题前常常给问题创造有意义的表征,而代数学得差的学生通常不思考问题的意义就开始把数字代入公式。

(五) 表征的深度差异

当遇到一个新问题时,专家能很快抓住问题的实质,根据问题的内在结构表征问题,如齐等研究具有博士学位的物理学专家和刚学过一门物理学课程的大学生之间在物理问题表征上的差异。研究者给出20个描述物理学问题的名称。当请新手和专家将问题分类时,新手的典型名称是"斜面上的木块",专家使用的典型名称是"牛顿第二定律"。在研究计算机程序专家和新手表征问题时,也发现同样的差异。程序专家按用于解决问题的算法将问题分类,而新手则根据该程序能做什么,如产生一系列英文字母表上的字母来将问题分类。因此,根据问题得以解决的原理对问题进行表征被认为是问题的深层表征。

(六) 自我监控技能的差异

图7-6解决问题能力的知识类型分析及其在记忆系统中的定位研究表明,专家倾向于更频繁地检查自己对问题的解答,而且这种检查的效果比新手更好。如上述代数问题解决例子中,以有意义的方式表征问题的学生,在解题过程中,会反复思考这样解题是否有意义,而只顾代入数字的学生不可能有效地检查自己的解题结果。E·

D·加涅用图像形象地描绘了专门领域的专家解决问题能力的知识成分及其在记忆系统中的定位(见图7-6)。

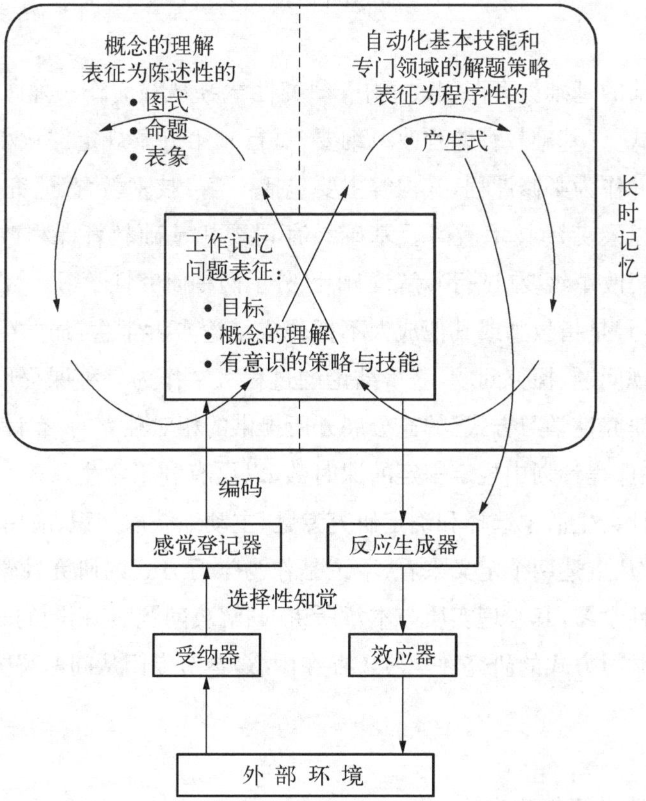

图7-6 解决问题能力的知识类型分析及其在记忆系统中的定位

E·D·加涅的图可作如下解释:外界问题的输入,激活了长时记忆中与问题陈述相关的概念性知识(包括图式、命题或表象)。对于某领域的专家来说,这些概念性知识总是与相应的程序性知识和解题策略一起贮存的,因而后两者也被相应激活,从而形成了问题的正确表征。整个问题解决过程在工作记忆中完成。反应的输出既可能从工作记忆(意识控制的)中产生,也可从长时记忆(自动化的)中产生。

综上所述,专家和新手解决问题能力的差异可以归结为他们在掌握的结构化、组成图式的知识、熟练的技能和灵活的解题策略上的差异。也就是说,可以归结为解题者在掌握的陈述性知识,作为程序性知识的智慧技能和作为特殊程序性知识的认知策略上的差异。现代认知心理学用三类知识解释了专家和新手解题能力的差异,这是心理学史上对解决问题能力实质认识的一大进步。

第三节 研究性学习及其教学

在我国当前的基础教育课程改革中，研究性学习既被看作一种课程形态，又被看作一种学习方式。《基础教育课程改革纲要（试行）》第五条规定："从小学至高中设置综合实践活动并作为必修课程，其内容主要包括：信息技术教育、研究性学习、社区服务与社会实践以及劳动技术教育。"基础教育司委托基础教育课程改革专家撰写的《〈基础教育课程改革纲要（试行）〉解读》中区分了两种研究性学习。"作为一种学习方式，'研究性学习'是指教师或其他成人不把现成结论告诉学生，而学生自己在教师指导下自主地发现问题、探究问题、获得结论的过程"。"作为一种课程形态，'研究性学习'课程是为'研究性学习方式'的充分展开所提供的相对独立的、有计划的学习机会。具体地说，是在课程计划中规定一定的课时数，以更有利于学生从事'在教师指导下，从学习生活和社会生活中选择和确定研究专题，主动地获取知识、应用知识、解决问题的学习活动'。"从上述两个定义来看，不论是作为学习方式的研究性学习还是作为课程形态的研究性学习，其心理实质与本章所讲的"解决问题"是相同的。鉴于我国中小学教师对作为学习方式的研究性学习还存在困惑，本节专门从问题解决角度对此加以分析。

一、研究性学习的含义

我国学者一般认为，对研究性学习可以有广义和狭义两种理解。从广义理解，它泛指学生探究问题的学习，可以贯穿在各科各类学习活动中。从狭义解释，它是指学生在教师的指导下，从自然现象、社会现象和自我生活中选择和确定研究专题，并在研究过程中主动获得知识、应用知识、解决问题的学习活动（钟启泉等，2001）。

国外心理学中尚没有一个与研究性学习相对应的术语，但是有几个学习概念与我国学者所指的研究性学习含义相近。一是布鲁纳提出的发现学习（discovery learning）。所谓发现学习，是指学生在学习情境中，经由自己的探索寻找而获得问题答案的一种学习方式。二是以问题为基础的学习（problem-based learning, PBL）。根据巴娄斯（H. S. Barrows, 1996）的观点，以问题为基础的学习是通过理解或解决问题进行的学习。在这种学习过程中，首先面临的是问题，在问题的诱发下，学生采用问题解决策略、推理技能，最终获取解决这一问题所需要的知识和技能。三是以项目为基础的学习（project-based learning, PBL）。根据布拉门费尔德等人（P. C.

Blumenfeld et al. ,1991)的观点，以项目为基础的学习是一种综合性的课堂教学和学习方法，它旨在让学生亲自参与对真实问题的研究来获得学习。在这样的活动方式下，学生要通过提出和限定问题、观点的争论、作出预测、决策计划，或者是实验、收集和分析材料、得出结论、把自己的研究结果和观点与他人交流、提出新的问题、得出研究结果等过程，来得到对问题的解决。四是探究性学习(inquiry learning)。根据布兰斯福特等人(J. B. Bransford et al. , 1999)的看法，探究性学习是这样一种学习活动：在学习活动中，学生自己或者集体探究一个虚拟的或真实的现象，并得出结论。它是一种需要学生设计研究、收集信息、分析资料、建构证据，然后围绕从证据中得出的结论进行争论的一种学习方法。与传统的关注课本和实验室演示的学习相比，这一完整的学习过程能够提供更为丰富、建立在更科学的基础上的经验。

综观上述四个学习概念，可以看出，尽管它们的名称不同，但本质上是同一种学习形式，即基于对问题的探究而进行的学习。这与我国学者所讲的研究性学习基本相同。从现代学习心理学的角度看，无论是我国学者提出的研究性学习概念，还是国外学者提出的相关概念，本质上都是一种以问题为依托的学习，是学生通过主动探究来解决问题的过程。它与借助教师或他人呈现问题、讲解问题、得出答案的问题解决过程相对。

根据信息加工心理学的观点，问题解决是个体面对问题情境而没有现成的方法可以利用时，指向将已知情境转化为目标情境的认知过程。问题解决的最终结果是出现新的思维产品。在问题解决的过程中，要求个体优化和组合已有的相关知识、技能，生成新的认知规则；当已有的知识、技能的优化组合不足以生成新的规则时，还要学习新的知识、技能。因此，研究性学习过程，也就是学生基于已有的知识、技能主动提出(或接受)问题，进而综合运用新旧知识、技能生成新的问题解决规则或思维产品的过程。它不同于以记忆为基础的学习，也不是基于模仿而进行的学习，而是以直接经验为基础，积极、主动、自觉地探求知识和解决问题的过程。

二、研究性学习的条件

(一) 内部条件

研究性学习需要独特的内部条件。从学习动机看，研究性学习更多地需要以学生的求知欲、好奇心、兴趣等内在学习动机为前提。研究性学习不同于外部要求下的接受学习，它主要是一种自觉主动地发现问题、解决问题的过程。因此，这种学习的动力应该是由学习内容或学习活动本身引起的，指向的是探究未知的知识领域、解答自己的疑问，获得的新知和问题的答案是对学习的奖赏。如果学生缺乏求知欲，对学习毫无兴趣，仅仅局限于“碰到问题”而不是主动“寻求问题”，研究性学习也就无从谈起。

从学习过程看，研究性学习需要高水平的认知技能，包括批判性思维、创造性思维和实用性智能等。批判性思维是指通过系统地、逻辑性地考察问题、证据和解决方法进而评价结论的思维能力。发现问题和探明推理的偏差是批判性思维的关键成分。因此，如果学生缺乏批判性思维能力，就不可能提出更多值得研究的问题、创设研究性学习的契机。创造性思维是指打破思维定势，以一种新的不同于他人的方式思考问题，进而生成新的观念或产品的思维形式。斯腾伯格和威廉姆斯（Sternberg & Williams, 1998）认为，解决结构不良的问题尤其需要创造性思维。实用性智能是指在实践情境中表现出来的智慧能力，斯腾伯格又称之为实用—情境性思维。研究表明，实用性智能是一种相对独立的智能，它不同于前面讨论的两种智能。批判性思维、创造性思维能力都较强的学生，并不一定能在实践中显示出高水平的智慧行为。拥有丰富的实用性智能，能使个体较好地应对环境中的问题，顺利地融入新环境。因此，实用性智能对于强调实践性、亲历性的研究性学习也是一种必要的心理品质。

（二）外部条件

研究性学习需要的一些外部支持条件也具有其独特的特征。

首先，学习的内容必须具备可研究性。从教育心理学角度看，这里的可研究性至少包含如下几层含义：(1) 学习的内容必须对学生构成问题，亦即能够让学生产生疑问，引发学生思考。对学生构不成问题的内容不可能激起学生的探究动机，也就不可能引发学生的研究性学习。但是，在学科教学和日常生活中，许多内容并不具备这个特点，如已知的事实性知识、训练学生熟练地应用某一规则的习题等。(2) 学习内容必须具备研究的可能性。许多知识本身可能对学生构成问题，但是学生无法通过研究来掌握。例如，奇数、偶数、功、压强等概念，学生很难通过自己的探究准确地揭示出概念的属性，因为这些概念都是定义性的，需要教师告诉他们概念的属性是什么。(3) 学习内容要具有研究的必要性。有些学习内容对学生构成问题，也具备研究的可能性，但是没有研究的必要。例如，鸦片战争发生于1840年有其历史的必然性，但是对于初中生来说，探讨鸦片战争为什么发生在1840年而不是1838年或1850年，就没有多少必要。(4) 构成问题的学习内容还必须具备研究的现实性，亦即有现实的物质、人员和能力等方面的准备条件。目前，有些学者主张把“世界性的难题”引入学生的研究性学习课程，尽管这种想法有其积极意义，但是对于能力、可用的物质资源和技术都有限的学生来说，显然不符合现实性的原则。

其次，研究性学习需要教师的指导而不是讲解。在开展研究性学习的过程中，无论是课题的选择、活动的开展，还是问题的解答，都经常需要教师的参与。但是这种参与并不是要求教师单纯地充当知识传授者，而是要充当学生学习的参与者、促进者、组织者和指导者。盖拉格和史蒂芬(Gallagher & Stepien，1995)指出，在以问题为基础的学习中，教师们要扮演新的角色，应充当元认知性的辅导者，帮助学生在问题的界定、信息的收集、分析和综合过程中，理解要提出的问题，对问题进行分类，并找出可能的解释或解决办法。

第三，研究性学习更需要小组协作。尽管研究性学习可以采用个别化的方式，但在多数情况下，受个体的能力和学习资源的限制，研究性学习需要小组协作进行。通过小组成员分工合作、各展所长、互通信息、资源共享，可以解决更多的研究课题，提高研究性学习的实效。

三、研究性学习的心理过程

要想有效地指导学生开展研究性学习，还必须了解研究性学习的内在心理过程，了解研究性学习的心理过程及其依存条件。由于研究性学习本质上是问题解决，我们可以把个体的研究性学习过程分为如下五个子过程。

1. 发现问题。发现问题是研究性学习的第一步，也是极为重要的一步。斯腾伯格指出，学生不能探究问题、解决问题，经常是因为没有意识到问题的存在。研究表明，发现问题在很大程度上受四个因素的制约：(1) 是否具有主动探究问题的习惯和好奇心；(2) 是否具有充分的相关背景知识；(3) 是否投入足够的时间深入考虑问题的实质及其已有的答案；(4) 是否具有一定的发散思维能力。

2. 界定和表征问题。学生发现问题后，接下来要对问题进行分析。包括确切地界定问题的性质，分析解决问题所需要的条件以及已有条件，明确问题解决的最终目标等。通过分析，学生一般会把问题归为两类：一类是界定明确的问题，另一类是界定不明确的问题。前者是指那些目标明确、解决问题所需要的所有信息已得到直接或间接呈现，并且只有一个正确答案的问题，后者是指那些目标不明确、解决问题所需要的信息缺乏或者存在几种可能的解决方案的问题。显然，从研究性学习的角度看，界定不明确的问题更具有价值，因为它更为复杂，更能激发学生的探究活动。

3. 确定问题的解决策略。如果学生把问题确认为是界定明确的问题，一般需要选取以规则为基础的问题解决策略。例如，计算一块不规则的草坪的面积时，学生会围绕给定的条件以及各种面积计算公式来寻求问题的答案。如果学生把问题确认为是界定不明确的问题，由于没有合适的策略保证问题得到解决，一般需要选择启发式，如尝试—错误策略、手段—目标分析策略等。例如，学生探讨如何赢得同学的尊重问题时，常常选用尝试策略。

4. 执行策略。策略的执行是否成功，在很大程度上取决于学生对问题的界定和表征是否合适，选取的策略是否适当。对于界定明确的问题，学生必须选取正确的问题解决策略才能够顺利地执行。在策略执行的过程中，还要求随时监控策略的执行情况。而对于界定不明确的问题，如果执行尝试—错误策略，一般要求尽可能地多次尝试，并监控进步情况；如果执行手段—目标分析策略，一般要求事先把问题分解为若干个小的问题，然后再逐步寻求每个小问题的解决方法。

5. 评价问题解决的结果。策略执行完后，学生要核查执行的结果与预定的目标是否一致。如果解决的问题是界定明确的，标准答案是评价的依据；如果是界定不明确的，问题解决的程度是评价的依据。由于我们强调学生学习的研究性，因此对于那些界定不明确的问题，教师不必过分重视学生的研究结果的对错或价值，只要学生从问题探究中获得经验，增长了知识、技能就可以了。

应该指出的是，研究性学习不是单一的线性过程，往往需要多个循环。在每一循环中，学生可能又提出新的问题，启动新的问题解决过程，获得新的学习。因此从这个意义上讲，研究性学习过程也就是反复"在学习中研究、在研究中学习"的过程。

四、研究性学习的教学指导

在学校教育中如何开展研究性学习呢？从教育心理学角度看，要澄清这一问题，首先必须从两个维度界定研究性学习。一个维度是学习内容的性质，或者说所研究问题的性质，这一维度的两端分别是界定明确的问题和界定不明确的问题；另一个维度是课程性质，在这一维度的两端分别是学科课程和研究性学习课程。综合这两个维度，就可以把研究性学习分为四种形态：(1) 在学科教学中对界定明确的问题的研究性学习；(2) 在学科教学中对界定不明确的问题的研究性学习；(3) 在研究性学习课程中对界定明确的问题的探究学习；(4) 在研究性学习课程中对界定不明确的问题的探究学习。确定了研究性学习的不同形态后，就可以采用相应的教学指导方法。

(一) 学科教学中的研究性学习指导

研究性学习可以渗透在学科教学中进行，因为在学科教学中，学生也经常面临各种形式的问题。在学科教学中，只要教师不采取通过直接揭示问题答案的教法，而是采用以问题为基础的启发、探究式教学，同样能够在一定程度上培养学生的研究性学习能力。但是，在学科教学中，针对不同性质的问题，采取的教学方法应该有所区别。

1. 界定明确的问题的研究性学习指导

前已述及，界定明确的问题是指那些目标明确、解决问题所需要的所有信息已得到直接或间接呈现，并且只有一个正确答案的问题。从学习心理学角度看，这类问题又可以分为两类，一类是需要利用概念或规则来解决的问题，如 $87-14\times5+3=$ ______；另一类是旨在获得概念、规则或原理的问题，如“液体受热和受冷时体积所产生的变化”。

对于第一类问题，如果学生采取按部就班的解题方式，如原式 $=87-70+3=17+3=20$，就不具备研究性学习的属性；如果学生能够通过自己的思考，打破常规，创造性地应用规则解决问题，如原式 $=(87+3)-14\times5=90-70=20$，就具备了研究性学习的属性。因此在这类问题的解决过程中，为了促进学生的研究性学习能力的发展，教师应该鼓励学生打破思维定势，尽可能采取与课本或教师所讲授的不同的解题方法。对于第二类问题，如果教师采取直接揭示规则、原理然后用例子加以论证的教学方式，即采用规—例法教学，就不具备研究性学习的属性；如果采用让学生观察、实验、发现、归纳不同例证中蕴含的共同属性，进而揭示出规则的教学方式，即采用例—规教学法，就带有了浓厚的研究性学习色彩。事实上，布鲁纳所提倡的发现学习，就是采用例—规法让学生通过归纳来揭示概念的属性或者概括出一条原理。

2. 界定不明确的问题的研究性学习指导

在学科教学中，有时也会遇到一些界定不明确的问题，即或者目标不明确，或者解决问题所需要的信息缺乏，或者存在几种可能的解决方案的问题。界定不明确的问题更具有开放性的特点，因而也就更具研究性学习的价值。

根据现代心理学的研究，界定不明确的问题主要有三种形式。一是问题的起点、目标明确，也知道有若干种解决问题的办法，但不知道采用哪种办法最好。如“根据漫画的内容，写一篇 800 字的作文，文体不限（不要写成诗歌）”，在这样的写作问题中，起点是漫画内容，终点是“一篇除诗歌以外的任何文体的 800 字的作文”，而达到这一终点的途径可以是采用记叙文、说明文、议论文等形式，但是采用哪种文体自己能写得最好，需要学生自己探讨。二是问题的起点、目标明确，但是不知道解决问题的办法。如“分析秦朝和隋朝的异同”，问题的起点是秦朝和隋朝的基本情况，终点是两个朝代的相同之处和不同之处，但是从哪些方面来进行比较、分析则是不明确的。三是只有问题的起点明确，问题解决的目标和达到目标的途径和方法都不明确。如“解决能源问题”，我们只知道现有的能源资源有限，但是解决能源问题要达到哪些目标，用什么方法达到这些目标，都是不明确的。

现代学习心理学研究表明，对于第一类问题，学生首先需要对若干种解决问题的方法进行比较、分析，然后结合自己的特长来选择合适的问题解决方法。教师在这其中要帮助学生分析各种问题解决方法的优缺点，鼓励学生作出富于个性化的选择。对于第二类问题，比较适合采用头脑风暴法，亦即采用集体探究的方式，鼓励学生踊跃发言，提出多种多样的问题解决方案，然后再经过改进、补充、合并等方法，找到一种最佳问题解决方法。对于第三类问题，往往需要采用像科学家那样解决问题的方法。一般要求学生先限定一个子目标，然后找到这个目标的解答，然后再限定第二个子目标，再找到对这个子目标的解答，这样一步步接近总目标。

（二）研究性学习课程中的教学指导

在学科教学中所开展的研究性学习往往局限于本学科的内容，很难让学生做到跨学科进行探究活动，学生也很少有到实践中解决真实问题、获取直接经验的机会。因此，除了在学科教学中开展研究性学习外，还有必要开设研究性学习课程。研究性学习课程强调学生从事"在教师指导下，从学习生活和社会生活中选择和确定研究专题，主动地获得知识、应用知识、解决问题的学习活动"。

1. 界定明确的问题的研究性学习指导

在研究性学习课程中，学生所探究的某些课题属于界定明确的问题。例如，"利用所学的电能和热能知识，比较一下家里用煤气做饭省钱，还是用电做饭省钱"。对这类问题的探究，可以使学生获得书本上没有的知识，也可以帮助学生深化学科内容的学习，还可以让学生体验到在实际中探究、应用知识的快乐。

从学习或教学的组织形式上看，对于这类问题的研究性学习，不能局限于课堂或学校，而是应该深入到生活实践中，让学生从"做"中"学"。由于解决这类问题需要明确的目标和途径，一般要求学生或教师事先确定好研究的目标和方法，设计好研究的计划，然后按照计划深入到生活中进行实际调查研究，通过分析得出结论，最后还需要学生或教师对结论作出综合评价。

2. 界定不明确的问题的研究性学习指导

在研究性学习课程中，更多的问题属于界定不明确的课题。如"一日三餐的学问"，"当前的父母怎样教育小孩"。这类问题的解决途径和目标一般是开放性的，学生要解决这样的问题，往往需要进行亲身实践。对这类问题进行探究时，他们可以基于自己的知识经验和兴趣爱好，自主地进行探究活动，自由地阐发自己的观点或结论，能够充分地发挥自己的探究能力，得到最为丰富的思维产品。

由于探究这类问题需要给予学生很大的自由探究空间，教师应该采取灵活多变的教学组织形式。课题可以由教师选择，也可以由学生自己确定；课题的研究方案可以由学生独立制定，也可以由教师帮助设计；课题的探究场所可以是课堂，也可以是社区、公共场所或者是大自然；课题的研究时间，根据研究的需要，可长可短；课题的结果评价，可以采用成果展示形式，也可以采用结题报告的方式。但是，在引导学生对这类问题进行研究性学习时，教师需要注意如下几个方面：首先，必须加强对学生的研究指导和监督，避免学生的探究学习放任自流，流于形式；其次，要鼓励学生更多地到生活中选择研究的课题，以获取书本以外的知识、技能；第三，应该注意帮助学生掌握不同类型的界定不明确问题的解决方法和步骤；第四，不要过分重视研究结果的好坏和价值，只要学生通过探究获得了知识、技能，增强了研究能力即可。

第四节　创新性学习与教学

当今世界，几乎每个国家都把创新能力培养作为自己的教育目标，几乎每位教师都承认创新性学习的重要性。在我国当前的基础教育课程改革中，创新性学习也是备受重视的一种学习方式。但另一方面，课堂教学中鲜见创新性学习、学生创新思维能力不足等问题依然普遍存在。从教育心理学角度看，教师不懂得创新性学习的问题解决实质及其心理过程是其中的重要原因。本节先阐明创新性学习的心理实质，其次描述其心理机制，再次分析课堂教学中缺乏创新性学习的原因，最后介绍创新性学习的教学指导策略。

一、创新性学习的实质

创新性学习（creative learning）是指能够产生新颖而有价值的思维产品的学习活动。它与常规学习活动的根本区别，是学习结果中蕴含了原创性、适用性的新观念。提出新问题，发现新视角，生成新颖而有意义的观点，想出结构不良问题的解答方法，都属于创新学习的范畴。

一般认为，从学习结果看，创新性学习具有两个显著特征：第一，学习结果具有原创性。也就是说，创新性学习的思维产品不是从个体头脑中直接提取的，而是基于已有知识的综合而生成的新的思维产物。第二，学习结果具有适用性。也就是说，创新性学习的思维产品要具有价值，能够解决或者更好地解决问题。

综观一切创新活动，我们可以发现，它们几乎都是在人们对问题的质疑和探究过程中出现的。例如，牛顿正是因为思考“为什么所有的物体都向地面坠落”，才发现了万有引力定律；爱因斯坦正是因为思考“如果我能以光速运行，世界将会怎样”这一问题，才创立了相对论。因而我们也可以说，创新性学习是以问题为基础的学习。

在上一节我们谈到，研究性学习本质上也是基于问题的学习。那么，研究性学习与创新性学习有何区别呢？首先，从教育目标看，开展研究性学习的重点是培养学生的研究能力，帮助学生学会研究问题的方法，如发现问题、收集数据、分析数据等。而开展创新性学习的目的则是为了培养学生的创新思维能力，为其创造性地解决问题及其将来从事变革社会活动奠定基础。其次，从学习结果来看，研究性学习的结果无论是从个体意义上还是从社会意义上讲，都并不一定具有创新价值。例如，学生通过探究可以发现某种常见植物的生长特点，这一发现及其知识积累的手段，并没有创新性。而创新性学习则不然，其学习结果必须有创新性，至少在学生个体意义上如此。

二、创新性学习的心理机制

创新性学习通常出现在问题解决过程中，而"大多数关于创造性解决问题的理论，都强调观念组合和重组过程的重要性"(Mumford, Whetzel & Reiter-Palmon, 1997)。康尼和塞纳(Coney & Serna, 1995)从信息加工角度对创新思维进行研究后指出，创新思维实际上是把彼此独立的心理成分结合在一起以形成新颖、适当的组合物的过程。斯科特等人(Scott, et. al., 2005)也指出，创新过程实际上是通过不同概念之间的组合或现有概念的构成成分之间形成新组合而创设新的记忆结构的过程。基尔格(Kilgour, 2006)则直接把创新思维界定为："为了为某一情境或问题开发原创性的、适当的解决方法，以一种前所未有的方式，对同一领域或不同领域的思维范畴或心理表象进行组合的过程。"

那么，在创新学习过程中，头脑中的知识观念是如何实现重组的呢？心理学家分别从联想论、激活论、生成论等角度对此作了解释。

(一) 维果茨基的联想论

维果茨基的创新联想理论集中体现在他的《儿童期的想象和创新》(Vygotsky, 1930, 2004)一文中。

维果茨基指出，创新是一种组合(combine)能力，它以头脑中已有的印象为基础。每一种印象都是由若干独立成分构成的复杂整体。为了进行创新想象，个体首先必须打破各成分之间最初形成的自然联想。这种把复杂整体分解成若干构成部分或者把某些部分从其背景中剥离出来的过程就是分离(dissociation)。例如，为了塑造《战争与和平》中的娜塔莎，托尔斯泰就必须把他的两位女性亲属的个性特质分离出来。但创新想象的核心过程是联想(association)，亦即整合那些已被分离和改变过的元素，使之成为一个复杂的表象系统。

维果茨基区分了两种联想：一种是用作联想的元素来自现实，但是这些元素的组合以及想象的产物是不真实的，如神话故事。另一种是，不仅用作联想的元素来自现实，而且对这些元素的组合以及想象的产物本身也与某些真实的现象相对应。例如，借助历史故事、研究或旅行，我们会对法国大革命或者非洲沙漠形成自己的印象。在维果茨基看来，基于这两种联想所产生的心理画面，都是想象的创造性活动的结果；这些心理画面并不是重现已有经验，而是对已有经验进行新的组合。

（二）芬德利和拉姆斯登的激活论

20世纪80年代，随着问题解决研究的深入，学习的内涵被大大拓展。研究者注意到，学习并非局限于传统视域下“学”（知识的获得）与“习”（知识的巩固）的过程，在“用”（知识的运用）的过程中也会产生学习，这在问题解决活动中表现得最为突出。

本质上，问题解决是头脑中新旧知识经过加工、转换、整合进而形成解答方法的过程。与知识的直接提取应用不同，它涉及头脑中信息组块的解构和重组，涉及创新思维。对于其中的心理机制，芬德利和拉姆斯登（Findlay & Lumsden，1988）用激活扩散理论作了解释（见图7-7）。

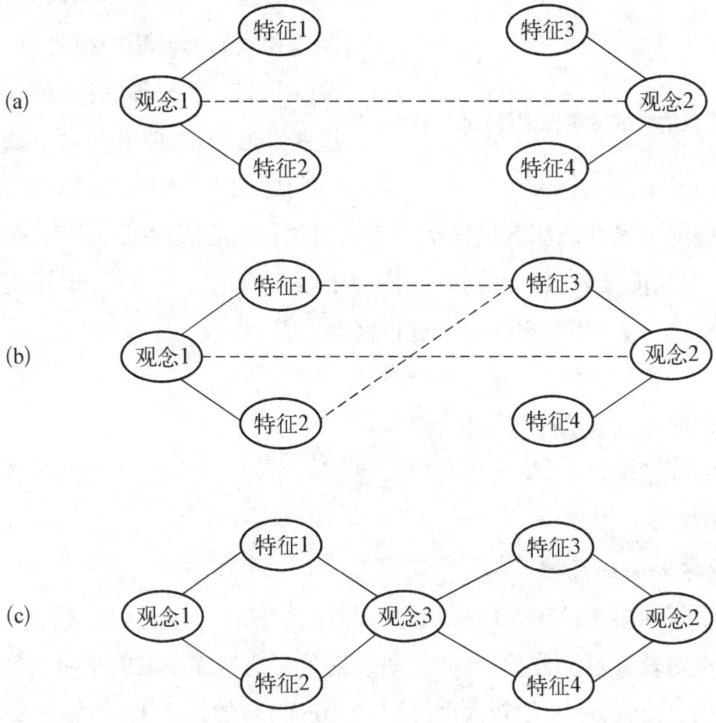

图7-7 新观念的形成过程

在芬德利和拉姆斯登看来，问题解决过程亦即语义网络中的信息或信息组块之间的激活扩散过程。这种激活扩散，会导致一个含有先前没有关联的知识成分的新观念的形成。具体说来，如图7-7所示，在初始阶段，观念1和观念2之间只有较弱联系（阶段a），个体思考其中的一个观念时，激活就经过这一联系，并使之增强。随着这两个观念不断被激活，它们的各特征之间就会形成新关系（阶段 b）。到阶段 c，一种新的观念就得以形成，这一新观念具有两个独立观念亦即观念 1 和观念 2 的所有特征。

（三）芬克的生成论

20 世纪 90 年代，多数心理学家把创新性学习过程分为发现问题、生成观念和评价三个主要过程，并且把生成视为创新的核心心理过程（庞维国，2009）。在这其中，美国心理学家芬克（Finke, 1996）的生成探索模型最具有代表性（如图 7－8 所示）。

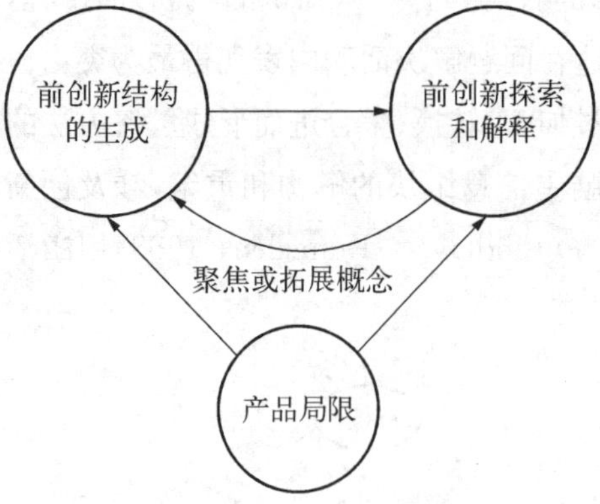

图 7－8　芬克的生成探索模型（Finke, 1996）

芬克在其生成探索模型（geneplore model）中，把创新认知活动分为两个过程：一是生成过程，一是探索过程。生成过程包括提取各类信息，如具体的例证、一般的概念性知识、表象、类比等，也包括概念和表象的联想和组合过程，如概念组合、心理综合、心理转换、类比迁移等。经过探索过程，个体最终会生成一个前创新结构（preinventive structure），它不一定是当前问题的创新解答方法，但是蕴含着新颖性和解答问题的可能性。探索过程是对前面所建构的心理表征作出各种解释和评判，包括属性探讨、功能推断、假设检验、寻找局限等。通过这一过程，个体逐步确定具有适用潜能的备选方案，并对它进一步进行修改完善。

三、课堂中缺乏创新性学习的根源

在当前的课堂学习中，学生之所以缺乏创新学习，综合看来主要有教学、教师、评价三方面原因。

（一）教学方面的原因

与成人学习的自主性和开放性相比，课堂教学倾向于窄化学生的学习过程。2001 年修订的布卢姆教育目标分类学，从认知过程角度把认知领域的学习由低到高分为记忆、理解、运用、分析、评价、创新六个层次。反观当前的课堂教学，学生的学习则主要局限于记忆、理解、运用三个层次，学习过程被大大窄化。事实上，在学校的课堂教学情境下，课程目标和标准的强制性、教材内容的相对稳定性、教学评估指标的客观性，往往使“准确无误地掌握课程内容”成为师生的共同目标，“引入新知、促进理解、练习巩固”成为课堂教学的主要环节，记忆和分析成为学生学习的主要过程，而创新的机会变得少见。

（二）教师方面的原因

课堂学习中缺少创新学习活动，与教师对创新的认知偏差也密切相关。其一，研究显示，在学生所生成的观点的新颖性和适用性方面，教师倾向于优先选择后者。这表现为，“你的想法很新颖，但是不现实”。显然，如果教师过于强调观点的适用性，强调展示个人能力和避免错误的重要性，学生就会忧于自己的观点与“正确回答”不符而不敢展示新观点。其二，教师担心创新活动影响教学进度。在课堂教学过程中，教师如果给予学生充分生成和展示观点的机会，掌控既定的教学进度就变得比较困难。出于这种担忧，他们通常会把课堂讨论等生成创新活动控制在一定范围内。研究显示，许多教师提完问题后只用几秒钟时间等待学生回答；如果没有人回答，他们就会自答或者提问其他问题。其三，教师不太喜欢与生成相关的个性特质。托兰斯（Torrance，1965）发现，大多数教师，无论他们处于什么文化背景中，都倾向于喜欢谦恭、守时、遵从、人缘好、愿意接受权威的学生，而不太喜欢思维敏锐而富有想象力的学生。这是因为，冲动性、冒险性、独立性、自我决定等与创新相关的个性特质，往往诱发学生做出令教师“头痛”的行为。研究还显示，教师往往把成绩优秀的学生等同于高创新者，而把富于观点生成和创新的学生视为“行为不端者”（Scott，1999）。

（三）评价方面的原因

学生在课堂学习中缺少创新活动，与缺乏相应的评价指标也不无关系。作为一种知识重组过程，创新可以出现在任一学科的学习中。譬如，在数学课上，学生基于例题归纳提出一个新公式；在语文课上，学生通过整合头脑中的知识素材写成作文；在社会课上，学生基于自己已有经验阐发新观点。但是教师评价这些创新活动时，由于缺乏关于创新过程本身的评估指标，通常只采用结果定向的评价方式，把学生的回答结果或作业的好坏对错作为唯一评估标准。对学生的生成过程缺乏诸如“具有自己的思考”、“提出了独立见解”等评价性反馈，学生就难以意识到生成过程本身的价值，就不会自觉主动地从事创新活动。例如，在课堂教学情境中，尽管提问、讨论、质疑等活动最能反映学习的创新性，但如果教师不把它们作为评价学习的指标，学生就很少把“提出问题的多少”、“是否积极参与课堂讨论”、“是否勇于质疑书本观点”、“是否阐发独到见解”作为衡量自身学习的标准，在课堂上参与这类学习活动的积极性也就不高。

四、创新性学习的教学策略

著名的创新研究专家伦克（Runco，1991）指出，要想支持学生的创新性学习，教师至少要做好三方面的工作：为学生提供练习创新思维的机会，示范创新行为，重视并赞赏学生为创新所付出的努力。我们可以沿着伦克所指的三个方向，从创新的基本心理过程着手，通过创设创新性学习条件、示范创新策略、褒奖创新活动三个途径来促进学生的创新性学习。

（一）创设创新性学习条件

1. 运用非常规问题

根据解答者是否具有先行经验，心理学家把问题分为常规问题和非常规问题两类。前者是指解答者具有先行经验因而能立即确定解答方法的问题，后者指解答者没有可直接利用的解决办法，而必须自己探索解答方法的问题。一般认为，非常规问题的解答需要重构现有问题，需要生成新的观念，因而更有利于促进创新思维。因此，为了促进学生的创新学习，教师在课堂教学中应该注意开发和使用非常规问题。譬如，教师简单地提问“哥伦布哪一年发现了美洲大陆”，就不如提问“哥伦布与杨利伟有哪些相似和不同之处”，因为学生对后一问题的回答不能单凭信息的直接提取，而需要多方面知识的综合，这更容易引发新观念的生成。

2. 设计生成任务

研究表明，通过引导学生从事“想象”、“假定”、“改造”、“设计”、“假设”、“推测”等生成任务，可以有效地激发他们的创新学习。譬如：(1) 为某个故事改写结尾，使主要人物形象的结局有所不同；(2) 创造一个英国人在北京大街上向中国人问路的对话情境；(3) 假定哥伦布在中国的广州登陆，我们的生活或历史将会有什么不同？(4) 就众多政治家同时也是律师这一现象提出理论假设；(5) 设计一个汽车防盗装置，并对此进行描述；(6) 推测一下，为什么在汉语和日语中有很多相似词汇。这些学习任务都需要学生超越现有的知识生成新的解答方案，都可能引发学生的创新思维(Sternberg & Grigorenko, 2004)。

3. 引导合作学习

在合作学习中，学生的知识可以做到相互支持、相互补充，这有利于知识嫁接和新的知识结构形成。合作学习过程中的观点冲突会引发讨论和争论，可以促发新问题和新观点的产生，引导学生超越给出的信息进行思考，这为学生发展创新思维提供了一个理想的平台。因而，教师可以通过引导学生合作学习，鼓励学生发表新观点、提出新视角、进行创造性的综合来支持他们的创新思维。譬如，学习“志者不饮盗泉之水，廉者不受嗟来之食”时，教师可以根据学生提出的不同观点把他们分成若干小组，引导各小组组织支持本组观点的材料，并对其他小组的观点进行辩驳，然后讨论如何正确处理“志气与生命”的关系，最后生成“名言也有其局限性”等新颖结论。

（二）示范创新策略

创新教学不仅需要教师支持和鼓励观念生成，而且要求他们做好角色榜样，示范各种具体的创新策略，并引导学生运用这些策略。

1. 任务补充策略

所谓补充，是指把没有完成或可以延续的认知任务进一步完善化。补充是一种相对简单的生成活动，因为它有一定的情境做参照；但补充又不是简单地延续别人的思维，它需要个体生成个性化的思想和见解，因而其中也不乏创造性。高鹗续写《红楼梦》后40回，是通过补充实现创新的典型实例。在课堂教学中，续写一篇文章，分析某一事件发生的另外一些原因，添加一些条件使某一问题成为可解答问题，都属于补充的范畴。补充在教学中简单易行，往往能收到较好的教学效果。在小学语文教学中，许多教师引导学生续写《滥竽充数》，催生了不少优秀作品。

2. 拓展策略

所谓拓展，是指把已有的知识经验迁移运用到新情境中。拓展不会改变个体的概念结构，但它使个体面临新的问题情境，因而也可以激发创新性的思维产品。科技人员根据苍蝇楫翅的工作原理制成震动陀螺仪，根据苍蝇复眼的工作原理制成蝇眼照相机，是拓展运用的典型代表。在课堂教学中，拓展可以有三种形式：一是向现实拓展，亦即考虑已有知识、技能如何应用到现实生活中。例如，所学偶数、奇数概念在日常生活中怎样用？万有引力定律适合于解释人际关系吗？二是向自我拓展，即考虑所学内容对自身具有什么影响或意义。例如，"知识经济"对我本人是什么含义？"节约型社会"的创建对我有哪些影响？三是向未来拓展，亦即基于已有知识经验，对事物的未来发展作出预测和描绘。例如，祖国统一后，台湾将会发生哪些变化？人类定居月球后，我们的生活将是什么样？

3. 概念组合策略

所谓概念组合，是指通过整合原本没有关联的概念，或者重组现有概念中的构成要素而生成新的知识结构的过程。由于这一过程涉及新关系、新结构的生成，因而更易诱发创新思维。借助概念组合产生创新的例子，无论在科学还是艺术领域都极为常见。例如，哈维把鱼的心脏和水泵联系起来，发现了血液循环现象；歌德把自身和朋友的经历组合在一起，创造"少年维特"这一形象。斯克特(C. L. Scott，1999)区分了概念组合中的两种启发式：一种启发式涉及特征抽取和程序匹配，适用于大量要素同时呈现的情境。DNA化学结构的发现，就属于这种情形。另一种启发式是运用案例模型，适用于较少要素同时呈现的情境。在政治体制和组织管理体制的创建或革新时，这种启发式的运用最为常见。在课堂教学中，教师演示如何把照相机、闹钟、游戏机、电话簿与电话组合在一起而开发出多功能手机，讲述毕加索如何通过模仿他人绘画到最终博采众家之长而形成自己的绘画风格，这属于第一种概念组合启发式的运用；教师讲述富尔顿如何把蒸汽机与帆船组合在一起发明轮船，埃及艺术家如何把狮子和人组合在一起形成狮身人面像，这属于概念组合的第二种启发式的运用。这些教学活动都可能启发学生进行概念组合，从而形成新颖而有趣的想法。

4. 抽象策略

抽象是从认知对象中发现其中的结构、规律、模式或组织的心理过程。研究表明，鼓励被试以抽象方式来构建创造性的生成任务，可以有效地促进思维的原创性。爱因斯坦创立相对论，达尔文创立进化论，是借助抽象进行生成创新的典型例证。抽象本质上是一种归纳，它需要去除无关细节，揭示隐含在细节之中的秩序、模式或结构，因而简化和剔除细节是抽象发现的主要过程。在课堂教学条件下，抽象策略在很大程度上类似于布鲁纳所讲的发现学习，亦即“重新安排或转换证据，以使个体超越证据获得额外的新见解”。教师可以通过呈现有组织的概念或规则例证，引导学生对其进行比较、归纳、概括，提炼出其中的共有特征或规律，从而达到抽象或发现新知识的目的。

5. 建构策略

这里的建构，不同于建构主义语境下的“知识建构”或“意义建构”，它所指的是综合运用头脑中多个领域的知识以产出具有新颖特征和功能的思维产品的过程。作家创作作品，建筑师设计图纸，音乐家谱写新曲，科学家设计实验，都属于典型的建构活动。建构需要提取头脑中的多种知识，并按要求把其进行多维重组，因而是最为复杂的生成活动，也最有可能生成创新性的产品。在课堂教学中引导学生建构，意味着要求学生综合运用本学科乃至多学科知识解决相对复杂的问题，或者从事未曾从事过的相对复杂的任务。但对于教师来说，示范和引导建构活动并非难以操作。在语文教学中，让学生编写一些故事、诗歌；在社会研究中，让学生假扮历史上的某位重要人物，就自己所面临的关键问题做出决策；在科学研究中，让学生就某一现象提出理论假设，设计简单的实验，或者做一些独立的研究项目；在数学学习中，让学生编一些文字题，创造一些计数系统或测量方法；在外语课上，让学生模拟所学的语言和文化，创造一些小喜剧。凡此种种建构活动，都有助于促进学生的创新学习。

（三）褒奖创新活动

评价对学习具有重要的导向作用。斯腾伯格指出，要想鼓励学生的创新性学习，教师就应设立一个独立、清晰的等级分数来褒奖学生的创新过程和努力。标准化的作业等级分数，不仅要包含准确性、理解程度、风格、语法等方面的指标，也应反映创新性的内容。为此，教师一方面应明确把是否提出新观点、新视角、新结论、新方法，作为作业评估的一个独立标准，让学生意识到好的作业分数不仅限于答案正确，还取决于思维的新颖性和独特性。另一方面，教师也要注意评价生成的尺度，不必过分追求评价标准的客观性。“适于创新观点或设想的环境，要求尽可能减少批评……，你只需从学生角度看观点是否创新，而无需从当前科技发展的前沿角度来评判……，例如，你可以让学生综合政治学理论的基本原则，并把它与自己的观点整合在一起，从而提出一个新理论。你可能不指望这一理论得以公开发表，但可以预期你的学生能从中锻炼创新思维”(Sternberg & Williams, 1996)。

本章概要

1. 20 世纪初期，行为主义心理学家和格式塔心理学家均以动物为被试研究问题解决的过程和条件，他们混淆了人类学习与动物学习的区别，以及人类高级学习与低级学习的区别，其得出的结论难以应用于学校教学中。

2. 在 20 世纪 60 年代后，著名教育心理学家奥苏伯尔和加涅把问题解决置于其学习分类体系中加以研究，对什么是问题解决给出了较明确的定义。据本书采用的学习分类理论，问题解决不是已习得的概念和原理(或规则)的简单应用，解决问题过程中必须包含发现过程，其结果必须产生新的思维成品，所以问题解决与创造是同性质的概念。

3. 20 世纪 60 年代前，不同学者根据不同的研究方法和资料对解决问题的心理过程的阶段性作了大同小异的描述，其中最著名的是杜威的五阶段描述。

4. 关于影响问题解决的心理因素，研究较多的是心理定势、功能固着。但这些研究结果都是在人为的简单问题情境中得出的，难以解释学校教学情境中的学科问题解决。

5. 奥苏伯尔和鲁宾逊于 1969 年提出问题解决四步模式开启了分析不同类型的知识在解决问题过程中的不同作用的先河。在该模型中区分了背景命题(与问题相关的背景知识)、推理规则和策略。问题解决过程是被问题情境命题激活，在解题策略指导下运用推理规则对与问题有关的原有知识进行改组和重建的过程。

6. 心理学家已成功地综合运用三种不同类型的知识来解释数学解题能力和语文阅读与写作能力。研究表明，自然学科中的许多问题难在问题的表征，问题一旦得到适当表征，便迎刃而解。而问题的正确表征决定于学生认知结构中问题图式的建立和贮存。

7. 专家—新手解决问题的比较研究表明，专门领域的知识、自动化的智慧技能和专门领域的解题策略以及元认知监控技能是决定专家解题能力大大超越新手的根本原因。

8. 研究性学习本质上是基于问题的学习。从学习动机看，它更多地需要以学生的求知欲、好奇心、兴趣等内在学习动机为前提。从学习过程看,它需要批判性思维、创造性思维和实用性智能等高水平的认知技能。

9. 不同类型的问题对研究性学习的要求不同。界定明确的问题的研究性学习重在找到准确答案;界定不明确的问题的研究性学习重在培养学生的研究能力和研究过程。

10. 创新性学习是指能够产生新颖而有价值的思维产品的学习活动,其核心特征是学习结果中蕴含了原创性、适用性的新观念。维果茨基用联想论、芬德利和拉姆斯登用激活论、芬克用生成论解释创新性学习的心理机制。

11. 课堂教学中学生缺乏创新性学习有教学、教师和评价三方面的原因。教师可以通过创设创新学习的条件、示范创新策略、褒奖创新活动三个途径来促进学生的创新学习活动。

练 习 题

一、解释下列术语

问题	问题解决	问题空间	功能固着
问题表征	问题表层理解	问题深层理解	问题监控
杜威解决问题五阶段模式		专家—新手比较研究	
研究性学习	界定明确的问题	界定不明确的问题	心理定势
背景命题	机遇推理	创新性学习	

二、填空

1. 根据问题解决的早期行为主义观,桑代克的________学习也称解决问题。

2. 杜威解决问题模式的五阶段是(1) ________、(2) ________、(3) 假设、(4) 推理、(5) 用行动检验假设。

3. 奥苏伯尔提出的解决问题的四阶段是(1) ________、(2) 明确问题目标与已知条件、(3) 填补空隙、(4) ________。

4. 问题空间是由(1) ________、(2) ________、(3) ________三者构成的。

5. 在奥苏伯尔和鲁宾逊问题解决模型中,提出(1) 背景命题、(2) ________、(3) ________三种与问题解决有关的知识。

6. 信息加工心理学家一般把解决问题分为(1) 问题表征、(2) 设计解题计划、(3) ________、(4) ________几个过程。

7. 认知心理学家认为,问题深层理解包括(1) ________、(2) ________。

8. 问题表征所需要的主要知识类型是__________；问题的计划与监控所需要的主要知识类型是__________；解题计划的执行主要需要的知识类型是__________。

9. 根据知识分类学习论，作文构思主要依靠__________知识；作文表达主要依靠__________知识；作文修改主要依靠__________知识。

10. 根据问题空间的构成，界定明确的问题是__________；界定不明确的问题是__________。

11. 华莱士提出的问题解决的四个阶段是：__________，__________，__________，验证。

12. 图式是人脑对__________的概括。

13. 研究性学习的心理过程包括__________，__________，__________，__________，__________。

14. 促进创新性学习的策略有__________，__________，__________，__________，__________。

三、选择

1. 认知心理学家认为，儿童学会用绳子打结不属于解决问题，其理由是______。(1) 它所要求的心理活动太简单；(2) 它不必克服认知障碍；(3) 它不是在人的头脑内完成的；(4) 它不需要复杂的认知活动。

2. 现代认知心理学家认为，学生对数学问题深层理解的决定因素是______。(1) 思维的深刻性；(2) 认知结构中题型图式的贮存与激活；(3) 深刻的洞察力；(4) 思维的灵活性。

3. 在给学生教新的问题解决任务时，最适宜的方法是从学生熟悉的例子引入新课题。从知识分类学习论来看，最适当的解释是______。(1) 熟悉的例子可以减轻初学者的工作记忆负担；(2) 熟悉的例子可以使学生感到亲切；(3) 可以避免学生认知发展阶段的限制；(4) 这样可以促进新任务的学习与记忆。

4. 教师在给小学六年级学生教授圆柱和圆锥的计算方法时，所设计的例题的计算只要求精确到"π"为止。从知识分类学习论来看，教师的教学行为的最适当解释是______。(1) 防止学生产生厌倦情绪；(2) 可以突出认知策略教学；(3) 防止学生课业负担过重；(4) 突出数学概念与规则的学习。

5. 现代认知心理学对学生解决问题能力的分析与传统心理学的分析的主要差异是______。(1) 强调解题过程分析；(2) 强调解题策略分析；(3) 强调知识与人格特征相互作用分析；(4) 强调不同类型的知识在解决问题过程中的不同作用分析。

6. 根据儿童认知发展阶段特征和不同类型知识在写作过程中的不同作用的原

理，低年级儿童写作能力培养的重点是______。(1) 发展作文构思能力；(2) 通过作文修改以发展反省认知能力；(3) 丰富儿童生活经验；(4) 形成正确应用词、句的基本技能并丰富其生活经验。

7. 专家与新手相比，专家在专门领域的短时记忆和长时记忆能力都更强。最适当的解释是______。(1) 专家有更敏捷的记忆品质；(2) 专家掌握了一般的记忆策略；(3) 专家的智力水平普遍较高；(4) 专家在专门领域有更丰富的知识与特殊的记忆策略。

8. 从知识分类学习论观点看，奥苏伯尔和鲁宾逊解决问题模型的最主要优点是______。(1) 指出了解决问题的阶段；(2) 提出解决问题中的核心阶段；(3) 分析了三种类型的知识在填补从已知到未知的空隙之间的不同作用；(4) 这一模式适应范围广。

9. 研究表明，小学生的习作练习在写初稿时侧重于内容，放宽字、词、句以及标点方面的正确性要求，有助于提高终稿的质量。这种教学方法的心理学依据是______。(1) 学生的写作兴趣；(2) 循序渐进；(3) 减轻工作记忆负担；(4) 儿童心理发展阶段。

10. 从现代认知心理学的观点看，创造力培养的最好途径是______。(1) 进行发散性思维训练；(2) 进行反省认知训练；(3) 加强基本技能训练；(4) 在重视基础知识、基本技能的同时，注意解决问题策略训练。

11. 研究表明，象棋专家看一个棋盘，看 5 秒，能记住 20 多个子，而非专家看 5 秒只能记 4～5 个子。这一事实的合理解释是______。(1) 专家有敏锐观察力；(2) 专家有敏捷记忆力；(3) 专家贮存了大量有关知觉模式；(4) 专家有较高的智力水平。

12. 专家与新手的比较研究表明，在专门领域的专家短时记忆广度大大超过新手。这一事实的适当解释是______。(1) 记忆练习导致专家记忆更敏捷；(2) 训练导致专家识记能力提高；(3) 专家能把熟悉的知识组成组块，减轻了工作记忆负担；(4) 专家的记忆策略更好。

13. 从现代认知心理学观点看，作文构思能力可用个人的______来解释。(1) 专门领域程序性知识；(2) 非专门领域程序性知识；(3) 通过练习达到自动化的程序性知识；(4) 题材背景知识。

14. 初入学儿童在学习 8＋5＝？这样的问题时，应用凑 10 策略，即先把 5 分成 2 和 3。2＋8＝10，10＋3＝13。这种解决问题的策略是______。(1) 专门领域解题策略；(2) 非专门领域解题策略；(3) 可以达到相对自动化的策略；(4) 难以达到自动化的策略。

15. 与研究性学习密切相关的思维类型是______。(1) 批判性思维；(2) 创造性思维；(3) 实用性智能；(4) 发散思维；(5) 逆向思维。

16. 下列不属于与创新相关的个性特征的是______。(1) 冲动性；(2) 冒险性；(3) 独立性；(4) 乐群性；(5) 自我决定。

四、研究与设计

1. 用熟悉的学科教学中的实例，分别说明陈述性知识、熟练的智慧技能和解决问题的策略在解决问题中的不同作用。

2. 根据本书关于解决问题的定义，请你在小学任何年级的算术应用题中拟定一个问题，并说明该问题对适当年级儿童构成问题的理由。

3. 以学生的家庭生活经验为基础，设计一个引导学生开展研究性学习的项目。

4. 运用概念组合策略，设计一道能够引导学生创新思维的数学题。

第八章　动作技能的学习

本章要点

动作技能的性质 　动作技能的含义 　动作技能的分类 　熟练操作的特征 　　立即反应代替了笨拙的尝试 　　利用微弱的线索 　　错误被排除在发生之前 　　局部动作综合成大的连锁，受内部程序控制 　　在不利条件下能维持正常操作水平 动作技能学习的过程与条件 　动作技能学习的阶段与习得的指标 　　认知阶段	联系形成阶段 　　自动化阶段 　　动作技能习得的指标 　动作技能学习的条件 　　内部条件 　　外部条件 动作技能学习规律的教学含义 　识别教学实践中的动作技能学习任务 　在认知阶段促进动作技能的学习 　在联系形成阶段促进动作技能的学习 　在自动化阶段促进动作技能的学习

本章目标

学完本章后，应能做到：

1. 结合具体学科，举例说明什么是动作技能以及动作技能与智慧技能的区别；
2. 用生活和学习中的例子说明动作技能学习的三个阶段；
3. 举例说明动作技能示范的两种类型；
4. 用自己的话陈述动作技能练习的几种形式；
5. 用自己的话陈述动作技能练习中反馈的含义、类型与作用机制；
6. 运用本章有关原理，评析动作技能教学的案例或为动作技能的教学提出建议。

现代社会要求公民具有丰富的知识、高度发展的智慧能力，还要求他们掌握熟练的动作技能。因此，我们学校培养的学生，不仅要善于动脑，也要善于动手。学校教师不仅要知道学生的文化知识和智慧技能的获得过程，也要懂得动作技能形成的过程与条件，这样才能有效地促进学生的全面发展。本章着重论述动作技能的性质、学习的过程与条件以及动作技能学习规律的教学含义。

第一节　动作技能的性质

一、动作技能的含义

心理学家加涅(1999)认为，动作技能(motor skill，又译运动技能)是指以流畅、合乎规则和时间上精确为特征的协调肌肉运动的能力，它实际上包括两个成分：一是描述如何进行动作的规则；二是因练习与反馈而逐渐变得精确和连贯的实际肌肉运动。如用毛笔书写颜体字就是一项动作技能，这里涉及如何运动的规则：笔顺的规则；带有颜体特征的运笔规则；间架结构规则。此外，还涉及实际执笔书写的熟练动作。仅仅知晓书写的规则而不会执笔书写的人就不能说他具有相应的动作技能；而只会拿笔信手涂鸦的人也不能说他具有书写颜体字的动作技能。动作技能有时又被称为知觉—动作技能(perceptual-motor skill)或心因动作技能(psycho-motor skill)，意在强调动作技能不仅与肌肉运动有关，还与感知觉、大脑有关。

动作技能是规则支配下的肌肉运动，智慧技能是概念规则支配下的对外办事的能力，二者很容易混淆。将二者区分开来的关键在于肌肉运动的成分。流畅精确的肌肉运动是动作技能的必要特征之一，缺少了这一成分就不能称其为动作技能，而智慧技能的执行不需要涉及精确流畅的肌肉运动。如计算“35＋21＝?”可以在心里进行(心算)而不需要实际的肌肉运动；完成花样滑冰必须在溜冰场上实际运动，只在心里想象是不行的。前一种情形描绘的是智慧技能，后一种情形描绘的是动作技能。此外，动作技能执行过程中，我们会从肌肉、前庭等本体感受器中获得一些有关动作技能执行情况的信息，而执行智慧技能时是没有这方面的信息的。

心理学家们还认为，动作技能是一种习得的能力，眨眼之类的不随意动作不是动作技能。动作技能包含动作成分，但并不是说动作就是动作技能。动作是人体的一种空间造型以及驱动这种空间造型的内部冲动。只有当人们利用一组动作去完成一项具体任务或解决一个问题时，如利用一组身体动作去表现情感(舞蹈)或组装一个机器部件，人们的活动能力才被称为动作技能。也就是说，动作技能是一种有意识、有目的的活动能力。因此，我们认为，动作技能是我们有意识、有目的地利用身体动作完成一定任务的能力。

二、动作技能的分类

可以根据不同标准对动作技能进行分类。

一种分类标准是动作技能开始与结束的特征。根据这一标准，常将动作技能分为连续的动作技能和离散的动作技能。连续的动作技能没有明确的开端和结尾，行为一直持续下去，直到人为打断为止。如游泳、跑步、开车等动作。在日常生活经验与实验室中常见的连续性动作技能是追踪任务，其特点是，有一条需要个体遵循的路径以及一个工具，个体通过一些肢体运动来让工具沿路径运动。如在开车时，路径是道路，工具是汽车。实验室中常用的追踪任务是由计算机呈现的。在计算机的屏幕上呈现两点，一点由实验者或计算机控制，可在屏幕上以固定的或随机的方式运动；另一点由被试通过手的运动来控制。被试的任务是让两点对齐。离散的动作技能有明显的开端和结尾，其精确性可以计数。如射箭、投篮、举重、按电钮、紧急刹车等都是典型的离散动作技能。离散的动作技能可以很快完成，只需几分之一秒的时间(如踢、扔等动作)，也可需要相当长的时间才能完成(如签名的动作)。

另一种分类标准是动作技能执行过程中环境的稳定性。根据这一标准，常将动作技能分为开放的动作技能与封闭的动作技能两种。开放的动作技能的环境是一直变化的、不可预测的，这样，操作者不能事先有效地计划整个运动。如撑船、捉蝴蝶、摔跤等活动都属于开放的动作技能。又如在繁忙的快车道上开车的技能也是开放的动作技能，虽然司机对应当做什么有一个总的计划，如超出一辆车，但这一计划必须足够灵活，以便能应对其他司机突然的举动。开放性动作技能的成功看来取决于个体以其行为成功地适应环境变化的程度。通常，这种适应必须非常快，而且有效的反应者还必须有许多不同的行为供其选择使用。

封闭的动作技能的环境是可以预测的。可以预测的环境主要有两种情况：一是非常稳定的环境，如射箭、打保龄球、刷牙以及在支票上签名等动作的环境。二是当环境的变化是可预测的，或者这种变化已作为练习的结果而习得时，也会形成可预测的环境，如变戏法及工业生产线上的任务。在这些任务中，随后几秒钟的环境是可以预测的，因而可以事先对运动有所计划。

三、熟练操作的特征

技能总是在人们完成某种操作或动作中表现出来的。操作或动作是可以观察的外显活动，其执行的速度、精确性、力量或连贯性均可以测量。心理学家总是将达到较高速度、精确性、连贯的操作或动作称为熟练操作或熟练动作。熟练操作是动作技能获得的标志。

心理学家将初学者和专家完成同一任务的操作加以比较，发现熟练操作具有以下几个特征。

（一）立即反应代替了笨拙的尝试

从控制论的观点看，人的任何操作或动作可以分解为复杂的刺激与反应过程。从刺激到反应之间需经历五步：

（1）输入，刺激引起神经冲动；

（2）编码，识别信息，信息被转化成概念；

（3）信息加工，运用联想和思维从信息中推导出以符号陈述的行动指令；

（4）译码，符号的指令转化为神经冲动；

（5）输出，神经冲动引起肌肉作用于外部世界。

研究表明，从一步一步有意识的尝试到自动的操作的形成，主要是由于省掉了许多中间环节。例如，初学者在学习弹一段钢琴曲调时，它的刺激反应联系的连锁是：

（1）音符的视觉产生思想，"它代表黑键"；

（2）音符的思想引起键盘黑键位置的表象，"在3个黑键中，右边最远的那个键"；

（3）键盘和手的视觉与这个表象相比较，又产生想法，"黑键在小手指旁边"；

（4）学习者指示自己向右移动小手指；

（5）学习者用小手指弹黑键。

每一中间反应都指引学习者在反应连锁中前进一步。初学者的操作分解成许多小步，看起来很笨拙。随着练习的增多，个别的中间反应逐渐变得不必要了，曲调的视觉便足以引起手指的适当演奏运动。

（二）利用微弱的线索

任何动作都受情境中的线索指导。线索可以是看到、听到或触到的，有关的线索乃是有助于人辨认情境或指引其行动的体内外刺激。初学英文打字的人，坐在打字机旁，他的反应几乎完全由视觉线索指导。在稿子上看到一个字母，然后在键盘上找到相应的字母，于是按这个键。但熟练的打字员可以不看键盘，凭动觉（肌肉线索）指导自己的反应。优秀的运动员对微弱的线索有敏锐的感知觉，例如，第31届乒乓球男子单打冠军长谷川信彦，可以通过对方移动时所产生的风声、地面震动的触觉和对方呼吸的声音来判断对方移动的位置。

（三）错误被排除在发生之前

高度熟练的运动，看起来连绵不断，但将连绵不断的运动的记录放在显微镜下观察，发现连续的运动实际上是一连串的脉冲。每一个脉冲对前一脉冲起着检验、更正和增强作用。在连续的动作技能中，操作者不断进行尝试与纠正。如汽车司机在开车时并不能沿着路边或中线笔直行驶，时而偏左，时而偏右，他需要不断进行调整，实际走的是锯齿形路线。心理学家希金斯(J. R. Higgins)等人的研究发现，熟练的专家甚至尚未等到肌肉信号的到来，便能预料到他给自己的肌肉发出了不正确的指令，在错误发生之前，能收回这个指令。

(四) 局部动作综合成大的连锁，受内部程序控制

心理学的研究表明，人对外界刺激的变化，每秒钟只能进行两次调节。但熟练的钢琴家每秒钟能弹奏10个以上的音符。这是怎么做的呢？研究表明，熟练的演奏家不是对单个音符作孤立的反应，他们的局部动作已被综合成大的连锁，或者说他们已发展了内部的指导程序。基尔(S. W. Keele)指出，有实质性的证据表明，尽管动作技能开头可能是逐个成分学会的，但技能学习的较高阶段包括发展一个内部程序，它使完整的操作畅通无阻地执行。

(五) 在不利条件下能维持正常操作水平

表现出同样操作水平的人，其熟练程度可能不同。检验谁是最熟练的操作者的最好方法是看谁在条件变化时能保持正常的操作水平。最优秀的飞行员能在恶劣的天气条件下维持协调的和准确的操作。著名的篮球明星在有对手贴身防守，甚至由于对手犯规而自己身体失去平衡时，仍然可以投篮命中。紧急情形的突然出现，可能使不熟练者手足无措，但能使熟练者的技能发挥至高峰。

第二节　动作技能学习的过程与条件

一、动作技能学习的阶段与习得的指标

费茨(T. M. Fitts)和波斯纳(M. I. Posner)概括了较为成熟的人类学习动作技能的一般过程。他们把动作技能的学习分为三个阶段。

(一) 认知阶段

认知阶段也称知觉阶段。这一阶段主要是理解学习任务，并形成目标意象和目标期望。目标意象主要是指学习者对自己解决问题的目标模式反应和动作型式，在头脑中形成一个表象，即明确解决问题的目标模式。而目标期望则是对自己的作业水平的估价，即明确自己能做得如何。这两种期望都起着学习定向作用。

学习者在学习的起始阶段，首先要通过对示范动作的观察，对刺激情境的知觉，来形成一个内部的动作意象，以作为实际操作时的参照。而要形成这样一个意象，则需对线索和有关信息进行适当的编码。线索和信息的编码，可以是形象的，也可以是抽

象的；可以是视觉的，也可以是语词的；可以是有意义的，也可能是孤立的。为了有利于形成目标意象，学习者通常用自己擅长的方式来对线索进行编码，也就是说，不同的学习者编码的策略与方式是不同的。儿童通常利用视觉表象进行编码，而成人则能够将视觉表象和语词联系起来，共同编码。在形成目标意象过程中，学习者不仅借助对现有任务的知觉和有关线索的编码，也借助先前的有关经验，这就是说，学习者通常还从长时记忆中激活有关信息，并有效地检索、提取出来。

在认知阶段，学习者不仅形成目标意象，而且还根据自己以往成功或失败的经验，依据自己的能力和目前任务的难易，形成自己作业水平的期望。这一期望既表现在质的方面，即动作质量的好坏上，也表现在量和范围方面，即能完成动作的多寡上。一般来说，有明确目标期望的学习，较之于目标期望模糊的学习更有效。

（二）联系形成阶段

在这一阶段，重点是使适当的刺激与反应形成联系。由于即使是一个简单的动作所包含的刺激和反应也非常复杂，所以联系的形成比想象的要复杂得多。例如，用英文打字机打出 man 这个词，学习者必须知道并打出每个字母，而且打第一个字母的反应又必须成为打第二个字母的刺激。用加涅的话来说，就是必须建立动作连锁。

在这一阶段，必须排除过去经验中习惯的干扰。例如，已经学会开汽车的人，在学习开飞机时，因为飞机的转弯是用脚操纵的，所以他必须排除用手转动控制盘的习惯。学会了简化太极拳的人，在学习打杨氏太极拳时，常常把简化太极拳中后坐的蹩脚的动作带到杨氏太极拳里来，而在杨氏太极拳中是没有这个动作的，因此他必须努力去纠正这些习惯性动作。

（三）自动化阶段

技能学习进入这一阶段时，一长串的动作系列似乎是自动流出来的，无需特殊的注意和纠正。技能逐步由脑的较低级中枢控制。人们可以一面从事熟练的活动，一面考虑其他的事情。例如，有经验的司机，在正常开车时，可以顺利地与别人交谈。上面所论述的熟练操作的特征就是动作技能的学习进入第三阶段的特征。

研究表明，任何动作技能的掌握都是相对的。例如，有人对工业中的生产技能进行了长期的研究，发现雪茄生产工人的动作技能在四年多的时间内都在进步。这些工人要掌握一定水平的技能，必须经过大量的实践。例如，第一年工人生产一支雪茄需用 12 分钟，第二年降至 10 分钟，第三年降至 9 分钟。在第四年以后，工人的技能仍有缓慢的改进。许多体育技能的训练表明，一个运动员，要达到自己的最高水平，需要多年的练习。要保持这一最高水平，同样需要大量的练习。诱因的大小对技能的改进有很大的影响。国外对明星运动员给以重奖或高报酬，就是为了促使他们不断研究新技术，不断创造新的运动记录。

(四) 动作技能习得的指标

根据学习的定义，动作技能学习是由经验引起的内在运动能力的相对持久的变化。内在的运动能力不能直接观察到，但可以通过外显的动作行为推测出来。这里的动作行为称为表现(performance，又译作业、操作)。相应地，运动能力相对持久的变化，也反映在表现的相对持久的变化上，这就是说，动作技能的学习，可以通过表现的相对持久的变化来判断。据此，测量出表现的相对持久变化的情况，也就测量出了动作技能学习的情况。学习心理学家目前主要采用保持测验和迁移测验来测量表现的相对持久的变化。保持测验是在一段时间之后测量表现，迁移测验则是在变化条件下测量表现。之所以采用这两种测验，是因为在动作技能的学习中，有两种导致表现发生变化的因素：一是导致学习的表现特征发生相对持久变化的因素，二是导致表现发生暂时变化的因素。由于训练期间(习得阶段)观察到的表现的任何变化，可以是暂时的变化，也可以是更持久的变化，因而有必要包括保持测验和迁移测验。

二、动作技能学习的条件

动作技能学习过程的顺利进行需要一定的条件，包括内部条件和外部条件。对这些条件的了解有助于我们更深入地认识动作技能学习的规律。

(一) 内部条件

在学习动作技能前，学习者必须具备或事先习得一些与所学习的动作技能有关的内容，缺少了这些内容，动作技能的学习便无法进行，这些内部条件被加涅称之为“必要性的先决条件”，主要是指局部动作技能和执行性子程序。

通常，一套完整的动作技能可以分解成同时或按先后次序出现的局部技能。例如，游泳包括腿的打水和手臂的划水，这是同时进行的，还包括转头、抬头或换气，这是在手臂划水之后进行的。学习游泳，既要学习局部技能，又要学习将局部技能综合起来的规则，这种规则被费茨和波斯纳称为“执行性子程序”。执行性子程序的本质是一套规则，它控制着局部动作技能执行的顺序，即先执行哪一个局部技能，再执行哪一个局部技能，哪些局部技能要同时执行等。例如，正在学开车的某个人已经掌握了倒车、转动方向盘控制车的移动、以最小速度向前驾驶等局部技能。为了在笔直的双车道上掉转车头，他需要学习将这些局部技能以恰当的顺序组合起来，以便通过两、三个向后或向前的动作，再加上恰当的转弯，使汽车驶向另一个方向。这里的局部技能的组合顺序就是执行性子程序。

研究表明，要习得完整的动作技能，执行性子程序和局部动作技能都必须事先习得，只学习其中一个而不学习另一个都不利于整个动作技能的学习。历史上有很多研究探讨过是先学习局部动作技能再学习完整的动作技能还是从一开始就练习整个动作技能（包括执行性子程序）的问题，研究结果并不明确，哪种学习方式更优要视动作技能的性质而定。如果动作技能由若干局部技能构成，且各个局部技能之间不存在相互协调的问题，那么先进行局部技能的部分练习，而后再进行整体练习，这样效果更佳；如果动作技能的各局部技能间存在相互协调，那么打破这种协调，孤立地练习某一部分，其效果往往不佳。如游泳，用胳膊划水、呼吸、蹬腿的动作要协调起来构成整体，若孤立地练习这些局部动作往往无助于整个技能的学习，这时整体练习的效果更佳。虽然研究没有明确指出哪种学习方式更好，但其结论其实表明，不管是从局部到整体的学习，还是一开始就从整体进行学习，都涉及局部的动作技能和控制局部动作技能执行顺序的执行性子程序的学习，所不同的是，这两个成分是分开学习还是结合在一起学习。

（二）外部条件

动作技能学习的外部条件主要指学习者学习环境中的一些因素，包括言语指导、示范、练习的安排、反馈的提供等。

1. 言语指导

言语指导是指导者在动作技能学习之初以言语描述或提示的方式向学习者提供的有关动作技能本身的重要信息。言语指导在动作技能学习中有重要作用。在动作技能学习的早期，执行性子程序是必须习得的，言语指导就可以有效地促进执行性子程序的习得。这种形式的言语指导通常是由学习者之外的环境因素如教师、教科书等提供的，但学习者随后也可以自己运用这种言语指导来促进动作技能的学习，如卡顿和兰丁（D. M. Cutton & D. Landin，1994）要求初学网球的大学生在每次击打网球时大声说出 5 个有关的词语："准备"是做好对来球的准备；"球"是将注意集中到网球上；"转身"提示击球时转动臂和肩至与球网垂直的位置，并向后引拍；"击球"提示将注意集中于击球；"低头"提示击球后头的固定位置。研究显示，与没有使用这些言语指导的被试相比，使用言语指导的学习者更好地学会了打网球的动作（马吉尔，2006：256）。

此外，言语指导还可影响学习者对动作技能学习的标准或目标的认识并影响其最终习得的动作技能表现。索利（W. H. Solley，1952）让三组被试练习刺向目标的一系列动作。在六天的练习时间里，要求三组被试分别注意表现的速度、准确性及对二者的同等注意。结果，注意准确性的一组在练习中最准确，注意速度的一组动作最快，注意准确与速度的一组在两种测量上都居于中间水平。在持续六天的迁移测验中，所有被试都以准确和迅速的要求进行练习，结果发现，上述效应仍旧存在，特别是表现的速度(Schmidt & Lee, 1999)。

2. 示范

示范是将动作技能演示给学习者看。示范可以由教师来示范，也可以由学习者的同伴来示范，还可以用录像、照片等来示范。示范在动作技能学习的整个过程中都有重要的影响作用。威克斯和安德森(D. L. Weeks & L. P. Anderson, 2002)让学习者观看10次熟练的排球运动员发飘球的动作。所有的学习者都没有发飘球的经验，并被分成三组：一组叫前练习组，在练习30次发球前观看10次示范；一组叫分散组，观看一次示范后练习3次发球，这样分散地观看10次示范后共练习30次发球；最后一组是联合组，观看5次示范后练习15次发球，而后再观看5次示范，练习剩下的15次发球。对三组学习者的保持测验发现，联合组和前练习组比分散组模仿得更好，发球的准确性也更高(马吉尔, 2006)。这说明，练习之前要让学习者充分地观察示范，练习过程中也要尽可能频繁地提供示范。

示范通常是由榜样来进行的，不同类型的榜样对动作技能的学习效果也有影响。研究者区分了示范时的两种类型的榜样，一种榜样叫专家榜样，由专家将完美的动作技能示范给学习者；另一种榜样叫学习榜样，由初学者示范其学习的过程，包括他们学习动作技能中所犯的错误，所得到的纠正指导，所表现出来的进步等。这两种榜样对动作技能的学习有不同影响。如麦卡拉和凯尔德(P. McCullagh & J. K. Caird, 1990)选择三组被试，让一组被试不断地观察榜样完美地执行任务的录像，另两组则观察榜样学习这项任务的录像。给其中一组提供榜样执行结果的信息，另一组则不提供。结果发现，观察学习榜样并接到榜样执行结果信息的一组成绩最好，这些被试在习得阶段，在没有得到有关其表现的任何信息的情况下，仍持续地改进了作业表现，而且，和其他观察者相比，也都很好地保持了作业水平，还能更好地迁移到新颖的任务中(见图8-1，图中的绝对误差(absolute error, AE)是衡量运动准确性的一个指标，其计算方法为：$AE=\sum|X_i-T|/n$，其中X_i是第i次练习的得分，T为要达到的目标分数，n为练习的次数)(Schmidt & Lee, 1999: 292)。

这一研究表明，运动员新手从观察专家表现中，除了可能获得一些如何执行任务的基本信息之外，只能获得极少的启示。例如，在收看职业高尔夫球手的电视节目时，我们得到的最大的学习受益，是在看到专家犯错误的时候。这些错误很少见，评论员通常重新播放录像，并准确地指出错误之处。这样，研究中真正的问题可能不在于榜样的技能水平，而在于展示的是何种信息，是错误的动作还是完美无缺的动作。有可

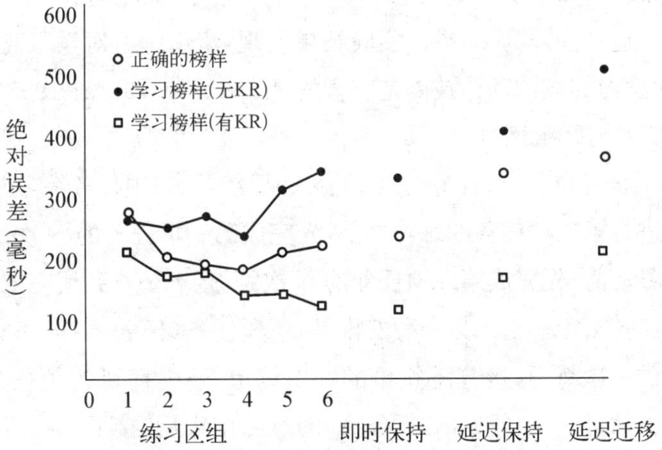

图 8-1　观察不同类型榜样的学习效应

能的是，我们从错误表现中要比从正确表现中学到的更多。

3. 练习的安排

练习是学习者抱着改进技能的目的而对动作进行的重复。练习是影响动作技能学习的最重要因素。研究发现，为学习者提供或安排不同形式的练习，对其动作技能的学习有直接的影响。

(1) 集中练习与分散练习

集中练习是指将练习时段安排得很接近，中间没有休息或只有短暂的休息；分散练习是指用较长的休息时段将练习时段分隔开。研究发现，对于连续的动作技能，分散练习的效果优于集中练习。如伯恩和阿彻尔(L. E. Bourne & E. J. Archer, 1956)让五组被试学习转盘追踪任务，所有被试每次练习时间为 30 秒。一组持续练习了 21 次(0 秒休息组)，对其他四组，在练习期间插入休息时间，分别是 15 秒，30 秒，45 秒，60 秒。结果发现，休息时间越长，表现越好(Schmidt & Lee, 1999)。在最后的练习结束后，让所有的被试休息 5 分钟，而后让被试完成一项共同的迁移任务，这项任务是集中练习任务，在 30 秒的练习期间被试没有休息。结果发现，休息之后，各组之间的差异仍旧存在，这说明练习的分布有相对持久的效应。

对于离散的动作技能，有研究表明，集中练习比分散练习的学习效应好。如李和吉诺维斯(T. D. Lee & E. D. Genovese, 1989)研究了使用离散的动作技能和连续的动作技能完成同一项任务中学习者学习动作技能的情况。他们所用的任务要求被试在两块金属板之间尽可能以 500 毫秒的时间移动一支铁笔。所练习的离散技能是在两块板间做单一运动，所练习的连续技能则由 20 个在两块板间的连续运动组成。对技能的练习分集中练习和分散练习两种。对集中练习，练习间有 500 毫秒的时间间隔，对分散练习，这一间隔为 25 秒。实验结果发现，集中练习对学习离散的动作技能是有益的，但对学习连续的动作技能是有害的（Proctor & Dutta，1995）。

（2）随机练习与区组练习

假设有 X 项任务（或一种任务的 X 种变式）要练习，每项任务练习 N 次，有两种安排。一种是在进行第二项任务的练习之前，先完成第一项任务的 N 次练习，在进行第三项任务的练习之前，先完成第二项任务的 N 次练习，……直到所有的任务都练习完为止，这种安排叫 区组练习 。另一种安排是，一项任务（任务 A）的一次练习后，紧接着进行任务 B 的一次练习，接着任务 C 的一次练习，……直到 X 项任务上所有 N 次练习都完成为止，而且一项任务（如任务 A）的练习结束后，接下来练习哪项任务是随机确定的，这种安排叫 随机练习 。

这两种练习形式对动作技能学习的影响是否一样？谢伊和摩根（J. B. Shea & R. L. Morgan，1979）做了先驱性的研究。他们让被试学会对不同颜色的灯光刺激作出反应，即尽快地将手臂按一定的运动模式移动到具体的目标位置。学习的运动模式有三种，每种都由三步组成，而且都对应于一种颜色的灯光刺激。对每种模式，要求被试练习 18 次，总共有 54 次练习。区组练习组在练习一种模式前，先完成一种模式的 18 次练习（将被试分成不同小组以便平衡练习顺序的影响，这样，并不是每个区组被试先练习同一项任务）。随机练习组每次练习后都随机变换一种模式练习。因变量是完成任务的平均时间，是对灯光刺激的反应时加上完成手臂运动的时间。结果发现，在练习期间，区组练习组的表现优于随机练习组。练习结束后，对所有的被试进行保持和迁移测验。在实施保持测验时，一半被试在 10 分钟之后将练习过的模式练习 18 次，另一半被试则在 10 天之后练习。18 次练习中，有 9 次是按区组的方式安排三种练习模式（每个区组有 3 次练习），另 9 次则按随机的顺序练习三种模式。在保持测验后，被试在两种迁移任务上各练习 3 次，一种迁移任务是由三步组成的新的运动模式，另一种任务则是由五步组成的运动模式。结果发现，在保持和迁移测验上，随机练习组的成绩优于区组练习组，区组练习的学习效应反而不如随机练习（见图 8－2）（Schmidt & Lee，1999）。这说明，区组练习在动作技能的习得阶段有积极作用，但在保持和迁移阶段则不如随机练习；换言之，随机练习对动作技能的学习要比区组练习产生更持久的影响，这一发现在心理学中称为 情境干扰效应 （contextual interference effect）。

后来，古德和马吉尔（S. L. Goode & R. A. Magill，1986）用实验室之外的更现实的任务证实了情境干扰效应。他们让女大学生练习在右侧发球区发羽毛球的动作，要

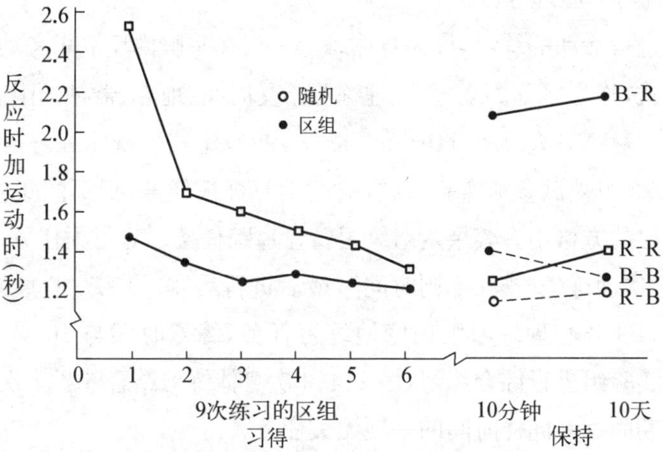

图 8-2　随机练习与区组练习的学习效应

学习的发球动作有三种形式：长球、短球和大力发球。每种发球动作要练习 108 次，练习为期三周。按区组练习法练习的女大学生，每周只练习一种发球动作；按随机练习法练习的女大学生，在练习前由研究人员随机告知练习的动作。结果发现，随机练习组的保持和迁移测验成绩均优于区组练习组，尤其是在将发球位置由右侧发球改为左侧发球后，随机练习组被试的发球技能保持完好，但区组练习组的被试却不能很好地适应这一新的情境(马吉尔，2006)。

当然，练习的变化形式并不仅仅局限于这两种。给定 X 项任务，每项任务练习 N 次，有多种安排练习的方式。区组练习和随机练习只是两个极端。李和马吉尔(R. A. Magill, 1983)研究了介于这两个极端中间的一种练习安排。在他们的研究中，练习在三项任务间轮换，但总是以同样的顺序(如 B—C—A—B—C—A—B—C—A)。这样，和随机练习一样，练习是不重复的，但下一个练习的任务又是可以预测的，这一点类似于区组练习。结果发现，进行这种练习的被试的表现基本上与随机组的表现一样。这说明，区组练习的重复性是促进表现和抑制学习的关键因素。

随之而来的一个重要问题是，中等程度的练习重复性安排是否对表现与学习都有益。阿尔艾米尔和图尔(H. Al-Ameer & T. Toole, 1993)的研究证实了这种可能性。在他们的研究中，被试以随机和区组的顺序练习类似于谢伊和摩根(1979)的任务，习得和保持的结果也与之类似。但他们的研究又增加了两组被试，进行随机化的区组练习，即被试练习一项任务 2～3 次，然后随机转向另一项任务，再练习 2～3 次。结果表明，随机化的三次练习区组促进了习得期间的表现(相对于随机组)，而且在学习上的效应和随机练习一样。

(3) 身体练习与心理练习

身体实际进行活动的练习，称为身体练习。仅在头脑内反复思考动作技能的执行过程的练习形式，称为心理练习。心理练习不受时间、地点、器械的限制，而身体几乎不会产生疲劳。赫德等人(J. S. Hird et. al.，1991)比较了身体练习与心理练习的效果。他们找了12组被试参加实验，六组被试学习桩板任务，把不同颜色、形状的桩尽快塞入板上刻出的方格中。其余六组练习转盘追踪任务。对每项任务，对被试进行前测，而后进行七次训练(安排在不同时间)，最后进行后测。100%的身体练习组，每项任务练习8次，100%心理练习组内隐地练习任务，练习时间与100%身体练习组一样。其余三个实验组进行综合练习，由2、4、6次身体练习结合6、4、2次心理练习。而控制组在训练期间练习同样时间的一项无关任务。

结果发现，100%心理练习组比没有练习组(控制组)更优，但不如100%身体练习组好。此外，混合组的结果表明，用于身体练习的比例越高，学习效果越好(Schmidt & Lee，1999)。这一研究表明，在任何可能的时候，学习时要尽量选择身体练习。但在不可能进行身体练习的情况下，心理练习是促进学习的有效方法。

需要指出的是，由于动作技能的重要特点之一是涉及实际的肌肉运动，因而真正的动作技能学习必须得有身体练习。心理练习所练习的可能是与动作技能有关的操作步骤(一种智慧技能)。单纯进行心理练习对动作技能学习虽有促进作用，但不能代替身体练习。对此，加涅也明确指出，如果一套操作步骤的有关动作技能没有得到充分练习，那么，光练习操作步骤而不同时练习有关的动作技能，就不能期望这样的练习对整个活动的学习有多大的帮助(加涅，1999)。

4. 反馈的提供

反馈是指学习者在运动之中或运动之后接到的运动产生的信息，如感觉到、听到、看到的及运动在环境中产生的结果。反馈在动作技能学习中的重要性仅次于练习。

(1) 反馈的类型

可以将反馈分为固有的反馈(inherent feedback)和增补的反馈(augmented feedback，又译追加的反馈)两种。固有的反馈，有时叫内反馈(intrinsic feedback)，是练习者不依赖外来帮助而自己获得的反馈，它可以是练习者在执行某个动作时肌肉中的动觉感受器提供的感受，如在做了一个错误的潜水动作后感觉到的刺痛感；也可以是练习者对自己行为结果的直接观察，如练习者在投篮中可以看到球是否投中。

增补的反馈是由教师、教练或某种自动化的记录装置提供给练习者的反馈信息，通常是在练习者得不到固有反馈信息时给予的，是对固有反馈的增加和补充。如在练习射击时，是否击中了靶心，往往要由别人告诉给我们。又如在练习舞蹈动作时，教练会对我们的动作进行一些评点和指导。这里我们接受的信息就属于增补的反馈。

增补反馈有两种形式，一种形式叫做结果的知识（knowledge of results，KR），这是在运动之后别人以言语的方式提供给我们的关于运动目标达成状况的信息。如教练讲“这次你没有击中目标”。结果的知识可以很具体，也可以有一定概括性，还可以包括诸如“很好”之类的奖励成分。需要指出，结果的知识是关于运动结果是否达到目标的反馈，不是关于运动本身的反馈（如“你的肘弯了”）。

另一种形式叫做表现的知识（knowledge of performance，KP，又译操作的知识），是关于学习者做出的运动模式的反馈信息（如“你的肘弯了”）。表现的知识更多的是教员提供给学生的旨在改正错误运动模式的反馈，而不是运动在环境中产生的结果。表现的知识还可指被试模糊意识到的运动的一些方面，如在复杂运动中某个手臂的动作，还可指被试通常意识不到的身体中的过程，如血压或具体运动单元的活动——通常叫做生物反馈。比较常见的一种表现的知识是录像回放，就是把练习者练习的过程录制下来，再回放给练习者。

在反馈的两种形式中，心理学研究比较多的是增补的反馈，而增补反馈的研究又大量集中在对结果的知识的研究上。由于结果的知识是由教师提供的，相当于一种教学措施，能够对学生的动作技能学习产生影响，因而这方面的研究对于如何指导学生进行动作技能的训练有重要意义。

(2) 反馈影响动作技能学习的机制

在动作技能学习的研究中，受认知心理学的影响，研究者逐渐认识到，反馈不是一种奖励，而是学习者需进一步加工的信息。在动物学习研究中，即使是短的时间间隔后再给予奖励，也会极大地削弱动物习得的行为，延迟奖赏 30 秒左右，会完全排除学习。但在人类身上并未发现这些效应，延迟呈现结果的知识（KR）对动作技能的学习没有影响。而且，在动物学习研究中，不呈现奖励，动物习得的行为就倾向于消退，而在动作技能学习中，不呈现 KR，被试倾向于重复而不是消除所学习的运动。在 KR 呈现时，被试才对其动作做出修改，明确努力的方向，显然，被试是将 KR 用作下一次如何行动的信息。

既然反馈是有待进一步加工的信息，那么，学习者是如何加工这些信息的呢？为此，研究者区分了动作技能的两次练习期间与反馈的信息加工有密切关系的两个时间段：KR 延搁和后 KR 延搁，如图 8－3 所示（Schmidt & Lee，1999：327）：

KR 延搁是从某次练习结束到本次练习的 KR 呈现的时间间隔，在这期间，练习者对操作完成后所获得的固有反馈进行加工。后 KR 延搁是从某次练习的 KR 呈现完毕到下一次练习开始的这段时间间隔，在这期间，学习者对固有反馈和增补反馈之

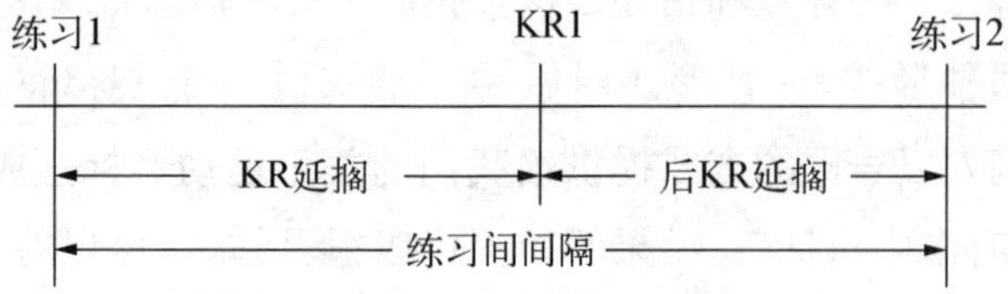

图 8-3　KR 研究中的时间间隔

间的差异进行比较、解释，并计划下次应如何操作。这一系列的信息加工活动的最终目的，是形成成功且稳定的动作反应以及觉察自己运动错误的能力即觉错能力。觉错能力是练习者将练习后所获得的固有反馈与已习得的正确参照进行多次比较后形成的。在练习初期，练习者对自己获得的固有反馈信息是否反映了正确的动作技能把握不准，这时 KR 提供的信息就很好地发挥了信息作用，练习者可以据此判断自己获得的固有反馈是否是正确执行了动作技能的结果，并能指导练习者矫正其错误的反应。但 KR 的信息作用还有不利的一面，这一面通常是在练习的后期体现出来的，即 KR 会使学习者过分依赖 KR 提供的信息，而不去进行有助于技能保持的其他信息加工活动，如感知并自己判断固有反馈的正误。此外，每次练习后都参照 KR 来修正所学习的技能，也不利于学习者形成独立而稳定的动作反应。这样看来，我们既要利用 KR 对动作技能学习的促进作用，也要防止它的消极作用。

有多方面的研究证据支持上述反馈作用的信息加工解释。一方面的研究证据是在 KR 延搁期间插入其他活动，干扰练习者对固有反馈的加工，这会对动作技能的学习产生干扰作用。如谢伊和尤普顿(J. B. Shea & G. Upton, 1976)让被试蒙住眼，要求他们在移动一对钢棒上的手柄时，每次做两个独立的线性反应。第一个反应要求运动 100 毫米，第二个反应要求运动 200 毫米。完成第二个反应约 30 秒后，给所有被试提供第一个和第二个反应的定量的 KR。在 30 秒的 KR 延搁期间，控制组静静地坐着；实验组被试则被要求做出两个不同于刚才练习的额外反应。所有的被试都练习 21 次，休息 2 分钟后，进行 12 次不提供 KR 的保持练习。结果发现，在接受 KR 之前的延搁期间若插入额外的运动，被试的成绩要比不插入这种运动更差(Hall, 1989)。

另一方面的证据是采取相应措施，让练习者在 KR 延搁期间更多地注意自己的运动所产生的固有反馈(如要求练习者对运动的错误情况进行估计)，这会促进动作技能的学习。如霍根和亚诺维茨(J. C. Hogan & B. A. Yanowitz, 1978)要求一组被试在限时爆发(ballistic timing)任务中，在接受每次练习的 KR 之前，估计自己的错误，对另一组则不要求估计自己的错误。在提供了 KR 的习得阶段，两组无实质性差异，但在没有 KR 的迁移测验上，进行错误估计的被试几乎完美地保持了表现，而没有进行估计的被试,则在练习中出现了系统的回退(Schmidt & Lee, 1999)。

还有一方面的证据是在后 KR 延搁期间插入认知性的活动会干扰动作技能的学习。在本尼德提和麦卡拉(C. Benedetti & P. McCullagh, 1987)及斯温内(S. P. Swinnen, 1990)的研究中,前者采用的干扰活动是让被试解数学题,后者是让被试猜测实验者在后 KR 延搁期间进行的操作杆运动任务的运动时间误差。两个研究都发现,插入的这些活动干扰了动作技能的学习(马吉尔,2006)。

此外,还有证据表明,学习者将增补的反馈用作信息,以构建指导运动的内部计划或程序,一旦形成了正确的内在计划或程序,就不再需要增补的反馈了。如纽厄尔(K. M. Newell, 1974)让被试练习移动一个杠杆 9.5 英寸,共练习 75 次。第一组被试每次练习后都收到反馈(全反馈组);第二组被试在前 52 次练习中收到反馈,但最后 23 次练习中没有收到反馈(52 次反馈组);第三组被试在前 17 次练习中收到反馈,但在最后 58 次练习中未收到反馈(17 次反馈组);第四组被试只在前 2 次练习中收到了反馈(2 次反馈组)。结果发现,全反馈组和 52 次反馈组的成绩差不多。这说明,在 52 次练习后,被试已获得了一个内在的程序来指导如何生成正确的反应,因而外在的增补的反馈就不再需要了。但在学习的早期移去反馈时(如在 2 次或 17 次练习后移去),成绩反而下降,这说明,被试还未形成一种判断固有反馈正误的内在程序,因而一旦移去外在的增补反馈,他们就不知所措。这些结果说明,提供反馈后学习者要做的信息加工活动是建构一个认知计划以判断固有反馈的正误和生成下一次正确的反应(Mayer, 2008)。

第三节 动作技能学习规律的教学含义

动作技能的学习过程与条件揭示了动作技能学习的一些规律,这些规律对于我们安排动作技能的教学、促进学生动作技能的学习有重要启示。

一、识别教学实践中的动作技能学习任务

动作技能是一种重要的学习结果和教育目标。在布卢姆的教育目标分类体系和加涅的学习结果分类体系中,动作技能是与认知领域、情感或态度领域相并列的一个学习领域,三者共同构成了全面的教育目标。在我国的中小学教学实践中,动作技能也是学生要学习的重要内容之一。

动作技能学习在体育课上表现得最为突出。学生要学习的广播体操、跳远、发球、

投篮等动作，都涉及全身肌肉按一定规则进行运动，这些内容，离开了实际的身体练习是不可能学会的。在外语和语文课上，发音、朗读以及书写的学习很大程度上也是动作技能学习，所不同的是，单词、句子的发音朗读是需要按发音规则协调口腔、舌头、声带等部位的肌肉运动，书写汉字和外语单词则是按照笔顺、运笔、间架结构的规则协调手指、手臂等部位的肌肉运动。发音不标准或书写得不美观，是因为没有按照标准的规则来支配肌肉运动的缘故。此外，音乐课上的唱歌、美术课上的绘画等学习任务，都包含有很大程度的动作技能学习成分。

在遇到涉及学生身体动作的学习任务时，如何判定该项任务是不是动作技能学习呢？如学生在操场上用木桩和绳子来画一个圆圈，这样的任务是动作技能学习吗？由于动作技能中有智慧技能（即执行性子成分）的成分，因而动作技能学习很容易和智慧技能学习混淆。为更好地区分这两种不同的学习，加涅建议，不能简单地通过观察学习的外显运动的表现来识别动作技能的学习。要识别出动作技能的学习，对学习者在开始学习前能做些什么和在学习后能做些什么进行观察是至关重要的。为了做出动作技能已经习得的结论，我们必须首先弄清楚学习者的“起始行为”是什么（加涅，1999：231）。就上述任务而言，我们可以观察一下，学生在完成这一任务前会不会在操场上打一个木桩，会不会把绳子的一端系在木桩上，会不会拉着绳子另一端转圈。如果学生都能分别完成这三项动作，则经过学习后，学生完成的行为已不再是打桩、系绳、转圈了，而是运用“到定点为定长的点的集合”这一规则作圆了。显然，这是一项智慧技能的学习而非动作技能的学习，在这类学习中，协调肌肉运动的任务是学生早已学会了的，在当前任务的学习中是不需要学习的。

二、在认知阶段促进动作技能的学习

为学生提供言语指导和做出动作技能的示范可以促进动作技能的初期学习。

言语指导需要教师用言语描述要学习的动作技能，这很容易超过学习者的工作记忆容量，对儿童来说尤其如此。解决这一问题的一种办法是用言语来描述对第一次或前两次练习十分重要的技能方面，确保学习者在早期的练习中能够加以实践。在第一个重要方面掌握后，可以用言语或其他技术告知学习者下一个需要注意的方面。解决这一问题的另一种办法是用简短、精炼的词语提供言语指导。

在示范时，可以向学生示范其他学习者的学习过程，这一过程中既有榜样学习的过程，也有教师所提供的针对性反馈。在具体操作时，可以采用如下两种方式。第一种方式是让学生结成对子练习，其中一个练习时，另一个就对其进行观察，同时教师对练习者提供指导。经过一段时间以后，两名学生互换角色，原来练习的成为观察者，原来观察的成为练习者，当然学生观察和练习期间仍需要教师给练习者提供指导。第二种方式也是让学生结成对子，相互观察和练习。不过指导和反馈的提供主要由学生负责，即教师为对子中的观察者解释或示范技能的关键环节，而后观察者在练习者身上寻找这些环节并向其提供反馈（马吉尔，2006）。这种形式有助于减轻教师的负担，使其有更多精力对全班学生进行指导和管理。

在实际教学中，示范和言语指导常常结合起来使用，共同达成让学习者理解所学习动作技能的目的，而且，根据现代心理学的观点，学生对言语指导的加工是通过言语通道进行的，对所示范动作的加工是通过意象（表象）通道进行的，两种方式结合起来，有助于减轻学生的工作记忆负担，促进对动作技能的理解。如汤姆森（L. Thompson）让小学五年级学生学习装配两种复杂程度不同的拼图，学生被分成五组，对各组，教师都给以相同的示范，不过示范时对各组的言语解释不同。同时要求不同组的学生在教师示范时进行不同的活动。实验的安排和结果见表8-1（郭德俊、雷雳，1998）。

表8-1　不同示范方式对动作技能学习的影响

组别	规定学生的反应	教师示范与说明	示范后独立操作简单拼图所需时间（分钟）	示范后独立操作复杂拼图所需时间（分钟）
1	边看示范边背诵与技能无关的数字	只有示范动作，不做任何说明	5.7	25
2	边看示范边说出教师正在做什么动作	只有示范动作，不做任何说明	3.1	22
3	只许看不许发问	示范动作之外略作要点说明	3.5	16
4	只许看不许发问	示范动作之外另加详细说明	3.2	14
5	边看示范边说出教师正在做什么动作	只纠正错误，不做口头解释	2.2	12

从表中可以看出，第五组的学习效果最好。这组学生在观看教师的示范时，还对自己观察到的示范进行积极的加工，而教师则及时就学生对示范的理解予以反馈，纠正其中的错误。这种示范方式中，学习者积极地参与到学习过程中，而教师又给以及时反馈，确保学生对所示范动作的正确理解。

三、在联系形成阶段促进动作技能的学习

联系形成阶段是形成连贯的动作技能的重要阶段，安排合适的练习并提供有效的

反馈是促进这一阶段学习的重要举措。

这一阶段的练习应以身体练习为主，练习的形式应主要考虑集中练习与分散练习，区组练习和随机练习。虽然有研究表明，对连续性动作技能而言，分散练习的效果优于集中练习，但很多人在选择练习方案时，还是倾向于在较短的时间内完成练习任务，尤其是在规定了每节课上课时间的情况下许多教师也偏爱集中练习，因为它与教学时间的安排很吻合。但这一直觉认识与研究证据相左。从单节课的角度看，集中练习好像是教师唯一的选择，但从整个学期的角度看，一项动作技能的学习，可以分散在整个学期甚至学年，这样分散练习的安排就顺理成章了。

当涉及多种或一种技能的多种变式的学习时，宜采用随机练习。从一节课练习一项技能的角度来看，随机练习似无必要，但从整个学期、学年的动作技能的学习来看，可以将随机练习与分散练习结合起来，即一节课上随机练习几种技能，而这种练习又分散在一学期或一学年，从而发挥两种练习的长处。另外，采用随机化练习的一个缺点是，有时要不断变换练习的场地（假设不同技能的练习要在不同场地、使用不同器械，如要训练新工人几项技能，而且这些任务要在不同的场地完成），这会给教学的安排带来不便，这时可以将随机练习与区组练习结合起来，进行随机化的区组练习，即学习者练习一项任务 2～3 次，然后随机转向另一项任务，再练习 2～3 次。有研究表明，这样的随机化区组练习促进了习得期间的表现（相对于随机组），而且在学习上的效应和随机练习一样（Schmidt & Lee, 1999）。

提供反馈时，关键要考虑促进学习者对反馈信息的加工处理。为实现这一目的，考虑如下一些建议是有帮助的。

一是要给学生提供定量的 KR 而不是定性的 KR。定性的 KR 是指教师对学生的动作反应做出“对”或“错”的评价。定量的 KR 不仅指出学生的动作反应是否正确，还在错误的情况下为学生指出错误的大小。如画一条 10 厘米长的线段，定性的 KR 只需告诉学生画的线段是不是 10 厘米长就可以了，而定量的 KR 则要指出画的线段比 10 厘米长了多少或短了多少。定量的 KR 的效果优于定性的 KR，这是因为，某次练习结束后，学生自己会获得动作执行情况的固有反馈，学生对这一反馈是否是正确动作的反馈把握不准，这时给予清晰的 KR，学生就可将自己获得的固有反馈与外来的 KR 作比较，从而在多次练习之后，形成正确、清楚的固有反馈印象，并能根据这一印象来自我觉察动作中的失误。

二是在练习的初期要经常给学生提供 KR，在接近练习的结尾时，要逐渐减少 KR 的呈现。每次练习都给学生提供 KR，这对于学生在练习期间有较好的练习表现十分有利。但一直这样下去，会使学生形成对这种信息的依赖，即根据外来的 KR 来判断自己动作执行的好坏，而不是根据自己获得的固有反馈来判断，这又不利于学生自己觉察动作执行中的错误。普罗蒂奥和马蒂纽克(L. Proteau & R. G. Marteniuk, 1993)的研究从反面说明了这一观点。他们让被试练习射击瞄准动作，练习期间研究者可让被试可以看到自己的动作(一种增补的反馈)。但在200次，2 000次的练习之后，取消了视觉反馈。结果发现，在2 000次练习后取消视觉反馈比在200次练习后取消视觉反馈导致被试的操作准确性更差。这说明，被试不仅没有减少对视觉反馈的依赖，反而加重了对其依赖的程度。后来又在练习100次、1 300次、2 100次后取消视觉反馈，也得出了相同的结论(马吉尔，2006)。

三是每次练习过后不宜立即呈现本次练习的KR。之所以要这样，是因为在练习之后的KR延搁期间，学习者要进行信息加工活动，加工处理学习者自己获得的固有反馈，这时呈现KR，会干扰学生对这类信息的加工，不利于学生形成正确的运动印象。比较好的提供方式是在若干次(如20次)练习结束后，集中将这些练习的KR一并呈现给学习者，这样相当于延迟呈现了各次练习的KR，学生可有较充分的时间来加工固有的反馈。

四是宜由学习者来决定何时呈现结果的知识。这是指在被试完成一项运动任务过程中，只有当他们想得到增补的反馈时，才给他们提供反馈。之所以这样做，是因为被试练习完某项技能后，要将固有反馈的信息与KR进行比较，以判断固有反馈信息的准确性。当学习者对固有反馈信息的正确性不确定时，就需要外部的客观的标准，这时呈现KR就能最佳地发挥其信息作用。但当学习者能自己判断固有反馈信息的正误时，就没有必要再提供KR了。贾内尔等人(C. M. Janelle et. al., 1997)的研究支持了这一建议。他们让大学生练习向地面上的目标低手投掷高尔夫球。一组学生(自我调节组)在200次练习中按自己的意愿要求提供增补的反馈，另一组在自我调节组的被试获得增补反馈时，不管他们是否需要，也相应提供增补的反馈。结果发现，自我调节组的被试的投掷技术和精确性优于被动接受增补反馈的被试(马吉尔，2006)。

四、在自动化阶段促进动作技能的学习

动作技能的学习在达到连贯执行的基础上，还要达到流畅、精确的程度，为此，相应的练习仍是必要的，不过这种练习更多的是指过度练习，即为达到特定操作标准所需练习量以外的附加练习。如某项技能，需要练习200次才能达到掌握标准，练习200次以后再进行的练习就属于过度练习。梅尔尼克(M. J. Melnick, 1971)的研究说明了过度练习的量对动作技能学习的影响。在其研究中，被试学习在一个稳定性测量仪上保持平衡，要求达到的标准是在50秒内至少保持28秒。在达到这一标准后，四

组被试分别按下列练习量进行过度练习：0%，50%，100%，200%。而后所有被试在练习结束一周和一月之后进行两次保持测验。结果发现，进行了过度练习的三组被试的保持成绩优于没有进行过度练习的被试，而且50%的过度练习组与100%、200%过度练习组的成绩没有显著差异(马吉尔，2006)。这说明，过度练习对技能的掌握与保持有积极作用，但并不是说过度练习量越多越好，可能存在一个最佳的过度练习量(根据上述研究，这一最佳的过度练习量可能是50%的过度练习)，超过这一最佳练习量的过度练习，对技能的学习可能就没有多大促进作用了。

本章概要

1. 动作技能是以流畅、合乎规则和时间上精确为特征的协调肌肉运动的能力，通常分为连续的与离散的动作技能、封闭的与开放的动作技能。动作技能的执行必须涉及实际的肌肉运动，而智慧技能则可以在头脑内部执行。熟练的动作技能通常具有如下特点：立即反应代替了笨拙的尝试；利用微弱的线索；错误被排除在发生之前；局部动作综合成大的连锁，受内部程序控制；在不利条件下能维持正常操作水平。

2. 费茨和波斯纳将动作技能的学习分为认知阶段、联系形成阶段和自动化阶段。在研究动作技能的学习时，常用保持与迁移测验来测量运动表现的相对持久的变化。

3. 动作技能学习的内部条件主要是学习者在习得动作技能前要先习得构成动作技能的局部技能，以及指导各局部技能执行顺序的执行性子程序。

4. 动作技能学习的外部条件主要是言语指导、示范、练习的安排和反馈的提供。言语指导影响学习者对执行性子程序的习得，而且有助于学习者形成动作技能的明确目标。示范在动作技能学习之初、学习之中都有重要作用。示范学习者学习动作技能的过程而不是专家完美的表现，可能更有利于学生动作技能的学习。

5. 练习是影响动作技能学习的最重要外部条件，要根据任务的性质选择适当的练习形式。一般来讲，心理练习要和实际的身体练习结合起来进行；连续的动作技能比较适合采用分散练习；当要练习多项任务或一项任务的多种变式时，采用随机练习有助于动作技能的长期保持和迁移。反馈是影响动作技能学习的又一重要外部条件。反馈可分为固有的反馈和增补的反馈，结果的知识是增补的反馈的一种主要形式。在动作技能学习中，反馈不是作为强化物而是作为一种需要学习者进行加工处理的信息对待的。因而在练习过后，要给学习者留出加工反馈信息的时间并采用相应的措施促进学习者对反馈信息的加工。

6. 知晓动作技能学习的过程和条件有助于教学设计者安排动作技能的教学。动作技能学习在体育、外语、语文、音乐等学科比较常见，一般需要结合对学生起点行为的考察来判断一项任务是不是动作技能学习。在动作技能学习的认知阶段，提供言语指导和示范可促进学生的学习，不过要注意言语指导不要超过学习者工作记忆的容量，而且言语指导和示范要有机结合。在联系形成阶段，伴有反馈的练习可促进这一阶段的学习，而过度练习则是动作技能达到自动化程度所必需的。

练习题

一、解释下列术语

动作技能	执行性子程序	练习	心理练习
集中练习	分散练习	随机练习	区组练习
情境干扰效应	固有的反馈	增补的反馈	结果的知识

二、填空

1. 加涅认为，动作技能实际上有_________、_________两个成分。

2. 研究连续的动作技能习得时常用的任务是___________。

3. 动作技能学习的内部条件主要是_________和_________。

4. 费茨和波斯纳将动作技能的学习分为_________、_________、_________三个阶段。

5. 心理学家在测量动作技能是否已习得时，常用_________测验和_________测验。

6. 动作技能练习中的反馈可以分为_________和_________两类。

三、选择

1. 下列属于动作技能的活动是_____。(1) 摇头；(2) 吞咽食物；(3) 写毛笔字；(4) 系鞋带。

2. 下列属于连续动作技能的活动是_____。(1) 打开收音机；(2) 草书；(3) 实弹射击；(4) 开车。

3. 就动作技能的学习而言，“见者易，学者难”这句话强调的是_____对动作技能学习的重要性。(1) 言语指导；(2) 示范；(3) 练习；(4) 反馈。

4. 教师罚学生抄写课后生字五遍，这时学生的抄写行为属于_____。(1) 集中练习；(2) 区组练习；(3) 随机练习；(4) 不属于动作技能的练习。

5. 练习扔铅球的动作时，宜采用的练习形式是_____。(1) 心理练习；(2) 整体练习；(3) 区组练习；(4) 分散练习。

6. 请指出下列属于固有反馈的例子_____。(1) 小学生对老师说，他写字时手很酸;(2) 教练对运动员说,请告诉我:“你的防护帽是否太紧?”(3) 丈夫对妻子说:“你在汤里放的盐太多。”(4) 老师告诉学生:“两手侧平举时你的手举得太低。”

7. 桑代克曾做过一个实验: 被试蒙上眼睛后练习画 4 寸长的线段,经过 3 000 多次练习,毫无进步。其最适当的解释是______。(1) 被试缺乏学习动机;(2) 练习过多导致疲劳;(3) 被试不知练习的结果;(4) 缺乏适当的指导。

8. 在动作技能学习的早期阶段,教师的示范不宜过快。这种现象的最适当解释是______。(1) 人的短时记忆容量有限;(2) 学习应循序渐进;(3) 防止过早出现疲劳;(4) 先要有准备动作。

9. 动作技能的教学方法一般宜于采用______。(1) 发现法;(2) 讲解法;(3) 示范法;(4) 示范与讲解相结合方法。

10. 动作技能教学一般通过示范与指导相结合进行,而不宜采用发现教学法,较恰当的理由是______。(1) 学生一般不能发现新的动作技能;(2) 学生自己尝试的动作方法往往不够准确;(3) 通过发现而出现的错误动作难以纠正;(4) 以上三者都是可能的解释。

11. 普通人每秒只能对外界刺激的变化进行两次调节,而熟练的钢琴家每秒能弹奏 10 个以上的音符。最适当的信息加工心理学解释是______。(1) 钢琴家有特殊天赋;(2) 熟能生巧;(3) 人脑中已形成的产生式系统能自动进行;(4) 通过练习,注意分配能力增强。

四、研究与设计

1. 观察一位中学或小学优秀体育教师的上课情况,并做详细记录(要求教师在课内教学生掌握某项体育动作)。或者收集优秀体育教师的教学经验总结,分析教师在教学时运用了本章介绍的哪些动作技能学习的原理。

2. 观察并比较初入学儿童与熟练的书写者在书写常用汉字时的不同特征。

3. 以情境干扰效应为例,说明什么是动作技能的学习以及如何测量这种学习。

第九章　态度与品德学习

本章要点

态度与品德的性质	艾森伯格的亲社会道德理论
态度的性质	认知失调论
态度的定义	道德认知理论的教育含义
态度的构成	**态度与品德学习的过程和条件**
品德的性质	社会学习理论简介
品德的定义	导致态度与品德形成和改变的两类学习
品德的构成	观察学习
态度与品德的关系	亲历学习
关于态度与品德形成及改变的几种理论	观察学习的效应
道德发展阶段理论	态度与品德学习的条件
皮亚杰的道德发展阶段论	榜样人物及其行为后果
科尔伯格的道德发展阶段论	强化与惩罚
吉利根的关怀道德理论	个人的信念

本章目标

学完本章后，应能做到：

1. 根据态度的性质，指明其与认知学习和动作技能学习之间的相同点与不同点；
2. 举例说明态度与品德之间的联系与区别；
3. 用实例说明品德发展的阶段性及其对品德培养的意义；
4. 通过实例说明班杜拉社会认知理论在品德教育中的运用。

前面我们讨论了认知领域和动作技能领域的学习。本章将要讨论情感领域的学习。在传统上，我国教育学将情感领域的学习称为品德学习，而加涅则称为态度学习。本章先从心理学角度来阐明态度与品德的性质及其关系，然后介绍几种有关品德发展与品德学习的理论及其教育含义，最后根据班杜拉的社会认知理论说明态度和品德学习的过程和条件。

第一节 态度与品德的性质

一、态度的性质

(一) 态度的定义

什么是态度呢？从行为特征来看，态度往往表现为趋向与回避、喜爱与厌恶、接受与排斥等。但是，态度不是实际反应本身，而是在特殊情境下以特定方式反应的内部准备状态。比如，一些成绩好的学生倾向于歧视(回避、排斥)成绩差的学生，但是这种倾向性并不一定转化为外显的反应。

态度是一种反应的准备状态，表现在态度并不决定特定的行为；相反，态度在不同程度上决定个人一定类型的行为。教师有时讨论某某学生学习态度不认真，可能是指这名学生迟交作业、作业潦草、作业题目经常看错等等对学习的不够专注。

态度是学习的结果。有几种态度可列为学校必要的学习目标：一是与人交往活动的态度，如容忍、帮助别人等等；二是对学科的态度，以至更为一般的对学校、对学习的态度，如喜欢学电脑，爱护学校公物等等；三是与公民身份有关的态度，如热爱祖国，关心社会需求和目标，愿意承担和履行公民的职责，等等。心理学一般把态度定义为"个体对自己和对外部世界的客体、人、情境或任何其他抽象观念或政策等的喜爱或讨厌的评价性反应"。

(二) 态度的构成

一般说来，态度包括以下三个成分：(1) 认知成分，与表达情境和态度对象之间关系的概念或命题有关；(2) 情感成分，与伴随概念或命题的情绪或情感有关，被认为是态度的核心成分；(3) 行为倾向成分，与行为的预先安排或准备有关。例如，一个学生对数学的积极态度，其中的认知成分可能是：在同学当中，数学成绩总是第一，这可以带来荣誉；情感成分可能是得第一名时获得的尊重需要的满足感，或者是解题顺畅时的兴奋感；行为倾向成分意指这个学生偏爱数学的行动的预备倾向。

态度受到情感、认知和行为倾向各成分之间关系的影响。根据各成分的强度、范围或包含的内容，可以区分出一个人同另一个人在态度上的差异。比如，情感成分相同，认知成分、行为倾向成分却可以完全不同。一个对数学抱有消极情感的学生，可能会在学习上一无进展，并最终归于失败；另一个学生却可能置消极情感于不顾而努力学习，因为他知道升学需要数学的高分。

要了解一个学生的态度，既可以分别考查态度的三个成分，也可以同时考查这三个成分。特别要注意，人们有时难以从外显的行为推断出一个人内在的真实态度，嘴上所说的常常不能付诸行动。

态度中的行为倾向成分可以独立于其他两个成分，这一点对教学设计非常重要。许多所谓的态度教学，其实只是态度的认知成分或情感成分的教学，而这些成分可能同行为毫无关系。

二、品德的性质

（一）品德的定义

品德又称德性，即个人的道德面貌，是与道德有关的概念。道德是一种社会现象，是行为规范的总和。道德的效用在于和平地解决人际间的冲突，发展人际间理想的良好的关系。如果人的行为符合社会行为规范，符合人际之间合理的契约，这类行为就被称为是善的、道德的，反之则称为恶的、不道德的。道德的性质、发展等问题是伦理学研究的对象。

品德是社会道德在个人身上的反映，是个人依据一定的社会道德行为规范行动时表现出来的较稳定的特征。其形成和改变是教育心理学的研究对象。品德不是天生就有的，而是在一定的社会与教育环境中习得的，经历着外在准则规范不断内化和内在观念外显的复杂过程，这一过程也是个体性格形成的社会定向过程。品德是性格的一个方面，是性格中具有道德评价意义的核心。

（二）品德的构成

个人的品德体现在他的一系列行为中，体现在当个体的行为可能影响他人的利益时个体所作的行为选择中。随着品德的发展，个体可能学会体谅别人、自制和利他。良好的行为是与个人的道德认识和道德情感联系在一起的。

1. 道德认识

道德认识，亦称道德观念，是指对道德行为准则及其执行意义的认识，其中包括道德的概念、命题、规则等。道德认识的产物是个人的道德价值观念的发展，道德价值观念作为认知结构中的一种成分，又会影响进一步的道德认识。

道德价值观念是对各种涉及他人利益的行为的价值的概括化。在一定的道德价值观念中，某些行为的价值高于另一些行为的价值。道德价值观念是一种标准观，个人按照自己的道德价值观念，判断自己或他人行为的是非、善恶和好坏。道德价值观念是道德价值的内容，道德价值的内容直接受不同文化背景的影响。我国专家研究发现，道德价值主要包括集体、真实、尊老、律己、报答、责任、利他、平等这八个独立的内容。

在道德事件上，个人的道德认识往往是极为重要的。就某一个体而言，怎样才称得上“道德”，这涉及道德的实质——“意向”和“理由”，离开这个实质，便无从谈论道德。也就是说，如果一个人无意中做了好事（没有“意向”或“理由”），其行为称不上道德。

2. 道德情感

道德情感是人的道德需要是否得到满足而引起的一种内在体验。它伴随着道德观念并渗透到道德行为中。个人在对自身的行为和他人的行为作出道德判断时，都会出现与这些判断有关的情感。苏霍姆林斯基说过，“道德情感——这是道德信念、原则性、精神力量的血肉和心脏。没有情感的道德就变成干枯、苍白的语句，这语句只能培养出伪君子。”道德情感在品德中的重要性已受到心理学家的重视，但有关的研究材料仍十分贫乏。20世纪90年代初，我国有人研究心境对助人行为的影响，发现积极、愉快的心境能够促进助人行为。当与道德观念相伴随的道德情感成为推动个人产生道德行为的内部动力时，就成了道德动机。

3. 道德意志

道德意志实际上是道德认识的能动作用，是人利用自己的意识，通过理智的权衡作用去解决道德生活中的内心矛盾，是支配行为的力量。道德意志与道德行为是密切联系的，离开了道德行为，道德意志就无从表现。

4. 道德行为

道德行为是实现道德动机的行为意向及外部表现。道德行为是研究者十分关注的品德成分。这不仅因为道德行为是社会、教育者要求个人达到的目标，更因为道德行为体现了人类行为的高度复杂性。

道德行为是衡量品德的重要标志。看一个学生的品德，主要不是看他认识到什么，而是看他是否言行一致。一个欲望强烈而缺乏自制的人，在行为上可能与他的是非观念相矛盾，这是在品德不良的个体中常见到的。所以，在评定一个人的品德时，更多地是依据这个人的道德行为。正是出于这样的考虑，教育部门制定了一系列的中、小学生的行为条例和规范，作为学校教育中的德育目标。其实，人的品德不是道德认识、道德情感、道德意志、道德行为的堆积。品德的这四个成分之间是相互联系、相互制约的，在培养学生的优良品德时，不能忽视任何一个成分。

三、态度与品德的关系

通过对态度与品德这两个概念的定义及其构成成分的分析，我们可以发现，两者涉及的问题基本上是同质性的，有时我们甚至难以把两者严格区分开来。例如，说某学生有尊老的品德，这里所说的品德也是指这个学生遇到老人时作出行为选择的内部准备状态或反应的倾向性，我们也可称为尊老的态度。

但是，态度与品德这两个概念仍有区别。第一，价值（或行为规范）的内化程度不同。克拉斯沃尔（D. K. Krathwohl）和布卢姆在《教育目标分类学，手册Ⅱ：情感领域》中提出，因价值内化水平不同，态度可以从轻微持有和不稳定到受到高度重视且稳定之间发生多种程度的变化。从态度的最低水平开始依次是接受（receiving），即注意，如学生愿意听老师宣讲雷锋精神；反应（responding），即超出单纯注意的一种行动，如学生愿意参加学校组织的向雷锋学习的活动；评价（valuing），即行动后获得满意感，赋予行动以价值，并显示出坚定性，如学生刻苦学习新的写作类型；组织（organization），即价值标准的组织，通过组织判断各种不同价值标准间的相互联系，克服其间的矛盾与冲突，最后达到性格化的高水平；性格化（characterization），即价值性格化。上述价值内化的五级水平，也就是态度变化发展的水平，只有价值内化到最高级水平的态度，也就是价值标准经过组织成为个人性格系统中的稳定态度，方有可能称为品德。幼儿由于价值内化水平低，尚未具有价值标准，所以他们的一些行为表现如常常损坏别人的东西或讲假话，不应视为品德的表现，只能看作态度的表现。第二，涉及的范畴有别。在诸如对祖国、对集体、对学习、对劳动、对事物、对事件以及对人、对己的等等态度中，有些涉及社会道德规范，有些并不涉及社会道德规范。例如，某学生做作业马马虎虎，粗心大意，我们可以说这学生学习态度不认真，而不应说他品德不良。只有涉及社会道德规范的那部分稳定的态度，才能称为品德。个人的品德是其性格系统中与道德感、道德观有关的部分，简言之，品德是性格的一个重要方面。鉴于态度和品德是同性质的概念，下面将二者合并一起讨论。

第二节　关于态度与品德形成及改变的几种理论

品德发展的特点是什么呢？一些研究集中于儿童道德判断的发展，以此推论品德发展的特点，有关的理论统称为道德认知发展理论。这种理论最早是由皮亚杰（J. Piaget，1932）提出，其后由科尔伯格（L. Kohlberg，1963，1968）、吉利根、艾森伯格等进一步发展深化。

一、道德发展阶段理论

（一）皮亚杰的道德发展阶段论

皮亚杰的理论受康德哲学的影响。康德（I. Kant）假定在人类行为中有天赋的道德因素：道德意识、道德观念和绝对真理。如果一个人的行为不够高尚，那是因为这种天赋的道德价值观还未展示出来。皮亚杰开始着力研究这种天赋因素的本质，从而产生道德发展阶段论。根据皮亚杰的观点，儿童道德判断的发展有一个有序列、合逻辑的模式。这方面的发展根植于以逻辑思维的出现为特征的阶段中。皮亚杰认为，教儿童道德准则并不比教儿童数量守恒更容易。随着儿童在智力上越来越能够应付同他们相互作用的环境，他们就自然地发展了新的更高层次的道德准则。通过主动理解周围世界和组织自己的社会经验，产生出是非观念。儿童的认知发展进入一个新的阶段，儿童的道德认识也会进入一个新的层次。

皮亚杰在他的《儿童的道德判断》一书中，根据他的理论和大量临床研究的事实，分析了儿童对游戏规则的理解及遵守过程，并通过一些对偶故事的观察实验，把儿童的品德发展划分为四个阶段。

(1) 自我中心阶段。自我中心阶段(2～5岁)是从儿童能够接受外界的准则开始的。儿童在打弹子游戏中总是自己玩自己的，按照自己的想象去执行规则。这是因为儿童还不能把自己同外在环境区别开来，而是把外在环境看作是他自身的延伸。规则对他来说，还不具有约束力。

(2) 权威阶段。这一阶段(6～8岁)的儿童绝对地尊敬和顺从外在权威。儿童尊重道德的权威，认为服从有权威地位的人就是好的。正因为这样，他们把人们规定的准则看作是固定的、不可变更的。

(3) 可逆性阶段。这一阶段(8～10岁)的儿童已不把准则看成是不可改变的，而把它看作是同伴间共同约定的。儿童一般都形成这样的概念：如果所有的人都同意，规则是可以改变的。儿童已经意识到一种同伴间的社会关系，且应相互尊重。准则对他们来说已具有一种保证他们相互行动、互惠的可逆特征。同伴间这种可逆关系的出现，标志着品德由他律开始进入自律阶段。

(4) 公正阶段。这一阶段(11～12岁)儿童的公正观念是从可逆的道德认识脱胎而来的。他们开始倾向于主持公正、公平等。公正的奖惩不能是千篇一律的，应根据各人的具体情况进行。

皮亚杰认为，品德发展的阶段不是绝对孤立的，而是连续发展的。儿童品德的发展是一个连续的统一体，应用时加以界说只是为了研究的方便，并不表明发展的连续统一体的中断。

(二) 科尔伯格的道德发展阶段论

像皮亚杰一样，科尔伯格等(1969)描述了个人在不同的生命阶段是如何进行道德问题推理的。他主张品德发展具有固定顺序的六个阶段，儿童和青少年逐渐由一个阶段进入另一个阶段，要达到任何阶段都需要经过前面几个阶段，而且后续阶段高于前面阶段。

由低级阶段进入高一级阶段，不表现出文化价值知识方面的增长，只是包含道德判断早期形式的重组和转换，因此道德发展不是通过直接的生物成熟，也不是通过直接的学习经验，而是通过有机体与环境相互作用的心理结构的重新组织这个发展过程出现的。

虽然个体可能停留在这个固定顺序的某个阶段，但是能够促使他向上进步。因此，科尔伯格断言，教育的基本目的是促进这些阶段的发展。

(Lawrence Kohlberg, 1927—1987)

科尔伯格是通过询问儿童一些假设的故事中的问题来收集资料的。其中一个经典的道德两难故事是"海因茨偷药救妻"：

"在欧洲，一位患有癌症的妇女快要死了，医生认为有一种药可以挽救她，它是同一城市一位药剂师最近发明的一种镭制剂。该药售价昂贵，药剂师又索取比造价贵10倍之多的药价。病妇的丈夫海因茨向他的每一个熟人借钱才够药价的一半。他对药剂师说，他的妻子快要死了，要求把药廉价卖给他，或者让他延期付款。但药剂师则说：'不行，我发明了这种药，我将用它赚钱。'海因茨是那样强烈地想得到这种药，于是闯入药剂师的仓库，为他的妻子偷窃了药物。这个丈夫应该那样干吗？"

基于儿童和成人对这类道德两难情境的反应，科尔伯格在道德判断的发展方面鉴别出了六个阶段。他将这些阶段划分为三种道德水平：前习俗水平、习俗水平和后习俗水平。表9-1归纳了这些水平和阶段的含义及其心理特征。

根据我国心理学家韩进之等(1986)的观点，科尔伯格与皮亚杰在儿童道德判断发展问题上的主要差别在于，前者认为儿童道德判断的发展比较迟缓，后者认为发展比较早。这也许是由于两位研究者调查儿童道德判断的课题不一样。皮亚杰主要是通过儿童的现实课题对品德发展阶段做了考查，而科尔伯格则完全是通过道德两难故事进行考查的。

皮亚杰和科尔伯格的卓越研究已使众多研究者接受了品德发展阶段说。我国心理学家李伯黍等人从1978年起，对皮亚杰和科尔伯格的理论做了系统的验证性研究与客观性评价。研究表明，我国儿童和青少年的道德判断，也经历着由他律到自律的发展过程，由低阶段、低水平向高阶段、高水平发展的过程等等。研究发现，我国中学

表 9-1　科尔伯格的道德判断发展阶段

<table>
<tr><th colspan="2">三种水平</th><th colspan="2">发展阶段</th><th>心理特征</th></tr>
<tr><td rowspan="2">一</td><td rowspan="2">前习俗道德
(9 岁以下)</td><td>1</td><td>避罚服从取向</td><td>只从表面看行为后果的好坏。盲目服从权威,旨在逃避惩罚。</td></tr>
<tr><td>2</td><td>相对功利取向</td><td>只按行为后果是否带来需求的满足来判断行为的好坏。</td></tr>
<tr><td rowspan="2">二</td><td rowspan="2">习俗道德期
(10～20 岁)</td><td>3</td><td>寻求认可取向</td><td>寻求别人认可,凡是成人赞赏的,自己就认为是对的。</td></tr>
<tr><td>4</td><td>遵守法规取向</td><td>遵守社会规范,认定规范中所定的事项是不能改变的。</td></tr>
<tr><td rowspan="2">三</td><td rowspan="2">后习俗道德期
(20 岁以上)</td><td>5</td><td>社会法制取向</td><td>了解行为规范是为维护社会秩序而经大众同意所建立的。只要大众共识,社会规范是可以改变的。</td></tr>
<tr><td>6</td><td>普遍伦理取向</td><td>道德判断以一个人的伦理观念为基础。个人的伦理观念用于判断是非时,具有一致性与普遍性。</td></tr>
</table>

(转引自张春兴《教育心理学》,1998)

生的道德发展水平大多数处于科尔伯格道德发展阶段论的第三、四阶段。在对行为后果和原因的道德判断上,我国儿童从小学三年级起,绝大多数已能根据行为的动机意向或从行为的因果关系上作出判断,而且已有半数以上的儿童能把行为原因和后果两个方面联系起来进行比较判断。在某些特殊行为的判断上(如人身损害与财物损害比较),我国儿童的两种判断形式的转折年龄比国外已有研究中的要早。我国学生的品德发展水平与执行行为规范程度之间有显著的相关。研究还指出,道德判断水平受到个体发展年龄阶段的制约,但是可以通过教育得到促进。教师应培养学生在面临社会道德问题时的道德判断推理和道德决策能力,这是极为重要的。

(三) 吉利根的关怀道德理论

尽管科尔伯格的道德发展理论产生了重大影响,并且得到了众多研究的支持,但是也有许多人对该理论提出一些异议,其中就有他的研究生及助手吉利根(Carol Gilligan)。

皮亚杰和科尔伯格的道德发展阶段理论,都假定公众是以"公正"作为道德取向的,但是吉利根利用科尔伯格的海因茨偷药故事进行研究时发现,被试除了有以"公正"为道德取向这一类反应外,还有以"关怀"为取向的另一类反应。例如,有的被试在陈述海因茨不应该偷药的理由时说："因为如果他侥幸成功地偷到了药，也未必能救活妻子；若被抓住，我想他妻子更没希望用上这药；这两种选择，都无助于海因茨的妻子。"可见，该被试关注的是当事人的选择是否会解除海因茨妻子的痛苦，这是一种"关怀"而非"公正"的取向。

吉利根及其合作者(1982)经过一系列研究，得出如下结论：

(1) 在道德判断和推理中存在公正和关怀两种典型的道德取向，女性是典型的关怀取向，男性是典型的公正取向；

(2) 男性更重视诸如公平和尊重他人权利这样的抽象、理性的道德原则，而女性看待道德时，倾向于更加关注人类的幸福；

(3) 女性关怀道德的发展具有自己的特点，它一般要经过自我生存定向、善良、非暴力道德三个发展水平。

吉利根的关怀道德取向理论，在一定程度上揭示了道德发展的性别差异，这不仅是对传统道德发展理论的重要修正，而且为我们针对不同性别学生开展道德教育提供了一条重要思路。

(四) 艾森伯格的亲社会道德理论

同样对科尔伯格的道德发展理论提出异议的，还有美国亚利桑那州立大学的艾森伯格(N. Eisenberg)教授。

与吉利根的视角不同，艾森伯格(1989)注意到，科尔伯格研究所用的道德两难故事在内容上主要涉及法律、权威或正规的责任等问题。例如，在海因茨偷药故事中，海因茨必须在违法和履行丈夫的责任之间作出选择。她认为，这些问题在一定程度上会限制儿童的道德推理，使他们的推理局限于一个方面，即禁令取向的推理(prohibition oriented reasoning)。

为了弥补这一不足，艾森伯格设计出不同于科尔伯格两难情境的另一种道德两难情境，即亲社会道德两难情境，以此来研究儿童的道德判断发展。亲社会道德两难情境的特点是一个人必须在满足自己的愿望、需要与满足他人的愿望、需要之间作出选择。例如，一名同学面临这样的情境：他必须在自己帮助学习困难的同学与牺牲自己的学习时间之间作出选择。

经过大量研究，艾森伯格总结出儿童亲社会道德判断发展的五个阶段。

阶段 1：享乐主义、自我关注的推理。助人与否的理由包括个人的利益得失、未来的需要，或者是否喜欢某人。

阶段 2：需要取向的推理。他人的需要与自己的需要发生冲突时，儿童开始对他人的需要表示出简单的关注。

阶段 3：赞许和人际取向、定型取向的推理。儿童在分析助人与否的理由时，涉及的是好人或坏人、善行或恶行的定型印象、他人的赞扬和许可等。

阶段 4：移情推理。儿童分析助人与否的理由时，开始注意与行为后果相关联的内疚或其他情绪体验，初步涉及对社会规范的关注。

阶段 5：深度内化推理。儿童决定助人与否，主要依据内化的价值观、责任、规范以及改善社会状况的愿望。

艾森伯格的亲社会道德发展阶段理论，得到不少跨文化研究的支持。我国学者程学超、王美芳(1992)参照艾森伯格的设计，研究了幼儿园大班到高中一年级学生的亲社会道德推理的发展，其研究结果基本上支持了该理论的观点。这说明，艾森伯格的亲社会道德发展阶段理论具有一定的普遍适用性。

艾森伯格关于儿童亲社会道德的研究提示我们，儿童面临的情境不同，产生的道德认识、道德情感、道德行为都有可能存在差异。我们对儿童的道德教育，必须注意因势利导，针对不同情境，采用不同策略。

二、认知失调论

许多关于态度学习的理论都假定，人类具有一种 一致性需要 ，需要维持自己的观点或信念的一致，以保持心理平衡。如果个体的观点或信念出现不一致或不协调时，即出现 认知失调 时，就力求通过改变自己的观点或信念，获得一致与协调，以达到新的平衡。因此，认知失调是态度发生变化的先决条件。

费斯廷格和卡尔史密斯(L. Festinger & J. M. Carlsmith, 1957)设计了一个研究态度的实验。在这个实验中，被试必须完成一项极为无聊的任务。费斯廷格等人相信，对于这个任务，被试都会持消极的态度。完成这个任务以后，他们却要被试告诉另一个人，说这个任务是很有趣的，然后确定这样说是否改变了被试本人对这个任务的态度。其中一组被试，在按照要求说了这句话后得到 1 美元的报酬，另一组被试得到 20 美元。此外，一个控制组完成同样的任务，但完成后不用告诉另一个人他怎样看待这项任务的。最后，要求所有参加实验的被试评价这项任务实际的有趣程度。

这个实验的目的是要了解：(1) 说出与自己的态度相反的话，是否能使态度向所说的方向转变。被试被说服去告诉别人这个无聊的任务是有趣的，而实际上不是这样，这样说是否使这个任务看起来比实际更有趣呢？(2) 说这样的话与获得 1 美元或 20 美元的不同奖励，是否造成态度差别，即使能以奖励使被试屈从于说出与自己的态度相反的话，实际上又能否改变被试的态度呢？

实验的结果是相当有趣的。实验后将该任务评为有趣的组是只得到 1 美元奖励的组。控制组和高奖励组在看待这项任务方面没有什么变化。

费斯廷格提出认知失调理论来解释这个结果。当一个被试说一个非常无聊的、乏味的任务是有趣的时候，他便在认知上产生失调。因为该任务的实质与所说的显然是矛盾的。在被试说了这番话后得到1美元的情况下，被试解决失调的最简单方法是对自己说，也许这个任务确实比刚才看起来要有趣些。被试难以从1美元这个奖励因素方面找到解决失调的理由，因为在美国，1美元的用处实在太小了。被试这样说服自己是对于这个任务的态度的一种转变，或称对这个任务的态度的改变。那么，如何解释得到20美元奖励组的态度未发生转变这种现象呢？根据认知失调理论，这组被试以不同的方式来解决失调。首先，被试仍然陷于失调，因为要求说的话与事实不符。然而说此话能够得到20美元，这就提供了1美元奖励组所没有的解释失调的途径。得20美元的人也许这样解释失调，他会说服自己："我不相信我所说的，20美元一定具有利诱的性质，不过，我得到20美元还是不坏的。"于是，20美元奖励组的认知失调以另一种方式解决，但原来坚信这项任务十分无聊的态度全然未变。

因此，认知失调是态度改变的必要条件，但不是充分条件。

三、道德认知理论的教育含义

道德认知理论为言语教学法提供了启示。言语教学法采取的形式通常是课堂讨论。言语教学法现有的几种专门技术中最为著名的，是由科尔伯格的认知发展学派和价值观辨析学派发展起来的技术。

科尔伯格(1975)认为，教师应提供一些情境，在这些情境中，儿童可以"扩展"他们现有的道德思维，并发展更为有效的应付他们与环境相互作用时遇到的现实的认知结构。一个具体的方法是教师在课堂中和儿童一起讨论道德困境问题。他认为，这类讨论可以激发儿童进入新的阶段。

利用道德讨论的一些重要条件是：

(1) 对下一个更高阶段的道理进行推理；

(2) 对儿童现有道德结构中的困难问题和矛盾展开讨论，使他们不满于现有的水平；

(3) 在上述互换意见和对话的气氛中，以开明的方式比较相互矛盾的道德观念。

科尔伯格(1969，1975)还认为，通过向学生提供扮演不同角色的机会，使他们以矛盾的道德观点来看种种情境，可以促进道德发展。阿布斯诺特(J. Arbuthnot，1975)在一项研究中，让大学生扮演海因茨偷药救妻故事中两个发生冲突的人物。一个学生扮演因为钱少被药剂师拒之门外的海因茨，另一个学生扮演药剂师，两个学生都努力说服对方接受自己的观点。结果发现，这样的经历确实能够提高学生道德判断水平。

价值观辨析学派以人本主义为哲学基础，强调人的潜能、价值，认为人的价值观念开始时混沌一片，不能清醒地意识到，因而难以指导行动，必须经过一步步的辨别和分析，才能形成清晰的价值观念并指导自己的道德行动。价值观辨析学派是通过价值观辨析的策略来促进学生品德发展的。

在价值观辨析的过程中，学生被引导经历一系列活动或使用种种策略。这些策略向学生提供不同的选择，并鼓励他们作出有意识的努力去发现他们自身的价值观。比如，有一个策略叫做“塌方模仿”。学生被一起带进一个暗室，他们中间只有一支蜡烛。教师要学生想象他们都被塌方困住了，他们要挖掘一条通道。越靠前的人，他的得救机会就越多。

这个班的所有成员要说出自己为什么要排在前头的理由，在倾听了别人的理由之后，决定走出通道的次序。

教师先说明设置的场景，然后说：“好！现在让我们一个一个地说说为什么要排在前头的理由。你们的理由可能有两种：想活下去是为了什么，或者说说你可以为别人贡献什么……证明你活下去是正当的。两种理由将作同等考虑。”

在这类活动中，个体既触及了自己原有的价值观，也了解了他人的价值观。不同价值观的辨析，个体作出选择时旁观的人数，拥有某种价值观的人数等因素，对个体作出最后选择都有影响。

言语教学在学生品德培养方面的效果也不尽如人意。要是学生未将言语教学获得的原则结合进他的思想中，那么这些原则对学生只不过是表面影响。价值观辨析学派的倡导者考虑到言语教学的这种限制，因此对他们的理论和方法作了进一步的说明。

根据这一学派倡导者的观点，不论应用什么策略，必须经历三个阶段七个子过程。这七个子过程构成一个赋值的过程，个体只有从头至尾地完成这一过程，才能说他真正确信并具有某种价值观。赋值过程包含的三个阶段七个子过程是：

1. 选择

(1) 自由地选择；

(2) 从可选择的范围内选择；

(3) 对每一可选择途径的后果加以充分考虑之后选择；

2. 赞赏

(4) 喜爱这一选择并感到满足；

(5) 愿意公开承认这一选择；

3. 行动

(6) 按这一选择行事；

(7) 作为一种生活方式加以重复。

据此，一些研究者主张综合利用实践和言教，认为这对培养人的品德是极为重要的。

第三节　态度与品德学习的过程和条件

道德判断发展论和认知失调论试图从改变人的认知入手形成和改变人的态度和品德。这些观点在心理学界流行了约半个世纪，但其实际的教育影响甚微。行为主义强化原理尽管受到认知心理学的批判，说它忽视人的认知调节作用，但因其符合大多数人的习惯做法和常识，故态度和品德教育中始终离不开奖励和惩罚。

儿童对人、对事、对物和对己的许多态度和品德不是预先有计划的教学的结果，而是在家庭、邻里、同伴以及媒体的影响下自发形成的。即使儿童入学以后，家庭和社会对他们态度与品德的影响也可能超过学校有计划的教学的影响。为此，教师和家庭都应该深刻理解态度或品德形成的心理机制。科学心理学产生100多年以来，同认知心理学研究相比，德育心理研究的影响相对小得多，人们主要依据哲学、伦理学和常识进行德育工作。但值得庆幸的是，在20世纪70年代美国斯坦福大学的班杜拉(A. Bandura)提出了社会学习理论，后又将该理论发展为一个全面的人格理论，称为社会认知论。该理论可以较全面地解释人的社会行为的学习，使人们看到了德育心理学的新希望。下面用班杜拉的社会认知论来解释态度和品德学习的过程和条件。

一、社会学习理论简介

(Albert Bandura，1925—　)

在社会认知论中，班杜拉摒弃了心理动力学和心理特质论的内因决定论和传统行为主义的外因决定论的人格理论模式，对三者之间的关系提出了更为辩证和完善的三方互动决定论。该理论认为，人的内在特征、行为和环境三者之间构成动态的交互决定关系，其中任何两个因素之间的双向互动关系的强度和模式，都随行为、个体、环境的不同而发生变化。如图9-1所示，B、P、E分别代表行为、主体、环境，双向箭头表示两个因素之间的相互决定关系。主体与其行为之

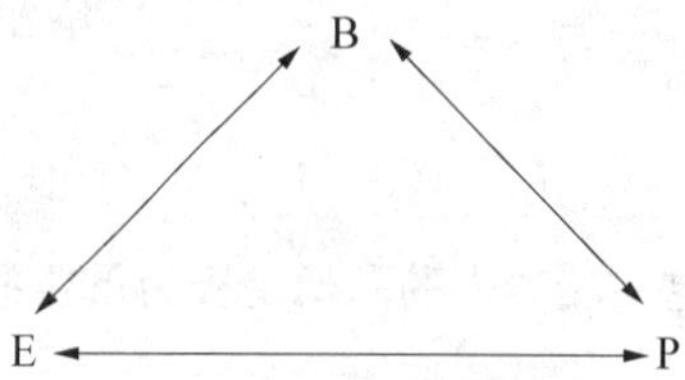

图 9-1 在三方互动原因中三类决定因素

间的相互决定意味着：一方面，个体的期待、信念、目标、意向、情绪等主体因素影响或决定着他的行为方式；另一方面，行为的内部反馈和外部结果反过来又部分地决定着他的思想信念和情感反应等。同样，在行为与环境的相互决定中，虽然环境状况作为行为的对象或现实条件决定着行为的方向和强度，但行为也改变着环境以适应人的需要。主体与环境这一对相互决定的关系则表明，虽然个体的人格特征、认知机能等是环境作用的产物，但环境的存在及其作用并不是绝对的，而是潜在的，并决定于主体的认知把握。

三方互动决定论包含着对人性的一种理解方式，即人一方面是自己命运的主人，如机遇的人生意义取决于个体的把握；另一方面也要受到环境条件的制约而不是无限自由的，如没有学过驾驶飞机的人不可能随意操纵飞机。理论家对人性的理解不仅决定了他的研究内容，也决定了他的研究方法。极端的行为主义者认为人性及其行为表现是环境的产物，他们就不会去研究人的自我指导能力，而他们的方法所提供的证据，也表明人的行为确实受到作为其结果的环境因素的影响和决定。因此，班杜拉的三方互动决定论的人性观必然导致他强调人的一系列基本能力，如符号化能力、预见能力、替代学习能力、自我调节能力、自我反省能力等。

二、导致态度与品德形成和改变的两类学习

为了具体说明人的思想和行为怎样受环境影响，班杜拉区分了两种学习：观察学习和亲历学习。

(一) 观察学习

观察学习(observational learning)，有时也被称为社会学习(social learning)或替代学习(vicarious learning)，指通过观察环境中他人的行为及其后果而发生的学习。班杜拉(2001：63)说："很多社会学习都是通过观察他人的实际表现及其带来的相应后果而获得的。"

例如，在班杜拉的一个经典实验研究中，将3～6岁的儿童分成三组，先让他们观看一个成年男子(榜样人物)对一个像成人那么大小的充气娃娃作出种种侵犯行为，如大声吼叫和拳打脚踢。然后，让一组儿童看到这个"榜样人物"受到另一成年人的表扬和奖励(果汁与糖果)；让另一组儿童看到这个"榜样人物"受到另一成年人的责打(打一耳光)和训斥(斥之为暴徒)；第三组控制组，只看到"榜样人物"的侵犯行为。然后把

这些儿童一个个单独领到一个房间里去。房间里放着各种玩具,其中包括洋娃娃。在十分钟里,观察并记录他们的行为。结果表明,看到“榜样人物”的侵犯行为受惩罚的一组儿童,同控制组儿童相比,在他们玩洋娃娃时,侵犯行为显著减少。反之,看到“榜样人物”侵犯行为受到奖励的一组儿童,在自由玩布娃娃时模仿侵犯行为的现象相当严重。班杜拉用替代强化来解释这一现象:观察者因看到别人(榜样)的行为受到奖励,他本人间接引起相应行为的增强;观察者看到别人的行为受到惩罚,则会产生替代性惩罚作用,抑制相应的行为。

班杜拉将观察学习分成注意、保持、生成和动机四个学习子过程,并详细分析了这四个子过程。

1. 注意过程

注意过程是指学习者对被观察的对象的特征有选择的观察。注意是观察学习发生的前提条件。被示范的对象或活动的特征和学习者自身的特征共同影响选择注意的效果。例如,动画片突出了人物的特征,易被幼儿和小学生注意;文字描述的内容只能被有文化的年龄较大的学习者注意。

2. 保持过程

保持过程是指将观察到的信息转化为符号的形式并贮存在长时记忆中。班杜拉说:“符号化这一高级能力使人类能通过观察学习大多数行为。”

班杜拉同意大多数认知心理学家的观点,认为人们通常对被观察到的信息进行两种编码:一是形象编码,二是语义编码。例如,人们在学习打太极拳时,一方面仔细观看示范动作,动作表象被贮存在长时记忆中,另一方面为了帮助记忆,还给动作起一些名字,如“金鸡独立”、“白鹤亮翅”等。由动作表象可以联想到动作名称,由动作名称也可以联想到动作表象,从而增强被观察到的信息的保持。班杜拉(2001:77)的实验表明,“将被示范的活动转化为简明的言语编码或逼真的表象的观察者,与那些仅简单观察或观察时心不在焉的观察者相比,能更好地保持行为。”

班杜拉认为,可以通过认知复述和动作演练两种形式促进保持。认知复述与心理练习同义,指在思想上想象动作的正确执行步骤,而不必进行实际的动作演练。

3. 生成过程

生成过程指将符号化的内容转化为相应的行为。班杜拉(2001:85)说:“通过观察被示范的行为,人们在观念上获知了各组成动作应该怎样结合以及怎样按时间顺序形成新的行为模式。换句话说,被示范的行为在被执行之前大部分是以一个符号形式的整体而被习得的。反应生成主要是一个‘观念—匹配过程’。”“在这一过程中,由演练获得的知觉反馈与观念相比较,然后根据比较的信息,调整行为,使观念和行动之间逐渐实现一一对应。”

4. 动机过程

社会认知论区分了学习和行为表现(performance)。该理论认为,人们并不把自己习得的东西全部表现出来。当被习得的行为没有什么功能性价值或带有受到惩罚的危险时,学习与行为表现不一致是常有的情形。当提供诱因时,先前习得但未表现出来的行为可以迅速转化为行动。

请读者注意,以上四个学习子过程的划分不是绝对的。例如,动机过程可能贯穿全部观察学习过程中。

(二) 亲历学习

社会认知论认为观察学习是人们形成思想和行动的一种途径,但它也不否认通过直接经验得到的学习。班杜拉将通过反应结果获得的学习称为亲历学习(enactive learning)。与传统行为主义根本不同的是,社会认知论强调认知等主体因素在亲历学习过程中的作用,而前者则否认认知因素的存在,认为反应结果对行为的塑造是一个自动作用的过程。班杜拉认为,反应结果之所以能够引起学习,取决于人们对反应结果的功能性价值的认识。

首先,反应结果对反应主体具有信息价值。由反应结果引起的学习实际上是一个持续不断的双向作用过程:个体从反应结果中得出关于结果与反应之间关系的认识,从而不断改善和提高个体的行为技能。所以,亲历学习也是一个信息加工过程,可以被看作是观察学习的一个特例,只是观察对象从他人的行为转化成自己的行为结构和环境事件的信息。而且,在这种学习过程中,个体学会的是有关行为的抽象规则,而不是具体的反应方式。

反应结果对反应主体还具有动机的功能。个体在行动之前,会预期行为的未来结果,这种预期通过符号形式表征于个体当前的认知表象中,就可以转化为当前行为的动机。所以,在亲历学习中,反应结果主要是作为居先的而不是后继的决定因素发挥作用。这样,班杜拉将由反应结果引起的试误学习和由示范作用引起的观察学习统一起来了。

亲历学习无论对品德还是态度学习都具有极为重要的作用。美国心理学家尤尼斯(J. Youniss)在其近年来提出的道德发展的社会实践理论中指出,青少年的社会参与活动经验可以在很大程度上促进其道德行为的发展。尤尼斯等考察了自1952—1994年间的44项有关研究,结果表明,青少年服务社会的活动可以为之提供丰富的社会经验和进行社会互动的机会,从而导致其使命感、社会意识和道德—政治意识的变化。他们以一所天主教学校的中学生为研究对象,考察了参加学校发动的社会服务活动对其道德认识和道德行为的影响。结果发现，义务为无家可归者发放救济餐的社会服务活动，使青少年的态度发生了巨大变化，在参加活动之前，这些学生对无家可归者普遍抱有偏见，认为他们“脏”、“懒惰”、“下贱”、“笨”、“吸毒”等，但是在活动后，他们逐渐认识到，这些无家可归者具有与他们相同的人性，需要与他们一样的日常生活，因而同样值得尊重。通过交往，他们还发现，无家可归的命运有着深刻的社会原因。在此基础上，他们产生了严肃的社会责任感和改革社会现状的愿望(陈会昌等，2004)。

三、观察学习的效应

班杜拉分析了观察学习的五种效应。

第一，习得效应。指通过观察习得新的技能和行为模式。例如，儿童的语言在很大程度上就是一种通过模仿习得的技能。父母使用文明语言，其子女习得文明语言；父母使用不文明语言，其子女经常出现不文明语言。观察学习的习得效应可以解释大部分与态度和品德有关的新行为方式的学习。

第二，抑制效应与去抑制效应。抑制效应指观察者看到他人的不良(或良好)行为受到社会谴责，观察者会暂时抑制受到谴责的不良(或良好)行为。去抑制效应指观察者看到他人的不良行为未受到应有的惩处，其原本受到抑制的不良行为重新发作。例如，一名有不良行为习惯的学生进入一个班风很好，纪律严明的班级集体，在周围同学良好表现的耳濡目染之下，该生的不良行为方式很可能暂时受到抑制。由于他的恶习一时难以完全消除，他一离开班集体，进入他自己原先的小圈子，不良习气又重新发作。这就是不良行为的抑制与去抑制现象。相反，一名表现很好的敢于批评不良习气的学生进入一个班风不好，纪律很差的班级，其原先的良好行为方式也可能暂时被抑制。久而久之，由于受到不良行为耳濡目染，好的行为习惯消退，继而习得不良行为方式。观察学习的抑制与去抑制效应可以解释不良态度与品德转变的部分心理机制。

第三，反应促进效应。指通过观察促进新的学习或加强原先习得的行为。例如，在体育课上有些学生胆小，不敢做一些危险性的动作。这时教师让某个胆大的学生先作示范。胆小的学生看到该动作他人能做，胆子也大起来，认为自己也能做，从而促进新的行为的学习。反应促进也指原先习得行为的加强。例如，“见人打招呼”原本是某儿童已习得的行为，但有时却不能表现出来。若看到其他儿童和成人都能表现这样的行为并受到赞扬，该儿童见人打招呼的礼貌行为方式会得到加强并重新表现出来。

第四，刺激指向效应。指通过观察榜样行为，观察者将自己的注意指向特定的刺激。在班杜拉的实验中，看到榜样用木槌击打布娃娃的儿童同未看到这种行为的儿童相比，不但模仿这种攻击行为，而且更多地将木槌用到其他情境。

第五，情绪唤醒功能。指看到榜样表达的情感，在观察者身上容易唤起类似的情感。例如，在语文课上教师通过表情朗读表达对英雄人物的崇敬情感，在学生身上可以唤起类似的情感。人们在观看电影、电视剧或舞台戏剧时，看到剧情中人物的不同命运，自己常常情不自禁地表现出与剧中人物相同的喜怒哀乐的情感。所以，观察学习是情感教育的最重要手段。

四、态度与品德学习的条件

根据班杜拉的社会学习理论，可以将态度或品德学习的条件概括如下：

（一）榜样人物及其行为后果

在班杜拉的社会学习理论中，“modeling”是一个重要术语，可译为“示范”或“模仿”，有提供榜样和进行模仿之意。

对个体来说，生活中遇到的每一个人都可能影响他的行为，而其中榜样的影响是较大的。有较大影响力的榜样具有如下特征：

(1) 这些榜样的行为达到了要求并得到了奖励，而其他人也常常效法他们的行为；

(2) 这类榜样有权力、有能力奖励学习者，尤其是受过奖励或奖励过学习者的榜样，如家长、教师、同伴；

(3) 这些榜样与学习者有类似之处(如性别、年龄等)，即这些榜样可以反映学习者的自我概念和志向。

班杜拉把被模仿的榜样人物和事件分成两类：一类是学习者直接接触的人与事，另一类是符号化的人与事。大众媒体和电脑网络传播的人与事属于后一类。随着电视媒体和电脑网络媒体的发展，符号化(或虚拟)的榜样人物或事件对青少年态度和品德的影响越来越大。

学校提供的榜样一般来自教材和教师。就教材而言，只要某一课程讲到人，这个课程就可以提供榜样。在学校学习中，文学、历史等课程长期受到重视的缘由之一就在于这些课程具有让学生模仿榜样的可能性，有关教材的内容提供了今人和前人的生活方式，有意无意地表达了作者的态度，以及表达了前辈推崇的种种态度，这些态度中自然也包括某些偏见。

就教师而言，学生仰慕和模仿的教师，通常是那些知识渊博、兴趣广泛、课讲得好、耐心、亲切、体谅学生的困难、乐于帮助学生的教师。我们认为，在学校情境中，教师应根据上述有关榜样的特点，按照班杜拉的社会学习理论来设计榜样、榜样行为示范，以及有关的惩罚，引导学生学习某种合乎要求的态度。

（二）强化与惩罚

行为主义心理学家认为，个体的行为主要是由外在的强化决定的。强化被定义为伴随于行为之后并有助于新行为出现的概率增加的事件，包括精神方面的表扬和物质方面的奖励。班杜拉发展了行为主义心理学的强化概念，提出三种强化形式。

(1) 直接强化。个体直接体验到自己行为后果而受到的强化。例如，学生在课堂上回答了一个较难回答的问题，教师当堂表扬。学生受到奖励，从而继续努力学习，争取多解答难题。

(2) 替代强化。观察到榜样人物的行为受到奖励或赞扬而间接受到的强化。如在上述例子中，旁观者听到教师对回答困难问题同学的赞扬，也受到激励，更努力学习。替代强化也发生在学生对符号化的人物和事件的观察中。如青少年在电视里看到自己的偶像人物受到群众的拥戴，他们也替代性地受到强化，增加模仿偶像人物的行为的可能性。

(3) 自我强化。个人自己控制强化事件的强化。也就是说，这种强化事件不是由外界施予的，而是个体自己给予的。例如，人们通过一段时期的努力工作以后，自己安排一段假期，外出旅游。学生通过努力学习，胜任能力提高以后，自己决定去看一次球赛。这些都是自我安排的奖励，可以起到增强期待的行为的作用。

在心理学上，强化都指行为或行为出现的可能性增加。上述强化都是通过在行为之后施加有益的刺激，达到增强所期望的行为的目的。这种强化被称为正强化。心理学家发现，通过移去伴随于行为之后的有害刺激，也可以达到增强所期望的行为的目的。这种强化被称为负强化。典型的例子是，如果服刑期间的罪犯做了好事，就减少他的刑期。减刑达到了增强犯人做好事的目的，属于负强化。

有些教科书错误地把负强化解释为惩罚，原因是没有区分强化与惩罚的根本区别。施用强化的目的是要人“做什么”；施用惩罚的目的是叫人“不做什么”。如发现司机闯红灯，交管部门给予罚款和扣分惩罚是希望司机以后不再闯红灯。

由于不论正强化还是负强化都是鼓励人们去“做某事”，所以多用表扬来鼓励学生的教师所带的班级学生活跃，学生敢想敢做；多用批评来教育学生的教师所带的班级学生沉默寡语，虽然班级纪律可能较好，但学生缺乏朝气。因此，一个优秀的教师必须坚持以表扬为主和以批评为辅的思想品德教育原则。

（三）个人的信念

与知识、技能的学习相比较，不仅态度与品德学习的外部条件不同（上面已经谈到），而且内部条件也不同。就知识和技能而言，最重要的内部条件是学生原有知识基础的性质。我国的一句名言,“以其所知,喻其不知”,这表明学生原有知识在新的知识技能学习中的重要性。但就态度和品德而言,最重要的内部条件不是原有知识,而是学生的信念。信念是人对自己和对外界的带有情绪色彩的主观认识。例如,对于“要善待我们身边的小动物”这一行为规范深信不疑的儿童,见到别人虐待小动物会引起不愉快的感觉,而对自己做了帮助小动物的事会体验到愉快。据班杜拉分析,人的信念有四个来源。

(1) 亲身经历。例如,人们因做了好事,产生了好的社会效果,而且这种行为受到人们的尊重。个人从这种亲身体验中会形成“与人为善”的信念。

(2) 替代经验。如通过观察社会上多次发生的“恶有恶报,善有善报”的事件,逐渐形成“要做好事,不能做坏事”的信念。

(3) 社会评价。班杜拉(2001：726)认为:“当经验证实困难或不可能时,人们通过比较自己与他人的判断来评价自身的观点的正确性。因为不一致的信念不为社会认可和有损于同伴赞同的价值,所以思想模式的社会证实具有相当的重要性”。

(4) 逻辑推理。儿童在发展中习得了推理规则,借助逻辑推理,人们可以发现思想上的错误。

在这些来源中,班杜拉极为重视替代经验的重要性。在替代经验的影响中,电视媒体的作用尤为显著。研究表明,因为电视节目中有许多带有攻击性恶棍式的角色,电视节目看得多的人同看得少的人相比,较少信任他人并夸大自己受害的危险。另一研究进一步表明,不是犯罪报道的绝对数,而是犯罪报道的性质,即大量当地耸人听闻的犯罪报道影响人们对犯罪的强烈担忧。因此,他引用他人的研究结论说:“电视的影响是观众信念改变的根源。”

行为主义心理学家认为,伴随于行为之后的强化事件自动加强行为,不需要意识的中介。班杜拉认为,强化事件对行为产生影响需要人的认知起中介作用。班杜拉说:“人们通过与环境相互作用,不只是发出反应,而且体验到结果。他们通过观察可能来自一定情境中的行为结果的规律性,从而形成信念,并相应地调节自己的行为。”当信念与现实不一致时,行为受其实际后果的影响甚微;直至通过重复经验发现较现实的预期,行为才受其实际后果的影响;当人依据错误的信念行动时,信念能改变其他人的行为方式,从而按原先的错误信念的方向塑造社会现实。

本章概要

1. 品德属于情感领域的学习。在加涅学习结果分类中,情感领域的学习被称为态度学习。品德和态度都由认知、情感和行为倾向三个成分构成。由态度决定的行为范围大于由品德决定的行为范围。品德涉及道德价值，是态度的核心部分。

2. 由于态度和品德的心理成分复杂，与认知和行为方面的研究相比，态度和品德的心理学研究少得多。

3. 认知发展心理学家皮亚杰首创对偶故事法并用来进行道德判断研究。他的研究结果表明，儿童道德判断能力经历自我中心（2～5 岁）、权威（6～8 岁）、可逆性（8～10 岁）和公正（11～12 岁）四个阶段。

4. 科尔伯格通过改进皮亚杰的研究，提出儿童道德判断能力发展经历三级水平和六个阶段，三级水平是前习俗水平（9 岁以前）、习俗水平（10～20 岁）和后习俗水平（20 岁以上），科尔伯格的理论更受重视。

5. 皮亚杰和科尔伯格的道德发展阶段论的教育含义是，道德认知发展要遵循从他律到自律原则以及循序渐进原则。据这两条原则，教儿童道德先要教他们遵守规范，养成良好的行为习惯。儿童的道德认知先是告知的，而非自知的，是外铄的而非内发的。直到儿童接近形式运算阶段，才能形成是非判断的自律道德认识。

6. 根据认知失调理论，当个人发现自己的认知失调时，他总是通过改变自己的观点或行为，以达到新的认知协调，所以认知失调是改变人的态度的先决条件。

7. 班杜拉的社会认知论的核心思想是相互作用论。他主张个人的因素（包括认知、信念、情感、意志等）、行为和环境三者是相互作用的。应该用这种三方互动的观点解释人的态度和品德的形成和改变的过程和条件。

8. 班杜拉区分了决定态度和品德的两类学习，即观察学习和亲历学习。观察学习可以分为注意、保持、生成和动机四个子过程。观察学习有习得新技能和新行为、抑制与去抑制、反应促进、刺激指向和情绪唤醒等五种功能。

9. 根据社会认知论，榜样的选择与示范、多种强化与惩罚手段的运用以及个人的信念，是培养良好品德和改变不良品德的三个重要条件。

练 习 题

一、解释下列术语

态度	态度的构成	认知失调	一致性需要
价值内化	道德	品德	品德的构成
替代强化	道德价值观念	社会认知论	道德判断能力
信念	观察学习	亲历学习	抑制效应
去抑制效应	示范（modeling）		

二、填空

1. 人的态度一般由(1) ＿＿＿＿＿、(2) ＿＿＿＿＿、(3) ＿＿＿＿＿三个成分构成。

2. 心理学家认为,价值内化成为个体人格的一部分需要经历一系列阶段:(1) 接受、(2) 反应、(3) 评价、(4) ＿＿＿＿＿、(5) ＿＿＿＿＿。

3. 品德与道德不是同一概念。品德是＿＿＿＿＿学研究的对象,道德是＿＿＿＿＿学研究的对象。

4. 班杜拉的"modeling"一词有(1) ＿＿＿＿＿、(2) ＿＿＿＿＿双重含义。

5. 皮亚杰把儿童道德判断发展分成四个阶段:(1) ＿＿＿＿＿阶段、(2) ＿＿＿＿＿阶段、(3) 可逆性阶段、(4) 公正阶段。

6. 科尔伯格的道德判断的三种水平是(1) ＿＿＿＿＿水平、(2) ＿＿＿＿＿水平、(3) ＿＿＿＿＿水平。

7. 价值观辨析学派认为,学生的价值观形成过程是一个"赋值过程"。赋值过程包含(1) ＿＿＿＿＿、(2) ＿＿＿＿＿、(3) ＿＿＿＿＿三个阶段。

8. 班杜拉认为影响人格或品德的两类学习是(1) ＿＿＿＿＿、(2) ＿＿＿＿＿。

9. 班杜拉区分的观察学习的四个过程是(1) ＿＿＿＿＿、(2) ＿＿＿＿＿、(3) ＿＿＿＿＿、(4) ＿＿＿＿＿。

10. 观察学习的五种效应是(1) ＿＿＿＿＿、(2) ＿＿＿＿＿、(3) ＿＿＿＿＿、(4) ＿＿＿＿＿、(5) ＿＿＿＿＿。

11. 班杜拉区分的三种强化是(1) ＿＿＿＿＿、(2) ＿＿＿＿＿、(3) ＿＿＿＿＿。

12. 研究表明,我国中小学生的道德发展水平大多数处于科尔伯格的道德发展阶段的第＿＿＿＿＿阶段。

13. 皮亚杰首创＿＿＿＿＿故事研究儿童道德判断能力发展。

三、选择

1. 下面能反映个人品德的行为是＿＿＿。(1) 他每天坚持把卧室打扫得干干净净;(2) 他总是烟酒不离;(3) 营业员不小心找错了钱,他主动退还;(4) 他有病也不去看医生。

2. 幼儿园小朋友不爱吃肥肉,把偷偷吐在地上的肥肉踢到旁边小朋友桌下,以防老师发现。根据态度和品德的定义这种行为反映的是儿童的＿＿＿。(1) 品德;(2) 不良品德;(3) 不能确定;(4) 嫁祸于人。

3. 态度学习不同于认知学习,因为从学习结果来看,它是＿＿＿。(1) 非认知学习；(2) 品德学习；(3) 情感领域的学习；(4) 行为习惯的学习。

4. 根据认知失调理论，要改正一个学生作业潦草的态度，适宜的方法是______。(1) 坚持严格要求；(2) 批评作业潦草行为；(3) 奖励作业认真行为；(4) 使学生认识作业潦草的危害性。

5. 研究表明，学习成功的儿童往往对学习抱积极态度，学习屡受挫折的儿童对学习抱消极态度。这种现象的最合理的解释是______。(1) 认知失调；(2) 经典条件反射；(3) 效果律；(4) 社会学习论。

6. 儿童容易模仿影视片中反面人物的行为，结果导致不良品德。为了避免影视片的消极影响，根据班杜拉社会学习理论，适当的做法是______。(1) 避免学生观看这类影视片；(2) 对有模仿行为的儿童进行说理教育；(3) 影片中尽量少描写反面人物；(4) 影视片应使观众体验到“恶有恶报，善有善报”。

7. 为了打击社会不良现象，政府常用“杀一儆百”的做法，其理论依据可能是______。(1) 经典条件反射；(2) 操作条件反应；(3) 人的悟性；(4) 替代惩罚。

8. 小学低年级儿童对事物好坏判断总是易受老师的影响。儿童行为的最适当解释是______。(1) 这阶段儿童道德判断处于皮亚杰的“权威”阶段；(2) 观察学习；(3) 害怕老师的批评；(4) 儿童有模仿的天性。

9. 价值观辨析技术的理论依据是______。(1) 皮亚杰的道德发展阶段；(2) 人本主义心理学；(3) 科尔伯格的道德发展理论；(4) 认知心理学。

10. 某 3 岁儿童事事要如他的意，稍不如意就大哭大闹，父母、爷爷、奶奶没有办法，只好依着他。导致该儿童的耍赖行为的最可能原因是______。(1) 经典条件反射；(2) 耍赖行为受到强化；(3) 该儿童天生脾气坏；(4) 该儿童有多动症。

四、研究与设计

1. 一位教师试图使小学儿童形成利他的习惯。他采取的方法是提供榜样法，其中的强化是当众表扬。试分析：

(1) 这种方法最初可能使学生形成的是什么？

(2) 使用这种方法形成利他习惯的内外条件是什么？

(3) 仅仅以表扬作为强化物能使学生形成持久的利他习惯吗？

(4) 形成高尚的利他习惯还需要什么条件？提供自私的榜样对形成这种习惯必要吗？

2. 查阅资料，找到皮亚杰或科尔伯格道德判断能力发展的测量量表。以这些量表测定你所选中的中小学生被试的道德判断能力发展的状况，利用实践法和言语教学法帮助学生提高道德判断能力的水平，形成道德行为习惯。在研究中，试比较两种方法的不同，以及两种方法的一些具体技术的侧重点和使用条件。

第三部分 影响学习的重要因素

这部分共六章，从整体上论述六个重要内部因素和外部因素对学生学习的影响。其中的四个内部因素是学生的原有知识结构、儿童与青少年的发展水平、个性差异以及学习动机；外部因素是教师、班集体、家庭和教学媒体。

教师在教学设计和实施教学计划时必须认真处理好这些重要因素。

第十章　原有知识与学习迁移

本章要点

本章目标

学完本章后，应能做到：

1. 运用本章介绍的迁移实验与测量模型，设计一个实验，说明迁移是否存在以及迁移的数量；

2. 陈述 20 世纪 50 年代前主要迁移理论的实验依据及其对迁移实质解释的观点；

3. 比较当代三种迁移理论关于迁移本质的观点，指出它们之间的异同。

学习迁移的实质是原有知识在新的学习情境中的运用。原有知识的性质决定了学习迁移的大小和方向。学习迁移是检验原先的学习或教学质量的最可靠指标。本章首先概述学习迁移的定义、测量和分类，然后通过介绍主要迁移理论来分析学习迁移的心理机制，最后讨论当代三种迁移理论的教学含义。

第一节　学习迁移概述

一、学习迁移的定义和测量

（一）迁移的定义

日常生活中我们可以观察到，学会骑自行车有助于学习驾驶摩托车（动作技能）；学会一种外文有助于掌握另一种外文（知识与智慧技能）；儿童在做语文练习时养成爱整洁的书写习惯，有助于他们在完成其他作业时形成爱整洁的习惯（态度）。这些都是我们常见的学习迁移现象。可见，动作技能、知识、态度都可以迁移。

一般心理学教科书都把先前的学习对后继学习的影响称为迁移，但这一定义并不能概括全部迁移现象。因为后继学习也可能对先前的学习发生某种影响。这种影响，心理学家也看作学习的迁移。于是，迁移被广义地定义为："一种学习对另一种学习的影响。"上面所说的前一种迁移可称为顺向迁移，后一种迁移可称为逆向迁移。不论是顺向迁移还是逆向迁移，都有正负之分。凡是一种学习对另一种学习起促进作用，都叫正迁移；凡是一种学习对另一种学习起干扰或抑制作用，都称负迁移（见图 10－1）。

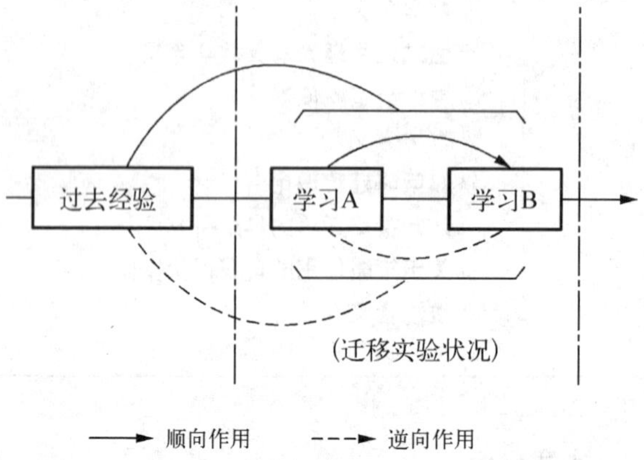

图 10－1　顺向迁移与逆向迁移

（二）迁移的测量

根据迁移的定义，必须测出学习者的作业发生了某种变化，才能确定迁移是否出现，或者迁移量是多少。在进行迁移测量时，必须区分经过练习而产生的作业变化与由一种学习对另一种学习的影响而产生的作业变化。后一种变化才是要测量的迁移，它是由别种练习的影响而产生的。要确定先后两项学习之间是否出现迁移及迁移数量，必须进行适当的迁移实验设计和测量。迁移实验设计和测量主要有四个步骤：1. 建立等组（或班）。一般设实验组和控制组。通过预测使两组在智力和知识基础方面尽可能相等。2. 进行教学处理。在顺向计划下，让实验组学生先学习 A，让控制组学生休息或从事其他无关活动，然后让实验组和控制组都学习 B；在逆向计划下，让两组先学习 A，然后让实验组学习 B；让控制组休息或从事其他无关活动。3. 测量与比较两组学习结果。在顺向计划下，两组均测量 B；在逆向计划下，两组均测量 A。然后将测量的结果加以比较，并作出统计检验。4. 得出结论，说明迁移是否产生及其迁移量(见表 10-1)。

表 10-1　迁移实验的基本类型

迁移方向	分　组	先学	后学	测量
顺向计划	实验组 控制组	A —	B B	B B
逆向计划	实验组 控制组	A A	B —	A A

对上述模式也可以作一些变通设计。如 1901 年桑代克的经典迁移实验以大学生为被试，先进行预测，即测验他们用视觉估计矩形、三角形、圆和不规则图形面积大小的判断能力；然后用大小不等的平行四边形对被试进行面积判断的训练；最后用与训练图形相似的长方形和不相似的三角形、圆和不规则图形进行迁移效果测验。这一实验可以概括为：预测 A、B、C、D，训练 B 的变式，后测 A、B、C、D。结果表明，训练 B 的变式对 B 的面积判断能力有促进作用，对判断 A、C、D 的图形面积大小的判断能力无明显作用。

二、迁移的分类

可根据多种维度对学习的迁移现象进行分类。上面已经提到迁移有正、负和顺向、逆向之分。此外，还可以根据迁移的内容区分知识、智慧技能、认知策略、动作技能和态度的迁移。下面介绍几种流行的迁移分类。

(一) 侧向迁移与纵向迁移

加涅根据原有知识在新情境中应用的难度和结果，区分为侧向迁移和纵向迁移。前者指已习得的概念和原理在新的、不需要产生新概念或新原理的情境中的运用。例如，学生掌握圆锥体的体积计算公式 ($V=1/3SH$) 之后，能推想出三棱锥、四棱锥的计算方法，便是侧向迁移的实例，因为它们的体积都可以用 $V=1/3SH$ 公式计算。纵向迁移是指已掌握的概念和原理在新的、需要产生新概念或原理的情境中的运用。例如，利用加法计算规则推导出乘法计算规则便是纵向迁移的实例。因为乘法中包含了加法，但乘法规则是高于加法规则的新规则。又如，利用学生已经掌握长方形和三角形的概念和面积计算规则推导出新的梯形面积计算公式并解决有关梯形面积计算问题，也是纵向迁移的实例。所以，按加涅的学习结果分类，侧向迁移是概念或原理的简单运用，一般不涉及解决新问题；纵向迁移是概念和原理的纵向应用，一般需要解决新问题并得出新规则，得出的新规则被称为高级规则。如乘法相对于加法是高级规则，梯形面积计算公式相对于三角形和长方形的计算公式也是高级规则。

（二）特殊迁移与一般迁移

布鲁纳(1973)根据迁移范围大小将学习迁移分为一般迁移与特殊迁移。前者又称非特殊迁移，指概念或态度的迁移，其迁移范围大；后者指具体知识与技能的迁移，其迁移范围小。布鲁纳说："学习为将来服务有两种方式。第一种方式是通过学习对同原先学习去做的工作十分相似的那些工作的特殊适用性。心理学家把这种现象称为训练的特殊迁移；也许应该把这种现象称作习惯或联想的延伸。它的效率好像大体上限于我们通常所讲的技能。已经学会怎样敲钉子，往后我们就更能学习怎样敲平头钉或削木片。毫无疑问，学校里的学习创造了某种可以迁移到以后不论在校内还是离校后遇到的活动上去的技能。先前学习使日后工作更为有效的第二种方式，则是通过所谓非特殊迁移，或者说得更确切些，原理和态度的迁移。本质上，一开始是学习一个普遍的观念，而不是学习技能，然后这个普遍的观念可以用作认识原先所掌握的观念的一些特例的后继问题的基础。这一种类型的迁移应该是教育过程的核心——用基本的和普遍的观念来不断扩大和加深知识。"

（三）低路迁移与高路迁移

1969年所罗门(G. Salomon)和帕金斯(D. Perkins)提出低路迁移和高路迁移的划分。前者指经过充分练习的技能自动迁移，不需要反省性思维。例如，开惯了自家车的人可以很轻松地开从朋友那里借来的车。这种迁移的关键是原先的技能有充分的练习，而且练习是在变化的情境中进行的。高路迁移涉及有意识地应用先前习得的抽象知识于新的情境。这种应用可分两种情形：第一，在当前的学习中想到今后的应用，例如，你在学习教育心理学原理时想到这些原理将来在你的教育和教学实践中应用；第二，在面对新的问题时，回头思考先前习得的知识在新情境中的应用。例如，在学习物理时考虑在代数中学过的数学原理在物理学中的应用。高路迁移的关键是有意识地进行抽象概括，或精心地鉴别出不限于特殊情境、能普遍应用的原理、主要观点、策略或步骤。这样的抽象成了学生反省认知知识的一部分，可以用来指导将来的学习与问题解决(见表10-2)。高路与低路迁移的区分与布鲁纳的普遍迁移和特殊迁移相似。

表 10-2　低路迁移高路迁移比较

	低路迁移	高路迁移
定　　义	高度练习过的技能自动迁移	有意识地运用抽象知识到新的情境
关键事件	充分练习;练习或学习情境的变化;超额学习,技能达到自动化	精心思考可以普遍应用的抽象原理、主要观点和步骤
例　　子	开不同类型的轿车	如应用 SQ3R 读书法进行阅读

（四）近迁移与远迁移

1992 年,珀金斯与所罗门(Perkins & Salomon, 1992)根据迁移前后情境的相似性,进一步把迁移分为近迁移和远迁移两类。所谓近迁移,是指在两个近似的情境中进行学习迁移。例如,学生在考试时所面对的题目,只是平时的家庭作业中独立练习过的题目的简单综合,这时的学习迁移就是近迁移。所谓远迁移,是指在两个看上去相差很大、彼此不相关的情境中进行的迁移。例如,下棋者把"控制中心"的基本策略应用到投资、政治、军事等领域,这就是远迁移。

哈斯克尔(Haskell, 2001)根据任务和情境的相似性,提出了应用迁移(如基于先前习得的任务而对知识进行提取和运用)和创造性迁移(如基于对新旧知识的综合而创造一种解决问题的方法)的概念。显然,珀金斯与所罗门提出的近迁移概念,与应用迁移相似;他们的远迁移概念,则与创造性迁移近似。就教育实践来讲,近迁移或应用迁移可能是近期教育目标,而远迁移或创造性迁移则是远期教育目标。

（五）辛格利和安德森的 2×2 迁移分类

辛格利和安德森(Singley & Anderson, 1989)根据知识学习的陈述性阶段和程序性阶段划分程序性知识向程序性知识的迁移,程序性知识向陈述性知识的迁移,陈述性知识向程序性知识的迁移,陈述性知识向陈述性知识的迁移四种迁移类型(见表 10-3)。

表 10-3　辛格利和安德森的 2×2 迁移分类

程序性知识→程序性知识	程序性知识→陈述性知识
陈述性知识→程序性知识	陈述性知识→陈述性知识

三、迁移与学校教育理想

家长和社会对学校寄予很高的希望。例如,我们常说,好的教育能使学生"触类旁通"或"举一反三"、"闻一知十"。在心理学的智商概念流行以后,人们认为,好的教育可以提升学生的智商，使学生变得更聪明。当前又流行教学生“学会学习”的口号。对学校的这样一些期望如何进行科学评定呢？在学习心理学的学习迁移概念和测量方法产生之前，学校教学质量优劣的评价缺乏可以操作的客观标准，但采用学习迁移的测量方法，学校教学质量的好坏有了客观评价标准。因为上述对学校教育的理想，如希望学生能“触类旁通”、“发展智力”、“学会学习”等都可以归入迁移的范畴。在学习迁移测量中要尽可能控制学生原先的 IQ 水平、原有知识水平和动机水平等内部条件，只研究学习 A 对后继 B 的学习的影响的大小和方向。在教育史上，原先被认为十分符合人们理想的教学改革，经过心理学家的检验，其结果不理想的例子并不鲜见。所以奥苏伯尔认为，迁移的理论争论是心理学对教育产生最大影响的一个领域。当前我国以课程改革为中心，出现了名目繁多的教学改革的事例，其理想都是培养学生良好的心理素质，即良好的个性品质和应用所学知识的能力。这些教学改革措施也必须经过学习迁移测验的检验以后才能真正确认其有效性。

第二节　迁移的心理实质的理论争论

一、传统迁移理论

（一）形式训练说

学习迁移现象早已为人们所知。我国古人就知道学习可以“举一反三”、“触类旁通”。孔子说：“举一隅不以三隅反，则不复也”（《论语·述而》）。从心理学上讲，“举一反三”和“触类旁通”都是指先前的学习对以后的学习的促进，所以都是学习的迁移现象。但是，对学习迁移现象最早的系统解释，则是形式训练说提出的。

形式训练说主张迁移要经历一个“形式训练”过程才能产生。形式训练说的心理学基础乃是官能心理学（faculty psychology）。官能心理学认为，人的心（mind）是由“意志”、“记忆”、“思维”和“推理”等功能组成的。心的各种成分（官能）是各自分开的实体，分别从事不同的活动，如利用记忆官能进行记忆和回忆，利用思维官能从事思维活动。各种官能可以像肌肉一样，通过练习增强力量（能力）。这些能力在各种活动中都能发挥效用。比方说，记忆官能增强以后，可以更好地学会和记住各种东西。不仅如此，由于心是由各种成分组成的整体，一种成分的改进，也在无形中加强了其他所有官能。可见，从形式训练的观点来看，迁移是通过对组成心的各种官能的训练，以提高各种能力如注意力、记忆力、推理力、想象力等而实现的，而且迁移的产生将是自动的。

形式训练说把训练和改进心的各种官能作为教学的最重要目标。它认为，学习的内容不甚重要，重要的是学习的东西的难度和训练价值，学习要收到最大的迁移效果，就应该经历一个“痛苦的”过程。于是，难记的古典语言、数学和自然科学中的难题，被视为训练心的最好材料，在这样的训练中，“学生学会观察、分析、比较、分类、想象、记忆、推理、判断，甚至创造……有了这样的造诣，学生在日后的学习和工作中就会受益无穷”。反之，学生如果仅记住一些具体事实，其使用价值十分有限。

形式训练说在欧洲和北美盛行了约200年，至今在国外和我国仍有一定的影响。但是，心的各种官能能不能分别加以训练，使之提高，从而自动迁移到一切活动中去呢？教学的主要目标是不是训练心的各种官能呢？形式训练说对这些问题的回答虽然十分肯定，但它的鼓吹者和信奉者并没有拿出经得起科学检验的证据。

（二）相同要素说

19世纪末20世纪初，心理学家着手用实验来检验形式训练说的迁移理论。美国著名心理学家詹姆斯（W. James）在1890年首先通过记忆实验，表示了对形式训练迁移理论的怀疑。他的结论是：记忆能力不受训练的影响，记忆的改善不在于记忆能力的改善，而在于记忆方法的改善。

继詹姆斯之后，许多心理学家纷纷设计更严密的实验，从各种不同角度向形式训练说提出挑战。其中桑代克和伍德沃斯（R. S. Woodworth）的研究影响最大。桑代克首先在知觉方面进行了一系列的实验。例如，他在1901年报告，以大学生为被试，训练他们判断不同大小和形状的图形面积。被试先估计了127个矩形、三角形、圆和不规则图形的面积，这样就预测了他们判断面积的一般能力；然后用90个10～100平方厘米的平行四边形让每一被试进行判断面积训练；最后被试受到两种测验：第一种测验要判断13个与训练图形相似的长方形的面积，第二种测验要求判断27个三角形、圆和不规则图形的面积。这27个图形是预测中用过的。研究表明：通过平行四边形训练，被试对矩形面积的判断的成绩提高了，但对三角形、圆和不规则图形的判断的成绩没有提高。

桑代克还做过长度和重量方面的实验，如让被试估计1～1.5英寸直线的长度，经过练习，取得相当进步，然后用6～12英寸的直线进行迁移测验，结果被试估计长度的能力并不因先前的训练而有所增进。在记忆和注意方面，桑代克也做过类似的实验。桑代克在这些实验中发现，经过练习，被试的成绩取得明显提高，这些训练可以迁移到类似的活动中去，不过迁移的成绩远不如直接训练的成绩。在知觉、注意和记忆方面的训练，并未迁移到不相似的活动中去。据作者报告，迁移效应的产生，是由于练习所用的特殊方法、观念或有用的习惯被带到最终测验中。

桑代克迁移实验的结果显然与形式训练说的迁移理论不符。桑代克似乎证明，通过某种活动训练而可以普遍迁移的注意力、记忆力、观察力是不存在的。那么,什么东西可以迁移呢?桑代克提出相同要素(identical elements)说同形式训练说相对抗。

相同要素说后来被伍德沃斯修改为共同成分(common components)说,意指只有当学习情境和迁移测验情境存在共同成分时,一种学习才能影响另一种学习,即产生迁移。例如,在活动 A_{12345} 和活动 B_{45678} 之间,因为有共同成分 4 和 5,所以它们才会有迁移出现。用桑代克(Thorndike & Woodworth, 1901)的话来说,"只有当两种心理机能具有共同成分作为因素时,一种心理机能的改进才能引起另一种心理机能的改进"。所谓共同的心理机能指什么呢?尽管桑代克认为包括经验上的基本事实(如通过不同组合一再重复的长度、颜色和数量)、工作方法乃至一般原理或态度,但由于他对学习持联结主义观点,所谓共同的心理机能,实际上只是共同的刺激和反应的联结。他还设想,这种共同的刺激和反应的联结,是"凭借同一脑细胞的作用"而形成的。

桑代克和许多心理学家在知觉、记忆、注意和运动动作方面的实验表明,这些方面经过一定的训练,确实存在一定的迁移。但实验者一致认为,只存在特殊经验的事实、技能、方法乃至态度的迁移。特殊的训练并不能改进个别的心理官能。也就是说,特殊的训练对于提高一般的记忆力、观察力、注意力收效甚微。这些迁移实验的研究启示人们,要提高教学效果,如果忽视学生对于知识、技能、学习方法等的掌握,而一味追求提高其观察力、记忆力、注意力,那只是一种天真的幻想。

既已证明通常的观察力(知觉方面的能力)、记忆力、注意力不易经过特殊训练而得以改善,桑代克就设想能否让学生选学某些特殊的学科,并经过较长时间的训练,以提高学生的一般智力。为此,他在 1924 年和 1927 年做了两次规模很大的实验。受试的学生 13 000 多人。学生分别选修的科目包括几何、拉丁语、公民课、戏剧、化学、簿记和法语。学习时间为一年。实验者测量了学生学习这些科目前后的智商(IQ)变化,结果并未发现某些学科对改善学生智力特别有效。

韦斯曼(A. Wesman)1944 年重新检验了桑代克早年的结论。在一个学年的开始和结束,他对中学生进行了一系列一般智力和成绩测验,研究表明,所学的任何一种学科并不比任何其他学科优越;在测量的任何一种成绩范围内,智力并没有更多增长。在 60 年代以后,还有人进行了新的研究,也证实了桑代克的早期发现。

桑代克在迁移方面的研究指出了形式训练说的谬误,这是他的功绩。但是,他坚持认为,"心理(mind)就它的功能方面来说,是对特殊情境作特殊反应的一架机器"。根据这种观点,人们在特殊情境中需要的每一种知识、技能、概念或观念,一定要作为一种特殊的刺激—反应的联结来学习。这样,迁移的范围就大为缩小。根据相同要素说,在两种没有相同要素或共同成分的过程之间,两个完全不相似的刺激—反应联结之间，不可能产生迁移，这会使人们对迁移产生悲观态度。

（三）概括化说

桑代克的理论把注意力集中在先期学习活动与后期学习活动共有的那些要素上。贾德(C. H. Judd)的理论则不同。贾德认为，在先期学习A获得的东西，之所以能迁移到后期学习B，是因为在学习A时获得了一般原理，这种一般原理可以部分或全部运用于A、B之中。根据这一理论，两个学习活动之间存在的共同成分，只是产生迁移的必要前提，而产生迁移的关键，是学习者在这两种活动中概括出它们之间的共同原理。所以，贾德的迁移理论称为"概括说"或"类化说"。

贾德在1908年做的"水下击靶"实验，是概括化说的经典实验。他以五年级和六年级学生为被试，分成两组，让他们练习用镖枪投中水下的靶子。给一组学生充分解释水的折射原理；不给另一组学生说明水的折射原理，致使他们只能从尝试中获得一些经验。在开始投掷练习时，靶子置于水下12英寸处，结果教过和未教过折射原理的学生其成绩相同。也就是说，在开始的测验中，理论对于练习似乎没有起作用，因为所有的学生必须学会运用镖枪，理论的说明不能代替练习。接着改变条件，把水下12英寸处的靶子移到水下4英寸处，这时两组的差异便明显表现出来。没有给予折射原理说明的学生表现出极大的混乱，他们投掷水下12英寸靶时的练习，不能帮助改进投掷水下4英寸靶的练习，错误持续发生。而学过折射原理的学生，迅速适应了水下4英寸的条件。

贾德在解释实验结果时说："理论把有关的全部经验——水外的、深水的和浅水的经验——组成了整个思想体系……学生在理论知识的背景上，理解了实际情况以后，就能利用概括了的经验，迅速地解决需要按实际情况作分析和调整的新问题"(Judd, 1908)。1941年赫德里克森(G. Hedrickson)和施罗德(W. H. Schroeder)，1967年奥弗林(R. L. R. Overing)等都做了类似实验，进一步证实贾德的概括化说，他们还指出，概括不是一个自动过程，它与教学方法有密切关系。这与课堂教学实践经验是一致的，即同样的教材内容，由于教学方法不同，教学效果悬殊，迁移效应也大不相同。

（四）关系转换说

格式塔心理学家并不否认依赖学习原理的迁移，但他们强调"顿悟"是迁移的一个决定因素。他们认为，迁移不是由于两个学习情境具有共同成分、原理或规则而自动产生的，而是由于学习者突然发现两个学习经验之间存在关系的结果。人迁移的是顿悟，即两个情境突然被联系起来的意识。

关系转换说(transposition theory)强调个体的作用，认为学习者必须发现两个事件之间的关系，迁移才能产生。但转换现象是复杂的。早期格式塔心理学家用两种灰色深浅不同的物体进行条件反射实验。通过多次训练，被试(小鸡或幼儿)学会从深灰色物体处取得奖赏。以后变换实验情境，保留原来的深灰色物体，用黑色物体取代浅灰色物体，但强化物放在黑色物体处。经过训练的被试，一般不到原来与强化物相联系的深灰色物体处去获取奖励物。后来又用三种不同大小的物体进行变换实验。在训练时强化物置于中等大小的物体(如倒置的盘子)之下。经过训练，被试学会了这种反应。以后在迁移情境中，改变物体的大小，但奖励物仍置于中等大小的物体之下。研究表明，转换现象受原先学习课题的掌握程度、诱因大小和练习量的影响。原先学习的课题掌握得好、诱因大和练习量增加，转换现象较易产生。

(五) 学习定势说

学习定势(learning set)是哈洛(H. F. Harlow)提出并用以解释顿悟现象的一个概念。哈洛认为："学习情境的多样化决定我们的基本人格特征，并在使某些人变成会思考的人中起重要作用。这些情境是以同样的形式多次重复出现的。不应以单一的学习结果，而应以多变但类似的学习课题的影响所产生的变化来理解学习"(哈洛，1990)。

学习定势既反映在解决一类问题或学习一类课题时的一般方法的改进(学会如何学习)上，也反映在从事某种活动的暂时准备状态(准备动作效应或预热效应)中。学习定势的这两个方面都影响作业的变化。

练习一类课题有助于类似课题的学习，这一现象首先是在实验室用无意义音节进行研究发现的。渥德(L. B. Ward)早在1937年报告：被试在记忆数列无意义音节时，前面的练习影响后面的记忆，记忆速度越来越快。

哈洛1949年的研究也发现类似的现象。他首先用猴子作被试进行研究，然后以儿童为被试进行重复实验。对猴子作辨别训练时，在猴子面前呈现两个物体，如一个是立方体，另一个是立体三角形。在一个物体下面藏着葡萄干，并以它为强化物。通过几次尝试，猴子很快"知道"葡萄干藏在立方体下面，不在立体三角形下面。当它解决了这个问题以后，立即给它呈现另一个类似的问题，如两个物体均为立方体，但颜色不同，一为白的，另一为黑的。它必须进行新的学习以解决这个新的辨别问题。当它解决了这个问题以后，又呈现一个新的辨别问题，如此继续多次。当猴子解决了许多这样的辨别课题之后，它解决新问题的速度越来越快，尝试的次数越来越少。于是，实验者认为，猴子学会了如何解决问题，或者说，学会了如何学习。哈洛在谈到这个现象时说："猴子已经获得了解决问题的学习定势。"(见图10-2)

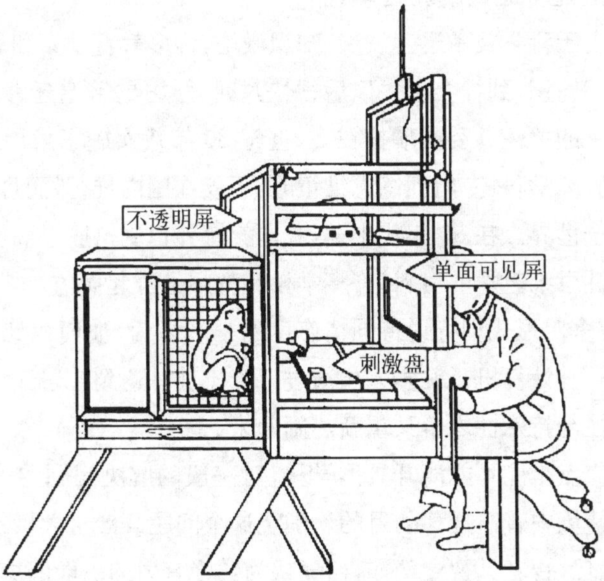

图 10－2　哈洛恒河猴实验装置

类似的学会如何学习的现象，在以儿童为被试的实验中得到证实。例如，在一个实验中，智力落后的儿童（年龄为 10 岁，智龄只有 4 岁）在解决一个辨别问题时感到非常困难，但先从较容易的问题开始训练，然后转到较难的问题，学习效果就明显提高。

二、从学习分类观看传统迁移理论的局限性

迁移理论是学习理论的继续。传统迁移理论之争集中在两个方面：一是一般迁移与特殊迁移之争；二是机械学习迁移与意义学习迁移之争。迁移理论对立的主要原因是传统学习论缺乏学习分类思想，把机械学习与有意义学习相混淆，把知识学习与技能学习相混淆。在技能学习领域，把智慧技能与动作技能相混淆。

桑代克通过大量知觉辨别和运动动作训练研究，提出了迁移的相同要素说，这一理论能解释知觉辨别这种低级智慧技能和简单的动作技能的学习迁移。但是，当贾德的实验情境不仅需要知觉辨别和动作技能而且需要高级的概括能力时，相同要素说遇到了困难。所以，安德森指出："桑代克成功地推翻了一个错误理论，即形式训练说的教条，他代之而提出的是一个差不多空洞的理论"（Singley & Anderson，1989）。

奥斯古德通过总结大量配对联想实验资料得出的相同与不同材料的正负迁移规律，可以较好地解释机械言语材料的迁移与干扰现象，但遇到有意义言语材料时，这些规律便失效了。所以奥苏伯尔强烈批评将机械学习规律推论到有意义学习的错误倾向，他根据有意义学习的特点提出一整套适合有意义学习的迁移规律。

三、关于一般迁移理论的新近争论

近20年来，由于科学技术迅速发展，知识激增，许多教育学家和心理学家觉得，学生在学校里学习的知识，到社会上去以后很快过时，学习的普遍迁移问题重新受到教育学家和心理学家的关注。委内瑞拉在20世纪80年代实施了发展智力的雄心勃勃的计划。该计划脱离学科，专门训练思维策略，不仅在国内推行，而且其倡导者还希望把此项计划推向全世界。在80年代中期，我国教育界也受这股思潮影响，各种报刊大量宣传报道创造性思维教学的材料，许多学校和教师也群起而仿效。计算机在学校教育中出现以后，许多对形式训练说持同情态度的学者认为，他们找到了当代训练思维推理的最好工具——计算机。许多人想通过计算机训练达到普遍迁移的目的。因此，关于迁移的普遍性与特殊性之争又重新热闹起来。

当前争论的焦点是能不能离开具体学科，对一般的解决问题的策略加以训练，从而达到在跨学科情境中普遍迁移的目的。围绕这个问题开展了大量的实验研究，结论很不一致，仁者见仁，智者见智。例如，西蒙认为："强有力的一般解决问题的方法的确是存在的，而且是可教会的。"也有人批评当今学校过分强调内容方面的教学，主张把教学重点放在一般学习方法方面。在美国有许多大学开展跨学科的一般解决问题方法的训练。

持反对观点的人认为，到目前为止还没有得到一般思维方法的训练在跨学科情境中普遍迁移的证据。例如，梅耶通过系统考察有关的研究材料以后指出："在历史上，学校认为可以脱离学科内容教思维技能，希望学校的技能可以在许多情境中迁移；然而系统的研究表明，学生倾向于学习具体的技能，这些技能主要能应用于与教学时应用的例子相似的情境"(Mayer, 1987)。为什么尽管人们有普遍迁移的良好愿望却未找到有力证据呢？安德森指出：其一，历史上有对形式训练说批判的一系列经典研究，近期又有否定一般解决问题的技能在跨学科情境迁移的实验研究。其二，当前认知心理学的研究强调专门领域的知识在问题解决中的作用。由专门领域的知识构成的针对具体学科问题的方法被称为强方法(strong method)，它们能保证问题迅速有效地解决。而非针对具体学科问题的方法，被称为一般的启发式方法(general heuristic)，这种方法与强方法相对，又被称为弱方法。后者是脱离了具体应用条件的知识，难以保证问题迅速而有效地解决。所以，通过比较新手与专家解决问题的过程表明，专家在解决问题时采用强方法，新手在解决问题时采用弱方法，从而导致他们解决问题的效率有明显差异。其三，弱方法必须经长期反复的实践才能有效应用。至少就成人来说，他们采用的弱方法是经过多年实践的，在学习迁移训练情境中不可能有明显进步，因此在迁移测验中也不能表现出来。

第三节　当代迁移理论及其教学含义

迁移是学习的一个重要方面，所以每当有新的学习理论提出，迁移理论也随之更新。当代著名的学习论有奥苏伯尔的有意义言语学习论、信息加工心理学的产生式理论和新近发展起来的认知策略理论（包括反省认知理论），与此相应的迁移理论有奥苏伯尔的认知结构迁移理论，J·R·安德森（J. R. Anderson）等人的产生式迁移理论和新近发展起来的认知策略迁移理论。每一迁移理论都有许多实验证据和不同的教学含义。

一、认知结构迁移理论及其教学含义

（一）从认知结构观点看学习的迁移

奥苏伯尔认为，当用他的认知结构的观点重新考察迁移时，会发现原先的迁移模式在有意义学习中仍然适用，顺向迁移仍然指先前的学习对后继学习的影响。但是，先前的学习指什么？它如何影响后继的学习？奥苏伯尔对此作了与传统解释根本不同的新解释。

（1）一般的迁移模式如图 10－1 所示，在这里仍然适用。但先前的学习不只是 A，还应该包括过去经验，即累积获得的、按一定层次组织的、适合当时学习任务的知识体系，而不是最近经验的一组刺激—反应的联结。

（2）在有意义学习与迁移中，我们所说的过去经验的特征，不是指前后两个课题在刺激和反应方面的相似程度，而是指学生在一定知识领域内认知结构的组织特征，诸如清晰性、稳定性、概括性、包容性等。在学习课题 A 时得到的最新经验，并不是直接同课题 B 的刺激—反应成分发生相互作用，而只是由于它影响原有的认知结构的有关特征，从而间接影响新的学习或迁移。

（3）在一般的课堂学习中，并不存在孤立的课题 A 和课题 B 的学习，学习 A 是学习 B 的准备和前提；学习 B 不是孤立的，而是在同 A 的联系中学习。因此，在学校学习中的迁移，很少有像在实验室条件下严格意义的迁移。这里，学习迁移所指的范围更广，而且迁移的效果主要不是指运用一般原理于特殊事例的能力（派生类属学习的能力），而是指提高了相关类属学习、总括学习和并列结合学习的能力。因此，无论在接受学习还是在解决问题中，凡有已形成的认知结构影响新的认知功能的地方，就存在着迁移。

（二）影响学习迁移的三个认知结构变量

奥苏伯尔提出了影响新的学习与保持的三个认知结构变量。通过操纵与改变这三个认知结构变量可以促进新的学习与迁移。

1. 原有知识的可利用性

奥苏伯尔的认知结构变量是针对影响新的学习效果提出的。奥苏伯尔认为，当学习新的知识时，如果在学生原有知识结构中能找到适当的可以用于同化新知识的原有知识（包括概念、命题或具体例子等），那么该学生的认知结构就具有原有知识的可利用性。反之，当学习新知识时，如果在学生原有知识结构中找不到用于同化新知识的原有知识，那么该学生的认知结构就缺乏原有知识的可利用性。奥苏伯尔认为，原有知识的可利用性是影响新的学习和迁移的最重要因素，也是最重要的认知结构变量。他更强调上位的、包容范围大和概括程度高的原有观念的作用。如果在学习新知识时，学生认知结构中缺乏这样的上位观念，教师就可以从外部给学生的认知结构中嵌入一个这样的观念，使之起吸收与同化新知识的作用，这样从外部嵌入的观念被称为先行组织者。例如，为了使小学一、二年级学生形成句子和句子成分的概念，教师告诉学生：每一个句子都要讲到"谁"和"干什么"，有这两个成分的话语才是完整的句子。这一知识是用儿童易懂的语言陈述的。儿童先学习这一上位知识，该知识对他们形成句子和句子成分概念起到组织者作用。接着教师给出如下句子的正反例：

(1) 小明上学去。(2) 妈妈爱宝宝。(3) 爸爸开汽车。(4) 湖面上的船。(5) 飞得很高。

教师帮助学生分析，(1)～(3)句都是句子，都有"谁"和"干什么"，(4)和(5)句不是句子，第(4)句有"谁"，缺"干什么"，第(5)句讲了"干什么"，缺"谁"。这样学生理解了什么话语是句子，什么话语不是句子。如果没有起组织者作用的上位观念的支持，学生就无法理解句子概念。

在数学和自然学科中，先前习得的知识往往对后继的学习起到这样的组织作用，因此学习起来很顺利。例如，学生总是在掌握分数概念之后学习百分数，分数概念是上位的，起组织者作用。百分数概念是下位的，有上位分数概念支持，故学习起来很容易。

2. 原有知识的巩固性

原有知识影响新的学习和保持的第二个变量是同化新知识的原有知识的巩固性。原有知识越巩固，越易促进新的学习。

利用及时纠正、反馈、过度学习等方法，可以增强原有的起固定作用的观念的稳定性。原有知识的稳定性有助于新的学习与保持。若能同控制组比较，就可以测出知识结构这一变量的迁移效果。例如，奥苏伯尔及其合作者在1961年研究了原有知识的巩固性对新学习的影响。研究中让被试学习基督教知识，经过测验将被试的成绩分成中上水平和中下水平，然后将这些被试分成三个等组：第一组在学习佛教材料前，先学习一个比较性组织者（它指出佛教和基督教的异同）；第二组在学习佛教材料前，先学习一个陈述性组织者（它仅介绍一些佛教观念，其抽象水平与要学习的材料相同）；第三组在学习佛教材料前，先学习一个有关佛教历史和传记的材料。在实验后的第三天和第十天进行保持测验。结果表明，不论哪一组，凡原先的基督教知识掌握较好的被试，在学习佛教知识后的第三天和第十天的保持成绩均较优（见表 10－4）。

表 10－4　起固定作用的观念的稳固性和清晰性对后继的学习和保持的影响

	原先的基督教知识掌握水平	第一组 比较性组织者	第二组 陈述性组织者	第三组 历史材料
第三天的保持分数	中上 中下	23.59 20.50	22.50 17.32	23.42 16.52
第十天的保持分数	中上 中下	21.79 19.21	22.27 17.02	20.87 14.40

3. 新旧知识的可辨别性

新旧知识的可辨别性是指利用旧知识同化新知识时，学习者意识到旧知识与新知识之间的异同点。可辨别性是建立在原有知识的巩固性基础之上的。例如，在物理学中讲到雷达是利用无线电波反射对远距离物体的侦察和定位的原理时，教师可利用学生已知的回声的知识同化新知识。学生必须意识到声波和无线电波之间有相似之处。意识到相似之处，原有知识可以同化新知识，但是又必须区分两者的不同之处。知道不同之处，新的知识才可以作为独立的知识保存下来。教师可以设计比较性组织者对新旧知识的异同加以比较，如可以设计如下组织者对雷达与回声的相同点进行比较。

雷达的运作包括五个阶段：

(1) 传播——发送出雷达脉冲；(2) 反射——脉冲击中遥远物体并返回；(3) 接收——反射来的脉冲返回原处；(4) 测量——测出传播和接收之间的时差；(5) 换算——将时间量转换为距离的度量。

回波的运行阶段：

(1) 你在山谷大喊一声——相当于脉冲发出；(2) 声波从悬崖返回——如同脉冲击中远处物体并返回；(3) 你听到同你的声音一样的回声——如同脉冲的接收；(4) 在发出喊声与听到回声之间有一很短的时差——相当于时间的测量；(5) 距离越远听到回声需要等待的时间越长。

不同点：雷达通过无线电波工作，回声传播的是声波，前者比后者传播快得多，每秒达 186 000 英里，且达到很远的地方。

（三）教学含义

认知结构迁移理论的教学含义是很明显的。奥苏伯尔认为，“为迁移而教”，实际上是塑造学生良好的认知结构问题。为此，必须从教材内容的选择和教材的呈现方式两方面确保学生良好的认知结构的形成。

1. 改革教材内容，促进迁移

根据同化理论，认知结构中是否有适当的起固定作用的观念可以利用，是决定新的学习与保持的重要因素。为了促进迁移，教材中必须有那种具有较高概括性、包容性和强有力的解释效应的基本概念和原理。布鲁纳认为，这样的概念和原理应放在教材的中心。他认为：“领会基本的原理和观念，看来是通向适当训练迁移的大道。”奥苏伯尔指出，学生的认知结构是从教材的知识结构转化而来的。好的教材结构适合学习者的能力。最佳的教材结构总是相对的，而不是绝对的。如何编写适合学生能力水平的最佳结构教材呢？这需要知识领域内有造诣的专家、教材教法专家和心理学家以及教师们的通力合作。

2. 改进教材呈现方式，促进迁移

奥苏伯尔认为，“不断分化”和“综合贯通”是人的认知组织的原则。这两条原则也适用于教材的组织和呈现。

认知心理学认为，当人们在接触一个完全不熟悉的知识领域时，从已知的较一般的整体中分化出细节，要比从已知的细节中概括整体容易一些。认知心理学还认为，人们关于某一学科的知识在头脑中组成一个有层次的结构，最具有包容性的观念处于这个层次结构的顶点，它下面是包容范围较小和越来越分化的命题、概念和具体知识。根据人们认识新事物的自然顺序和认知结构的组织顺序，教材的呈现也应遵循由整体到细节的顺序。例如，我国小学算术教材对有关三角形知识的呈现就符合不断分化的原则：先教一般三角形；在一般三角形中按角的大小分化出锐角三角形、直角三角形和钝角三角形；在锐角三角形中分化出等边三角形；在锐角三角形、直角三角形和钝角三角形中分化出等腰三角形，等等。

在呈现教材时，除了要从纵的方面遵循由一般到具体、不断分化的原则之外，还要从横的方面加强概念、原理、课题乃至章节之间的联系。教师在教学中应引导学生努力探讨观念之间的联系，指出它们的异同，消除学生认识中表面的或实际存在的不一致之点。如果教师的教学或教科书不能使学生做到横向联系和融会贯通，就会出现不良后果，如学生不知道许多表面上不同的术语实际上代表着本质上相同的概念，从而造成认识上的许多混淆。计算机辅助教学技术的发展，使奥苏伯尔的不断分化和综合贯通的原理更易实现。

二、产生式迁移理论及其教学含义

（一）理论与实验依据

迁移的产生式理论是由信息加工心理学家J·R·安德森提出的。这一理论适用于解释基本技能的迁移。其基本思想是，先后两项技能学习产生迁移的原因是这两项技能之间产生式的重叠，重叠越多，迁移量越大。

J·R·安德森认为，这一迁移理论是桑代克相同要素说的现代化。在桑代克时代，心理学没有找到适当的形式来表征人的技能，以致错误地用外部的刺激和反应（即S－R）来表征人的技能，所以不能反映技能学习的本质。信息加工心理学家用产生式和产生式系统表征人的技能，这样就抓住了迁移的心理实质。所以，导致先后两项技能学习产生迁移的原因，不应该用它们共有的S－R联结的数量来解释，而应该用它们之间共有的产生式数量来解释。

J·R·安德森等设计了许多实验来验证这一迁移理论。例如，他和辛格利（M. K. Singley, 1989）用不同计算机文本编辑程序的学习，证实了他的迁移理论。实验中的被试为打字熟练的秘书人员，他们能理解文本编辑的含义。被试分三组：A组在学习编辑程序（被称为EMACS编辑器）之前，先根据已经做好标记的文本练习打字；B组先练习一种编辑程序，后练习EMACS编辑器。C组为控制组，从第一天起至最后一天（即第六天）一直学习EMACS编辑器。学习成绩以每天尝试按键数量为指标，因为被试按键越多，说明他们出现错误需要重新按键数越多（因被试打字熟练，其错误不可能是打字造成的）。错误的下降说明掌握文本编辑技能水平提高。图10－3为实验结果。控制组每天练习3小时EMACS编辑器，前4天成绩显著进步，至第5和第6天维持在相对稳定水平。A组先练习打字，共4天，每天3小

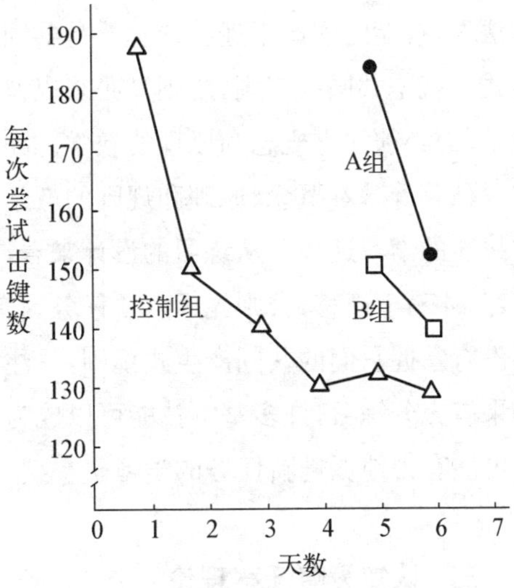

图10－3　三组被试学习EMACS编辑器的成绩

时，第 5 天和第 6 天练习 EMACS 编辑器的成绩同控制组第 1 天和第 2 天的成绩相似，打字对编辑学习未产生迁移。B 组前 4 天练习一种文本编辑程序，每天练习 3 小时，在第 5 天和第 6 天练习 EMACS 编辑器时，成绩明显好于 A 组。这说明第一种文本的练习对第二种文本学习产生了显著迁移。

J·R·安德森认为，在打字和文本编辑之间没有共同的产生式，而在两种文本编辑之间有许多共同的产生式，这是导致两组迁移效果不同的最重要原因。

为了进一步证实重叠的产生式导致迁移这一思想，J·R·安德森又仔细比较了两种行编辑器和一种全屏编辑器之间的学习迁移情形。被试先学习 A 种行编辑器，再学习 B 种行编辑器，结果节省时间 95%。先学习行编辑器，再学习全屏编辑器，结果节省时间 60%。

最后，研究者为三种编辑器创造一种产生式规则模型，然后计算它们之间共有的产生式数量。研究者应用这一数量对迁移的程度作出预测，然后用预测数量与实际观察到的迁移数量进行比较。结果表明，预测的迁移量和实际测量到的迁移量有很高的一致性。

（二）教学含义

因两项任务共有的产生式数量决定迁移水平，要实现“为迁移而教”的目的，在教材的选编、教法的选择和练习的设计等方面都应考虑这一原理。从教材的选编来看，必须考虑循序渐进的原则。教材知识一般可以分成若干单元，先后两个单元应有适当重叠，使先前的学习作为后继学习的准备，后继学习是先前学习的自然延伸。从教学方法看，技能之间产生迁移的本质是共同的产生式而不是它们的表面相似，共同的产生式也就是共同的规则，规则又必须以概念和原理为基础，所以不论何种智慧技能的教学，都必须注重概念和原理的教学。如，小学生学习读、写、算等基本技能，必须注重读、写、算等基本概念、原理和规则的教学。这样，学生容易从一种技能的学习向另一种技能的学习迁移。从练习的设计来看，有研究表明，先前学习的内容，必须有充分的练习，才易于迁移，否则先后两项任务因有共同成分而会导致混淆。也就是说，学生可能没有掌握它们的共同产生式规则，只注意了表面上的相似而未发现实质上的差异。如果有充分练习，许多基本技能可以成为自动执行的技能而不必有意识地注意，这样就可能有力地促进新任务的学习。

三、认知策略迁移理论

（一）认知策略迁移的早期研究

20 世纪 60—70 年代，心理学家侧重于将记忆策略教给智力落后儿童，以帮助他们改进记忆，同时也开展其他策略训练。1977 年心理学家贝尔蒙特（J. M. Belmont）等系统分析了 100 项有关研究，涉及多种多样策略和不同被试。结果表明，没有一项策略训练在迁移上获得成功。研究者指出，这 100 项研究无一项要求学生对他们的策略运用成功与否进行反思。1982 年贝尔蒙特等又评述了 7 项策略研究资料。这 7 项研究都要求被试对策略的运用成功与否进行反思，结果有 6 项获得了迁移。

在这一发现之后，许多心理学家进行了类似的研究，证实学习者的自我评价是影响策略迁移的一个重要因素。

（二）关于策略作用的自我评价实验

加泰勒（E. S. Ghatala）等于 1985 年研究了自我评价对策略迁移的影响。研究中的被试为二年级小学生，所教的策略是精加工策略。研究中呈现配对名词，要求儿童尽可能记住并准备回忆学过的词。在正式实验前，研究者对被试儿童进行三种不同的自我评价训练。其中 1/3 的儿童为策略—用途组，接受策略有效性评价训练。方法是反思自己使用或未使用某一策略是怎样影响回忆结果的。要求儿童徒手和用圆规各画一个圆。继而问：用哪种方法画的圆更好？另 1/3 的儿童为策略—情感组，要求他们评价使用某一策略是否感到“开心”？最后 1/3 儿童为控制组，不接受任何评价训练。正式实验分三个阶段进行。

第一阶段，研究者不教任何记忆策略，让儿童自己记忆配对名词并进行回忆测验。其目的是确定儿童的基线水平。

第二阶段，将被试儿童分成两个等组。其中一组学习精加工策略，另一组采用数名词中的字母数的策略帮助记忆。显然前一种策略的记忆效果好，后一种策略的记忆效果差。

第三阶段，所有儿童接受相同的指导语：可以选择自己希望的任何方法来记忆呈现的材料。学完以后要求回忆学过的材料。

为了测量儿童在第三阶段是否继续使用先前习得的策略，研究者问儿童在学习每一配对名词时用了什么策略和为什么选择该策略，以确定他们是否意识到策略的用途。而且，把前两次学习的配对词再呈现给儿童，问他们什么时候记得多和为什么会记得多。这样进一步确定儿童对策略作用的意识程度。

表 10－5 列出了采用不同学习策略的被试平均回忆配对词的百分数，由此可以得出如下结论：

（1）在实验第二阶段，学习了精加工策略的儿童，回忆成绩显著高于采用数字母策略的儿童。到实验的第三阶段，虽然未要求应用精加工策略，但在第二阶段接受精加工策略训练的儿童继续应用这一策略，其回忆成绩仍然很高。但是接受数字母策略训练的儿童，在第三阶段放弃了这一策略，而又未学习精加工策略，所以记忆成绩普遍低。

(2) 三种不同策略评价方式(策略—用途评价、策略—情感评价和无评价)对直接回忆或近迁移成绩未产生明显影响。

表 10－5　不同训练组的平均回忆配对的百分数

	训练条件		
	策略—用途组	策略—情感组	控制组
第一阶段：精加工	39.5	37.1	31.9
数字母	36.5	36.2	29.0
第二阶段：精加工	98.6	96.7	97.1
数字母	19.0	19.0	9.5
第三阶段：精加工	92.4	89.0	79.5
数字母	42.9	29.5	29.0

为了考察儿童对策略—用途进行评价是否产生长远影响，在第三阶段研究之后，又对儿童进行追踪研究。儿童对他们为什么选择某一策略的回答表明，受到策略—用途评价训练的儿童更倾向于解释选择某策略的原因是为了提高记忆效率(见表10－6)。

表 10－6　在实验第三阶段儿童说出选择不同策略理由的人数百分比

训练条件	理由		
	记忆	开心	容易
精加工策略：策略—用途组	100	0.0	0.0
策略—情感组	0.0	90.5	9.5
控制组	0.0	74.1	28.6
数字母策略：策略—用途组	76.2	0.0	23.8
策略—情感组	4.8	52.4	42.8
控制组	4.8	28.6	66.7

在实验结束后第一周和第九周分别用新的配对词对被试进行了两次延后测验。结果表明，策略—用途组的成绩明显优于策略—情感组。在第一周测验时，前者有90％的儿童在新的学习材料中运用精加工策略，后者仅有57％的儿童；在第二次延后测验中，前者的人数为100％，后者只有50％。这一结果表明，经过策略的有效性自我评价训练的儿童能长期运用训练过的策略，并能迁移到类似的情境中，而在其他训练条件下，策略训练仅有短期的效果。

（三）教学含义

要实现“为迁移而教”，除了要重视陈述性知识和基本技能的迁移之外，更应重视策略性知识的学习和迁移。在科学心理学诞生之前，教育学家认为，“学会学习”与“学会思维”的能力可以通过形式训练实现。科学心理学在否定形式训练说之后，经过近100年百折不挠的努力，终于找到可以替代形式训练说的认知策略迁移说，为教学改革指明了新的方向。但认知策略迁移研究的实验结果要转化为学校的教学实践，仍有许多路要走。因为传统学校教材中并没有把策略性知识作为学校教学的独立目标，教师也没有受过策略性知识教学的专门训练。根据知识分类学习论和策略性知识的学习与迁移研究结果，我们应把策略性知识教学作为重要教学目标之一。为此，教材中也应适当反映策略性知识教学的要求，还要以策略性知识教学实验中积累的成功经验来训练教师，使之掌握策略性知识教学的有效方法，使策略教学达到持久迁移的目的。

本章概要

1. 迁移的最一般定义是“先后两种学习的相互影响”。这一定义可以把机械学习中前后两种学习的相互干扰和有意义学习中前后两种学习的相互促进都纳入迁移的范畴。

2. 可以依据不同标准区分多种不同类型的迁移。常见的迁移类型有加涅的侧向迁移与纵向迁移，布鲁纳的特殊迁移与一般迁移，所罗门和珀金斯的高路迁移与低路迁移、近迁移和远迁移。新近由于陈述性知识与程序性知识划分的提出，辛格利和安德森提出反映上述两类知识互相迁移的分类。

3. 由于学习迁移实质上是学习过的东西在新情境中的应用。“学以致用”是教育的根本目的，所以各种学习理论都力图解释学习迁移产生的原因，从而形成了多种多样的迁移理论。

4. 心理学史上第一个正式的迁移理论是形式训练说。该理论认为，通过艰苦的训练导致学习者的记忆、想象、思维等官能改善，从而导致学习迁移出现。但桑代克的研究以及后来的许多研究表明，形式训练说不能成立。

5. 在心理学史上影响较大的迁移理论是桑代克的相同要素说和贾德的概括化说。前者强调学习任务中共同成分的重要性；后者强调学习者发现学习任务中共同原理的重要性。学习任务中具有共同成分只是迁移产生的前提条件，但不是充足条件，所以贾德的概括说比相同要素说更能指导教学实践。

6. 在迁移研究史上，哈洛关于恒河猴的学习定势实验具有重要意义。它表明在某些条件下尝试错误式的学习可以转化为顿悟式的学习。其外部条件是刺激安排适合学习者的发现，其内部条件是学习者具有适当的原有经验和积极探索的心向。

7. 20世纪60年代后由于认知心理学兴起，迁移理论也有许多新发展。比较有影响的理论是奥苏伯尔的认知结构迁移理论，安德森的产生式迁移理论和认知策略迁移理论。这三种理论可以相互补充，奥苏伯尔的认知结构迁移理论比较适合解释有意义的陈述性知识学习迁移，产生式迁移理论适合解释技能的学习迁移，认知策略迁移理论适合解释认知策略的训练迁移。

练 习 题

一、解释下列术语

迁移	特殊迁移	非特殊迁移	官能心理学
低路迁移	高路迁移	纵向迁移	侧向迁移
近迁移	远迁移	相同要素说	形式训练说
学习定势	概括说	关系转换说	迁移的产生式理论
认知结构变量			

二、填空

1. 奥苏伯尔提出的认知结构的三个变量是：(1) 原有知识的可利用性、(2) __________、(3) __________。

2. 学习迁移实验一般经过如下四步：(1) __________，(2) __________，(3) 测量与比较两组的学习结果，(4) 得出结论。

3. 侧向迁移和纵向迁移是由__________提出的，其划分依据是__________。

4. 布鲁纳曾提出普遍迁移和特殊迁移的划分。前者指__________，后者指__________。

5. 当先前的学习对后继学习产生消极影响时，这种影响被称为__________迁移，也称__________抑制。

6. 当后继学习对先前学习产生促进或干扰影响时，这些影响被称为__________迁移。

7. 学习定势对后继学习的促进作用表现在两方面：(1) __________，(2) __________。

8. 在迁移实验或教学实验中，可设计__________组织者操纵学生认知结构中原有上位观念的可利用性变量，达到促进新的学习或迁移目的。

9. 在迁移实验或教学实验中，设计的比较性组织者可以操纵学生认知结构的

________变量。

10. 产生式迁移理论认为导致先后两项学习产生迁移的原因是________。

11. 关于迁移的最古老的理论是________，其心理学基础是________心理学。

12. 在心理学史上，最初以实验来检验形式训练说是否能成立的心理学家是________。

13. 按照桑代克的迁移理论，先后两项学习之间产生迁移的原因是________。

14. 桑代克的迁移理论是针对历史上的________迁移理论提出的，其历史贡献是________。

15. 学习定势由美国心理学家________提出，被认为是迁移的一种心理机制。

16. 格式塔心理学家认为，先后两项学习之间产生迁移的最重要原因是________。

17. 奥苏伯尔提出，人的认知组织的两条原则是（1）________，（2）________。它们也应成为教材组织的两条原则。

18. 当代认知学习理论认为，促使策略训练达到迁移效果的最重要条件是________。

三、选择

1. 贾德所做的著名的水下击靶实验证明的是______。（1）智力技能中规则的迁移；（2）陈述性知识的迁移；（3）动作技能的迁移；（4）认知策略的迁移。

2. "举一反三"和"触类旁通"所说的是______。（1）纵向迁移；（2）侧向迁移；（3）特殊迁移；（4）学会学习。

3. 研究发现，策略应用的有效性自我评价是策略训练成败的关键，这一结果的教学含义是______。（1）策略训练应与反省认知训练相结合；（2）策略训练应与具体学科领域相结合；（3）策略训练应使学生感到愉快；（4）策略训练应与价值观教育同步进行。

4. 桑代克在迁移研究中的最大贡献是______。（1）发现了迁移的心理机制；（2）最早进行迁移实验研究；（3）否定了普遍迁移的说法；（4）用实验事实否定了形式训练说。

5. 根据近100年来迁移研究的结果，下面说法更有科学依据的是______。（1）如数学、计算机之类的学科能更有效地开发儿童的智力；（2）汉字比其他文字更适合开发儿童的智力；（3）单独设思维训练课是发展智力的捷径；（4）通过广义知识教学可以全面发展认知能力。

6. 学习定势实验的最重要理论意义是______。(1) 表明灵长类有“顿悟”能力；(2) 表明葡萄干可以作为强化物，促进猴子的辨别学习；(3) 说明通过练习，学习可以从试误过渡到顿悟；(4) 说明练习应循序渐进。

7. 产生式迁移理论证实了______。(1) 学习可以自动迁移，而不必有学习者的有意识注意；(2) 桑代克的共同的“S－R”成分可以导致迁移；(3) 熟练的基本技能可以自动迁移；(4) 策略学习可以自动迁移。

8. 关于策略作用的自我评价实验表明，影响儿童将习得的策略应用于新情境并促进新的学习的重要条件是______。(1) 儿童对所学习的策略的效用的意识程度；(2) 训练中儿童是否感到有趣；(3) 练习的时间和数量；(4) 儿童学习动机是否强烈。

9. 皮亚杰认为，儿童思维发展到一定逻辑抽象水平以后，这种思维形式适用于任何具体领域。从迁移的理论来看，这种观念与______接近。(1) 形式训练说；(2) 关系转换说；(3) 产生式理论；(4) 学习定势说。

10. 传统的记忆研究表明，先后学习两种相似但不同的材料，易引起干扰。奥苏伯尔设计组织者的实验研究表明______。(1) 上述结论不能成立；(2) 只要学习材料有逻辑意义，上述结论就能成立；(3) 在意义学习中，上述结论不成立；(4) 通过设计“组织者”，完全可以避免上述干扰现象。

11. 哈洛用恒河猴做学习定势实验。猴子通过训练与学习，迁移表现是______。(1) 通过多次尝试，学会了辨别目的物；(2) 通过尝试学会了解决辨别问题；(3) 在后继学习中，解决相似问题速度提高；(4) 通过经验积累，解决新的不同类的问题的时间大大缩短。

四、研究与设计

1. 根据下列要点对本书提到的各种迁移学说进行比较研究：(1) 迁移的实质；(2) 理论基础；(3) 实验依据；(4) 教学含义。

2. 根据本章介绍的迁移实验模式，设计一个实验，比较两种教学方法的迁移效果(包括近迁移和远迁移)。

3. 有些心理学家强调迁移是自动出现的，有些心理学家强调学习者的主观意识在迁移中的作用。请举例并作出适当评价。

第十一章　儿童与青少年的认知发展

本章要点

皮亚杰的认知发展阶段理论	记忆的发展
认知发展的机制 认知发展的阶段 感知运动阶段 前运算阶段 具体运算阶段 形式运算阶段 对皮亚杰认知发展阶段理论的评价 皮亚杰认知发展阶段理论的教学含义 关于学习准备 关于教学要适应儿童的认知发展 关于教学要促进儿童的认知发展 **认知发展的信息加工理论** 注意的发展	随着年龄增长，儿童更善于运用策略来帮助记忆 元记忆能力逐渐得到发展 随着年龄的增长，记忆变得更富有建构性 工作记忆的发展 规则的发展 认知发展的信息加工理论的教学含义 **维果茨基的认知发展理论** 儿童的认知发展主要是高级心理机能的发展 高级心理机能的社会起源 创设最近发展区，促进儿童认知发展 维果茨基认知发展理论的教学含义

本章目标

学完本章后，应能做到：

1. 陈述皮亚杰认知发展四个阶段的名称及各阶段儿童认知发展上的特点；
2. 陈述皮亚杰认知发展阶段理论的局限；
3. 陈述信息加工心理学在认知发展上的主要观点及其对主要认知能力发展的研究结论；
4. 陈述维果茨基的认知发展理论的主要观点；
5. 比较皮亚杰与维果茨基的认知发展理论的异同；
6. 根据儿童认知发展的特点分析评价课程与教学改革的措施。

认知发展是心理发展中极其重要的组成部分，一般指与大脑生长和知识技能有关的发展方面。具体地说，它涉及人在知觉、记忆、思维、语言、智力等方面种种功能的发展变化。认知发展是影响学习的重要内部因素。儿童与青少年正值接受学校教育的黄金时期，了解儿童与青少年的认知发展特点对于促进他们的学习有重要的指导意义。本章探讨儿童与青少年的认知发展问题，首先介绍皮亚杰的认知发展理论及其教学含义，而后阐述信息加工心理学的发展理论及其教学含义，最后阐述维果茨基的认知发展理论及其教学含义。

第一节　皮亚杰的认知发展阶段理论

一、认知发展的机制

皮亚杰认为，儿童的认知发展实质上是其行为和思维被不断地组织为有机的整体结构，这种结构他称之为图式（scheme），可以说，认知发展就是图式的发展。皮亚杰又继续用平衡化来刻画图式发展的机制。当儿童能利用已有的图式理解和应对其周围环境时，儿童与环境之间就处于一种平衡状态；当遇到新的环境刺激而儿童不能用已有的图式加以理解和应对时，就打破了这种平衡。为了重新达到平衡，儿童要么将环境刺激纳入其已有的某个图式中（皮亚杰称之为同化），要么改变其已有的图式以适应新的环境（皮亚杰称之为顺应）。通过同化和顺应，图式有了发展，儿童与环境之间达到了新的平衡。这种平衡化的过程一直持续下去，儿童的认知能力就不断得到发展。

(Jean Piaget, 1896—1980)

二、认知发展的阶段

皮亚杰经过长期研究，将儿童的认知发展分为如下四个阶段：感知运动阶段（0～2 岁）、前运算阶段（2～7 岁）、具体运算阶段（7～11 岁）和形式运算阶段（11～15 岁）。它们彼此衔接，依次发生，不能超越，也不能逆转，各阶段发生的时间大致对应于上述的年龄阶段，但也存在较大的个体差异。

（一）感知运动阶段

在这一阶段，儿童通过自己的感觉、知觉和动作来认识、理解周围环境并与之相互作用。当婴儿在观看、触摸、移动物体时，他就在进行思维。当这些感知与动作停止后，儿童的思维也就停止了。在这一阶段后期，儿童形成了一种重要的能力——“客体永恒性”，即物体不在眼前时，儿童还能将其表象保存在头脑中。这一能力为儿童进入下一发展阶段从事更高级的思维奠定了基础。

（二）前运算阶段

“运算”是皮亚杰从逻辑学中借用的一个术语，指借助逻辑推理将事物的一种状态转化成另一种状态。例如，“3＋2＝5”可以说成“5 是由 3 和 2 转化而来的”。又如，两只同样低而宽的杯子装着同样多的水，其中一只杯子中的水倒进另一只高而窄的杯子内，则两杯水的外表形状变了。但经逻辑转换（运算），即一个维度（高度）的增加被另一维度（宽度）的减少抵消，便知两杯水数量不变。处于前运算阶段的儿童不能进行这样的转换，他们的思维具有单维性、不可逆性、静止性等特征。所谓单维性是指儿童只能从单一维度进行思维；不可逆性是指儿童无法改变思维的方向，使之回到起点；静止性则是指他们的认知被静止的知觉状态支配，不能同时考虑导致这个状态的转化过程。前运算阶段儿童的思维仍受具体知觉表象的束缚。

在语言方面，这个阶段的儿童已经掌握口头语言，头脑中有了事物的表象，而且能用词代表头脑中的表象。他们能进行初级的抽象，能理解和使用从具体经验中习得的概念以及其间的关系。

（三）具体运算阶段

这一阶段出现的标志是“守恒”概念的形成，儿童能认识到客体虽在外形上发生了变化，但其特有的属性不变。如他们知道一杯水倒在另一形状大小不同的杯子里，水的数量是恒定不变的。该阶段的儿童已经能进行逻辑思维，相对于前运算阶段儿童，其思维具有多维性、可逆性和动态性。在语言方面，尽管这一阶段儿童已经能通过下定义的方式获得概念，但在获得和使用此类概念时，需要实际经验或借助具体形象的支持。

（四）形式运算阶段

“形式运算”是指对抽象的假设或命题进行逻辑转换。这一阶段儿童或青少年已完全具备进行以下思维的能力：(1) 假设—演绎思维，即不仅在逻辑上考虑现实的情境，而且根据可能的情境（假设的情境）进行思维；(2) 抽象思维，即能运用符号进行思维；(3) 系统思维，即在解决问题时，能够在心理上控制若干变量，同时还能考虑到其他几个变量。在此阶段，认知趋于成熟的儿童逐渐摆脱对具体实际经验的依赖，能够理解并使用相互关联的抽象概念。

三、对皮亚杰认知发展阶段理论的评价

皮亚杰强调儿童通过与其周围环境的相互作用来建构对世界的认识和理解，这一“建构”的思想被后来的建构主义进行了充分发挥，并对世界各国的教育产生了重要影响。此外，还有大量研究表明，皮亚杰揭示的认知发展的阶段性是普遍存在的。思维、语言等的发展由低一级水平向高一级水平过渡，这种顺序是不可改变的。但随着后续研究的积累和开展，人们逐渐发现皮亚杰认知发展阶段理论的缺陷和不足。

首先，皮亚杰对不同年龄阶段儿童认知能力的描绘有不准确的地方。一方面，对年幼的儿童，皮亚杰低估了他们的认知能力。许多处在具体运算阶段的小学生，也会进行形式运算阶段才会出现的抽象思维、假设思维和系统思维；不具备守恒观念的学前儿童，当一次只面对三四个物体时，即使把它们分隔开摆放或聚在一起摆放，儿童都会认为它们的数量是一样的，从而表现出具体运算阶段才有的守恒行为（Woolfolk, 2007）。皮亚杰之所以会低估儿童的认知能力，主要是因为他研究中所使用的问题过难、过于抽象，或对儿童的指导语含糊，易让儿童产生误解。另一方面，皮亚杰高估了青少年的认知能力。虽然他用形式运算来刻画青少年的认知能力，但青少年并不像皮亚杰描绘的那样经常一致地表现出形式运算思维，甚至很多成年人的思维也达不到形式运算水平。

如有人给国外13、14岁的初中生呈现如下的问题：图中的杠杆保持平衡，判断下列论断是否成立：(1) A的体积大于B的体积；(2) A的质量大于B的质量；(3) A的密度大于B的密度。要解决这一问题，需要进行如下的推理：杠杆平衡，说明A、B的质量相等。由于A的体积更大，因而A的密度小于B的密度。结果发现，虽然13、14岁的初中生理论上处于形式运算阶段，可以进行演绎推理，但仍有$\frac{3}{4}$的学生认为，A的质量和体积大于B的质量和体积，他们认为，因为A更大，它的质量和密度也大，这表明他们的思维仍受具体直观特征的影响，仍处在前运算的发展水平（Eggen & Kauchak, 2005）。

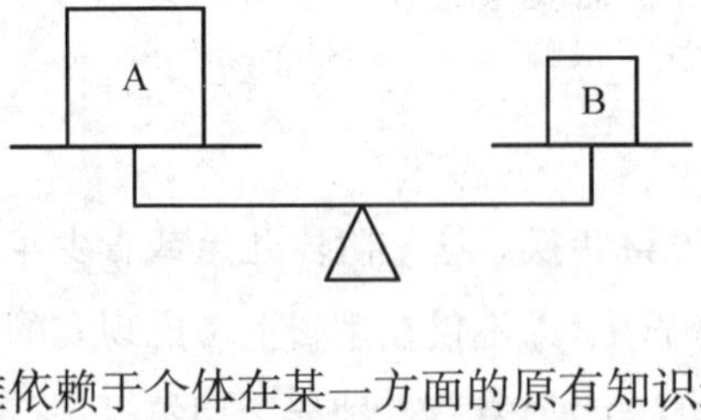

其次，皮亚杰忽视了儿童在某一领域的原有知识经验对其认知发展的影响。个体的思维依赖于个体在某一方面的原有知识经验。当个体在某一方面有丰富的知识经验时，他就有可能进行形式运算的思维；而当他缺乏相关的知识经验时，就可能回退到具体运算思维。有丰富的电脑使用经验的小学生，在电脑运用上的思维水平可能高于不会用电脑的老教授的思维水平。皮亚杰没有注意到这一点，因而其理论也就难以解释形式运

算的儿童有时会表现出很好的抽象逻辑思维，有时却会表现出具体运算思维的现象了。

此外，皮亚杰没有充分重视文化因素对儿童认知发展的影响作用。皮亚杰认为，儿童在社会环境中通过与他人进行互动，可以认识到和自己不同的观点，从而产生不平衡的状态而促进认知发展。虽然认识到了社会因素对发展的影响，但皮亚杰没有将其上升到不同文化的层次来进一步考察不同文化环境中儿童认知发展水平的差异。也有人从这方面批评皮亚杰研究中所用的儿童都是西方文化环境下的儿童，从中得出的结论并不适合与西方文化不同的其他文化（如亚洲、非洲文化）中的儿童认知发展情况。

四、皮亚杰认知发展阶段理论的教学含义

在皮亚杰的认知发展阶段理论中有一个内隐的假设，那就是"儿童的心理如果种植在肥沃的土壤中，就会十分自然地自己生长"，因而在皮亚杰理论中，没有关于如何进行教学的建议（德里斯科尔，2007）。不过，教育工作者对皮亚杰的理论做了研究后，认为它对教育有重要的指导价值，并提出了一些具体的教育建议。

（一）关于学习准备

在我国的教育理论和实践中，有一条重要的教学原则，叫做准备性原则，或量力性原则，即要根据学生的原有准备状态进行新的教学。学生的原有准备状态是指学习者在从事新的学习时，他们原有的知识水平和原有的心理发展水平对新的学习的适合性。这里的适合性有两层含义：一是学生的准备应保证他们在新的学习中可能成功，二是学生的准备应保证他们的学习在时间和精力的消耗上经济而合理。这两层含义就是衡量学生是否已经达到某种知识或认知的准备状态的标准。两者缺一不可，离开了学习的成功，就无所谓准备性，离开了学习的效率，学习的成功也不足取。学生的原有准备状态具体包括学生的知识准备和认知发展准备，因而学生的认知发展水平是其重要的学习准备的内容，了解学生的认知发展水平，是贯彻教学的准备性原则的重要前提之一。

（二）关于教学要适应儿童的认知发展

皮亚杰的认知发展阶段理论刻画了学龄儿童的不同发展水平，但由于其理论的缺陷，我们还不能将皮亚杰规定的年龄范围和认知发展水平直接生硬地联系起来。虽然如此，皮亚杰描绘的从感知运动到前运算思维再到具体运算思维直至形式运算思维的发展顺序基本上是不变的。美国心理学家布鲁纳（J. S. Bruner）区分的儿童理解世界的三种表征方式及其发展顺序与这一点很相似。布鲁纳区分的三种表征方式分别是动作式表征、图像式表征和符号式表征。动作式表征是用合适的动作反应来表示对世界的理解，如儿童不能告诉你从家到学校怎么走，但他能按以前走过的路带你到学校，

(J. S. Bruner, 1915—　)

儿童对从家到学校的路线是以动作来表征的。图像式表征是用知觉和表象来表示对世界的理解，如个人对经历的某场火灾现场有清晰、明确的记忆。符号式表征是用语言符号来表示对世界的理解，如用 $S = ab$ 表示对长方形面积与其长和宽的关系的理解。布鲁纳特别指出，这三种表征方式并没有相对应的特定年龄段，任何知识领域都可以用这三种方式表征，而且从动作式到图像式再到符号式，暗含了一种最佳的教学顺序，因而他将自己的这种理论称为"伪阶段论"。布鲁纳的这一思想与对皮亚杰阶段理论的后续研究结果相一致，这对教学的启示是，如果给定的教学内容不适合学生的认知发展水平，我们可以根据皮亚杰的认知发展阶段或布鲁纳的认知表征方式的发展顺序，对教学内容做适当改编，使之适合儿童的实际发展水平。如以符号方式呈现的教学内容，要求学生具有形式运算思维，但实际上学生不具备这种发展准备，他们难以理解所学习的内容。这时可以将教学内容以具体形象的方式呈现，学生只需要具体运算思维就可以理解了。高年级学生或成人在学习不熟悉的内容时，常会出现这种情况。

如小学生学习计算退位减法（如 300－139＝?），这种计算要求学生在符号水平进行运算。由于学生认知发展水平的限制，他们不能对抽象的符号进行运算，因而就要将这一任务以更低层次的方式来呈现，即让学生通过对木块的增减操作来完成任务（Bruner，1993），从而在动作式的水平上来完成这一任务，具体程序见图 11－1。

皮亚杰和布鲁纳揭示的儿童认知发展的规律，对于确定教学内容和选择合适的教学方法都有重要指导意义。

如科学探究是科学课程的重要内容之一。在科学课程的实施中，什么时候可以让学生去探究？对这一问题的回答就需要考虑儿童的认知发展水平。科学探究活动要求学生提出问题、猜想结果、制定计划、通过观察实验来收集证据、进行解释、表达与交流等。在这些活动中，猜想结果需要学生提出假设，进行实验需要学生对多个因素、变量的影响进行系统的考察和控制，进行解释需要学生根据现有资料证据进行推理。这些活动要求学生能进行假设思维、系统思维、演绎思维。根据皮亚杰的认知发展理论，这些思维是 11～15 岁形式运算阶段儿童的思维特点。在我国的学制中，大致相当于初中阶段。因而从皮亚杰的经典论述来看，科学探究宜从初中起实施，当然这里的探究是由学生独立进行的探究，不大需要教师的帮助与指导。但如前所述，皮亚杰的认知发展理论被证实高估了形式运算阶段儿童的思维水平，因而能进行独立科学探究的

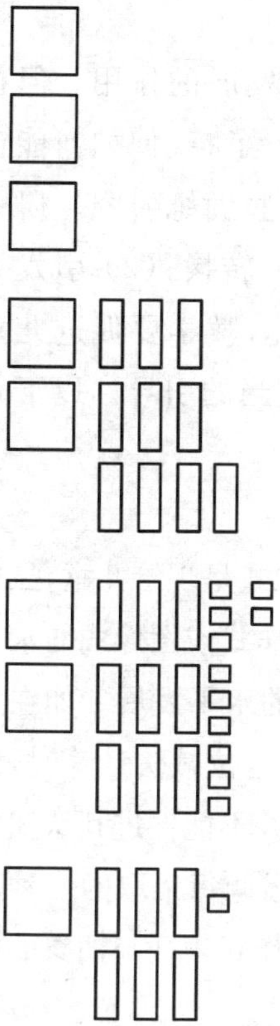

问题：300－139　木块操作和数字计算

儿童：

```
  300
－139
```

1. 用木块表示被减数。
2. 将问题用竖式表示并对齐数位。

```
 21
 3̸00
－139
```

3. 将一个1百换成10个十。
4. 在竖式上表示这一兑换。

```
 291
 3̸0̸0
－139
```

5. 将一个十换成10个一。
6. 在竖式上表示这一兑换。

```
 291
 3̸0̸0
－139
 161
```

7. 在被减数的每列木块中移去减数位数上的木块数。
8. 写下每列中剩下的数字。

图 11－1　退位减法的教学程序

学段可能还要延后至高中阶段。

教学方法的选择也要考虑儿童的认知发展水平。如动手做(hands-on)是一种强调学生主动动手活动的学习形式。在皮亚杰的阶段理论中，处在感知运动和前运算阶段的儿童，因为不能进行心理上的运算，动手操作成了他们理解世界的主要方式和手段。但随着儿童认知发展上的成熟，他们开始具备心理运算的能力，这时动脑(brains-on或minds-on)的活动开始出现，因而对于已获得运算能力的儿童，在教学中不能仅停留在动手做的水平，还要根据儿童的实际发展水平，及时地运用动脑的活动，否则，动手做的学习方式就落后于他们的认知发展水平。

动手做这种学习方式并非只能限于前运算阶段的幼儿。由于儿童思维水平还受其具有的专业领域知识的影响，对于他们不熟悉的任务，儿童的思维水平会回退到较低级的水平，因而对新的、儿童不熟悉的任务而言，虽然学生的年龄或其学习表现表明他们已达到了具体运算或形式运算水平，但就完成这一任务而言，他们可能还停留在前运算水平，这时宜采用动手做的方式让学生来完成这一任务。

（三）关于教学要促进儿童的认知发展

皮亚杰的认知发展理论最初没有注意到教学干预对认知发展的作用。但在20世纪60年代，美国人注意到皮亚杰的认知发展理论后，提出了"我们如何能让这些阶段进行得更快些"的问题，由此引发了皮亚杰学派的一些训练研究。研究发现，训练要取得成功，需要如下条件：（1）儿童接近了阶段的转换；（2）引发儿童的认知冲突或失衡化（Leahey & Harris，2001：307）。因此，教学要促进儿童的认知发展，需要教师根据儿童认知发展的方向对学生进行适当的引导。以下是一些具体的建议。

1. 按照动作式—图像式—符号式的顺序引导儿童的认知发展

对于同样的教学内容，根据儿童的发展水平，以动作式或图像式呈现给儿童，虽然有助于儿童的理解，但不能一直停留在这种水平上。当儿童在动作式或图像式的水平上已能熟练理解所学内容时，要及时引导他们向图像式、符号式的水平发展。如在上文提及的退位减法教学中，当学生难以理解运用数学符号进行的退位减法计算时，回退到动作式的水平是必要的，但让学生只在动作式水平进行运算并不能促进其认知发展，为此，还要引导学生由动作式向符号式的思维过渡。教学中强调每采取的一种动作与相应的数学运算的对应关系，就十分有利于儿童在具体的动作式表征与抽象的符号式表征之间建立联系，促进儿童向符号式思维水平转化。

2. 对具体运算阶段的儿童，引导他们回答和思考假想的问题来促进他们向形式运算思维发展

假想的问题需要学生进行假设思维，这种思维是形式运算阶段的特征之一。如让学生写科学幻想故事，让学生讨论诸如"假如第二次世界大战的结果是希特勒赢得了胜利，那么接下来的世界会是什么样子"之类的问题，有助于学生在具体运算思维基础上发展出形式运算思维。

3. 组织学生合作、讨论、反思，促进思维发展

在社会性的相互作用中，通过讨论、辩论，儿童会发现，其他儿童对同一事物有着和自己不同的认识，有时甚至还是正确的认识，这会有助于儿童克服在事物的认识上存在的"自我中心倾向"，也有助于儿童形成多维的思维。如让儿童讨论影响溶解快慢的因素这一问题，如果参与讨论的儿童的思维都处在单维思维水平，只能注意到一个影响因素，那么，不同儿童会提出不同的影响因素，如甲儿童提出搅拌影响溶解快慢，乙儿童提出水的温度影响溶解快慢，丙儿童提出溶质颗粒大小影响溶解快慢。在这种讨论中，持单维思维的儿童最终发现，影响溶解快慢的因素不止一个，可以从不同方面来探讨溶解的快慢问题，这种教学就十分有利于他们从多个维度来看待和分析事物。

第二节　认知发展的信息加工理论

信息加工心理学诞生于20世纪五六十年代，主要是从信息加工的角度来研究人的注意、知觉、记忆、推理、问题解决、言语等认知活动的规律。自20世纪七八十年代起，一部分发展心理学家开始从信息加工的角度来研究儿童的认知发展。如果说皮亚杰是用图式、运算、守恒等概念来刻画儿童认知发展的，那么，信息加工心理学家则是用信息加工心理学的一些概念如注意、工作记忆、元认知等来描绘儿童的认知发展。虽然研究的对象都是认知发展，但由于采用不同的理论视角和不同的概念，认知发展的信息加工理论为我们揭示了儿童认知发展的一些新的现象和规律。

认知发展的信息加工理论认为，儿童的认知发展是其加工信息的方式与能力的发展变化，而且这种变化是以稳步渐进的方式进行的，不是像皮亚杰所描绘的按阶段发展的。还有些发展心理学家认为，特定内容领域的知识是发展的一个重要维度。凯瑞(S. Carey)提出的如下论断集中代表了这部分心理学家的认识：儿童与成人相比，是完全不同的思维者与学习者；儿童与成人的差别只在于知识的积累。从知识的角度来刻画认知发展过程，被威纳特(F. E. Weinert)称为是一次革命性的变革。接下来，我们重点介绍儿童在注意、记忆、规则方面的发展情况。

一、注意的发展

注意的发展主要表现在注意的分散性降低，对注意的意识和控制能力增强等方面。年幼儿童很容易受无关物体和事件的吸引而导致注意经常而又迅速的转移。随着他们的发展，儿童能更有意识地将注意集中并维持在具体的任务上，不会为无关事件所分心。对注意的意识和控制在心理学中称为元注意。如，学生关上收音机，是因为它干扰了学习，或者学生开始记笔记以防止听讲时走神，都是元注意的表现。有关元注意的研究发现，年长儿童与年幼儿童在如下三方面存在差异：他们更能意识到注意在学习中的作用；他们更善于忽视无关或干扰刺激；他们更善于将注意集中于重要的信息上。

如希金斯和特纳(A. T. Higgins & J. E. Turnure，1984)让不同年级的儿童完成一件困难的学习任务。一些儿童在安静的房间里完成，另一些在有少许背景噪声的房间里学习，还有一些在有大量背景噪声的房间里学习。学前和二年级儿童在安静的条件下学得最快，在有很大噪声的条件下学得最慢。但六年级儿童在有噪声的和安静的条件下都能轻松地学习。显然，年长的儿童能忽视噪声，而年幼的儿童则不能(Ormrod，2006)。

又如雷尼和皮尔逊(D. Lane & D. Pearson，1982)给不同年龄的儿童呈现卡片：一些卡片上画的是圆，另一些画的是三角。然后要求儿童将卡片分成两堆，实验者在旁边计算他们完成分类任务的时间。为研究儿童抗干扰的能力，研究者又将不同数量的无关刺激，如星形或其他形状添加到有圆和三角的卡片中。年长的儿童和成人在分出无关信息上几乎没遇到什么困难。年幼的儿童(6～9岁)花了近10倍于成人的时间来对卡片进行分类。他们还未形成识别干扰、集中注意于任务的主要方面的能力(Eggen & Kauchak，1997)。

二、记忆的发展

(一) 随着年龄增长，儿童更善于运用策略来帮助记忆

许多研究证实，年长儿童比年幼儿童更有可能生成和使用记忆策略。如弗拉维尔(J. Flavell)等人发现，要求不同年龄的儿童按呈现顺序记住一系列物体时，托儿所儿童没有使用复述策略，四年级学生不仅出声复述，而且在下一个项目呈现之前还通过对项目的命名来进行预期。伯克(L. Berk，1994)发现，学前儿童不会运用分类组织策略进行记忆，四年级学生能对记忆系列进行分组和重组；幼儿园儿童不会有效地使用想象策略，四年级儿童却能运用(Eggen & Kauchak，1997)。随着儿童的成长，使用的策略还逐渐变得更为复杂。例如，年幼儿童在复述时，只局限于在每个项目呈现时对其进行命名；年长儿童在每次复述时，更有可能重复系列的更大的组块(如奶牛，奶牛—树，奶牛—树—香蕉等等)。

(二) 元记忆能力逐渐得到发展

元记忆是指儿童对自己记忆过程的意识和控制。研究发现，到5岁或6岁时，大多数儿童意识到，熟悉的项目要比不熟悉的项目更容易记住；短的系列要比长的系列更容易记住；再认比回忆容易；随着时间的延长，遗忘更有可能增加。弗拉维尔等人还发现，年幼儿童对自己能记住多少内容过分乐观。随着他们的成长，才开始认识到他们的记忆是不完善的，他们不能记住自己接触的所有事物，换句话说，儿童逐渐意识到自己记忆的限制。弗拉维尔等人选择了四个年龄组的儿童(从学前到四年级)，然后给他们看印有10个不同物体的图片，要求他们预测短时间内能记住几个物体。每个年龄组的预测数和实际记住的数目见表11-1(Ormrod，2006：47)。

表 11-1 不同年龄组的预测数和实际记住数

年龄组	预测数	实际记住数
学前儿童	7.2	3.5
幼儿园	8.0	3.6
二年级	6.0	4.4
四年级	6.1	5.5

从表中可见,四组的预测数都比实际记住的数目要多,但年长儿童要比年幼儿童更能明确意识到其记忆的限制。

还有研究发现,年长儿童更善于有意识有目的地进行记忆。如给 1～7 年级学生一项记忆任务,要求记住呈现给他们的卡片的颜色,而呈现的卡片上又画有不同物体,即在不同颜色背景中有不同物体的图画。年长儿童要比年幼儿童更准确地记住背景色,但在记忆卡片上的物体时,年长儿童并不优于年幼儿童。这说明年长儿童在记忆时,能有意识地按照要求和目的进行记忆而不会去记忆与要求无关的信息。

(三) 随着年龄的增长,记忆变得更富有建构性

这主要表现在儿童更有可能超越给定的信息而做出推论。帕瑞斯和林道尔(S. G. Paris & B. K. Lindauer, 1976)让 7 岁、9 岁和 11 岁儿童阅读如下句子:他/她妈妈烤了一个面包;他/她的朋友打扫了厨房的地板。随后要求儿童回忆句子。给一半儿童提供回忆线索,线索是句子暗含的工具的名称:烘箱(第一句)和扫帚(第二句)等等。给线索的 11 岁儿童要比没有得到这种帮助的儿童回忆得更多,但 7 岁和 9 岁儿童并不像 11 岁儿童那样,能从线索中受到那样多的帮助。显然,年幼儿童并没有自发地进行推论(如从"烤面包"中推断出"烘箱"来)。

(四) 工作记忆的发展

加拿大心理学家凯斯(R. Case)将皮亚杰的理论与信息加工理论紧密结合在一起,集中研究了工作记忆的发展。他认为,工作记忆能力包括两方面,即操作空间和短时贮存空间。前者用来对信息进行加工,后者用来贮存加工所需的信息。凯斯认为,认知发展的变化并非起因于工作记忆能力的整体变化,而是由于操作空间效率的提高。而操作空间效率的提高主要有两方面的原因:一方面,随着儿童不断成熟,他们的神经结构越来越高效;另一方面,随着儿童经验的增长,他们将现有的图式整合成更高层次的新图式。

三、规则的发展

辛格利(R. Siegler)认为,儿童认知发展的某些重要方面可以用规则的建构来刻

画，即用更为具体的规则代替皮亚杰的运算来解释认知的发展。他利用皮亚杰研究过的杠杆平衡问题证实了这一点。给儿童呈现一个简单的杠杆，在离支点不同距离处，可以放上不同的重量，要求儿童判断杠杆是平衡还是哪一端下降。辛格利运用心理学的任务分析技术，确定出儿童完成这一任务可能需要如下四个规则：(1) 用规则 1 的儿童会认为，有更多重量的一边会下沉，如果两边重量相等，则杠杆平衡。(2) 用规则 2 的儿童会认为，如果两边重量不等，则根据重量判断；如果重量相等，则考虑距离。(3) 用规则 3 的儿童会同时考虑重量和距离，当重量或距离有一种相等或都相等时，他们能正确判断。(4) 用规则 4 的儿童已掌握了重量×距离的规则：向下的力等于重量乘以离支点的距离。

接下来，辛格利又设计了六类平衡问题，以便引出不同规则支配下的反应模式。他将每个问题类型的五个变式呈现给 5～17 岁儿童。90％的儿童一致地遵循四个规则中的某一个。正如所预期的，选择规则的复杂性随年龄增加，大多数 5 岁儿童用规则 1，17 岁儿童则常用规则 3 和规则 4(见图 11－2)。

四、认知发展的信息加工理论的教学含义

学习者学习时离不开工作记忆、长时记忆等认知架构，而认知发展的信息加工理论则重点探讨了学习者的认知架构的发展变化情况。虽然该理论尚在发展的早期，但对教学仍有重要启示。

首先，认知发展的信息加工理论有助于我们根据儿童的发展水平确定教学内容。如认知策略是一种关系到学生学会学习的重要学习结果，教育工作者对教给学生这种学习结果有浓厚兴趣。但认知策略的学习和运用需要学习者具备一定的元认知水平，学习者的元认知水平又有一个发展的过程，而元认知的发展情况正是认知发展的信息加工理论探讨的问题之一。虽然研究结果不是很一致，但可以认为，小学中低年级段学生的元认知还没有很好地发展起来，这时不宜对他们进行认知策略的训练。小学高年级以后，儿童的元认知水平有了一定发展，具备了学习和使用认知策略的条件，可以对他们进行策略的训练。

其次，认知发展的信息加工理论为我们指出了促进儿童认知发展的具体途径。在信息加工理论看来，儿童认知的发展主要是儿童所具有的知识的发展。因而要促进儿童的认知发展，就要让儿童习得更多的相关知识，包括有组织的、结构化的陈述性知识，自动化的智慧技能以及高效的认知策略。各类知识教学的具体问题已在本书第二部分做了详细介绍，这里不再赘述。

问题类型	规则 I	规则 Ⅱ	规则 Ⅲ	规则 Ⅳ
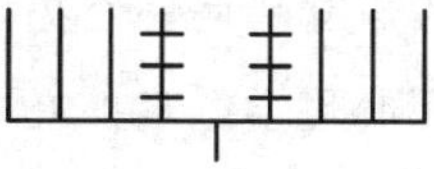 平衡	100	100	100	100
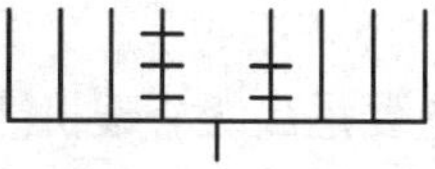 重量	100	100	100	100
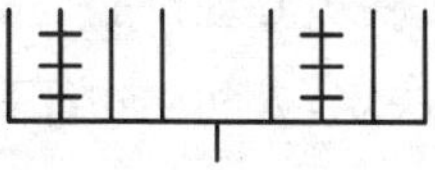 距离	0	100	100	100
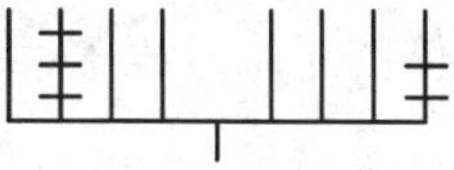 冲突—重量	100	100	33	100
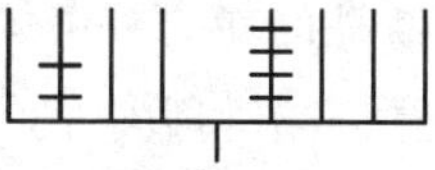 冲突—距离	0	0	33	100
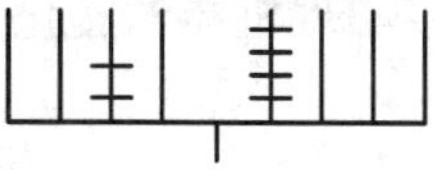 冲突—平衡	0	0	33	100

图 11－2　辛格利对儿童解决每类杠杆问题正确率的预计

（每一个问题都有三种可能结果：左边下沉、左边上升和平衡。33％的正确率说明儿童是在猜测。儿童的实际表现与辛格利的预计相吻合。）

第三节　维果茨基的认知发展理论

维果茨基（Л. С. Выготский，1896—1934）是俄罗斯著名的心理学家。在其较为短暂的学术生涯中，他运用马克思主义哲学的基本观点来研究儿童的语言、思维等心理学问题，留下了丰富的著作。虽然在他去世后，他的著作一度遭到禁止，但随着著作的解禁和翻译传播，维果茨基的思想在国际心理学界产生了重大影响。本节主要介绍他在儿童认知发

(Л. С. Выготский, 1896—1934)

展上的主要观点。维果茨基没有像皮亚杰那样描绘出不同年龄段儿童的认知发展特点，但他运用马克思主义的基本观点深入地阐述了儿童的认知发展是一个文化—历史过程，揭示了皮亚杰和信息加工心理学派未予关注的认知发展的规律。

一、儿童的认知发展主要是高级心理机能的发展

维果茨基认为，人类具有两种心理机能：初级心理机能和高级心理机能。初级心理机能是与生俱来的心理结构，主要由生物特点决定，人和动物都具有这种功能。可以用 S－R 这种模式来表示这种机能，其特点是由环境中的刺激所引发，依赖于具体的经验，思维与行动相联系。如个体具有的简单知觉、依赖具体形象和具体经验的记忆以及从具体到具体的思维过程等，都属于初级心理机能（Gredler，2004）。

高级心理机能是人类所特有的能力，主要指个体对自己思维的有意识关注，对其行为的有效掌控，处理抽象的观念以及运用逻辑关系和概括的能力。个体的分类行为、基于概念间的关系所进行的记忆（逻辑记忆）、有意注意、言语和数学式的概念性思维等，都是高级心理机能的例子。

维果茨基认为，认知发展涉及从初级心理机能向高级心理机能的转化，认知发展的结果应当是高级的心理机能（Gredler，2004：312）。

二、高级心理机能的社会起源

维果茨基认为，不参照儿童所处的社会环境，就不能理解其认知发展，但社会环境在这里并不只是作为影响个体认知发展的因素对待的，而是被赋予更重要的作用：高级心理机能起源于社会。换言之，高级心理机能的发展就是将外在的社会关系转换成个体内部的心理机能。对此，维果茨基阐释道：在儿童发展过程中，每项机能出现两次。第一次在社会层面，第二次在心理层面；第一次处在人际关系中，第二次处在儿童之内。所有的高级心理机能是内化了的社会关系（Vygotsky，1978）。维果茨基将这种外部操作的内部重构叫做内化（internalization），列昂捷夫（A. Leont'ev）称之为占有（appropriation）。

社会关系向个体心理机能的转换不是直接的，而是间接进行的，儿童必须通过学习使用某一文化或社会创造的符号（或心理工具）才能实现其高级心理机能的发展。

维果茨基区分了人类社会创造的工具和符号的不同作用。工具(又叫物质工具)是指能作用于客观世界中的其他事物的一些事物,它指向外部世界,导致外界事物发生变化,维果茨基称之为影响客体的导体。如人类社会创造的锄头、自行车、剪刀等都属于工具。符号(又叫心理工具)是指人类社会创造的语言、数字、代码、地图等,符号是用来控制个体内部活动的一种手段,是内部指向的。工具和符号是某一社会或文化创造的,凝聚了该社会成员的智慧,伍尔福克(Woolfolk, 2007)将其统称为文化工具。个体的高级心理机能是受其所使用的符号系统或心理工具所决定的。如只会使用1~10的罗马数字的文化部落,与使用0、分数、正负数这种计数系统的文化部落相比,其成员的心理机能明显不同。在成人或教师的帮助指导下,儿童学习使用这些心理工具,在学习使用过程中,逐渐将其内化而形成高级心理机能。

三、创设最近发展区,促进儿童认知发展

维果茨基区分了儿童的两种发展水平:实际发展水平和潜在发展水平。实际发展水平是儿童身上已经成熟的心理机能,是发展的"果实",其表现是儿童能够独立解决问题。潜在发展水平是尚在形成中的心理机能,是发展的"蓓蕾"或"花朵",其表现是儿童在成人指导帮助下或与更有能力的同伴合作而解决问题。实际发展水平回溯性地刻画了儿童的心理发展,潜在发展水平则前瞻性地刻画了儿童的心理发展。

在区分两种心理发展水平基础上,维果茨基提出了最近发展区的概念来解释如何促进儿童的认知发展。所谓最近发展区(zone of proximal development,ZPD),是指个体不能独立完成但在更有能力的同伴或成人的帮助指导下能够完成的一系列任务(Eggen & Kauchak, 2005)。处在最近发展区的儿童,在与他人的相互作用中,逐渐将体现在社会层面的高级心理机能内化,当他能自己独立执行这种心理机能时,这种心理机能就变成了他的实际发展水平,这时通过再创设新的最近发展区并将这一新的最近发展区变为儿童的实际发展水平,如此进行下去,儿童的认知就得到了发展。

四、维果茨基认知发展理论的教学含义

维果茨基认知发展理论对教学的重要启示就是,教学要走在发展的前面,促进儿童的认知发展。最近发展区理论描绘了教学如何创设最近发展区而促进儿童认知发展,教育研究工作者则在教学实践中提出了一些具体的促进儿童认知发展的技术,即教学要为儿童认知的发展提供支架。

支架(scaffolding)的概念来源于建筑行业的脚手架。当建筑工人建造大楼时,会在大楼四周搭建脚手架,为工人的工作提供支持。当大楼建造好后,脚手架就不大

需要了，可以逐渐撤去。促进儿童认知发展的支架是由更有能力的个体提供的、旨在帮助儿童成功完成最近发展区任务的支持机制。当儿童能力有所发展时，就可以逐渐撤去支架（fading）。奥姆罗德（J. E. Ormrod）列举了一些在不同情境中经常用到的支架：（1）与儿童一起制定一个解决新问题的方案；（2）以儿童易于模仿的方式演示如何完成任务；（3）简化任务；（4）将复杂的任务分解为几个更简单的小任务；（5）通过提问，让儿童以适当方式思考如何完成任务；（6）将儿童的注意维持在任务的相关方面；（7）激发并维持儿童完成任务的动机；（8）提示儿童完成任务的目标。

布朗（A. Brown）和帕林喀莎（A. S. Palincsar）开发的互惠教学（reciprocal teaching）说明了教师如何为学生提供支架来促进他们阅读理解能力发展的。在互惠教学中，教师首先向学生介绍、解释四种阅读理解策略：提问、澄清、总结、预测，而后通过师生、生生会话的方式，在实际的阅读活动中练习使用这四种策略。在阅读课文过程中，教师和学生依次承担起引导会话的责任。刚开始，可以是教师就刚读过的某段课文作总结或提问，在适当的时候，可以要求学生阐明课文中矛盾或模糊不清的地方，或者要求学生预测课文接下来会讲什么内容。随着会话的进行，教师可以逐渐放手让学生承担起引导会话、使用策略的责任。一名学生提出问题，另一名回答，第三名则对第二名的回答进行评论；一名学生作出总结，另一名则对其进行评论或帮助其改进总结；一名学生找出他不懂的词，另一名学生则帮助他推断出该词的意义，并说明做出这种推断的理由。在这种会话形式的练习中，教师要随时对每个学生当前的技能发展水平做出评价，并提供适当的支架，如向学生示范一下阅读理解策略，给学生提供一些提示，给学生的策略运用提供反馈等。随着练习，学生对四种策略也逐渐掌握，这时教师就可以逐渐撤除支架，让学生在没有帮助的情况下独立地练习使用这些策略了。

又如，根据皮亚杰的认知发展阶段理论，学生要到初中、高中以后才具备科学探究所需要的思维水平与类型，但这并不是说科学探究只能放在初中、高中进行。根据维果茨基的认知发展理论，给小学生提供相关的合适支架，小学生也可以进行科学探究，不过这种探究是在支架支持下的探究，不是学生的独立探究。这里的支架主要是由教师、教科书等学生之外的主体提供的。科学探究的不同阶段的不同技能，不必完全由小学生来承担，教师和教科书可以承担小学生能力之外的部分，小学生与教师、教科书共同来进行科学探究，从而使探究这一技能体现在社会层面上。如教育科学版的小学《科学》教科书在安排科学探究的相关内容时，对完成科学探究的不同阶段的责任做了划分。在五年级的科学教科书中，有关摆的快慢的探究是这样安排的：探究的问题由教科书提出（摆的快慢与什么有关?），对问题的假设由教科书提出（与摆锤、摆长、摆幅有关），实验的设计也由教科书提示：保持摆长不变，换成1倍、2倍、3倍摆锤重量；摆锤不变，换成1倍、2倍摆长，实验的执行则由学生完成。结论部分由教科书提示，学生回答，反思部分也由教科书提示学生回答（什么样的摆摆动得慢？我们怎样知道的?）。到了六年级，探索铁生锈的原因时就减少了教科书提供的支架，只呈现如下提示：

研究的问题

我们的假设

实验方法

观察到的现象

实验结果

由学生按照提示进行科学探究，这时教科书对学生科学探究的支架已经撤除了很大部分。随着年级的升高，教科书逐渐减少了对科学探究的支持，这有利于科学探究这种高级心理机能逐渐由个体间内化至个人内。

本章概要

1. 认知发展是影响学生学习的一个重要内部因素，主要涉及知觉、记忆、思维、语言、智力等方面功能的变化。有影响的认知发展理论主要有皮亚杰的认知发展阶段理论、信息加工心理学的认知发展理论以及维果茨基的高级心理机能发展理论。

2. 皮亚杰的认知发展阶段理论认为，儿童认知的发展就是图式的发展，图式是个体通过同化与顺应的机制与环境不断保持动态平衡中建构发展起来的，儿童的认知发展一般经历感知运动、前运算、具体运算、形式运算四个阶段。研究表明，这四个阶段的发展顺序有一定普遍性，但也发现皮亚杰对儿童认知发展水平的刻画低估了年幼儿童的能力，高估了青少年的能力，而且还忽视了儿童的专门领域知识经验及不同文化对儿童认知发展的影响。

3. 皮亚杰的认知发展阶段理论对教学有重要启示。一方面，教学要适应儿童认知发展的水平，根据不同阶段儿童思维发展的水平选择相应的教学方法和教学内容；另一方面，教学还要促进儿童认知的发展，即在儿童发展阶段的转换期内，引导儿童合作、讨论，向高一级的思维水平过渡。

4. 认知发展的信息加工理论研究了学习者的注意、记忆、元认知、推理等认知活动的发展规律，认为认知发展其实是学习者所掌握的知识的积累和发展，这种发展主要是渐进式的，而不是按阶段发展的。认知发展的信息加工理论为我们指出，发展就是知识的发展，这为我们如何促进儿童认知发展提供了一条很好的思路，那就是通过知识的教学来促进儿童的发展。

5. 维果茨基的高级心理机能发展理论认为，儿童的认知发展就是人类所特有的高级心理机能的发展，这种高级心理机能涉及分类、有意注意、逻辑记忆、概念性思维等。高级心理机能起源于人类的社会活动，个体在与社会成员的相互作用中，在使用某一文化创造的符号过程中，经过内化过程而形成高级心理机能。维果茨基主张通过创设最近发展区来促进儿童的认知发展。最近发展区的思想后来演变成了支架教学的技术，从而为教师如何促进学生认知发展提供了具体的可操作的技术。

练 习 题

一、解释下列术语

认知发展	图式	平衡化	运算
初级心理机能	高级心理机能	内化	最近发展区
支架	学习准备	布鲁纳的认知表征方式	

二、填空

1. 皮亚杰将儿童的认知发展分为________、________、________、________四个阶段。

2. 皮亚杰认为，守恒是________阶段儿童具备的能力。

3. 认知发展的信息加工观认为，认知发展其实可归结为________的发展。

4. 凯斯认为，工作记忆能力由________空间和________空间组成。

5. 维果茨基认为，儿童的认知发展其实是________的发展。

6. 皮亚杰认为，儿童的认知发展是________的发展。

7. 高级心理机能起源于________。

8. 高级心理机能的内化是通过个体对________的掌握使用而实现的。

9. 布鲁纳提出的儿童认知表征的三种方式分别是________、________、________。

10. 皮亚杰认为，平衡化包括________和________两个过程。

三、选择

1. 根据皮亚杰的观点，儿童能发现物体在水中受到的浮力与物体排开的水量有关，而与物体的质地无关，说明儿童的认知发展水平已处在______。(1) 感知运动阶段；(2) 前运算阶段；(3) 具体运算阶段；(4) 形式运算阶段。

2. 根据认知发展的信息加工观点，下述论断错误的是______。(1) 小学生不会使用记忆策略来帮助记忆；(2) 在复述故事时，年幼儿童比年长的儿童更善于添枝加叶；(3) 教给儿童一些学习方法可以促进其认知发展；(4) 幼儿园儿童还不会使用精加工策略。

3. 下列情形中没有使用支架的是______。(1) 教师给学生做示范;(2) 优秀生给差生讲解应用题;(3) 教师告诉学生,物理很难学;(4) 计算机提示学生如何解题。

4. 有些中学生在学习抽象概念和规则时,仍需具体经验支持,从认知发展阶段理论来看这是因为______。(1) 他们尚未达到形式运算阶段;(2) 这些概念、规则太复杂;(3) 具体经验可以帮助他们加深印象;(4) 有利于他们进行发现式学习。

5. 根据皮亚杰的认知发展理论,能独立解决"影响蒸发快慢的因素"这一问题的儿童处于______阶段。(1) 感知运动阶段;(2) 前运算阶段;(3) 具体运算阶段;(4) 形式运算阶段。

6. 如果某学生在从事新学习时已具备了准备状态,这就意味着______。(1) 他原有的知识水平适合新学习;(2) 他原有的心理发展水平适合新学习;(3) 他的学习在时间、精力的消耗上经济合理;(4) 上述论断都对。

7. 维果茨基的最近发展区是指______。(1) 最新获得的能力;(2) 超出目前水平的能力;(3) 正处于掌握边缘的能力;(4) 需要在下一发展阶段掌握的能力。

8. 下列论断正确的是______。(1) 皮亚杰和维果茨基都强调社会性互动对儿童认知发展的促进作用,二者没有区别;(2) 处在具体运算阶段的儿童,会在所有任务的完成上表现出具体运算思维;(3) 并非所有初中生都能进行科学探究;(4) 人际间的社会关系能直接内化为高级心理机能。

9. 现代认知心理学认为,教学促进智力发展的最佳途径是______。(1) 发展认知结构说;(2) 习得三类知识;(3) 培养认知过程品质说;(4) 认识发生论。

四、研究与设计

1. 比较皮亚杰和维果茨基认知发展理论的异同。

2. 选择数学、科学的某部分教科书的内容,分析这些内容的学习对学生认知发展水平的要求,并为教师如何教学该段内容提出建议。

3. 从学生认知发展的角度为教师在教学实践中如何实施"自主、合作、探究"的学习方式提出建议。

第十二章 个 别 差 异

本章要点

个别差异概论 学生特征与个别差异 学生的个别差异与能力倾向 个别差异与学习准备 学生的个别差异 智力的个别差异 智力的含义与测量 智力的个别差异 学习方式的差异 场依存性与场独立性 沉思型与冲动型 偏爱不同感觉通道的学习方式 表层加工与深层加工	个性的差异 内控性与外控性 正常焦虑与过敏性焦虑 学习的高坚持性与低坚持性 适应性教学 适应性教学的含义与目的 适应性教学形式的探索 适应性教学的形式 针对对学生的学习有重要影响的个别差异设计适应性教学 针对同质的学生群体进行适应性教学 针对学生的原有知识基础进行适应性教学

本章目标

学完本章后，应能做到：

1. 陈述个别差异所包括的内容及其与学习准备的关系；
2. 陈述智力的含义及其个别差异的情况；
3. 列举学生中常见的学习方式；
4. 列举学生在个性特征上的个别差异；
5. 举例说明如何根据学生的个别差异设计和安排适应性教学。

在教学实践中，我们不难发现，对一组学生实施同样的教学后，有的学生学得快，学得好，有的学生学得慢，学得差。导致这种现象的一个重要原因是学习者的个别差异。本章探讨这一影响学习与教学的重要因素，首先对个别差异的概念做出解释，而后介绍学习者在智力、学习方式及个性上的个别差异情况，最后论述如何根据学习者的个别差异进行适应性的教学。

第一节　个别差异概论

本节的主要目的是厘清个别差异的概念。为此，需要阐明个别差异与相关概念的关系，具体涉及个别差异与学生特征、能力倾向、学习准备等概念的关系。

一、学生特征与个别差异

在学习与教学情境中，学习者本身具有一些特征，它们对学习者的学习和教师的教学都有一定的影响和制约作用。从事教学设计的研究人员需要经常了解和分析学习者的这些特征。史密斯和雷根(2008)对学习者的特征做了较为全面的描绘。他们从学习者特征的稳定—变化、相似—差异这两个维度，将学习者的特征分为四类：稳定的相似特征，稳定的差异特征，变化的相似特征，变化的差异特征(见表 12－1)。

表 12－1　学习者特征的分类体系

	相　似　性	差　异　性
稳定性	感觉能力 信息加工能力 学习类型和学习条件	能力倾向 认知方式 心理社会特质
变化性	发展过程： 智慧的 言语 心理社会的 道德 其他	发展状态： 智慧的 其他 先前的学习： 一般的 特殊的

稳定的相似特征是指学习者之间具有不随时间的发展而变化的共同特征。如不同的学习者具有基本类似的视、听、触等感知能力；学习者还具有相对稳定的加工信息的特征，如学生的工作记忆容量一般是 7±2 个组块；不同学习者对同样的学习结果要经历相同的过程和需要相同的条件，如本书前几章对不同学习结果学习规律的阐述所示。稳定的差异特征是指学习者之间存在的不随时间的发展而变化的差异。如有些学习者喜欢通过阅读学习，有些学习者喜欢通过听讲学习，有些学习者喜欢通过动手操作来学习。这些学习偏好上的差异在不同学习者身上是相对稳定的。变化的相似特征是指学习者之间随时间发展而变化的共有的特征。如上一章介绍的认知发展理

论就指出，同一发展水平的学生具有相似的思维方式，而且，这些思维方式随儿童的发展而变化（如皮亚杰的认知发展理论所指出的），不同发展阶段的儿童具有不同的思维方式。变化的差异特征是指学习者之间存在的随时间的发展而变化的差异。如发展理论虽指出同年龄段的儿童具有相似的发展水平，但同年龄段的儿童在其发展水平上也存在差异，而且这些差异会随时间而变。在科尔伯格的道德判断研究中，不同年龄组的道德判断有所不同，同年龄组内儿童的道德判断发展水平也不一致。

史密斯和雷根描绘的这四类学生特征在本书中都得到了重视。本书第二部分有关不同类型学习结果的学习规律的几章，涉及的主要是学生稳定的相似性特征；有关儿童和青少年认知发展的一章则探讨了学生变化的相似性特征及部分变化的差异特征。本章集中探讨的是学生稳定的差异特征即个别差异。这样看来，学生特征的外延大于学生个别差异的外延。

二、学生的个别差异与能力倾向

学生的个别差异与能力倾向（aptitude）是两个有密切联系的概念。但在能力倾向具体是指什么这一问题上，学者们的意见并不完全一致。对能力倾向有长期深入研究的斯诺（R. E. Snow）等人认为，能力倾向是反映了每个学生的学习历史并随后影响其从教学中学习的初始状态。很容易改变的短暂状态，如知晓一个具体的事实，不属于能力倾向的范畴。在最初和新近的用法上，能力倾向的概念并不仅限于认知能力；它还包括意动与情感特征，在相关知识技能上的先前差异，有关自身和世界的个人信念以及影响在一种或另一种情境中学习的带有个人特点的方式与策略（Snow & Swanson, 1992）。乔纳森和布拉博斯基认为，能力倾向指的是个人变量，具体包括心理能力（即智力），认知与学习方式，人格，原有知识（Jonassen & Grabowski, 1993）。也有人认为，能力倾向是个人具有的一般性的和特殊性的潜在能力，主要是智力，这种观点是对能力倾向的一种较为狭隘的界定，史密斯和雷根学生特征分类体系中的能力倾向就是在这一意义上使用的。可见，能力倾向在某种程度上描绘了学习者的个别差异，但这一概念在外延上并不完全等同于本章讲的个别差异。

三、个别差异与学习准备

在上一章，我们介绍了学习准备的概念，将其规定为学生原有知识水平和心理发展水平对新学习的适合性。其实个别差异也是学生学习准备的重要部分。表示个别差异的能力倾向一词"aptitude"的词根是"apt"，它有"适合于……"、"易于……"、"有……的倾向"的意思，因而学生具备的能力倾向就是使学生适合于某种教学或情境，或使学习者对某些情境有不同的预设的反应倾向。如上文所述，能力倾向还是学生的初始状态并对后续的学习起到一种预备作用，这种预备作用指的就是学习准备。

第二节　学生的个别差异

学生的个别差异涉及的方面比较多，发展方面的差异已在上一章介绍过，本章重点介绍学生在智力、学习方式及个性上的差异，这些差异大致相当于史密斯和雷根学生特征分类体系中的稳定的差异特征。

一、智力的个别差异

（一）智力的含义与测量

1. 智力的含义

人们都知道，智力反映一个人的聪明程度。但在给智力下一个明确的定义时，心理学家却遇到了困难。研究者从各自不同的角度给出了各种各样的智力定义，如智力是"适应环境的能力"、"学习的能力"、"解决问题的能力"等，但归纳起来，大多数心理学家和教育领域的专家都同意：智力是指处理抽象观念、处理新情境和进行学习以适应新环境的能力。

20世纪70年代中期起，斯腾伯格（R. Sternberg）开始对智力进行深入研究。1985年，他发表了《超越智商》一书。在书中，他对智力进行了全新的分析与界定。他认为，智力是使个体产生适应环境的行为的心理能力，而作为产生这种适应行为的心理机制是信息加工的反省成分、操作成分和知识习得成分的协同作用。其中，反省成分的作用是实现控制过程，包括完成任务过程中的计划、监控与决策，它们被统称为执行过程；操作成分指用于完成一定任务的加工过程，如信息的输入、编码、贮存及提取等，称为非执行过程；知识习得成分则指选择性编码、选择性联合、选择性比较，用于获得新知识，包括各个领域的陈述性知识与程序性知识。以上三种成分的充分协同工作便使得个体能够适应各种不同的环境，解决各类问题。

从斯腾伯格的分析可以看出，一个人适应环境能力的高低，或智力水平的高低，不仅取决于个体先天具有的遗传素质，更与后天的学习、培养有关。斯腾伯格智力结构中的反省成分、操作成分和知识习得成分无一不与知识、技能与策略的掌握密切相关。但同时我们也应看到，在智力中确实有些东西是很难因教育的影响而变化的。美国哈佛大学珀金斯（D. N. Perkins）用如下智力公式对此作了说明：

智商＝能量＋技巧＋内容知识

能量(power)指人的神经系统的生理功能，它很难因环境或教育因素而改变；技巧(tactics)指策略性知识；内容知识则指陈述性知识和程序性知识。显然，教育对智力产生影响是通过后两者来达到的，而在这两者中，最有效的方法是培养学生应用策略性知识的能力。

珀金斯的智力公式其实区分了两类智力：一类智力是先天的智力，主要受先天遗传因素的影响；另一类为后天的智力，其实质是广义的知识。我国智育目标中提出的"发展智力"，发展的应是后天的智力，即包含陈述性知识、程序性知识和策略性知识的广义的知识。

2. 智力测验

为了对智力进行定量分析，从比纳(A. Binet)和西蒙(T. Simon)开始，心理测量学家编制了各种智力测验。其中最著名的除"斯坦福—比纳量表"(简称S－B量表)外，还有"韦克斯勒儿童智力量表"、"韦克斯勒成人智力量表"以及"瑞文推理测验"等。这些量表都几经修订，在中国也有修订版。在过去十年中，一些心理测量学家又根据现代的智力观编制了新的智力测验，如"K－ABC量表"(Kaufman Assessment Battery for Children)，并逐渐得到重视与推广。需要指出的是，尽管测验编制者在选择测验项目时尽量避免特殊经验因素、知识因素的影响，努力扩大基因因素的影响，但是这样做并不能完全排除不同类型的认知经验、不同认知的刺激程度以及不同个性与动机变量的影响，因此智力测验测得的智力，只能视为在多种因素决定下已实现了的能量或起作用的能量。

智力测验中的一个重要概念是智商(IQ)，其含义是被测验者通过智力测验获得的智龄分数与他的实际年龄之比，用公式表示：IQ＝(智力年龄/实际年龄)×100。

智商的高低基本反映了一个人的聪明程度。但是，由于个体的智力年龄并非随年龄呈线性增长，而是到一定年龄出现停滞不前的趋势，因此心理测量学家在对16岁以上者的智力测验中引入标准分数，即将个体的测验得分与其同年龄组的平均分数作比较，根据其在该群体中所处的位置来判断其智力的高低。以韦克斯勒成人智力量表为例，其智商标准分数的计算公式如下：IQ＝[(测验分数－100)/15]×100。

(二) 智力的个别差异

在一个随机抽取的样组中，学生的智力水平有很大的差异，主要表现在质和量两方面。

1. 量的差异

所谓智力的量的差异，主要反映在IQ的分数上。一般来说，未经挑选的儿童，且人数众多时，他们的智商呈常态分布(见图 12－1)。

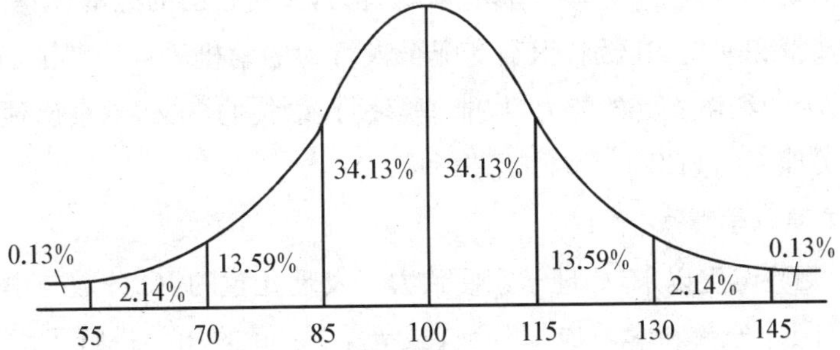

图 12－1 智力的常态分布图

图中的百分数表示一定智商分数之间的人数比率。从图中可见，68％的人的智商在 85～115 之间，他们的聪明程度属于中等水平。智商超过 140 的人为智力超常，智商低于 70 的为智力障碍。假定一个有 40 名学生的班级，学生来源未经挑选，完全随机组成，那么我们大致可以推测，该班极优的学生和智力有缺陷者(IQ 低于 70)都不到 1 人，IQ 中等水平者(85～115)约 27 人，中上者(115～130)和中下者(70～85)大致分别为 5～6 人。

2. 质的差异

心理学家研究认为，智力由许多不同的心理能力构成。瑟斯顿(L. L. Thurstone)认为，智力应包含数字、言语、空间、词汇流畅性、推理、记忆、知觉速度等 7 种基本智能；吉尔福特提出的智力结构理论把智力划分为 150 种不同的心理能力；韦克斯勒的智力测验主要测量了个体在言语和操作两方面的能力，而在每一方面又分别包含 6 种不同的心理能力，如在言语能力中包括常识、类同、算术、词汇、理解、数字广度等。

(Howard E. Gardner 1943—)

美国哈佛大学的加德纳(H. Gardner)提出的多元智力理论，也向我们展示了智力在质上的多样性。加德纳认为，人类具有 7 种相互独立的智力：(1) 语言智力，指有效使用语言的能力，如作出有说服力的论断，写诗，能敏锐地把握词语的微妙含义；(2) 音乐智力，指创造、理解、欣赏音乐的能力，如用乐器演奏，作曲等；(3) 逻辑数理智力，指在数学和科学中进行逻辑推理的能力，如迅速解决数学问题，进行数学证明，对观察到的现象形成假设并进行检验；(4) 空间智力，指注意物体细节的能力以及在头脑中形成物体的意象并在心理上对意象进行操作的能力，如能对相似的物体进行精细的辨别，能在头脑中形成物体的意象；(5) 身体运动智力，指运用身体进行熟练运动的能力，如跳舞、打篮球等；(6) 自我认识智力，指对自己的感情、动机和欲望的意识，如能分辨遗憾和悲伤的区别，识别支配个人行为的动机等；(7) 人际关系智力，指注意到他人行为的细微之处的能力，如能理解别人语气的含义，觉察出他人的目的和欲望，利用有关他人的知识来影响其思想和行为。

3. 智力差异与学业成就

自从智力测验诞生以来，心理学家便致力于发现儿童的IQ分数与学习成绩之间的关系，他们对IQ分数和学习成绩分数(或等第)之间的相关进行了大量的统计分析。一致的意见是，IQ与学业成绩存在中等程度的相关，其相关系数在小学阶段为0.6～0.7，在中学阶段为0.5～0.6，在大学阶段为0.4～0.5。

IQ分数与学业成绩有中等程度相关这一点表明，智力是影响学习的一个重要因素，也就是说，儿童IQ分数越高，一般学习成绩越好，将来接受教育的水平也越高。但IQ并不是影响学习的唯一因素，知识结构、认知发展水平以及学习动机和集体、教师等因素，都对儿童的学习成绩有重大影响。

研究表明，儿童的智力水平不仅影响他们的学习数量，而且也影响他们的学习质量。智力水平高的学生一般形成学习定势的速度快，容易学会解决问题的策略，易于自行纠正错误和验证答案，较多使用逻辑推理，他们的学习方法更有效，也较能持久地学习。

此外，智力结构上的差异(质的差异)也影响着学业成绩。同等智力水平的人，学习成绩不完全相同。与其IQ水平相比较，那些成绩显著较低者在西方教育心理学中被称为学习成绩不良者(underachiever)；那些成绩显著较高者则被称为学习成绩优良者(overachiever)。研究表明，前一种学生除了在性格上有一定缺陷之外，一般表现出机械能力强，艺术兴趣大，而言语和数学能力较低的倾向。

二、学习方式的差异

学习方式(learning styles)是指学生在进行学习、解决问题、加工信息时所采取的带有个人特点的方式(Eggen & Kauchak, 2005)。学习方式有时又叫学习风格或学习偏好(learning preferences)。与学习方式有密切联系的一个概念是认知方式，专指个体偏爱的信息加工方式，表现在个体对外界信息的感知、注意、思维、记忆和解决问题的方式上。虽然有人主张区分学习方式与认知方式，但也有人不主张对二者进行区分。本章采纳的对学习方式的界定其实包括了认知方式，因而我们未对学习方式与认知方式予以严格区分。心理学家对学习方式进行了大量的调查和研究。目前发现的与学习和教学关系比较密切的学习方式主要有如下一些：

(一) 场依存性与场独立性

这是学习者加工外部刺激时表现出的两种极端方式。场独立性与场依存性这两个概念来源于威特金(H. Witkin)对知觉的研究。第二次世界大战期间,威特金为了研究飞行员怎样利用来自身体内部的线索和见到的外部仪表的线索调整身体的位置,专门设计了一种可以摇摆的座舱,舱内置一座椅。当座舱倾斜时,被试可调整座椅,使身体保持垂直。研究发现,有些被试主要利用来自仪表的视觉线索,不能使自己的身体恢复垂直。另一些人则主要利用来自身体内部的线索,尽管座舱倾斜,仍能使身体保持垂直。威特金将前一种人的知觉方式称为场依存方式,后一种称为场独立方式。后来的研究发现,场独立性与场依存性是两种普遍存在的认知方式。场独立性者对客观事物作判断时,倾向于利用自己内部的参照,不易受外来因素的影响和干扰;在认知方面独立于周围的背景,倾向于在更抽象和分析的水平上加工,独立地对事物做出判断。场依存性者对物体的知觉倾向于以外部参照作为信息加工的依据,难以摆脱环境因素的影响。他们的态度和自我知觉更易受周围的人,特别是权威人士的影响和干扰,善于察言观色,注意并记忆言语信息中的社会内容。

场独立性、场依存性与学生的学习有着密切的关系。研究表明,场独立性学生一般偏爱自然科学、数学,且成绩较好,两者呈显著正相关,他们的学习动机往往以内在动机为主。场依存性学生一般较偏爱社会科学,他们的学习更多地依赖外在反馈,他们对人比对物更感兴趣。场独立性者善于运用分析的知觉方式,而场依存性者则偏爱非分析的、笼统的或整体的知觉方式,他们难以从复杂的情境中区分事物的若干要素或组成部分。

此外,场独立性与场依存性学生对教学方法也有不同偏好。场独立性学生易于给无结构的材料提供结构,比较易于适应结构不严密的教学方法。反之,场依存性学生喜欢有严密结构的教学,因为他们需要教师提供外来结构,需要教师的明确指导与讲解。场独立性者与场依存性者在学习上的不同特点见表 12-2。

表 12-2　场独立性者与场依存性者的学习特点

	场独立性者	场依存性者
学科兴趣	自然科学	社会科学
学科成绩	自然科学成绩好 社会科学成绩差	自然科学成绩差 社会科学成绩好
学习策略	独立自觉学习 由内在动机支配	易受暗示,学习欠主动 由外在动机支配
教学偏好	结构不严密的教学	结构严密的教学

（二）沉思型与冲动型

沉思与冲动的认知方式反映了个体信息加工、形成假设和解决问题过程的速度和准确性。沉思型学生在碰到问题时倾向于深思熟虑，用充足的时间考虑、审视问题，权衡各种问题解决的方法，然后从中选择一个满足多种条件的最佳方案，因而错误较少。而冲动型学习者倾向于很快地检验假设，根据问题的部分信息或未对问题做透彻的分析就仓促做出决定，反应速度较快，但容易发生错误。总之，冲动与沉思涉及在不确定的情境中，个人对自己解答问题的有效性的思考程度，对其判别标准题的反应时间与精确性。研究表明，约30％的学前儿童和小学儿童属于冲动型，有的可能是对任务很熟悉或者思维很敏捷的缘故。

研究发现，沉思型学生与冲动型学生相比，表现出具有更成熟的解决问题策略，更多地提出不同的假设。而且，沉思型学生能够较好地约束自己的动作行为，忍受延迟性满足，比冲动型的学生更能抗拒诱惑。此外，沉思型学生与冲动型学生的差别还在于，沉思型学生往往更容易自发地或在外界要求下对自己的解答做出解释；冲动型学生则很难做到，即使在外界要求下必须做出解释时，他们的回答也往往是不周全、不合逻辑的。

在学习方面，沉思与冲动这两种方式存在明显差异。一般来说，沉思型学生阅读成绩好，再认测验及推理测验成绩也好于冲动型学生，而且在创造性设计中成绩优秀。相比之下，冲动型学生往往阅读困难，较多表现出学习能力缺失，学习成绩常不及格。不过，在某些涉及多角度的任务中，冲动型学生则表现较好。

由于阅读、推理之类的任务需仔细分辨概念，因而粗心大意的学生在这类任务中处于不利地位，尤其是当一个问题的答案不能直接得到，需要从一开始就仔细阅读材料，注意分析各种可能的条件时，更是如此。为了帮助冲动型学生克服他们的缺点，心理学家着手创造一些训练方法，对他们的不良认知方式进行纠正。研究表明，单纯提醒儿童，要他们慢一些做出反应，对他们并无帮助。但通过教他们具体分析、比较材料的构成成分，注意并分析视觉刺激，对克服他们的冲动型认知行为较为有效。也有人让冲动型学生大声说出自己解决问题的过程，进行自我指导，当获得连续成功以后，由大声自我指导变成轻声低语，而后变成默默自语。目的是训练冲动而又粗心的学生有条不紊、细心地进行学习和解决问题。这种具体训练收到了较好的效果。

（三）偏爱不同感觉通道的学习方式

学习者从外界接收信息时可通过不同的感觉通道进行，如视觉通道（阅读、观看），听觉通道（听讲），触觉和动觉通道（动手做）。根据学习者所偏好的感觉通道，可以将其学习方式分为不同类型。加涅等人就将这类学习方式分为四类：视觉—言语学习方式、视觉—非言语学习方式、触觉—动觉学习方式、听觉—言语学习方式(加涅等，2007)。

视觉—言语学习方式是指学习者偏爱以视觉形式和书面语言形式呈现信息，而且他们从这种形式呈现的信息中学得最好，倾向于独立安静地学习。阅读教科书和笔记、阅读演讲提纲是这类学习者偏爱的学习活动。

视觉—非言语学习方式是指学习者偏爱以图片或图表的方式通过视觉通道呈现的信息，而且他们从这类信息中学得最好。这类学习者比较喜欢电影、录像、动画、地图、图表之类的视觉媒体呈现的教学信息，他们也喜欢安静独立地学习。由于互联网可以呈现很多视频、图片，因而在线学习环境很适合这类学习者。

触觉—动觉学习方式是指学习者偏爱身体上亲自参与动手做的活动，并从这种活动中学得更好。这类学习者喜欢演示、实验、动手操作材料以及在工作场所进行学习。

听觉—言语学习方式是指学习者偏爱以口头言语形式呈现的信息，而且从这种信息中学得更好。他们喜欢听演讲、听录音、听解说，也喜欢与他人以听说交流的方式互动，如小组讨论、合作学习等。

加涅等人区分的这些学习方式对于学生的多媒体学习、在线学习以及网络课程的设计等问题都有重要参考价值。

(四) 表层加工与深层加工

学习者在学习情境中加工信息时会表现出两种明显不同的方式：表层加工与深层加工。持表层加工方式的学习者关注对学习材料的记忆，他们不会主动将新学习的材料与自己头脑中的更大块的原有知识联系起来，他们更易于受奖励、等级、外部标准、被他人看好等因素的激励。持深层加工方式的学习者关注对学习材料的理解，他们将学习活动看作是理解某些内在概念与原理的手段。他们通常是为了学习而学习，会对自己的学习进行自我管理和调节，不大关注别人如何评价自己的表现。不同的教学会影响学生采用哪种加工方式。如果测验强调对事实的记忆，则学生会倾向于选择表层的加工方式；如果测验强调理解，则学生可能会选择深层加工方式。虽然如此，但仍有证据表明，这两种信息加工方式刻画了学习者在多种情境中的学习方式。

三、个性的差异

这里的个性是指学习者具有的一种特质(trait)，它描述的是学习者与其环境特别是与他人相互作用的方式(Jonassen & Grabowski，1993)，具体涉及学生的控制源、焦虑、成就动机等情感和意动方面。

（一）内控性与外控性

内控性和外控性涉及控制源的概念。所谓控制源，指人们对影响自己生命与命运的那些力量的看法。根据学习者在控制源上的差异，一般分为两种类型：内部控制与外部控制。具有内部控制特征的学习者相信自己从事的活动（包括学习活动）及其结果是由自己的内部因素决定的，自己的能力和所作的努力能控制事态发展。他们相信奖励以个人的行为而定。具有外部控制特征的学习者则认为自己受命运、运气、机遇和他人的摆布，这些外部复杂且难以预料的力量主宰自己的行为。他们相信奖励不依自己的活动而出现。当然，在全体人群中，极端的外控者和内控者只是少数，大多数是处于这两个极端之间。

学习者持有的不同控制源主要通过影响学生的成就动机、学生投入任务的精力、学生对待任务的态度和行为方式、学生对奖励的敏感性以及惩罚或分数对他们的意义、学生的责任心和对待教师的态度等一系列变量而影响学生的学习。

（二）正常焦虑与过敏性焦虑

焦虑是指某种实际的类似担忧的反应，或者指对当前或预计对自尊心有潜在威胁的任何情境具有一种担忧的反应倾向。按焦虑的性质，焦虑可分为正常焦虑和过敏性焦虑。正常焦虑是指客观情境对个体自尊心可能构成威胁而引起的正常的焦虑。如，学生面临重要考试而又把握不大时产生的考试焦虑；个人做错了事感到有可能损害自己形象时产生的焦虑等。这里需要指出，正常焦虑并不是指适当水平的焦虑，它同样可能出现过高或过低的不同水平，这取决于自尊心受到威胁的程度。过敏性焦虑不是因客观情境对自尊心构成威胁而引起，而是由遭到严重伤害的自尊心本身引起的。自尊心受伤害程度越高，过敏性焦虑水平越高。对于某些儿童或学生，由于他们在成长过程中没有得到外界（主要是父母）的内在认可和评价，从而导致缺乏内在的自尊心和价值感，当他们遭受失败和挫折时，就极易引发神经过敏性焦虑。

无论是正常焦虑还是过敏性焦虑，其与学习之间的关系都十分复杂；它们对学习是起促进作用还是起抑制作用，取决于多方面因素，包括原有焦虑水平的差异、学习材料的难易程度以及学习者本身的能力水平。许多研究发现，对于机械学习或不太困难的有意义接受学习和发现学习，焦虑有促进作用。但是当个体遇到了一种新的学习环境，尤其是遇到了一些已有的认知结构中尚无现成答案的问题时，不同的焦虑水平则会对学习产生不同的影响。在这种情况下，焦虑水平与学习效率之间呈倒U形关系，即中等水平的焦虑有利于学习效率的提高，而过低或过高的焦虑均对学习不利。从学习难度上说，难度大的学习，焦虑水平低较好；难度小的学习，焦虑水平高较好。由此我们可以看出，对于过敏性焦虑者，当他面临解答新问题时，往往会产生过分恐慌或焦虑的反应。如果他不能从现有的解决问题的"仓库"中找到一个现成的、合适的答案，那么就会抑制学习，并丧失学习信心。

实际上，焦虑对学习究竟会产生何种影响，主要还是取决于学生已有能力水平的高低。一般来说，随着学生能力水平的逐步提高，焦虑对学习成绩的影响会日益失去其消极作用。此外，就学习情境压力与焦虑的关系来看，一般是低焦虑者在压力大的学习情境下学习效果较好，而高焦虑者则适合压力较低的学习情境。

（三）学习的高坚持性与低坚持性

学习的坚持性是指个体为完成学习任务而持续克服困难的能力，通常以学习者每次学习活动持续的时间长短为标志。

在学习过程中，学习者的坚持性的高低表现出较大的个体差异。具有高坚持性的学习者在完成一项较困难的任务时，能够坚持不懈，克服困难，面对挫折不气馁，直至最终完成任务；学习坚持性较差的学习者则松松垮垮，一遇到挫折就灰心退缩，以致不能完成规定的任务。在需要学习者克服困难、战胜挫折、运用意志努力的任务中，两种学习者的成绩具有显著的差异，高坚持性者明显优于低坚持性者。对于后者来说，增强他的学习坚持性是提高学业成绩的一个重要途径。

学习者坚持性的高低受到学习情境、学习任务的吸引程度、学习者的态度、动机水平以及成人榜样等多种因素的影响。此外，教师或家长还可以通过提供积极的反馈来改善学习者的坚持性，尤其是根据学习者的个人目标进行反馈，效果更佳。

第三节　适应性教学

一、适应性教学的含义与目的

给定一种教学，不同的学生从这种教学中学习的情况是不一样的，这主要是由学习者的个别差异所导致，即一种形式的教学难以适合不同特点的学生。适应性教学(adaptive instruction)就主张采用一些方法来改变教学的形式以适合个别学生的特点与需要。这意味着对不同的学生要为之设计和开发不同形式的教学。

适应性教学是针对学生的个别差异而存在的。通过采用适应性教学，我们要达到什么样的目的？对此，舒厄(T. J. Shuell)列出了三个目的：实现学业平等；消除个别差异；使学习者取得的结果最大化(Jonassen & Grabowski，1993)。在这三个目的中，有些是彼此冲突的，如让每个学习者都从教学中习得最大的结果，这会加大学习者之间的差异，因而很难实现学生学业上的平等。我们认为，任何教学都是为了帮助、促进学生的学习，适应性教学也不例外，也要以有效促进学生的学习为目的。当它有效地适应并促进了不同学生的学习以后，学习者之间的个别差异可能会缩小，也可能会增大。适应性教学应将其重点放在如何及是否有效促进学生的学习上，关注学生从这种教学中取得多大的进步，而不应一味地追求让所有学生达到同样的水平。

二、适应性教学形式的探索

面对特点各异的学习者，教学应如何适应他们的需求？乔纳森和格拉博斯基总结出了三种适应性教学的形式（Jonassen & Grabowski，1993：36～37）。

一是根据学习者已有的特点或偏好的方式进行教学。这种适应性教学充分利用了学习者的优势或强项。如学习者属于视觉—非言语型的学习者，善于从视觉通道加工处理图片、图表，因而适应性教学就采用图片、图表等形式来呈现教学内容，这就利用了学习者的强项来适应和促进其学习，是最常见的一种适应性教学形式。

二是根据学习者的劣势或弱项进行补偿性的教学。学习者在学习中可能不具备某种特点或某种加工信息的方式，这时的教学就要根据他们的不足之处做些改动，以使他们在不具备相关特征的情况下也能从教学中学习。如场依存性的学生很难从整体中区分出部分来，因而在教学时，对相应的教学内容，就可以采取对比、运动变化等方式将整体中的部分突出出来，以利于学生的学习。

三是对学习者的弱项进行训练或教学，使他们能够具有或运用原本缺乏的特点或学习方式。如对于听觉—言语型的学习者，给他们提供视觉言语式的学习材料，迫使他们以视觉—言语方式进行学习。这类适应性教学的目的不是让教学适应学习者，而是让学习者去适应教学，让学习者发展和形成多种特点、多种学习方式，从而使他们能适应多种不同的教学。

这些适应性教学的形式看起来很诱人，但在教学实践中的可行性并不是很好。

首先，这些适应性教学的形式在理论和研究方面的支持性证据不够充分。要进行适应性教学，不仅需要了解学生具有的许多不同特征，开发出多种形式的教学，而且还要知道哪种教学形式最适合哪种特点的学习者，这方面的知识主要来源于能力倾向与教学处理的交互作用研究（aptitude-treatment interaction，ATI），这类研究探讨的是不同的教学处理与学生特征的关系。从这类研究中，我们可以得到类似这样的结果：教学方法 A 能有效促进有特点 a 的学生的学习，但对有特点 b 的学生的学习没有多大促进作用；教学方法 B 能有效促进有特点 b 的学生的学习，但对有特点 a 的学生的学习没有多大促进作用。这时我们就可以说教学方法和学生特征之间存在交互作用。从这种结果中，我们可以知道，对有特点 a 的学生，采用教学方法 A；对有特点 b

的学生，采用教学方法B。但有关ATI的大量研究并不能给我们提供这类知识，这主要是因为ATI的研究中发现的教学处理与学生特征之间存在上述交互作用的情况很少，即使发现存在交互作用，这种效果通常很难重复，而且还会随时间、学习情境而变化。此外，ATI的有关研究大都是在实验室中做的，很难类推到现实的课堂情境中(Jonassen & Grabowski, 1993: 28～29)，因而寻求并确定出某种教学处理适合某种特征的学习者，这方面的研究证据还不充分，不能为适应性教学提供有力支持。

其次，即使具有很多ATI研究的知识，据此在实践中实施适应性教学也不可行。学生之间的差异很大，甚至一个班级里的每个学生都有着不同的学习方式，因而适应班上每个学生的教学的数目可能是很大的。在班级教学的环境下，一个教师不可能同时为许多学生进行不同形式的教学。虽然计算机在教学中的普及使用有可能解决这一问题，但为极少数学生开发很少被使用的教学，从经济角度来看也不可行。为此，乔纳森等人提出，在描述学生个别差异的多种因素中，选择出对学生的学习影响最大的因素，然后根据这些少数几个因素来开发适应性教学，可以缓解上述问题(Jonassen & Grabowski, 1993)。这是一条比较好的解决问题的思路。

三、适应性教学的形式

某些适应性教学的形式不可行，但适应性教学还是需要的，在实践中，有哪些较为可行的适应性教学呢？综合看来，如下三种适应性教学比较可行。

(一) 针对对学生的学习有重要影响的个别差异设计适应性教学

这一建议与上文乔纳森等人提出的建议是一致的，但关键是找出对学生的学习有重要影响的个别差异变量。事实上，一些教育心理学家已对此进行了探索和回答。如加涅和迪克就指出，学生的智慧能力和原有学习的累积效应(即学生的原有知识基础)这两个个别差异变量对学生的学习有很重要的影响，教学时要重点考虑如何适应这两个因素(Gagné & Dick, 1983)。后来，平特里奇(P. R. Pintrich)等人也指出，虽然有多种学生特点影响学习与教学，但最为重要的两个因素是智力和动机(Pintrich et. al., 1986: 613)。在此基础上，皮连生提出了一个学习成绩的公式：学习成绩＝f(学习动机，原有知识，IQ水平)，并主张用这一公式指导教学，要求教师教学时考虑每个学生的IQ水平的差异，考虑并处理好学生的原有知识和动机水平。他认为，在教学中把这三个因素处理好了，一般来说，教学将会是成功的(皮连生，1996)。来自心理测量学的证据也表明，智力可以解释学生成绩的10%～25%的变异，智力和原有知识合起来可以解释学生成绩的40%～50%的变异，而诸如兴趣、自我效能之类的动机因素可以解释学生成绩的10%～20%的变异(Byrnes, 2008)。可以说，学生的智力水平、原有知识基础、动机水平是三个非常重要的个别差异变量，适应性教学要围绕学习者这三个方面的特征进行设计。

(二) 针对同质的学生群体进行适应性教学

针对个别学生的特点进行适应性教学只在特殊情况下适用(如特殊教学、学习困难的诊断与补救)，对于许多学生来说并不可行。这时，将有共同个别差异特征的学生组织成一个群体，对这一类群体开发相应的适应性教学却是可行的。如学生的智力存在客观差异，很多研究者从教学组织改革方面探讨了根据不同智力水平的学生进行教学的问题。

一种改革举措是分校，即根据不同学校的师资水平及办学条件等，将其分为重点、非重点学校及职业学校等。学生通过参加统一的升学考试，根据分数的高低进入相应的学校。这样做虽然可以在一定程度上缩小个别差异，但也存在很多弊病。因为心理学的大量研究表明，在小学阶段女生的成绩超过男生，中学阶段则男生的成绩超过女生，过早地分校(初中)可能会不利于许多有学习潜力的男生。此外，分校的做法还会使学校教育，特别是小学教育将重点放在提高升学考试分数上，不利于对学生能力的培养。有鉴于此，目前国内的许多地区已取消了在初中阶段分校的制度。

另一种举措是同质分班，即按能力或成绩高低程度分班。同质分班也可以缩小学生间的差异，便于以统一的进度和方法进行教学。至于同质分班的效果，国外做过许多对比研究，但研究结果并不一致。多数实验的结果是，按程度分班，学生的学习成绩有所提高。但是，有的实验却得出相反的结果。按程度分班有许多弊端：(1) 学生的年龄越大，能力就越分化，按 IQ 分班不能解决学生能力分化的差异问题，按 IQ 分班只在低年级可行；(2) 容易使程度高的学生骄傲自满，使程度低的学生受到歧视，产生自卑。有人调查了 190 名四、五、六年级学生，问他们愿意选择哪个班级，结果，95％～96％的后进生、中等生和优秀生都愿上程度最高的班；(3) 智力相同的学生，成绩也不可能相同，因为智力只是影响学习成绩的诸因素之一，还有许多其他因素，如动机、兴趣、努力程度、学习习惯和方法等，也会影响成绩的差异。

还有一种举措是留级或跳级。对成绩不及格的学生采用留级的办法，其目的是让他们有第二次机会学习尚未掌握的内容。这是从低的一端缩小个别差异的方法。对于智力高和成绩优秀的学生则可以允许跳级，这是从上端缩小差异的方法。但大量的研究结果表明，教师往往更多地强调留级而非跳级。而实际的效果是，很多学生留级后，成绩并无多大进步，有的甚至比原来更差。究其原因，一方面在于留级有损学生自尊心，使其自暴自弃，更重要的原因在于教师并没有根据他们的特点教学，而是沿用导致他们学业失败的同样方法来教他们。因此，要使留级达到应有的教育效果，一方面教师要给予他们更多的温暖和关怀，做好思想工作；另一方面则应切实改进教学内容与方法，使教学适合他们的特点。相对于留级，跳级的尖子学生一般适应良好。有研究表明，能力相等的学生，跳过级的比未跳级的学生学习速度快，与同学相处也较好。在小学跳过级的，到中学阶段成绩仍良好，与同学能友好相处，关系融洽。看来，跳级对促进高才生的发展是有利的。

目前，心理学家一般更支持在常规的教学班中根据学生的能力、兴趣进行分组。能力与性格相近的学生组合在一起，有利于教师分组指导，也有利于学生共同研讨，而且教师还可以根据学生学习的实际水平，随时调整小组成员。除了上述优点之外，常规教学班还有以下有利之处：在这样的集体中学习的儿童，可以较好地适应他们将在校外遇到的广泛的能力差异；优秀的学生可以为后进的学生提供榜样；优秀生给后进生辅导，在帮助别人过程中使自己的知识更有条理，更为巩固。

（三）针对学生的原有知识基础进行适应性教学

学生的原有知识基础是一个重要的个别差异变量。虽然本章没有对其作专门论述，但这并不能贬低它的作用。在教学中，如何帮助原有知识基础各不相同的学习者都能有所进步，是很多教育改革者一直思考和探索的问题。布卢姆的掌握学习、凯勒的个人化的教学系统以及我国的自学辅导教学等都在这方面做了有益的尝试。

1. 布卢姆的掌握学习

布卢姆认为，只要给予足够的学习时间和适当的教学，几乎所有的学生对几乎所有的学习内容都可以达到掌握的程度（通常要求达到80%～90%的评价项目）。学生的学习能力上的差异并不能决定他能否学习要学习的内容和学习的好坏，而只能决定他将要花多少时间才能达到对该项目内容的掌握程度。换句话说，学习能力强的学习者，可以在较短的时间内达到对某项学习任务的掌握水平，而学习能力差的学习者，则要花较长的时间才能达到同样的掌握程度，但他们都能获得通常意义上的A等或B等。

为实施掌握学习的思想，布卢姆设计了一种掌握学习的程序，他将学习任务分成许多小的教学目标，然后将教程分成一系列小的学习单元，后一个单元中的学习材料直接建立在前一个单元的基础上。每个学习单元中都包含一小组课，它们通常需要1～10小时的学习时间。然后，教师编制一些简单的、诊断性测验，这些测验提供了学生对单元中的目标掌握情况的详细信息。达到了所要求的掌握水平的学生，可以进行下一个单元的学习。若学生的成绩低于所规定的掌握水平，就应当重新学习这个单元的部分或全部，然后再测验，直至掌握。

采用掌握学习的方法，学生的成绩是以成功地完成单元的学习而不是以在团体测验中的等第名次为依据的。学生的成绩仍然有差异。这种差异表现在他们所掌握的单元数或成功地学完这些单元所花的时间上。学生中间仍然有竞争。竞争采取的形式是，力求首先完成一组单元的学业，或者比试谁更快学完最高额的“选修”单元。然而，按照某门课的实际标准，最终可能使绝大多数学生都得到A等或B等。这一结果部分是由于掌握了前面的教学单元。尽管有些学生要比另一些学生花时较多，但前面的学习可以大大地促进后面单元的学习并减少学生在原有知识上的最初差距。

2. 凯勒的个人化的教学系统

这一系统由美国心理学家凯勒(F. S. Keller)及其同事创立。在该系统中，一年的课程被分成15～30个单元(大约每周1个单元)，每个单元通常包括一段导言、一张列出了所要达到的目标的表格、一个建议用以达到这些目标的程序，包括阅读注释或参考教科书中的特定部分。在学习进程中，向学生提供一些问题的练习，以帮助学生达到目标。同时，学生还可以利用自测题了解自己是否已经掌握了单元的内容。当他们认为已经学完了一个单元时，就到“监督者”那里去测验(“监督者”通常是已学完了该单元的学生)。测验一般都很短。测完后，“监督者”当着学生的面打分，并提一些有关对题和错题的问题。不能达到满意标准的学生必须重新学习，过一段时间后再测，直到掌握以后才学习下一单元。对成功地完成了前面各个单元的学生，给予听报告、看电影和参加演示的优先权，以资奖励。

3. 自学辅导教学

1980年以来，中国科学院心理研究所的卢仲衡等进行了系统的“中学数学自学辅导教学”实验研究，展现了班集体与个别化相结合的有效教学以及教师指导、辅导下以学生自学为主的有效学习的美好前景。自学辅导教学与凯勒的个人化教学系统有相似之处，如两者都采用书本形式呈现教材，采用频繁的单元测验检查学生的学习效果。但在自学辅导教学中，学习进程采用教师定步速和学生定步速的形式。教师先作5分钟的指导和启发，然后让学生有连续30～35分钟(至少30分钟)的自学时间，最后留5～10分钟时间提问、答疑和小结。按照四个指标，即学业成绩、自学能力成长、自学能力迁移和各学科全面发展，对分布全国28个省市5 000多个实验班的学生的学习结果进行检查，都获得较好的效果，有的还很突出。

本章概要

1. 学习者之间具有各不相同的特征。史密斯和雷根将这些特征分为四类：稳定的相似特征，稳定的差异特征，变化的相似特征，变化的差异特征。学生的个别差异从纵向角度看是不同年龄段学生发展水平的差异，即变化的相似特征和部分变化的差异特征;从横向角度看,是同一年龄、同一发展水平的学习者之间的差异,即稳定的差异特征和部分变化的差异特征。学生特征的外延大于学生个别差异的外延。

2. 在心理学研究领域,通常用学生的能力倾向来表示学生的个别差异。学生的能力倾向一般包括智力、学习方式、人格特征及原有知识。学生在这些能力倾向上存在个别差异,而且这些能力倾向易于使学习者适合于某种教学或某种学习情境,从这一角度看,能力倾向为学生后续的学习起到一种预备作用,因而能力倾向或个别差异又可纳入学习准备的范畴。

3. 智力是个别差异的一个重要方面。心理学家区分了两个智力概念。一个是心理测量学的智力概念,主要指处理抽象观念、处理新情境和进行学习以适应新环境的能力。另一个是学校教育所要发展的智力,其实质是广义的知识。研究发现,智力的差异表现在量上和质上。智力的量上的差异主要表现在学习者智商呈正态分布,即智力超常和智力落后的儿童在同年龄儿童群体中都占少数,大部分儿童的智商处于中等水平。智力在质上的差异主要体现在不同学习者有不同类型的智力,加德纳的多元智力理论指出,人类具有 7 种智力,分别是:语言智力、音乐智力、逻辑数理智力、空间智力、身体运动智力、自我认识智力、人际关系智力。

4. 学习方式也是个别差异的一个重要方面,是指学习者在进行学习、问题解决、加工信息时所采取的带有个人特点的方式。心理学家发现的与学习和教学关系比较密切的学习方式主要有场依存性和场独立性的认知方式,沉思型和冲动型的认知方式,表层加工与深层加工的学习方式以及偏好不同感觉通道的学习方式,如视觉—言语型、视觉—非言语型、触觉—动觉型、听觉—言语型等。

5. 学习者在个性特征上也存在差异。个性描述了学习者与其环境特别是与他人相互作用的方式。与学习有关的个性特征主要涉及学习者在学习动机方面较为稳定的特质,如控制源(内控性与外控性)、焦虑以及意动方面的特质,如学习坚持性的高低。

6. 适应性教学主要是通过采用一些方式方法来对教学进行修改,以使教学能更好地促进、适应学习者的学习。适应性教学的结果可以拉大学生间的个别差异,也可以缩小学生间的个别差异,但不宜用学生个别差异的加大或缩小来评价适应性教学,而应根据适应性教学是否促进了学生的学习来对其做出评价。

7. 适应性教学可以利用学习者的优势特征进行,也可以补偿其劣势特征进行,还可以训练学习者的某些特征使之适应不同的教学。适应性教学的这些形式缺乏理论和研究方面的有力支持,在实践中不经济、不可行。

8. 本书认为,适应性教学可以针对对学生的学习有重要影响的学习动机、智力、原有知识基础三个个别差异变量设计,在班级教学环境中,可以针对有共同个别差异特征的学习者群体设计适应性教学。此外,针对学生的原有知识基础进行适应性教学应得到充分重视,掌握学习、个人化教学系统、自学辅导实验等教改实践在这方面做出了有意义的探索。

练 习 题

一、解释下列术语

能力倾向	智力	智商	多元智力
学习方式	认知方式	场独立性	场依存性
表层加工	深层加工	控制源	内控性
外控性	焦虑	适应性教学	掌握学习
同质分班	能力倾向与教学处理的交互作用		

二、填空

1. 史密斯和雷根将学习者的特征分为__________、__________、__________、__________四类。

2. 乔纳森和布拉博斯基指出,能力倾向具体包括__________、__________、__________、__________四种个人变量。

3. 斯腾伯格认为,智力由__________、__________、__________三种成分构成。

4. 现代心理学区分了两种智力,一种智力是指__________,另一种智力是指__________。

5. 加德纳区分的人类具有的 7 种智力是__________、__________、__________、__________、__________、自我认识智力、人际关系智力。

6. 场依存性和场独立性的认知方式最初是__________研究发现的。

7. 根据学习者学习时偏爱的感觉通道,可以将学生的学习方式分为__________、__________、__________、__________四类。

8. 皮连生提出的影响学生学习的三个重要个别差异变量是__________、__________、__________。

三、选择

1. 学生的原有知识这一特征在史密斯和雷根的学生特征分类体系中属于______。(1) 稳定的相似特征;(2) 稳定的差异特征;(3) 变化的相似特征;(4) 变化的差异特征。

2. 喜欢合作学习的学生的学习方式不可能是______。(1) 视觉—非言语型;

(2) 场依存性学习方式；(3) 视觉—言语型；(4) 触觉—动觉型。

3. 场依存性者喜欢的学习方式是______。(1) 自主学习；(2) 合作学习；(3) 探究学习；(4) 有意义学习。

4. 场独立且沉思型的学生适合选修的学科是______。(1) 数学；(2) 历史学；(3) 教育学；(4) 社会学。

5. 适应性教学追求的目的应是______。(1) 加大学生间的个别差异；(2) 缩小学生间的个别差异；(3) 促进学生进步；(4) 维持学生学业上的平等。

6. 下列有关掌握学习的论断错误的是______。(1) 掌握学习要求 80%～90%的学生达到掌握水平；(2) 在掌握学习中，学生达到同样标准所需要的时间可能不同；(3) 掌握学习也是一种累积性的学习；(4) 掌握学习最终会加大学生间的差异。

7. 适应学生智力水平差异的最佳教学组织形式是______。(1) 留级或跳级；(2) 分校；(3) 班内分组；(4) 同质分班。

8. 下列论断错误的是______。(1) 根据 ATI 的有关研究结果来设计适应性教学并不经济；(2) ATI 研究的是学生的个别差异与教学方式、方法之间的相互作用关系；(3) 如果某项 ATI 实验研究发现某种教学方法适合某类特点的学生，则对有这种特点的所有学生都应建议教师使用这种教学方法；(4) 在班级教学中，ATI 研究的结果很难实施运用。

9. 下列特征中不属于学习准备范畴的是______。(1) 原有知识；(2) 个别差异；(3) 认知发展水平；(4) 教具与课件。

10. 下列论断正确的是______。(1) 焦虑总会干扰学生的学习；(2) 某些学生可能同时具有内控性和外控性的特征；(3) 表层加工型的学生不关心别人怎么看待他；(4) 遇到问题时很快做出反应的学生认知方式是冲动型。

四、研究与设计

1. 深入中小学的某个班级，调查学生是否存在不同的学习方式。若有，请列出不同学习方式的种种表现，并根据所学知识，制定有利于其发展的教学对策。

2. 运用修订的 S－B 量表或韦克斯勒量表对若干名儿童进行智力测量，分析他们的 IQ 分数与学习成绩之间的关系。

第十三章 学习动机

本章要点

学习动机及其相关概念概述	成就动机理论
动机与学习动机	马斯洛的需要层次论
动机	**学习动机的自我理论**
学习动机	自我效能理论
动机在学习活动中的作用分析	自我决定理论
与学习动机相关的几个概念	**动机的社会文化观**
目标导向	激发与维持学生的学习动机
兴趣和情绪	**激发与维持学生的学习动机的两个模型**
自我图式	ARCS 模型
关于学习动机的理论	TARGETT 模型
行为主义的学习动机理论	两个动机作用模型的比较
认知心理学的动机理论	**激发与维持学生学习动机的策略**
认知学习论中蕴含的动机理论	激发与维持学习动机的前提条件
维纳的归因理论	激发与维持内源性动机的策略
人本主义与心理测量学的动机理论	激发与维持外源性动机的策略

本章目标

学完本章后，应能做到：

1. 用实例说明学习动机与兴趣、目标、成就需要、内驱力等概念的异同；

2. 根据现代心理学对学习动机概念的界定，评价本章所介绍的 5 种动机理论的合理性及其不足之处；

3. 举例说明如何激发与维持学生的内源性学习动机；

4. 举例说明如何激发与维持学生的外源性学习动机。

第十章论述了学生原有知识的性质对新的学习的影响。一般来说，原有知识决定新的学习能否出现。例如，未掌握加法的学生不能学习除法，未掌握基本字、词、句的学生不能学习阅读。本章要讨论的是影响学习的另一重要因素——学习动机。心理学家一致认为，动机属于影响学习的情感因素。与原有知识相比，动机因素对学习的影响有什么不同呢？教师如何激发和维持学生的学习动机，调动学生的学习积极性呢？这些是本章要讨论的问题。

在回答这些问题之前，先要对动机及其相关概念如目标、兴趣、自我图式等有一个概括的了解。因此，本章首先概述学习动机及其相关概念，并阐明学习动机与学生学习行为和学习效果的关系；接着对主要动机理论做些比较分析；最后介绍两个综合的动机作用理论模型，并在此基础上介绍激励与维持学生的内源性动机和外源性动机的策略。

第一节　学习动机及其相关概念概述

一、动机与学习动机

（一）动机

要理解学习动机的含义，先要知道心理学中动机这一术语的含义。在心理学中，动机是指驱动人或动物产生各种行为的原因。动物的行为简单，其行为原因比较容易理解。人的行为复杂，其行为背后的原因不易解释。在心理学家研究心理现象时，直接观察到的是外界施加的刺激和机体（人与动物）作出的反应（行为）。至于包括人在内的机体为什么会出现这样或那样的行为，在心理学回答涉及行为起因的问题时便假设一个中间变量，即动机，以解释行为的起因和动力。在涉及动物行为动机时，常用需要和内驱力来解释。如食物剥夺引起饥饿，这种饥饿刺激作为一种内驱力驱使动物寻找食物；动物吃到食物，饥饿消失，停止寻找食物行为。在涉及人的行为时，除了使用需要、内驱力等概念之外，还用目标、兴趣、愿望、理想、信念等概念来解释。因此，需要、目标（或目的）、内驱力、兴趣、理想、信念等都成了描述人的行为原因的术语，它们表达的概念难以严格区分。

动机有两种功能：第一，唤醒与维持功能。与动机水平低的个体相比，动机水平高的个体的情绪和意识处于较高唤醒状态，在动机指向的目标达到之前，这种唤醒状态将维持下去。如，学生在迎接高考或中考时，其唤醒状态保持较高水平，一直要到考试结束后，思想和情绪才会放松。第二，指向功能。有较强动机的个体，同无动机的个体相比，其思想和行为更集中指向满足动机的客体或事物。如，一名球探与一名普通球迷同看一场足球赛，由于球探有特殊动机，其行为指向与普通球迷不同，他将注意力集中在他需要的球员的表现上。

（二）学习动机

传统上教育心理学把学习动机定义为激发与维持学生从事学习活动的原因，但现代教育心理学赋予这一概念更多的含义。正如伍尔福克（A. E. Woolfolk，2001）所说："学习动机不只是涉及学生要学或想学，还涉及更多含义，包括计划、目标导向、对所要学习与如何学习的任务的反省认知意识、主动寻求新信息、对反馈的清晰知觉、对成就的自豪与满意和不怕失败"。为此，伍尔福克把学习动机定义为"寻求学习活动的意义并努力从这些活动中获得益处的倾向"。

学习动机既可看成一般的人格特征，也可以看成暂时的唤醒状态。例如，通过人格测验，发现有些人有较高的成就需要，这种需要能持久推动学生的学习活动。这里的高成就需要既是个体的一种学习动机，也是他的稳定的人格特征。又如，在一节普通的历史课上，教师为了调动学生的学习积极性，先讲一个有关的小故事，学生立即进入高度唤醒状态并准备投入后继学习。这样激起的学习动机是特殊的动机状态。由此可见，教师培养学生的学习动机应从一般人格特征和特殊动机状态两方面考虑。

在心理学中一般把学生的学习动机分为两类。一是内在动机（intrinsic motivation），也称内源性动机，指由个体内在兴趣、好奇心或成就需要等内部原因引起的动机。例如，有的儿童对阅读文艺作品很感兴趣，一有空就读文艺作品，从中不仅获得知识，而且也获得语言表达技能。由内源性动机激起的学习活动的满足在学习过程本身，而不在学习活动之外的奖赏或分数，可以说是乐在其中。另一种支持学习的动机是外在动机（extrinsic motivation），也称外源性动机，指由外在的奖惩或害怕考试不及格等活动之外的原因激起的动机。学生努力学习，其满足不在活动过程本身，而在学习活动之外。

"愉快教育"这一口号强调通过内在动机维持学习。但学生的学习不都像游戏，有的学习可能使人感到愉快，但许多学习是十分艰苦的，如背诵数千个外语单词，要与遗忘作斗争；要使知识转化为熟练的技能，需要进行大量的重复练习。没有远大的目标，没有适当的外来压力，单靠个人兴趣是不可能获得成功的。

（三）动机在学习活动中的作用分析

动机与学习之间的关系可以概括如下。

第一，动机对学习的作用不同于原有知识的作用。原有知识决定新的学习能否出现。通过原有知识与新知识相互作用，原有知识将成为新的认知结构的一部分。学习动机可以加速或减慢新的学习过程的进行，但它只起催化剂作用，其作用是间接的，不直接参与新旧知识的相互作用。

第二，动机对学习的作用是通过努力、集中注意为中介而实现的。如，学习动机作用较强的学生可以通过“笨鸟先飞”或主动向他人请教等方式提高自己的学习成绩。

第三，动机与学习之间的关系通常是互为因果关系，而不是单向关系。著名教育心理学家奥苏伯尔和加涅都持这种观点。加涅(1999)在阐明奥苏伯尔的动机观时指出：“由于这种原因，又因为动机并非学习的一个必不可少的条件，所以没有必要把学习活动推迟到学生养成适当兴趣和动机之后再进行，通常教授一个没有动机的学生的最好办法就是暂时忽略他的动机状态，并集中精力尽可能有效地对他实施教学，尽管缺乏动机，但在任何情况下都会产生某种程度的学习；从学习的初步满足中他将充满希望地形成进一步学习的动机。因此在某些情况下引起学习动机的最好方法，是把注意力集中在认知方面，而不是动机方面，并且要依靠由成功的教育成就引起的动机来加强进一步的学习。”

二、与学习动机相关的几个概念

学生学习的原因是多方面的，所以可以从许多不同方面来解释其行为原因，即学习动机。这些方面包括目标导向、兴趣与情绪、自我图式。

(一) 目标导向

人的许多行为动力可以用目标导向(goal orientation)来解释，如参加四年一届的奥运会并获得好成绩既是许多优秀运动员奋斗的目标，也是推动他们刻苦锻炼的动力。目标(goal)是个体在动机性活动中努力追求的结果。如学生顺利升学，动物吃到食物等都是个体追求的结果，所以都可以作为行为的目标。当学生按照目标指引的方向去努力学习时，学生的这种学习行为是目标导向的行为。在这种行为中，学生一般意识到他当前的状况(如成绩属于中等)和将要实现的理想状态(成绩达到优等)以及这两种状态之间的差距。目标激励个体去努力消除两者之间的差距。

心理学家认为，目标之所以对人起激励作用，其原因是：第一，目标能指引人的注意，使之集中精力去完成当前任务；第二，目标能激发人的努力，“鼓足干劲，力争上游”；第三，目标能增加人的持久性，“不达目的誓不罢休”；第四，目标能促使人寻求新的策略，改进学习或工作方法。可以将目标分成四类。

1. 以任务为目标

以学习或掌握为目标的学生倾向于寻求挑战性任务，不怕困难。他们主要关心自己已掌握的情况和能力的提高，不注重同学之间的比较。他们也倾向于寻求他人帮助，运用较适合的认知加工策略和学习策略。

2. 以成绩为目标

以成绩作为目标的学生关心要通过与他人比较显示自己的能力，关心获得好的测验分数。把超过他人作为目标的学生倾向于做那些看上去很聪明的事，如为了显示书读得多，就读那些容易的书。如果认为不可能胜过别人，他们可能采取避免失败的策略。他们更关心别人的评价，却不太关心自己习得了什么。

3. 以回避为目标

以回避工作为目标的学生不要学习，他们只求避免辛苦的工作。这类学生力图不花多少努力尽快完成作业和学习活动。当他们不必努力，或工作容易或他们能游手好闲时，他们就感到成功。

4. 社会性目标

与学生社会需要有关的目标。当学生年级升高进入青少年期时，他们的社会联系增多，他们参加了许多非学业性的活动，如体育活动、约会等，此时社会性目标对他们来说变得很重要。这类目标涉及多种需要，与学习有不同性质的关系，有的有助于学习，有的不利于学习。例如，为家庭和集体争取荣誉而努力学习的目标能支持学习；在合作学习中，担心伤害同学的感情，而避免指出错误概念，则无助于学习。

上面分别讨论了不同的目标导向和不同的学习者的特征，但在实际生活中，学生的学习目标往往不是单纯的，学生能协调多种目标，根据实际情境对不同目标作出选择。教师应引导学生确立以任务为导向的目标，为支持这种目标创造良好的环境。教师可以通过两种方式对学生的目标产生影响：第一是反馈。通过反馈告诉学生他们的努力已在逐渐接近目标，这种反馈会进一步激励学生朝着目标作出更大努力，或者进一步提高自己的目标。如在一项研究中告诉学生，他们已达到 75％的目标，学生的自信、分析思维和成绩都得到提高(Bandura, 1997)。第二是认可目标。认可目标涉及两个方面：一是学生认可他人为自己确定的目标；二是学生自己建立目标。在这两种条件下，目标的建立可以促进学习。

按当前状态和要实现的预期理想状态之间的差距大小，可将目标分为长远目标和近期目标。长远目标一般较为抽象、笼统；近期目标具体、明确。目标的动机作用对不同年龄儿童是不同的。一般来说，具体的短期目标有助于激励年龄较小的低年级儿童的学习；长远的抽象的目标不易被低年级儿童认可，故很难起到激励作用；相反，对于高年级儿童或青少年来说，长远的目标可以对他们起持久的激励作用。

(二) 兴趣和情绪

1. 兴趣

学前儿童喜欢看动画片，少年儿童偏爱看武侠小说，成年男子迷恋看球赛。人们常用兴趣来解释这样的行为，说学前儿童对动画片感兴趣，成年男子对足球比赛感兴趣。心理学把兴趣定义为个体对某人或某事物的选择性注意的倾向。兴趣是由内外两个因素构成的：一是个体内在的需要，二是外界的人或事物具有满足个体内在需要的价值。如学前儿童有求知需要，少年儿童有崇拜英雄、追求惊险刺激的需要，成年男子有发泄自身情绪的需要，由于动画片、武侠小说和足球赛能分别满足他们的需要，所以它们分别成了学前儿童、少年儿童和成年男子选择性注意的对象。

兴趣可以分为直接兴趣和间接兴趣。直接兴趣是由外界事物或活动本身的性质引起的，如学前儿童对动画片的兴趣；间接兴趣是由活动的结果的工具性价值引起的，如认识到学好外语可以出国，因而对学习外语感兴趣。低年级学生因认知发展的限制，其学习兴趣主要是直接兴趣。间接兴趣随年龄增长而提高。

人们凡是从事与自己兴趣一致的活动便感到轻松和愉快，凡是从事与自己的兴趣不一致的活动便会感到厌烦和劳累。因此，教师和家长都感到在调动学生的学习动机时，培养学生的学习兴趣的重要性。常言道："兴趣是最好的老师。"在培养学生的兴趣时应注意两点：第一，人的学习兴趣总是与人的能力密不可分。父母和教师只要仔细观察就可发现，凡是儿童感兴趣的活动，儿童总是在这方面表现出某种潜在能力，儿童在某项活动中由于表现较好，得到父母或教师的赞扬，他将对该项活动表现出兴趣，如此良性循环，因能力而导致兴趣，因兴趣而导致满足和能力提高。第二，所谓培养学生的兴趣主要指间接兴趣。年幼儿童不易认识活动结果的价值，包括它们对个人和对社会的价值。因此，间接兴趣的培养是一个逐渐发展的过程。

2. 情绪与焦虑

现代学习心理学家认为，学习不是一个思维与解决问题的冷认知(cold cognition)过程，而是一个伴有情绪的热认知(hot cognition)过程。上面谈到的兴趣是与人的情绪分不开的。人们从事有兴趣的活动会感到愉快和轻松，在活动中得到满足。但人的情绪与学习的关系不是单一的，有时起促进作用，有时起抑制作用。

心理学研究较多的是人的情绪唤醒水平与学习成就的关系。早在20世纪初，叶克斯和多德森(R. M. Yerkes & J. D. Dodson, 1908)研究发现，情绪唤醒水平过高或过低都不利于学习，中等唤醒水平，学习效果最好。因为动机水平和焦虑水平都以被试的情绪唤醒水平为指标，而且当人在情绪唤醒时会出现心理和生理反应，包括脑电波模式、血压和心率与呼吸频率的变化，所以叶克斯—多德森定律有时被视为反映动机水平或焦虑水平与学习成就之间关系的原理。

教师在运用叶克斯—多德森定律调动学生的学习积极性时应注意如下几点：第一，对于高焦虑的学生应尽量少给他们学习上的压力，而对于低焦虑的学生应适当施加压力，使两者的唤醒趋向于中等水平，从而调动其学习积极性。第二，对于简单任务，如背外语单词、做算术口算题等，可以通过竞赛等方式提高学生的动机水平，从而提高学习积极性与学习效果。第三，对于带有创造性的新学习或问题解决任务，不宜用开展竞赛等活动来施加压力，而应放宽时限，让学生在轻松的环境下学习，效果更好。

（三）自我图式

自我图式（self-schema）是个体对自身的看法，包括对自己的能力、效能的信念和自我价值观等。

1. 关于能力的信念

心理学家认为，成人常采用两种能力观，即能力不变观和能力增长观。前者意味着能力是稳定的、不可控制的个人特质。据这种观点，有些人的能力比其他人强，而且每一个人的能力都是固定不变的。后者意味着能力是不稳定的、可控制的。通过努力学习和实践，随着知识增加，能力也会随之增长。

年幼儿童持能力增长观。大多数低年级儿童认为，努力与智力是同一回事，认为聪明的学生由于更努力变得聪明。如果你成绩差，你就笨，你肯定不用功；如果你成绩好，你肯定聪明，你一定很努力。而到 11 岁或 12 岁，儿童开始能区分努力、能力和成绩之间的差异。此后，他们开始相信，有些人从不努力，但很成功，必定很聪明。这时有关能力的信念开始影响动机。

持智力不变观的学生倾向于确立成绩目标，他们既希望使人感到聪明，但又可以保护自己的自尊。他们选择做那些他们擅长又不要花太多努力的事，因为对他们来说，太卖力或失败都意味着能力低下。这种学生保护自尊的另一种策略是什么事也不干，因为你什么也不干，而你失败了，就没有人能责怪你无能。

持智力可以改变观的学生倾向于确立任务目标，他们希望提高自己的能力，因为对他们来说，能力的提高意味着聪明。失败不意味着没有希望，只意味着还需要更加努力，他们倾向于确立中等偏难的目标，这种目标具有最大的激励作用。

2. 关于自我效能的信念

自我效能感（self-efficacy）的概念是班杜拉提出来的，他把自我效能感定义为“对产生一定的结果所需要的组织和执行行为过程的能力的信念”（Bandura，1997）。

自我效能感不同于自我观念（self-concept）和自尊（self-esteem）。自我观念是关于自我的一般观念，是个人对自己多方面知觉的总和，其中包括个人对自己的情感、能力、兴趣、欲望，以及个人与别人的关系的了解等，也包括自我效能感。自我观念是通过内外比较而发展起来的，它需要利用其他人或自我的其他方面作为参照框架。自我效能感只涉及成功完成某项任务的能力，不需要比较。它涉及的问题是你是否能完成该任务，而不涉及其他人是否成功。自我效能感对行为有很强的预测作用，而自我观念没有这样的预测作用。

自我效能感也不同于自尊(或自重),前者涉及个人对自己能力的判断,后者涉及个人对自己重要性的判断。两者没有直接关系。例如,某人可能感到自己在某一领域有很高的效能,但不一定有很高的自尊,反之亦然。

自我效能感通过确立目标来影响动机。如果某人在某一领域有较高的效能感,他将确立较高的目标,而且较少担心失败,最后影响其策略的选择。如果某人自我效能感低,他将不仅不可能确立高目标,而且可能回避困难的任务,“甘拜下风”。

自我效能感与归因有密切关系。如果把成功归因于内部的或可以控制的原因,如能力或努力,则自我效能感将会提高。自我效能感也影响归因。若某人对于做某事有很强的自我效能感,他很可能会将失败归因于缺乏努力;若他对于做某事缺乏自我效能感,他很可能会将失败归因于缺乏能力。从自我效能感的研究可见,奥苏伯尔和加涅主张在某些条件下调动学生积极性的最好方法不是从动机入手,而是从认知入手,这是正确的。教师首先把课教好,使学生学有所得,使他们感到自己是有能力学好某种课业的。学生有这样的自信,才会投入学习的努力。

第二节　关于学习动机的理论

学习动机的理论是解释人和其他有机体产生并维持学习活动的原因的各种学说。这些学说有的是学习论的一个组成部分,暗含在学习理论中,有的是从广义的动机理论中引申而来的。学习理论可以分为行为主义的、认知的和人本主义的,动机理论也可以作相应的划分。

一、行为主义的学习动机理论

行为主义学习心理学家主要研究条件反应,包括巴甫洛夫的经典条件反应和斯金纳的操作条件反应,桑代克的尝试错误学习实际上是斯金纳的操作条件反应的一种形式。在条件反应理论中暗含了两种动机理论,即驱力说和强化说。

在巴甫洛夫经典条件反应实验中,研究人员为了让从事学习的动物(如狗)增强学习的动机,必须让动物处于某种程度的饥饿状态,如在24小时内剥夺狗的进食。饥饿使动物保持对外界环境刺激变化的警觉,注视预示着食物即将到来的信号(条件刺激)。这样,条件反应易于形成。

在经典条件反应理论中,暗含的动机理论是驱力说,也称内驱力说。这一理论假定，机体需要的剥夺产生内部刺激，这种内部刺激形成驱力(drive，也译内驱力)，驱使有机体产生并维持降低驱力的活动。该活动导致需要满足，便立即停止。这一理论可以解释动物的训练，但是很难解释人类的学习。

在操作条件反应理论中暗含的动机理论是强化说。斯金纳认为，有机体有两种行为：一是应答行为，如在经典条件反应中，有机体对条件刺激所作的应答反应。另一种行为是操作行为。这些行为是有机体自发产生的，如鸽子不停地啄地板或其他物体。这种行为如果受到强化，如鸽子通过啄某一物体而吃到食物，它就会继续啄该物体。如果持久不给食物，即取消强化，该行为会消失。在斯金纳看来，操纵有机体行为之后的强化事件可以引发和维持有机体的学习行为，因此他认为，不必在强化之外去寻找有机体行为的原因，强化理论足以解释有机体行为的原因。强化论可以解释婴儿和低年级儿童的许多学习行为的原因。如有些婴儿见到家里某个最亲近的人便又哭又闹，这种行为的原因可以用亲人本身的强化来解释。

二、认知心理学的动机理论

驱力说和强化说是20世纪60年代之前流行的学习动机理论，自从20世纪60年代认知心理学兴起之后，学习理论以认知论占优势，相应的学习动机理论也以认知论为主导。

(一) 认知学习论中蕴含的动机理论

许多认知学习理论中都蕴含动机观，如奥苏伯尔的有意义言语学习理论认为，有意义学习必须具备三个前提条件：一是学习材料具有逻辑意义，二是学生认知结构中具有同化新材料的原有知识，三是学生具有有意义学习的心向。第三个条件就是讲的学习动机，指学生主动使新旧知识发生相互作用的意愿。加涅用信息加工观解释学习。他提出的学习的信息加工模型包括这三个部分：加工过程、执行控制过程和预期。其中的预期是指学习的动力过程。学习是这三个过程相互作用的结果。伍尔福克(Woolfolk，2001：372)说："认知观的一个中心假设是，人们不是对外部或生理事件如饥饿进行反应，而是对这些事件的理解进行反应。你可能如此投入一项工作，以致你忘了吃饭，在完成任务之前，你没意识到你的饥饿，食物的剥夺并没有自动激起你寻找食物的动机。"

认知观的动机论中最有代表性的理论是维纳的归因论。在社会心理学中，归因原意指分析人的社会行为的原因，在动机理论中指人们对自己的成功与失败的原因的理解和所作的因果判断。这种理解和判断反过来又会影响人的行为选择，成为人的行为动机，所以归因论是从研究人对自己的行为后果的认知(理解、判断)来探究人的行为动机的理论。

（二）维纳的归因理论

维纳提出，可以根据三个维度对成败的原因分类（见表13－1）。这三个维度是：(1) 内外维度。据此可把导致成败的原因分为内部原因和外部原因。内部原因即个人自身的原因，如个人的能力、努力等；外部原因即个人自身之外的原因，如任务难度、运气等。(2) 稳定性维度。据此可以把内部和外部原因再分为稳定的原因和不稳定的原因。(3) 可控制维度。根据稳定和不稳定的原因还可再细分为个人自身能控制的原因和个人自身不能控制的原因。

表13－1　维纳的归因模型

	内部（归因）		外部（归因）	
	稳定的	不稳定的	稳定的	不稳定的
可控的	平时的努力	对特定任务的努力，随知识技能而增长的能力观	通常他人（如老师）对我的帮助	这次工作我得到的帮助
不可控制的	恒定不变的能力观	情绪、健康	任务难度	运气

1. 学生的归因

研究表明，在上述多种归因中，只有努力、能力、任务难度、运气和心境是学生常用来解释学习成败的主要原因。从大量的资料分析得知，儿童（也包括成人）通常都有一个自我保护系统。他们一般把成功归因于内因（努力、能力），把失败归因于外因（任务难度、运气不好）。但也有些学生不能运用这种自我保护策略，把自己的学习成绩不良归因于自己缺乏能力，常常避开以成就定向的活动，或者在这种活动中不愿努力。有一项研究分析了自小学五年级到高中三年级743名被试的归因模式，结果表明，学生的归因模式能有效地预测他们将是否选择要求技能、努力或运气的任务。除了把失败归因于内部原因之外，还有一些学生把成功归因于外部原因，如考试容易或运气好等，他们在成功之后找不到进一步努力的方向。这两种归因模式都是消极的，在成绩不良的学生、残疾儿童以及某些女生中有较普遍的表现。

2. 教师的归因

根据心理学家的分析，在评论学生的测验时，教师常常把学生的成功归因于学生的家庭条件、努力、兴趣和教师好的教学技能。但当学生考得不好时，教师常指责学生准备不充分、能力低、家庭条件差和考题难。也就是说，教师倾向于与学生共享考试成功的荣誉，但把失败的责任归因于外部（非教师）的原因。这虽然可以用自我保护机制来解释，但它不是一种良好的敬业精神。教师越愿意为学生的失败承担个人的责任，就将更加努力为避免学生的失败作出奉献。

3. 控制源与人格特征

控制源(locus of control)，又译控制点，是指导致成败的原因在自身之内还是自身之外。归因研究发现，人们对决定自己的活动与命运力量的稳定看法将成为他们的人格特征。心理学已区分出内部控制与外部控制两种不同的人格特征。具有内控特征的人认为，自己从事的活动和活动的结果是由自身具有的因素(如能力或努力)决定。具有外控特征的人则认为自己的活动及其结果受命运、机遇和他人的摆布。在现实生活中，极端的内控者和外控者是不多的。一般来说，内控者具有较高的成就动机，外控者的成就动机相对要低些。内控者把学业上的成功归因于能力和勤奋，把失败归因于努力不够。因此，成功将会给他们带来更多的鼓励，使学习信心进一步提高，失败则是需要付出更大努力的标志。不论学习成败，他们都会促使自己投入更多的精力，显示出更高的学习积极性。相反，外部控制者把学习的成败归因于外界因素，如把学业成功归因于猜对了答案、碰到好运气等；把失败归因于教师教得不好、题目太难等客观因素。不论学习成败，他们的反应都是消极的。他们对自己的能力和努力都失去信心，对学习缺乏兴趣，不愿投入更多的精力和作出更多的努力。可见，要改变一个人的稳定的归因看法涉及改变一个人的人格特征，通过改变人格特征可以影响其行为动机。

4. 教师情感与学生的归因

一系列研究表明，教师的情感影响学生的归因。S·古勒姆的研究发现，学生测验成绩不良，老师生气，这意味着教师相信学生未做充分努力。同样，教师对学生的不良成绩表示同情，意味着他相信学生缺乏能力。教师把学生失败归因于学生缺乏努力且表示愤怒，会造成学生内疚感。这种内疚感常常是一种积极的激励力量。把失败归因于低能并表示同情，会造成羞愧感，而羞愧感不是一种积极的激励力量，反而会导致学生退缩、回避。此外，对完成容易的任务的表扬，对未完成这种任务不给批评，以及过多不必要的帮助，也会像教师的同情一样，导致事与愿违的结果。教师和家长都必须恰如其分地对儿童进行批评、表扬，表示同情和给予帮助。

三、人本主义与心理测量学的动机理论

(一) 成就动机理论

人本主义心理学家和心理测量学家从未提出过系统的学习理论，他们用需要来解释人的行为动机。早期的心理测量学家如默里(H. A. Murray)通过主题统觉测验(Thematic Apperception Test, TAT)发现，不同的人对成就的需要不同。麦克里兰

(D. C. McClelland)等人认为，人的许多行为能够用单一的需要，即成就需要来解释。

主题统觉测验的材料包括许多图片，测验时要求被试对图中描绘的人物或事件构思出一个故事。隐含在这类测验中的一个基本思想是，动机会影响一个人的想象，因此人的主导动机可以在他构思的故事内容中流露出来。麦克里兰还发现，具有高成就需要的个体(即成就需要测分高者)，一般来说是一些有开创性的人，是能够察觉到自己周围的挑战并能成功地应付挑战的人。

阿特金森对成就动机理论的许多方面作了提炼。他的主要贡献是区分了这种动机中的两种不同倾向：其一是力求成功的需要；其二是力求避免失败的需要。人们在这两种特征的相对强度方面各不相同，可以分为力求成功或力求避免失败这两种类型的人。阿特金森认为，生活使人面临难度不同的任务，他们必然会评估自己成功的可能性。力求成功的人旨在获得成就，并选择能有所成就的任务。这种情况最有可能发生在他们预计自己成功的可能有50%的把握时。因为这给他们提供了最大的现实挑战。如果他们认为成功完全不可能，或胜券在握，动机水平反而会下降。反之，避免失败的需要强于力求成功愿望的人，在预计自己成功的机会大约有50%时，则会采取回避态度。他们往往选择极其困难的任务，这样即使失败，也可为自己找到合适的借口。

(二) 马斯洛的需要层次论

人本主义心理学家马斯洛对人的需要作了一个全面分析，提出了需要层次论。他承认人的某些活动是由生物需要驱动的，这些行为可以用需要剥夺、内驱力和强化等概念来解释。但他反对用这些概念来解释人的一切行为。他提出人有7种基本需要，按其满足的先后，可由低级到高级排成一个需要层次(见图13-1)。

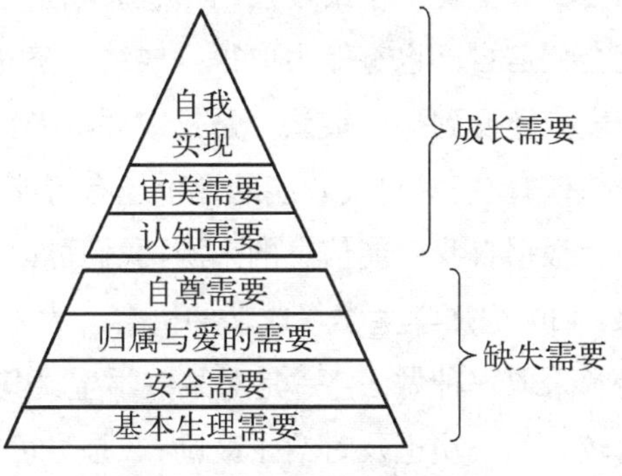

图 13-1　马斯洛的需要层次

满足这7种需要是推动人的各种行为的动力的基本源泉。在用这一动机理论来解释人的行为时，马斯洛提出如下假设：第一，人的需要的满足有先后之分，越是低级的需要越是要先满足。只有较低级的需要基本满足以后才能产生较高一级的需要。第二，图中下面的四级需要属缺失需要。当这些需要尚未满足前，它们一直推动人从事满足需要的行为。但一旦满足，行为暂时停止。上面三级需要属成长需要(又称丰富性需要)。它们是在适当程度的满足以后才产生的，而且不会暂时终止，因此将一直推动人去从事满足这些需要的行为。第三，人类的最高级的需要是自我实现，即“使每一件事都能得以实现的愿望”。自我实现的人不仅为自己和他人所认可，而且心胸开阔、幽默、独立、具有创造性。这一理论在企业管理和学校教育管理中有较大影响。其基本精神是：领导者或教师首先要关心人的基本需要，使职工或学生能温饱、有安全感和自尊感。当这些基本需要适当满足以后，则应充分相信自己的职工或学生。他们天生有学习、求知和实现自己价值的愿望，关键是要善于引导，使其潜能得到充分发挥。

四、学习动机的自我理论

（一）自我效能理论

班杜拉认为，自我效能感是影响学习的一个重要动机性因素，高自我效能感的学生，其内在学习倾向更强；低自我效能感的学生，其内在学习的倾向较弱。因而我们可以通过增强学生的自我效能感来间接提升其学习动机。

班杜拉指出，个体对自我效能的认识主要基于三方面信息。一是亲身获得的成就。亲身获得的成就是以切实的经验和能力为基础的，所以对于个体评判自我效能来说，它是最具影响力的信息源。一般说来，成功会使个体提高对自己的效能评估，反复的失败会降低效能的自我评估。二是替代性经验。人们对自身能力的评价，有一部分是通过将自己的行为与他人的行为比较得到的。个体能够利用榜样示范的行为信息来判断自己的能力。一般说来，那些具有与自己类似能力或稍高能力的人，为个体衡量自身效能提供了最丰富的信息。如学生发现与自己能力差不多的同学取得好成绩，就会相信自己也有能力取得好成绩。三是权威劝说。个体对能力的自我评价在一定程度上还受到那些被认为是权威评价人物的观点所影响。个体对劝说者的知识、能力越信任，他们对自我效能的评价越有可能受到言语说服的改变。

根据自我效能信息的来源，我们可以相应地采用一些方法来增强学生的自我效能感：(1) 增加学生学习成功的机会。为了让学生更多地体验到成功，有经验的教育者经常采取三种做法：一是对某些学生尤其是差生降低成功的评判标准，在其取得了相对较小的成功也及时给予鼓励；二是尽可能地发掘学生的长处，给学生充分的展现自己的长处的机会；三是为学生设置合适的学习目标，或者把长期的、困难的目标分解成具体的、近期的、简单的目标，使学生看到从事复杂的学习任务过程中自己的每一步进展，更多地体验到学习的进步和成功，认识到自己有可以挖掘的潜力。(2) 为学生树立合适的学习榜样。一般说来，为学生树立的榜样最好是与之在各方面的情况类似。因为学生认同与自己相似的他人的学习进步，很容易替代性地转化成对自己的能力的认同。例如，假定给一个成绩居班里 30 名的学生树立学习榜样，最好把榜样定位在学习成绩在班里居 30 名左右而近来学习又进步比较明显的学生，这样成绩居 30 名的学生很容易相信，既然情况差不多，他能取得进步，我也完全有能力取得这样的进步。(3) 言语说服。学生经常从老师和父母那里得到一些说服性的信息，比如，“你完全有能力做好这件事”，“如果你不能取得学习成功，还有谁会成功呢?”这种积极的说服性反馈在某些时候也可以增强学生的自我效能感。

（二）自我决定理论

自我决定理论(self-determination theory)是由美国心理学家戴西和赖恩(Deci & Ryan, 1996)提出的一个动机理论。该理论认为，人是积极的有机体，具有先天的心理成长和发展潜能。自我决定就是在充分认识个人需要和环境信息的基础上，个体对行动所做出的自由选择。

人类有三种基本的心理需要，它们分别是胜任力(competence)需要、自主(autonomy)需要和关联(relatedness)需要。胜任力需要是指在与他人、任务或活动交互作用的过程中，个体感觉到自己能胜任、有能力的需要；自主需要是一种控制感，指个体自主地与环境相互作用的需要，从归因的观点来看，就是一种知觉到的对原因的内部控制；关联需要指的是隶属于某一群体的需要，类似于归属的需要。

内部动机的产生与上述三种需要息息相关。能满足个体胜任力需要，让个体产生成就感的社会事件，才能增强个体行为的内部动机；个体在产生成就感的同时，如果没有体验到自主感，其内部动机也不能得到增强，因而自主需要才是内部动机产生的关键；尽管关联需要不是内部动机的必要条件，但在充满安全感与归属感的环境中，由于关联需要得到了满足，个体更容易产生内部动机驱使的行为。

上述三种需要的满足状况也会影响到外部动机的内化。归属需要的满足是个体接受他人信念或价值、实现外部动机内化的必要条件，当个体体验到对团体或重要他人的高度归属时，会自愿地内化其价值观；如果个体对某项活动具有较强的效能感，则更有愿意参与其中，个体的胜任力知觉能促进外部动机的内化；自主体验是促进内化调节的关键因素，个体只有处在一个可以自由选择、遵循自己意愿、在思维方式和行为上不受外界束缚的环境、自主需要得到满足时，才能对外在规则进行有效的整合。

有关教师期望的研究表明，许多教师经常给成绩优异者提供自主和选择的机会，对成绩落后者的学习活动则往往采取各种控制(Deci, Ryan, & Williams, 1996)。尽管成绩落后者常常需要较多的外显指导，但他们也需要体验到对学习的自我调节与控制。对于学习成绩落后者来讲，过多的外部指导不仅无助于其能力的提高，反而增加了其学习上的无助感。正是由于缺乏对自身学习的自我决定感，这些学生逐渐丧失了对学习的信心和兴趣。因此，教师改变自己对成绩落后者所持的动机信念，在学习上给这些学生一定的自主权与选择权，让其感受到对自己学习活动的控制与调节，将有助于提高他们的自主学习水平。

五、动机的社会文化观

动机的社会文化观强调参与社会实践：人们在实践中保持自己的身份及其与团体的关系。例如，学生成为重视学习的班级或学校团体的成员，这将激励他们努力学习。所谓学习也就是参与社会团体中的生活。正如我们通过社会交往，在餐馆或商场学习讲话、穿着和为人——从文化中较成熟的成员中观察与学习一样，我们也从自己的社团成员中学会成为学生。也就是说，我们从自己所属的团体中学习。

身份概念是动机的社会文化观的中心概念。当我们看到自己是一名足球队员、工程师或教师时，我们具有团体中的身份。我们社会化的一部分从该团体的外围到参与该团体的核心。合法的外围参与意味着即使新成员能力欠缺而且他们的贡献不大，他们都在真正地参与团体的工作。例如，新教师在与整个教师群体一道工作前学习教一名儿童，新的纺织工在做纺织工作前学习将羊毛染色，每一项任务都是专家工作的一小部分。新手和专家的身份通过参与团体的活动而联系起来。为了保持他们作为团体成员的身份，他们被激发起学习团体的价值标准和实践的动机。

例如，有人应用计算机系统设计了一个学习团体，名为 CSILE（Computer Supported Intentional Learning Environment），鼓励学生就有关问题、假设与发现方面进行合作。这种环境要确保团体中的每一成员成为真正的参与者，因为动机来自身份，而身份又来自参与。

第三节　激发与维持学生的学习动机

从本章第一节可见，在现代教育心理学中学生的学习动机概念有了很大发展。"热认知"口号的提出表明，在现代认知心理学家看来，人的认知与其情感是密切相关的。现代教育心理学要求教师在整个教学过程中更多地关心学生的学习动机。下面就介绍两个动机作用模型。

一、激发与维持学生的学习动机的两个模型

（一）ARCS 模型

ARCS 模型是由美国佛罗里达州立大学的凯勒教授（J. Keller，1987）提出的一个动机模型，该模型关注的是如何通过教学设计来调动学生的学习动机。所谓 ARCS，

是指四个英文单词首字母的缩写。这里A代表注意(attention),R代表关联(relevance),C代表信心(confidence),S代表满足(satisfaction)。在凯勒看来,上述四个方面代表了四类主要的动机策略,围绕这四个方面来设计教学,就可以较好地激发学生在课堂学习中的动机。

(1) 注意。对于低年级学生可以通过卡通片、彩色图片、故事等激发学生的兴趣;对于高年级学生可以提出能引起他们思索的问题,激发其求知欲。

(2) 关联。是指教学要与学生的知识背景、个人需求和生活经验联系起来。因为与自己切身相关的事物,更容易引发关注。

(3) 信心。为了建立自信心,教学中应提供学生容易获得成功的机会。如教师课堂提问时注意将难易不同的问题分配给不同程度的学生,使他们都能参与问题讨论。

(4) 满足。每节课都应让学生学有所得,让学生从成功中得到满足;对学生学业的进步多做纵向比较,少做横向比较,避免挫折感(参见表13-2)。

表13-2 ARCS动机作用模型

种类和亚类	处理的问题
注意	
A1 感知的唤起	我做什么才能引起他们的兴趣?
A2 好奇的唤起	我怎样才能激起求知的态度?
A3 变化	我怎样才能保持他们的注意?
关联	
R1 目标定向	我怎样才能更好地满足学生的需要(我知道他们的需要吗)?
R2 动机匹配	我怎样、何时向我的学生提供合适的选择、责任感和影响?
R3 熟悉	我怎样才能将教学与学生的经验联系在一起?
信心	
C1 学习需要	我怎样才能帮助学生建立积极期望成功的态度?
C2 成功的机遇	学习经历将怎样支持或提高学生对自己的胜任能力的信念?
C3 个人的控制	学生将怎样清楚地明白他们的成功是建立在努力和能力基础之上的?
满足	
S1 自然的结果	我怎样才能给学生提供应用他们新获得的知识或技能的有意义的机会?
S2 积极的结果	什么东西将对学生的成功提供强化?
S3 公平	我怎样才能帮助学生对他们自身的成就保持积极的感受?

(二) TARGETT模型

伍尔福克在其主编的《教育心理学》(2001年第8版)中引述了卡罗尔·艾米斯(Carol Ames, 1990, 1992)提出的TARGET动机作用模型。这里的T代表任务(task),A代表自主(autonomy),R代表被认可(recognized),G代表分组(grouping),E代表评价(evaluation),T代表时间(time)。

伍尔福克认为教师期望(teacher expectations)对学生的学习动机也具有重要影响,因而在该模型上再添加一个 T,从而使之变为 TARGETT。TARGETT 的具体含义如表 13-3 所示。

表 13-3 支持学生学习动机的 TARGETT 模型

影响因素	重点	目标	可行的策略例子
任务	• 学习任务如何结构化 • 要学生做什么	• 提高学习任务的内在吸引力 • 使学习有意义	• 教学与学生的背景和经验相关联 • 避免对出席、等第或分数给予奖赏(钱或其他物品)
自主或责任	• 学生在学习或学校决策中的参与	• 为学生提供做出选择或承担责任的适当自由	• 布置任务时给予学生选择机会 • 请学生评论学校生活 • 鼓励学生自发学习并评价自己的学习
认可	• 在学校情境中的认可与奖励的使用	• 为全体学生提供学习被认可的机会 • 在达到目标中认可进步	• 促进自我奖励 • 不应强调"光荣榜" • 认可并公布与学校有关的广泛的学生活动
分组	• 学校学习的经验的组织	• 创建认可并欣赏全体学生的环境 • 扩大社会相互作用尤其是边缘学生的相互作用的范围 • 促进学生社会技能发展	• 提供合作学习、问题解决和决策的机会 • 为了增加同伴相互作用范围,鼓励多种群体关系
评价	• 评价与评估过程性质与运用	• 等第评定与报告过程 • 与标准测验运用有关的实践 • 目标与标准的定义	• 不要强调成绩的横向比较 • 为学生提供提高他们的成就的机会 • 建立反映学生学习进步的等第与报告制度
时间	• 学校日程的时间安排	• 允许学生支配时间以适应学习任务和他们的需要 • 为学生提供延长学习时间的机会	• 只要可能就允许学生按自己的速度前进 • 鼓励学习经验安排的灵活性
教师的期望	• 对学生能力的信念与期望	• 对全体学生抱适当但较高的期望 • 告诉学生:期盼你们成长	• 给全体学生提供改进自己的作业的机会 • 监控学生:谁得到了哪些机会

（三）两个动机作用模型的比较

仔细比较两个动机作用模型，可以发现，两者的共同点多于不同点。可以说，两者的基本精神是一致的。两者都强调处理学生学习动机问题贯穿教学全过程，包括课前的准备，课中教师与学生、学生与学生之间的互动以及课后的评价与反馈；两者也都强调处理学习动机问题涉及教师自身的素质、学生的人格特征、教学目标的设置和教学内容的安排等方方面面。

具体地说，第一，A 模型中的注意(A)和关联(R)与 T 模型中的任务(T)和自主或责任感(A)是一致的。两者都涉及学习目标和学习任务与学生的经验相联系，适合他们的需要；强调学习任务内在吸引力，而且主张让学生有选择余地，提高学生承担的责任。

第二，A 模型中的自信心(C)和 T 模型中的认可(R)和教师的期望(T)是一致的。两者都涉及教师信任学生，认可学生的点滴进步，从而建立学生完成学习任务和克服困难的自信心。

第三，A 模型中的满足(S)和 T 模型中的认可(R)和评价(E)是一致的。两者都主张用学习获得的自然结果带来的满足和愉快强化学生的学习行为；两者都强调个人自身比较，不强调学生之间的横向比较。所以后一模型包括了前一模型的基本精神。

不过，后者增加了分组(G)和学校日程的时间安排(T)这两个项目。分组主要涉及班级大小，班内程度不同的学生的分组教学。这里要处理的核心问题是学生学习能力和智力的个别差异问题。学校日程的时间安排涉及整齐划一的上下课铃声往往干扰学生的学习，不利于调动学生的学习积极性。处理这一问题的核心仍然是学生的个别差异问题。班级教学中处理个别差异的问题是令全世界的教育家和政府最头痛的问题。加涅说，虽然教学是以班级进行的，但学习是以每一个个体进行的，所以要调动学生的学习积极性必须考虑每一个个体的学习速度和特点。

根据学习动机理论和上述两个学习动机作用模型，本书将要提出如下激发与维持学生学习动机的策略。

二、激发与维持学生学习动机的策略

根据马斯洛需要层次论，学生的学习动机属于满足较高层次的需要，实现这种需要的前提条件是某些低级的需要必须先得到满足，所以下面先提出有关的前提条件，然后根据学生内源性动机和外源性动机的特点，提出激发与维持动机的相关策略的建议。

（一）激发与维持学习动机的前提条件

1. 教师应善于管理课堂，维持课堂纪律，使正常的教学活动不致受到纪律不良的学生的干扰；

2. 教师必须与学生建立正常的师生关系，教师有耐心、公正、友善，使学生有爱和归属感；

3. 布置给学生的学习任务必须是学生既能胜任但又有一定难度的，太易和太难的任务都不能调动学生的学习积极性；

4. 学习任务必须是真实的，也就是说，对学生有一定实际意义。

（二）激发与维持内源性动机的策略

内源性动机是源于兴趣、好奇心、求成的需要或自信心等个人特征的动机，所以激活与维持学生动机的根本策略是教师长期坚持培养学生求知、求成的需要，通过成功的学习经验又增强他们的学习自信心和自我效能感。发展学生的个性品质既是教育的手段，也是教育的目的。

1. 培养学生学习兴趣和求知欲的策略

（1）创设问题情境，激发学生求知欲

创设问题情境就是在讲授内容和学生求知心理之间制造一种“不协调”，将学生引入一种与问题有关的情境中。创设问题情境时，应注意问题要小而具体、新颖有趣、有适当的难度；有启发性，善于将要解决的课题寓于学生实际掌握的知识基础之中，造成心理上的悬念。为了让学生认识到所学知识与自身的关联，问题情境还要尽可能贴近学生的现实生活。

（2）丰富材料呈现方法

通过采用图画、幻灯片、录像、报告会、实验演示、野外考察等多种方式来培养学生对学习材料的浓厚兴趣。教师也可以通过使学生参与学习活动过程来达到以上的目的。

（3）利用学习动机的迁移

在学生没有明确的学习目的，缺乏学习动力的时候，教师可利用学习动机的迁移，因势利导地把学生已有的对其他活动的兴趣转移到学习上来。利用动机迁移原理时，教师必须要让学生感受到，充分理解原有活动必须学习好即将要学习的知识，从而激发学生学习新知识的动机。

必须注意，这些做法主要适用于年龄较小的小学生，随着年龄增长和年级升高，学生发展了间接兴趣。间接兴趣是因学生认识到学习结果的工具性价值决定的，所以教师应着重引导高年级学生认识到，习得的知识技能在未来的学习和工作中的价值，从而发展他们对学习的间接兴趣。

2. 通过归因训练或归因指导，提高学生的自信心和效能感

要提高学生对能力的自信心和自我效能感，就必须改变学生不正确的归因。研究表明，通过归因训练，学生的不正确归因是可以改变的。心理学家已在归因研究的基础上设计了一些专门程序，对成绩不良且自甘失败的儿童进行训练。基本做法是：教师进行内部归因示范，对学生在内部归因方面的认识予以系统强化，使学生逐步认识到，成绩不良是由于自己缺乏努力的结果，进而增强学习信心。一个训练程序一般持续约一个月，先在某一学科上取得进步，然后促进训练效果迁移到其他学科。福斯特林(F. Forsterling)于1985年回顾了15个有关研究，他的结论是："只要给普通教师提供一些训练或自学的机会，他们便能改变自己学生的归因模式和成就动机。"教师的一言一行都会影响学生的归因模式的发展和变化。

教师还可以采用如下策略提高学生的自信心和自我效能感：

(1) 让学生根据自己的实际水平开始某项新的学习任务；

(2) 为学生设置明确、具体和可以达到的目标，促进学习成功；

(3) 强调学生自己前后成绩比较，避免学生之间的横向比较；

(4) 为学生提供合理的学习榜样和解决问题的示范。

3. 培养学生对成就的需要和成就感

据马斯洛需要层次论，实现自我价值和力求成功是每一个人都具有的高级需要，但必须以爱和自尊等较低级需要满足为前提。培养学生求成需要和成就感主要是针对那些学习成绩不好，被人看不起、有些自暴自弃的学生，所以激励成就感较差、有些自暴自弃的学生的动机的前提，是教师(包括家人和同伴)应改变对他们的不良态度，给予他们更多的关爱和尊重。在成绩最差的学生身上也可以找到闪光点，如文化知识学习得不好的学生可能有很强的动手能力，或者在体育上有超人的表现。教师可以先找出这些闪光点并加以发扬，从而激发与培养他们的成就感。

(三) 激发与维持外源性动机的策略

1. 及时提供反馈信息

了解自己活动的进展情况本身就是一种巨大的推动力量，会激发学生进一步学习的愿望。教师及时提供反馈信息能帮助学生及时发现、纠正错误，调整学习的进度，使用合适的学习策略来完成学业任务。如果学生在学习很长时间之后，仍不能知道其进展情况和取得的成就水平，不能指望学生会继续保持巨大的学习热情。罗斯(D. Ross)等做过一个很有说服力的实验。他们把一个班级的学生分成三组，每组给予不同的反馈。对第一组，学习后每天告诉其学习结果；对第二组，每周告诉其学习结

果；对第三组，则不告诉学习结果，如此进行 8 周后，改换条件。三个组 16 周的学习成绩如图 13－2 所示。

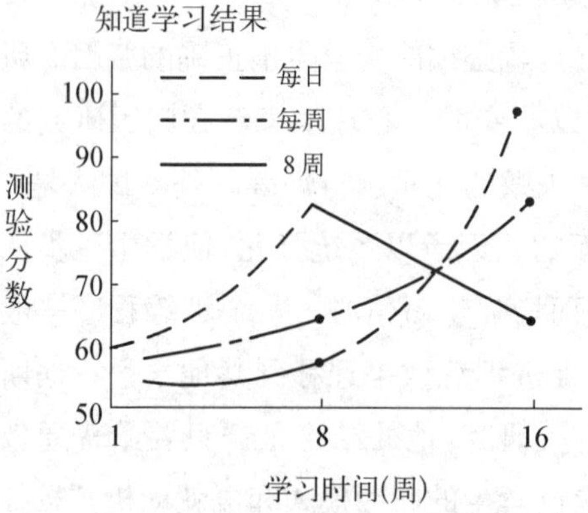

图 13－2　不同反馈的动机作用

实验结果表明：在第 8 周后，除第二组显示出稳步的前进以外，第一组与第三组情况则变化很大，即第一组成绩逐步下降，而第三组成绩则迅速上升。由此可见，反馈在学习上的效果是很明显的，尤其是每天及时反馈，较之每周反馈效果更佳。如果没有反馈，不知道自己的学习结果，则缺乏学习的激励，很少进步。所以，教师应尽可能让学生及时准确具体地了解自己学业的进展情况及取得的成就，对学生完成的作业（练习、试卷等）的批改切忌拖延，也不能过于笼统，只给“对错”，尤其是对错误的批改分析，越具体，越有针对性，效果越好。

2. 适当使用表扬和批评

尽管在一定的情形中适度的批评和惩罚对促进学习是有效的。但一般来说表扬、鼓励、奖励要比批评、指责、惩罚更能有效地激发学习动机。赫洛克（E. B. Hunlock）曾把 100 名四、五年级的学生分成四个等组，在四种不同诱因的情况下进行加法练习，每天 15 分钟，共进行 5 天。第一组为受表扬组，每次练习后给予表扬和鼓励；第二组为受训斥组，每次练习后，严加训斥；第三组为观察组，每次练习后，既不给予表扬，也不给予批评，完全不注意他们，只让其静听其他两组受表扬和受批评；第四组为控制组，让他们与另外三组儿童隔离，单独练习，不予任何评价。最后测量他们的成绩，结果如图 13－3 所示。

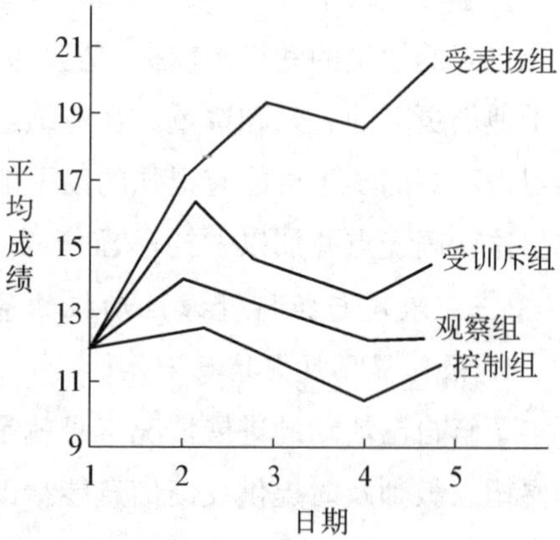

图 13－3　奖励与惩罚对学习结果的影响

就学习的平均成绩来看，三个实验组的成绩均优于控制组，受表扬组和受训斥组的成绩又明显优于观察组，而受表扬组的成绩不断上升。这表明对学习结果进行评价，能强化学习动机，对学习起促进作用。适当表扬的效果明显优于批评，而批评的效果比没有批评的好。

虽然很难做到，但所有学生的所有进步都是应当受到肯定、表扬和鼓励的，使之体验成功，产生能力有效感。只奖励少数学生的课堂是不能激励大多数学生的，尤其是低成就和力求避免失败的学生，对他们来说，教师这种对表扬和奖励的"吝啬"和"偏向"只有负作用（特别是对集体性的和有风险的活动）。假如一个人的学习从来不受到老师的肯定、关注、表扬，尤其对未成年人来说，失去学习的动力就不奇怪了。但是，这并不意味着表扬和奖励可以滥用。对学生进步的认可，除了要有普遍性之外，还要有针对性。任何的批评和表扬都应让学生感到有理有据，是对自己努力和能力的肯定，过火与不及都有损动机作用。试想，当一个学生按任务要求做出难度较大的数学题时，教师却对作业的整洁大加赞扬会产生什么效果？而学生认为自己不费吹灰之力就完成一件作业，或作业做得很不怎么样的时候，教师却把他大大表扬一通，正如我们在第二节中所讲的，这时学生很可能做出这样的归因：这么糟的东西，他竟然表扬我，一定以为我是个笨蛋。所以，布洛菲（J. E. Brophy，1981）提出，表扬一定要针对真正的进步与成就，而且是在有客观的证据直接表明进步与成就出现时给予，要向学生说明理由，使之归因于努力和能力。他同时还建议，表扬应私下进行，这一点似乎值得商榷，因为评价进行的方式应当考虑到学生的年龄、人格特征及情境因素等，不能一概而论。

3. 外部奖励的使用要适当

学生不可能在任何时候对任何学习内容都有兴趣，在这种时候适当使用外部奖励可以激发其学习动机。但是外部动机作用不会使学习活动指向掌握目标，学生不会在学习中采取积极的学习策略，难以产生成功感，从而培养能力信念。而且外部奖励使用不当比表扬的滥用危害更大，不仅会使学生产生消极归因，更有可能损害原来已经拥有的宝贵的内源性动机。莱珀（M. R. Lepper，1989）称之为外部奖励的隐蔽性代价，即对原来有内在兴趣的活动因不适当外在奖励而损害对活动本身的兴趣。所以，奖励并非越多越好，尤其是外部的物质性奖励应当慎用。教师应首先了解学生原有的学习兴趣，然后再考虑外部奖励是否必要。

4. 改革学校和课堂奖励结构

新近的学习动机研究表明，传统学校和课堂奖励结构以成就定向，追求升学率和考试成绩，注重学生之间的横向比较。这些做法奖励的是学生的成绩而不是学生的真正的掌握，不利于调动学生学习的积极性。普莱斯利等说："大量证据表明，改革学校使之更有助于激励学生学习动机的最大问题，是美国人被等第观俘虏了，每当我们与教育家谈论重新建构课堂结构，使之提高学习动机时，总有一个可怕的幽灵——成绩报答单撞进来。只要学生取得了进步，人人可以获得 A 等的理想恰好不适合美国学校的评价制度"（M. Pressley & C. B. McCormick，1995）。因此，心理学家呼吁重新建构学校和课堂奖励结构，使之从成绩定向转向掌握定向。按掌握定向的奖励结构，应保证每一个学生学有所得，只要他取得进步，都有权得好的分数和评价。

本章概要

1. 学习动机是推动学生学习的内在动力。它同原有知识一起，构成了影响学生学习的两个重要的一般因素。但它们两者对学习的影响是不同的。原有知识作为影响学习的认知因素，决定新的学习是否成功；学习动机作为影响学习的情感因素，决定新的学习速度快慢。通过同化过程，原有知识与新知识发生相互作用，从而生成新的认知结构；动机通过集中注意和增加努力来促进新的学习。

2. 在众多的学习动机分类中，唯有内源性动机和外源性动机得到公认。内源性动机是由个体对活动本身的兴趣、好奇或成就需要等内部原因引起的动机，其奖励在活动本身，而不在活动之外；外源性动机是由学习活动之外的奖励或避免惩罚而引起的动机。前者引起的活动持久，后者引起的活动不能持久。

3. 现代心理学既把动机看成是一种激活状态，也把它看成学生的人格特征。所以教师在教学中既要把调动学生的积极性作为促进学生学习的手段，也要把调动学生学习积极性，培养学生积极的学习态度作为教育目标。

4. 学习动机不是一个单纯的概念，它与学生的学习目标、兴趣、自信心和自我效能感密不可分，所以调动学生的学习动机要从学生的学习目标、兴趣、自信心和自我效能感等多方面入手。

5. 心理学家对推动人行动的原因提出了多种理论。行为主义强调，需要剥夺所产生的内部刺激以及外部强化是推动个体行动的原因；认知心理学的动机理论以归因论为代表，强调用个人对自己的行为成败的原因的认知来解释人的行为动机；人本主义心理学家马斯洛把需要等同于动机，认为人有由低级到高级七种需要构成的动机。学习动机属于自我实现层次的高级需要，要在较低级的如生理、安全和自尊等需要满足后才能实现。动机的自我理论则强调自我效能感和学习过程中的自我决定成分的作用。

6. 激发与维持学生学习动机的ARCS模型和TARGETT模型表明，激发与维持学生学习动机不只是存在于教学开始阶段，而是贯穿教学的全过程。这两个模型都表明，处理好学生动机问题必须全面考虑任务的适当性，学生对自己完成学习任务的自信心、自我效能感以及学习活动给学生带来的满足等。

7. 在激发与维持学生的学习动机的前提条件满足以后，教师可以采用激发学生内源性动机的策略（如培养兴趣与求知欲、丰富呈现方式、利用动机迁移增强自信心等）激发与维持内源性动机。教师也可以采用激发学生外源性动机的策略（如及时提供反馈信息，适当表扬与奖励等）激发与维持学生的外源性动机。随着学生年龄增长，教学中应逐步采用以激发内源性动机为主、以激发外源性动机为辅的动机激发策略。

练 习 题

一、解释下列术语

动机　　学习动机　　内源性动机　　外源性动机

奖励结构　　需要层次论　　兴趣　　自我效能感

归因论　　外部奖励的隐蔽性代价　　成就动机

叶克斯—多德森定律

二、填空

1. 阿特金森区分了成就动机的两种不同倾向（1）__________的需要，（2）__________的需要。

2. 维纳提出的归因模式中，强调的四个因素是（1）努力、（2）能力、（3）__________、（4）__________。

3. 马斯洛提出人有七种基本需要，最低级的是__________需要，最高级的是__________需要。

4. 按照行为动力来源，不同动机可分为__________和__________两大类。

5. 从动机的生理基础来看，动机最佳水平应是__________程度的激活或唤起，此时对学习具有最佳效果。

三、选择

1. 下列能代表高成就需要的描述是______。（1）他宁愿担任专业工作也不愿做企业家；（2）他总是为他的行为承担责任；（3）他很少依赖外界反馈；（4）他常常让别人提出问题。

2. 下列情境中代表内在动机的情境是______。（1）课间休息时，小李回到教室里做作业；（2）王老师对张华的单词测验成绩表示满意；（3）校长在全校大会上宣布三好学生名单；（4）陈英每天独自看几小时电视。

3. 下面说法代表内控特征的是______。（1）“老师出的怪题把我难住了”；（2）“我从来不管老师怎样评分”；（3）“我准备好了，我能对付考试”；（4）“我看过一些卷子，我想我知道老师会问什么问题”。

4. 一位普通上海市民花上1 000多元购票看足球赛。记者问他：“花这么多钱值不值得?”他说:“值得。”从行为的动机理论看,其行为宜用______理论解释。(1) 驱力说;(2) 强化说;(3) 观念冲突论;(4) 高层次需要说。

5. 儿童非常喜欢阅读情节比较新颖离奇的故事,这种现象可以用下列______解释。(1) 驱力说;(2) 强化说;(3) 观念冲突论;(4) 归因论。

6. 两名IQ相似的学生以同样优秀的成绩考上了某大学。但进大学以后,甲生成绩保持优秀,而乙生成绩多门不及格,在留级线上挣扎。有效学习的内部因素分析,导致两名学生成绩显著差异的最可能原因是______。(1) 学习方法;(2) 学习动机;(3) 学习习惯;(4) 动机与方法的结合。

7. 学生喜欢某老师,随之也喜欢该老师上的课,并取得较好的成绩。这一现象适宜用______解释。(1) 态度中的情感迁移;(2) 学习兴趣;(3) 态度;(4) 强化说。

8. 下列适合用驱力说解释行为原因的例子是______。(1) 猫儿吃饱饭后找水喝;(2) 诗人常常一醉方休;(3) 穷孩子如饥似渴读书;(4) 青少年偷偷抽烟。

四、研究与设计

举一个实例说明作为情感因素的动机与作为认知因素的能力在学习活动中的相互作用,并据此向教师提出调动学生学习积极性的建议。

第十四章　教师、班级与家庭

本章要点

班级中的人际关系	应对压力的策略
教师的领导方式	职业态度
课堂气氛	**发展中形成的素质**
对班级或同伴群体的遵从	智力
不同性质的学生群体	人格特质
遵从及影响因素	**家庭和父母**
结群和遵从的原因	**家庭对个体学习能力的影响**
对教师的启示	**父母的教育方式对个体学习习惯的影响**
教师的素质	父母的教育与孩子独立学习的习惯
习得的素质	父母的教育与孩子思辨的习惯
学科专业知识	父母的教育与孩子专心学习的习惯
沟通技能	**家庭对个体学习兴趣的影响**

本章目标

学完本章后，应能做到：

1. 评价教师的不同领导方式；
2. 举例说明同伴群体对学生个体的影响，并分析原因；
3. 分析自身已有的教师素质和不足之处，指出可以通过学习获得的素质；
4. 举例说明家庭对孩子学习习惯的影响。

前面几章介绍了学生自身的认知与情感等对学习的影响因素，它们是影响学习的内部因素。个体的学习和发展显然离不开周围的环境。本章将介绍影响学生学习的学校和家庭等外部因素。在学校中，教师的领导方式对班级气氛的形成有什么影响？班级气氛或同伴群体又如何影响学生的态度、价值观等认知学习的中介变量？优秀教师应该具有什么样的素质，其中哪些是可以通过学习获得的，哪些是在发展中形成的？家庭和父母如何影响孩子的学习能力、学习习惯和学习兴趣？这些都是本章要论述的问题。了解这些因素有利于教师客观、全面地分析和对待学生的态度、情感和行为。

第一节　班级中的人际关系

人际关系是人们在社会活动中形成的建立在情感基础上的相互联系。因此，班级中的人际关系是教师与学生在学与教等活动过程中形成的以情感为基本特征的相互联系。

以往很多教师只注重教师对学生的单向交往，将这种交往看作向学生传授知识和信息的一种途径，典型表现为“一堂言”；后来逐渐也开始关注学生对教师的交往，因为从学生的反馈中可以获知学生掌握了多少信息，在此基础上可以调整教师的教学进程和内容。而学生与学生之间的相互交往常常被教师忽视。事实上，师生之间和学生之间的互动，除了完成传递信息的作用之外，还起着维系情感的作用。学生参与课堂教学活动，从心理学角度可以分为两类：一类为认知过程，一类为情感过程。这两类过程交织在一起，相互影响。教学中，老师可以通过“认知”的力量来引发学生的学习。但是学校里的学习不是毫无热情地把知识从一个头脑装到另一个头脑里，而是师生间每时每刻都在进行的心灵接触。许多情况下，情感的力量对激发学生的学习更有效，积极的情感对认知具有动力功能。和谐的班级人际关系有利于态度和价值观念的统一，可以提高整体学习效率，冲突的人际关系会挫败学习动机，导致更多的抵抗行为。

师生互动与学生互动均可以区分出个体与群体的互动以及个体与个体之间的互动。师生互动对教学具有广泛意义。在学校教育中，最普遍的个体与群体的互动就是教师与班集体的互动和学生个体与班集体的互动。对班集体而言，教师在互动中主要起引导作用，或称领导；对教师而言，班级的整体氛围是其与班集体互动的重要因素；对学生而言，班级气氛可能在很大程度上决定自己的行为。因而，本节将着重阐述教师的领导方式、班级气氛以及班集体或同伴群体的情感态度如何影响学生个体。

一、教师的领导方式

在师生交往过程中，教师一般处于主导地位。因为教师是班级中最有影响的人物。一方面教师具有专业知识，能够传道授业，是学生的楷模；另一方面，教师握有奖惩权力，可通过批评和表扬来影响和控制学生的行为。研究表明，教师的领导方式是决定师生人际关系的重要因素之一。恰当的领导方式可以为和谐的师生人际关系奠定基础，从而推动学与教顺利进行。

关于教师的领导方式，有单维、二维和三维的研究。单维研究的出发点是教师对权力的使用，通过教师对学生行为的控制程度来区分不同类型的教师领导方式。如安德森(Anderson, 1945)将教师领导方式区分为统合接触型(integrative contacts)和专制接触型(dominative contacts)两种，前者采用同意、赞赏、接纳与辅助的方式领导学生，后者采用命令、威吓与责罚，结果发现统合型教师领导下的学生较能自动解决问题，并发挥团队精神，而专制型教师领导下的学生虽较为顺从，但学业困扰较多，同时有反抗行为。二维研究在考虑教师权威程度的同时，还考察教师对学生的关怀行为，根据两个维度行为程度的高低，交织区分出四种教师领导方式。如弗莱希曼与哈里斯(Fleishman & Harris, 1962)在倡导(initiating structure)和关怀(consideration)两个维度上区分出四种领导类型：高倡导高关怀、高倡导低关怀、低倡导高关怀、低倡导低关怀。所谓倡导指注重团体目标的达成，领导者决定达成目标的方式和分工；关怀指注重团体成员的情绪需要，领导者和成员间相互尊重、信任，彼此沟通。结果发现，高倡导高关怀是最理想的领导方式，低倡导低关怀领导下的团体工作效率低，同时无法满足成员的心理需求，低倡导高关怀和高倡导低关怀领导方式则各有利弊，难分伯仲。三维研究则是在考虑权威和关怀的基础上，兼顾了教师领导方式的效率问题。雷丁(Reddin, 1970)认为，单独比较各种领导方式本身的优劣，不够现实，领导方式能否发挥效能，必须引入领导情境这一变量。领导方式必须适合某一情境，才是有效的领导。

在诸多关于教师领导方式的研究中，较有代表性的是李皮特(R. Lippit)和怀特(R. K. White)的分类和研究成果，具体见表14-1。

李皮特和怀特考虑了教师的权威表现和对学生的关怀程度。研究表明，教师的领导方式对学生的学业产生了影响，但这种影响主要是通过改变学生集体的态度、情感和行为而发生的。在缺乏关怀的专制领导下，学生对领导者(教师)不敢不顺从，心中的怨气只能发泄在班级的其他成员身上，因而攻击行为增多，班级不团结。友好的专制型教师特别适合那些能力低而又容易焦虑的学生，但有自己想法的学生常常不服此种领导方式，会公开表示自己的不满，成为班集体中的不安定因素。放任自流型领导方式使需要引导的学生分不清社会是非，不知道在课堂规范内怎样活动，更不知道如何有效地与他人交往，而种种不现实的期待和幻想使他们在混乱的思维中常常遭受挫败，从而变得颓废萎靡，对包括学习在内的很多活动都失去兴趣，或者朝飞扬跋扈的另一极端畸形发展。总的看来，在保持和扩大友善的师生人际关系和提高工作效率方面，民主型领导方式效果最优。

表 14-1　领导的类型、特征及学生的反应

领导类型	领导特征	学生的典型反应
强硬专断型	1. 对学生时时严加监视 2. 要求即刻无条件接受一切命令，严格遵守纪律 3. 认为表扬可能会宠坏学生，所以很少给予表扬 4. 认为没有教师监督，学生就不可能自觉学习	1. 屈服，但一开始就厌恶这种领导方式 2. 常常推卸责任 3. 易怒，不愿合作，而且可能会在背后伤人 4. 一旦教师离开，学习明显松懈
仁慈专断型	1. 不认为自己是专断独行的人 2. 表扬学生并关心学生 3. 专断的症结在于自信，缺乏弹性，口头禅是："我喜欢这样做"或"你能给我这样做吗？" 4. 以自己要求为班级一切工作的标准	1. 大部分学生喜欢这种领导，但看穿这套方法的学生可能会恨他 2. 在各方面都依赖教师，缺乏创造性 3. 屈从，缺乏个人发展 4. 班级工作量可能是多的，质也是好的
放任自流型	1. 与学生打交道时缺乏信心，或认为学生爱怎样就怎样 2. 很难做出决定 3. 没有明确目标 4. 既不鼓励学生，也不反对学生；既不参加学生的活动，也不提供帮助与建议	1. 品德差、学习差 2. 有"推卸责任"、"寻找替罪羊"和"易怒"的行为特点 3. 没有合作 4. 谁也不知道该做什么
民主型	1. 与集体共同制定计划和作出决定 2. 在不损害集体的情况下，很乐意给个别学生以帮助和指导 3. 尽可能鼓励集体的活动 4. 给予客观的表扬与批评	1. 喜欢学习，喜欢同别人尤其喜欢同教师一道工作 2. 工作质、量都高 3. 互相鼓励，独自承担某些任务 4. 教师不在时，能自觉学习

然而，国内研究发现，我国中小学教师的领导方式基本属于专制型，同时许多教师和家长在行为上总是将放任与民主混为一谈。这些现实要求人们和社会必须重视专制型领导的弊端和后果，同时加深对民主的认识与理解，从而在社会实践以及教学过程中切实地贯彻民主，加强师生交流，鼓励学生的健全人格发展。

二、课堂气氛

中小学教学通常都是在课堂内进行的。因此，课堂气氛是促进或抑制学生学习的重要因素。在现实生活中，课堂气氛已经成为许多家长和孩子衡量学校教育质量的一个关键指标。

课堂气氛，又称班风，通常指伴随师生之间的人际互动而形成的某些占优势的态度与情感的综合状态。个别学生的态度与情感并不构成课堂气氛，当多数学生具有一致的态度与情感时，就会形成具有优势效应的课堂气氛。课堂气氛具有以下几个特性：(1) 独特性。有的课堂积极热烈，有的则拘谨沉默。(2) 相对稳定性。一种课堂气氛形成后，往往能维持相当长的一段时间。(3) 感染性。它通过感染课堂成员个体的情感来影响学生的课堂活动。比如，课堂上大多数成员都对某一任课教师表示反感，上课做小动作、窃窃私语、不积极回答问题，这种课堂气氛很有可能会影响本来认真听课的学生，使其对此课逐渐失去兴趣，甚至也对老师持敌对态度。可见，课堂气氛对学生认识活动、学生成绩的影响不是直接的，而是以课堂成员个体的情感体验为中介。(4) 指向性。同一个课堂可能对某些教师表现出配合和积极参与的状态，但对另一些教师则采取消极、逃避，甚至反抗。这在一定程度上取决于教师的领导方式及其专业素质和心理素质，后面会对此作进一步阐述。

我国学者通常将课堂气氛分成三种类型：积极的、消极的和对抗的。积极的课堂气氛表现为：课堂纪律良好，师生关系和谐；学生精神饱满，注意力集中，认真听讲；教师善于引导学生积极参与，给学生以较大空间；学生反应敏捷，踊跃发言，对学习充满好奇。整个课堂呈现张与弛、静与动、热烈与严谨有机结合的景象。消极的课堂气氛通常显得过于安静，学生紧张拘谨，由于惧怕教师而反应迟钝、呆板，被动回答问题；课堂纪律较松散，学生心不在焉。而对抗的课堂气氛则表现为课堂失控，学生过度兴奋，各行其是，随意插嘴，故意捣乱。

课堂气氛虽不是教学活动的组成部分，却对教学活动的展开与完成起着动力、催化、维持与定向的作用。早在 20 世纪 20 年代末，社会心理学家就对课堂行为(尤其是课堂上的人际互助)产生了浓厚的兴趣，随后有关的研究如雨后春笋。众多研究证实，课堂气氛的功能是不可低估的。鲍法德的研究表明，课堂中社会相互作用的数量将影响每一个学生的认知、情感和人际关系，甚或影响(学生的)人格发展。施穆克(R. Schmuck, 1996)发现，当学生把他们的教师看作富有同情心时，课堂里同学之间更能传递感情，同热情的教师打成一片，并会有意同化教师的价值观念。杰特(J. Jeter, 1975)的研究证明，在课堂里“教师的期待会转变为学生传递这些期待的实际行为，而学生也会按期待的方式来塑造自己的行为”。伯斯韦尔则发现被群体接受的学生的平均成绩，要显著高于被群体拒绝的学生。威克森还认为课堂气氛中的积极因素与学生成绩具有很大的相关性。罗杰斯的“以学生为中心”的教学理论对课堂气氛的作用作出了解释。他强调课堂气氛的心理渲染作用，认为教学心理气氛决定着人的“自我”是否能被开掘、发展和完善，决定着人的先天潜能是否能够最大限度地得到实现，决定着人的创造能力、应变能力是否能够最有效地形成，因而决定着教学工作的成败。他指出，在以真实、尊重和理解为特征的气氛中，个人或集体会离开僵化走向灵活，离开凝固的生活走向变化的生活，离开依赖走向自主，离开戒防走向自我接受。因此，他提出要努力促进良好教学心理气氛的形成，激发情感，促使学生的潜在能力得以实现。

课堂气氛不但影响学生的学习和人格发展，同时也影响教师的行为。克莱因(Klein, 1971)研究发现，当学生行为多是积极的(如微笑、注意、点头)，教师会表现出正面的行为；当学生行为多是消极的(如不专心、不注意、表情冷漠)，则教师会更多地表现出不恰当的行为。学生积极主动的态度，无疑会增强教师的工作热情，激励教师不断反思和调整自己的行为方式，以更积极的态度搞好课堂教学，由此造成一种良性循环。反之，如果课堂上学生神态冷漠，无精打采，或心不在焉，老师就会产生挫折感，或愤怒或放弃，这都会使课堂气氛朝更消极的方向发展。

三、对班级或同伴群体的遵从

上面提到，课堂气氛具有感染性。本来尊敬老师的学生可能因为班级中大多数学生瞧不起这位老师而开始嘲笑老师，本来以学习好为荣的学生可能由于同学们追捧外表亮丽的明星而将精力转向装扮自己。为什么班风具有如此大的感染力？我们必须来分析一下群体对学生个体的影响机制。

(一) 不同性质的学生群体

学生群体有两种：一种是按教育管理的要求而组织起来的、有明确规章制度、权利义务的正式群体，最典型的是班集体；另一种是自发产生的、无明确规章的、成员的角色地位和权利义务均不确定的非正式群体，即同伴群体。相对于班集体，同伴群体的形成和维持有赖于成员之间的直接接触和交往，而且情感成分在调节人际关系上发挥主要作用。我们观察到，关系密切的同伴群体常常出自同一个班级。可以说，班集体为学生提供了接触和交往的机会，从而促进了同伴群体的形成。

在学校里，影响学生结为同伴群体的一个明显因素是性别。现在的班级多为男女生混班，而男孩与女孩常常形成不同的群体。能力也是一个影响因素，班级中能力强的学生常常聚集在一起，而能力差的则组成另一个群体。学生的家庭背景和社会地位同样影响他们的结群行为。学生喜欢在与自己有着相同背景的圈子中寻找伙伴。另外，相同的兴趣和态度也使在生活上具有共同感受的学生走到了一起。这些影响学生结群的因素共同证实了社会心理学的一个研究结果：人际关系受相似性因素影响。学生在信念、态度、价值观方面，或在身份、文化程度、社会背景方面相似程度越高，彼此就越容易接近并形成肯定的人际关系，相似程度越低则越容易疏远甚或产生否定的人际关系。

接近性因素也影响着学生人际关系的形成。在班级中，座位靠近的学生容易形成小群体；家住得近的学生也容易聚在一起。空间距离的接近使双方接触和了解所花的时间和精力较少，这大大促进了相互关系的发展。

从人际关系的角度看，补偿性因素同样影响着学生的结群行为。这种补偿包括获得别人的肯定、同情、勉励和援助等。学生在交往和人际关系中，都渴望达到一定的目的，满足一定的需要，这是一种自然的心理倾向。因此，他们倾向于同那些能给他们心理补偿的人结为伙伴。

（二）遵从及影响因素

遵从，或称从众，是指通过向社会压力让步以使自己的认知和行为符合群体的、社会的标准和规范。在学生群体中，特别是在自发形成的同伴群体中，遵从是使个体表现出与别人具有相同意愿、兴趣、风尚、爱好的关键心理机制。正是因为遵从，学生个体才常常表现出与班集体或同伴群体相同的见解、信念、喜爱与厌恶。

遵从有程度之分，通常可以划分为真遵从和权宜遵从。真遵从是表里一致的遵从，个体自觉地将群体的判断作为自己判断的标准，不仅在外显行为上与群体保持一致，内心也认同群体的看法。由于内外一致，真遵从不会造成个体心理上的冲突和矛盾。权宜遵从是个体虽然在外显行为上与群体保持一致，但内心却怀疑群体选择的正确性，甚或根本就不认同群体的选择，但为了不让自己成为“一匹害群之马”，迫于群体压力，才暂时在行为上与群体保持一致。这种遵从由于表里不一，常常会使个体陷入认知失调的状态。如果群体压力始终存在，个体又必须遵从，那么心理上的调整将使个体趋向于改变自身的态度，与集体取得一致；或寻找理由将自己的行为合理化，从而使认知系统协调统一。

学生是否遵从班级或同伴群体的态度、观念和行为，常常受以下几个因素影响。

（1）群体的一致性。当群体的意见高度一致时，学生个体会感受到巨大压力，为了不使自己成为唯一的或少数的异类分子，个体倾向于遵从集体。但如果群体对某件事物有多种看法，越是未形成占优势的多数意见，个体越容易保持自己的观点。

（2）群体的规模。群体规模越大，即持有一致意见的人越多，个体越倾向于遵从。试想，3 个同学的意见和自己的看法不同，相比于全班同学的意见都与自己不同，哪种情况给个体带来的压力更大？因此，当某些价值观或态度超出了小群体的范围成为全班的价值观和态度，即形成班风时，就会对个体的行为选择产生巨大的影响。

（3）与群体成员身份的比较。在决定是否遵从时，个体会将自己的身份与群体中的其他成员相比，看谁更具权威性。如果个体认为自己有知识、有能力、在群体中具有领导地位，比如班级中的班长，那么他更倾向于坚持自己的观点和立场，反之亦然。所以，教师要管理好班级，首先要组织好班干部，充分发挥他们在同伴群体中的统帅作用。

（三）结群和遵从的原因

1. 安全、归属和被同伴认可的需要

每个人都有安全、归属和被他人认可的需要。对儿童来说，从他们进入学校成为学生开始，便从家庭这个重要的交往圈子转到了由年龄、身份、经历与他相似的个体组成的集体当中，成为“同辈社会”的一分子。安全感和归属感使学生自然地在周围寻求可以依赖的群体——业已形成的班集体或者与自己“志同道合”的小群体。在这种情况下，学生学会并感受到必须按同辈群体的准则行事才能得到交往环境中大多数人的认可和接受。他们不愿意因为过分与众不同而被视为越轨者，从而被大家非议、鄙视甚至逐出群体。因为他们的地位、自尊和自我感觉都依赖同伴们的认可。

2. 获得正确信息的愿望和对他人的信任

社会心理学家指出，每个人都有获得正确信息以确定恰当行为方式的愿望。我们所需的生活、学习、工作等各方面的大量信息都是别人提供的，别人常常会知道一些我们不知道的东西。久而久之，我们发现，像别人一样行事往往可以扩大知识视野，从而逐渐形成相信和依赖别人的心理，渴望融入特定的群体中。个体对群体越信任，越觉得群体是可靠的信息来源，他的遵从行为就越明显。处于身心快速发展时期的青少年，一方面强烈希望独立和自由，另一方面又深感自己的经验与知识不足。当大人们对他们的这种要求不予理会，甚至采用高压政策时，他们就会转向同伴群体，希望从同伴那里获取独立自主地为人处世的地位和信息。由于对种种观点、见解和信念缺乏亲身经历与体验，因而在群体中不可能清晰地评价和把握自己与别人的判断与选择，从而总是“随大流”。

（四）对教师的启示

上述分析表明了同伴群体对学生个体的重要性。因此，一个好教师必须对此有清醒意识，应小心谨慎地保护学生在同伴心目中的地位。如果在这方面让学生难堪，不仅会使他们在精神上受到伤害，而且会引发日后的很多叛逆行为，因为他们要对抗教师从而在同伴眼里重新确立自己的形象和地位。另外，教师应该努力赢得群体的支持和接受。如果教师被群体喜爱，就会成为群体的学习榜样，群体的规范将符合教师的行为模式。任何一个脱离这一规范的成员将感到群体对自己的压力，从而回归到与教师合作的行为中来。当然，有时群体内部可能出现分歧，有的群体成员要支持教师的工作，有的则相反。这时将偏离规范和不合作的群体成员隔离开，会有一定效果。因为让他们坐在有一定距离的座位上，可以减弱不合作群体的凝聚性。但这样做的时候，要注意防范有抵抗情绪的个体去扰乱其他学生。

第二节　教师的素质

上面在论及课堂气氛时，我们提到课堂气氛的指向性，即在同一个班级中，不同的教师可能体验到不同的情况。某一教师可能发现该班级的学生是机智的、有兴趣的和合作的，另一位教师则发现学生是冷淡的、不予合作的，而第三位教师可能会发现他们明显存在困难和难以管理。之所以出现这种情况，是因为教师本身是影响学生学习的一个关键因素。

在讨论教师的素质之前，我们要明确一点，此间的任何讨论都将围绕教师的有效性展开，即什么样的教师是好教师。对这个问题，有经验的人是不会达成一致意见的。因为教师在学校承担的角色是多种多样的。他是知识的传授者，他是学生父母的化身，他是课堂纪律的管理员，他是传递社会文化价值观念和准则的榜样，他是学生的朋友、知己，他也是处理教育情境中人际关系的艺术家。不同的角色定位对好教师的要求是不一样的。而且，对教师行为的认识不能离开学生的行为。例如，有些教师非常擅长教育小学低年级的学生，但面对五年级的学生时却不知如何引导他们发展社会情感；有些教师对教育循规蹈矩的学生游刃有余，但对调皮捣蛋的学生却毫无办法；热情的教师可能会被以追求外界认可来获得成就感的学生喜欢，但对知识本身具有浓厚兴趣的学生喜欢的教师可能与教师的热情程度无关。教师与学生的个体差异使我们不可能概括出一种适用于所有情境的具有普遍性的“成功教师”的模式。但教师对学生的巨大影响使我们不得不试着去进行这项总结工作。所以，请带着随时准备补充意见的心态来阅读下面对教师素质的阐述。

加涅将个体的素质分成先天的素质、习得的素质和发展中形成的素质。先天的素质是不能改变的，如工作记忆容量；习得的素质是可以通过学习获得的，包括言语信息、智慧技能、认知策略、动作技能和态度；发展中形成的素质是先天与后天长期相互作用的结果，不易通过学习改变，包括智力和人格特质。本节将忽略教师身上不能改变的先天素质，讨论教师的某些习得的素质和发展中形成的素质。教师培训应当以习得的素质为目标；发展中形成的素质可以成为选拔教师的标准。同时，这两种素质的讨论将为有志于成为好教师的人提供努力的方向。

一、习得的素质

（一）学科专业知识

在学校中，教师最重要和最突出的作用是学习活动的指导者，因而有意义地掌握所教学科的专业知识，是教师最基本的素质。如果缺乏这样的素质，教师就不能为学生阐明疑点、澄清误解并提供恰当的反馈。教师对学科专业知识的掌握涉及概念的清晰性和准确性，概念掌握的全面性、中肯性和稳定性，对学科各个组成部分之间关系的整合程度，对重要的理论问题和所依据的哲学假设的认识，对方法论和认识论问题的认识等等。这些因素显然会在很大程度上影响学生对教材的掌握，影响学生对特定学科的兴趣和激情，但目前我们对这些因素仍缺乏确切了解，更没有十分恰当的测量手段可以测定它们，从而确定教师对学科专业知识的掌握程度。

（二）沟通技能

教育基本上是一个沟通的过程，要用言语来传达各种抽象的情感、见解与观念。对教师而言，沟通不仅意味着具有充分的词汇、合乎逻辑与清楚明确的表达方式，而且意味着要针对学生的水平，在各种情境下用学生最能理解的语言来表达思想和观点，同时懂得倾听也是不可缺少的。

小学常常强调学生自身活动的重要性，这时教师说的话不应该太长。关键在于教师说的话是否充满趣味并与学生学习的内容密切相关，而且能激发学生的想象和思维。提问对教师的沟通来说是个重要的技巧。提问不仅限于提出事实性的问题，同时也应该提出能进一步激发出其他问题的问题。这样的教师常常表现出极大的灵活性，他们可以回答提问，或因为学生突然产生的兴趣而引入一个新的话题。在与全班同学沟通时，他可能会利用某个学生的提问而给大家一个沟通的机会。

善于沟通的教师常常能预见接收到自己言语信息的学生会有什么反应，即清楚地知道自己的言语指的是什么，以及这些言语在接受者眼里是什么样的信息。在教学情境下，这就意味着教师能够预见同样的言语对不同学生产生的不同影响，从而使用适合学生水平的方式来表达自己的思想。

善于沟通的教师还应该知道何时停止说话，使学生不厌倦教师的教诲并对教师的谈话有所期待。当教师没有掌握良好的谈话技巧时，倾听也是一种沟通的技能。教师应该鼓励学生表达自己的观点，耐心、有兴趣地听他们说，并使学生意识到自己所说的是值得别人仔细聆听的。如果有的学生特别能说，或为了引起别人注意而在班上的讨论中滔滔不绝，以致占用别人的时间，教师应能结束他们的谈话，但同时又能保护他们的自尊心。

(三) 应对压力的策略

压力(stress),是指各种物理的、心理的和社会的力量所导致的生理或心理的紧张状态。从本质上看,教学是个具有压力性的职业。一项关于英国中小学教师的调查研究显示,72%以上的教师体验到中度的压力,23%的教师有严重压力感(Fontana & Abouserie, 1993)。原因很清楚。教师要满足来自学生、同事、学生家长、上级管理机构的广泛需求,其中有些需求是矛盾的,很难被满足。教师要有效地维持课堂秩序。他们常常要付出额外的时间来完成工作,许多工作需要带回家去做,工作占据了他们生活中的大部分时间。他们的工作还要受到来自各方面的检查和指责。课程标准的更新和所授课程内容的发展要求他们必须不断适应,但他们缺乏培训和学习的机会。他们还会因为学生的成败而使情绪受到影响。最重要的是,每位教师都有自己对职业标准的要求,当未达到标准时就会产生挫败感。

研究表明,神经质、内向、完美主义等人格特质与高压力水平相关较强。人格特质不易改变,这并不是说对压力源敏感的教师就应该降低对自己的要求、降低工作负荷,这不现实。所以,教师必须学习应对压力(coping stress)的策略。

不管人格特质是否属于对压力源敏感的类型,首先,教师都应该对职业生活中的焦虑保持清晰的认识,对自身的期望报以现实的态度,并对所处的情境可能会发生什么及不可能发生什么作出现实的判断。当不如意的事情发生时,能够自嘲是非常有意义的。能够自嘲意味着能够接受自我,证明了解自己并看重自己的价值。能够自嘲的人并不总是要求事情如其所愿,当然如果有机会使事情朝着他期望的方向发展,他也不会放弃。但重要的是,先要了解情况,然后在已有的机会和条件限制中去作某些改变。

其次,教师要反省自己的反应——为什么某些事情会使自己紧张、沮丧或激怒。教师可能会说:“这个班太不听话!”不听话的班级激怒教师,这是个表面现象。究其根本,可能是教师的职业荣誉感受到打击,教师可能因为在这样的学生面前无计可施而感到自己无能,脸上无光。如果认识到这一点,就应该接着反省职业荣誉感的现实性。如果这样一种职业荣誉感常常使自己陷入消极的情绪状态中,常常让人感到怀疑,说明它是不现实的,说明教师对自己实际的职业荣誉感和自我价值的认识是错误的。教师可能简单地构造了一个好教师的假象——总能教育出有远大理想的聪明学生,从来不会觉得没有尊严等等。认识到这一点,教师就应该试着调整自己的某些观念和构想。

第三,要能够控制好压力水平,应避免轻易对别人下结论,应仔细了解别人。比如,捣乱的班级可能并不是有意要与教师作对,而是对所学课程感到厌烦。如果教师认识到学生不是冲着自己来的，就能够更客观地对待自己。当然，如果偶尔事情是源于自己，也要保持镇静，好好进行上述的分析和反省。

最后，要尽量保持以问题为中心。也就是说，把注意力集中在分析问题的性质上，权衡解决问题的不同方法，然后采取最适宜的方式解决问题。研究表明，以问题为中心的人在面对压力情境时常能保持较低水平的焦虑，而那些更在乎自己的感受而不关注问题的人常常不能有效地解决问题。当出现了以情绪为中心的情况时，应采取分心策略，如参加体育运动等快乐的活动来转移注意力并提高自我控制的感觉。此时不宜沉静思考引起焦虑的事情有多难等问题。

另外，适当学习放松技术和冥想技术也是必要的。这可以使人保持镇定，在面对压力时能有效运用上述的各种应对策略。

（四）职业态度

职业态度是指个体对自身职业所持的比较稳定的内在心理状态，涉及对职业的认知、情感和行为倾向三个成分。好的教师应该对责任感和勤奋工作有积极的态度，在对自己进行角色定位的时候不应仅仅局限于所教的课程上，而且对自己的专业和教师在社会上的地位持积极态度。观察现实生活，可以发现，许多教师在成为教师之前对教师这个职业挺有激情，但一旦他们开始教学工作后，就会逐渐降低以学生为中心的热情、更加保守、更加硬心肠。这可能是因为现实情况与他们的理想相差很大，常常有不如人意之处。在这种情况下，能否顺利地调整自己的心态是一个成功教师的重要素质。学会应对压力，有利于保持积极的态度来面对工作。

二、发展中形成的素质

真正优秀的教师不是仅靠学习就可以造就的，还需要个体发展过程中逐渐形成的素质予以支撑。我们平时常说，某某人特别适合做教师，指的就是他具有做一名好教师应该具备的智力和人格特质。选拔教师时，应侧重个体长期积淀而成的素质，在此基础上加强培训，强调学习，会收到较好的效果。

（一）智力

智力是在个体的发展过程中，由先天和后天因素相互作用而形成的长期稳定的、不易改变的特征。作为内潜的个体特征，智力不能被直接观察，只能通过测验间接推测，平常我们所说的智商（IQ）就是评价智力的指标。心理学家还从具有一般意义的智力中分化出差别能力。差别能力是指与出色解决特定问题有关的能力，如言语流利、数字推理、视觉形象的记忆、空间定位等。教师智力的个体差异主要表现在差别能力上。

通常我们认为，教师的智力水平应该与教学成功有高相关。也就是说，教师越聪明，教学质量越好，反之亦然。然而，研究表明，教学效果与教师智力并无显著相关。例如，莫斯（J. E. Morsh）和怀尔德（E. W. Wilder）、巴尔（A. S. Barr）和琼斯（R. E. Jones）分别于 1954 年和 1958 年在这方面做过研究。在研究中，教师的教学效果是根据学生的成绩和校长、督学对教学的等级评分来衡量的，教师的智力即教师的 IQ 分数。统计分析表明，教师的教学效果与其 IQ 分数只有极低的相关。研究者分析了其中的原因：第一，从选拔教师的过程来看，最终成为教师的人其智力通常大大超过所有人群的平均水平，集中在智力分布的上端，即教师聪明程度的差异性相对较小，因而教师智力与教学质量的相关不会太大。第二，智力在影响教学成效方面可能是有限度的。教师工作是一项复杂的脑力劳动，一定水平的智力是有效教学必不可少的，所谓笨人当不好教师；但超过此关键水平后，教师的智力对教学结果的影响就不大。

一般意义的智力与教学成效的关系不大，并不意味着教师的差别能力不影响教学有效性。事实上，我们平常观察到的影响教学效果的教师智力主要表现在差别能力上，尤其是言语能力、思维的条理性以及组织教学活动的能力。言语风趣生动的教师能够大大提高学生参与学习的兴趣和积极性；思维和言语清晰有条理的教师有助于学生对知识的记忆和整理。大量研究也表明，教师的这些差别能力与教学效果相关较高。例如，索罗门（D. Solomon）等人 1964 年的研究表明，学生的学习效果与教师言语表达的清晰度有显著相关，这可能是因为在教学中从最初呈现概念和规则到随后提供的反馈的有效性，都取决于教师言语表达的清晰性和流畅性。希勒（J. H. Hiller）等人 1971 年的研究也发现同样的结果。斯波尔丁（R. Spaulding）1963 年的报告说，教师的条理性与学生的阅读成绩呈正相关。诺尔（D. M. Knoell）1953 年发现，教师思维的流畅性与教学效果的等级有显著相关。还有两个研究要求学生对他们的教师管理课堂和安排教学活动的条理性和系统性作出判断，结果也表明教师的这些能力与学生的成绩呈正相关，而且教师的这些特点对小学生的影响更大。

（二）人格特质

与智力一样，人格特质也是需要通过心理测验揭示的个体的一般倾向，也同样是长期稳定、不易改变的。人格特质包括性格内外向、神经质、谨慎、敏感、冲动等。人格特质广泛地影响个体生活、学习、工作的方方面面。需要注意的是，人格特质无好坏之分，只有合适与否之说。人格特质有很强的情境适应性，如外向的教师可能适合与外向的学生交往，而内向的教师更能体察内向学生的心境。前面简单介绍了不同特质的教师感受压力事件的倾向性，这里将以如何有效地与学生交往为出发点，阐述教师在对待学生的过程中较为重要的人格特质。

1. 宽容

宽容包含三层含义：灵活、体察与无偏见。我们对周围世界的了解，对别人的看法和感情，都有赖于我们自身的感觉与情感的参照系。我们的参照系越是固定不变，就越不可能对参照系之外的事物有所体察。如果我们能改变自己的参照系，以适应外界情境的需要和标准，那么我们就能理解并适应与自己通常的参照系并非完全一致的种种变化，即能够容纳与自己不同的看法与见解、思想与情感，能够对各种不同的人表示关切。认知参照系的灵活适应引发了个体对他人的体察和无偏见，这就是宽容。对教师而言，宽容能够使他摆脱固定的先入之见，不受自身期待所限，接纳学生的各种不同价值观念、信息与看法，对身体、智力、感知、运动、社交和情绪上各不相同的学生表示关注，从而与他们和睦相处。教师的宽容特质在很大程度上鼓励了学生的独立性、自主性和健全人格的发展。

2. 敏感性(sensitivity)和移情理解(empathy)

敏感性通常被定义为个体对其人际关系中出现的变化能够及时作出情绪反应的特质。这种特质可能导致教师更容易感受到压力，但却是有效教育学生的一个主要因素。假设教师对学生已作出全面和确切的了解，但他不会对已知的学生的困难、情感和需要作出情绪反应，那么全面和确切地了解学生是无意义的。敏感的教师常常在学生产生某种需要、情感、冲突及困难时，作出更深入和自发的反应。移情理解是敏感性的一种特殊表现，指能够深入别人内心并同情他们的情绪反应。移情理解有两个关键特征。第一，个体能够体验到别人当时体验的情感，这种体验在方式、程度以及对个人的意义上都相同。因此，能够移情理解的教师，会使自己在情绪上处于别人的地位。当然，移情理解的作用是短暂的，它并不会使两个人的情感和看法持久地保持一致。第二，发生移情理解的个体能够保持自己的身份，能够清晰地意识到自己并非是真正遭遇状况的别人。这是发生移情理解的个体保持理智的根本所在。移情理解使教师能在教学情境中站在学生的角度充分体验他们的看法和情感，从而给予学生一定的建议和指导，帮助他们解决问题。

3. 情绪的安全感与自信

教师这一职业是个富有挑战性的工作，常常会碰到意外的对抗。情绪上有安全感的教师能够在讲台上从容地面对众多学生的注视，不担心自己在学生面前的举止和表现；当学生在课堂上表现出问题行为的时候，有安全感的教师能够镇静、客观地解决冲突，并安定学生的情绪。相反，情绪不安的教师常常会和学生个体或群体发生争吵或结下宿怨，从而影响师生之间的人际关系乃至班级气氛。情绪上的安全感是与自信紧密相连的。自信有助于教师处理日常教学中的各种问题，使教师能够超越失败与挫折，不因失败而产生自责和自暴自弃，同时也使他们体验到成功的乐趣，但不会因为沾沾自喜而丧失正确判断事物重要性的能力。自信的教师能适时地引导学生，其在情绪上的成熟感和安全感常常会感染学生，从而成为学生喜欢且乐意追随的楷模。

第三节　家庭和父母

家庭是个体成长的起点，是一个人生命历程中的第一课堂，家庭和父母对于个体学习的影响是不容忽视的。本节将从学习能力、学习习惯、学习兴趣三个方面阐述家庭因素对学习的影响。

一、家庭对个体学习能力的影响

学习能力是指个体在学习的过程中接受知识、获得进步、保持知识的能力，具体地讲，包括观察力、记忆力、想象力、思维能力、创造能力等多方面的内容。西方的一些心理学家，如伯金汉(B. R. Buckingham)、克龙巴赫(L. J. Cronbach)等认为，个体学习的能力就是个体的智力。

个体的学习能力是在发展过程中形成的，遗传和环境因素都在其中扮演着重要的角色。有学者收集了前人的52项重要研究结果，经分析归纳出不同血缘关系者智力相关的情况。分析结果表明，遗传关系越接近，智力水平越相似。从这个角度而言，父母本身的智力水平对个体的智力水平有着直接的影响。战国时期的甘罗12岁就官至上卿，唐代诗人王勃6岁善文辞，李贺7岁开始填词做文章，骆宾王6岁写《咏鹅》，李白“5岁诵六甲，10岁观百家”，莫扎特4岁开始作曲，控制论创始人维纳9岁上大学，11岁的时候就写出了论文。古今中外这些智力超常的儿童无疑都说明了遗传因素在个体智力水平发展中的重要作用。

天才儿童与遗传的关系的确密不可分，但遗传并不是个体学习能力发展的唯一决定因素，在教育的影响下促使个体发挥遗传素质去适应环境，是个体学习能力发展的最佳途径。在此过程中，家庭的影响作用主要体现在以下几个方面。

第一，营养状况。在个体成长的过程中，身体发育是心理发育的前提和基础，特别是学习能力的发展直接受到大脑这一物质基础发展状况的影响。因此，要发展孩子良好的学习能力，营养状况必须得到重视。

第二，早期发育环境中信息刺激的丰富程度。研究表明，单调环境中成长的婴儿与生动环境中成长的婴儿，在情绪、动作、语言等方面的发展上都存在一定的差异，在智力水平发展上也存在明显差异。之所以会存在这样的差异，是因为丰富的信息刺激可以促进婴儿大脑皮层神经系统的发育。如果父母能够在孩子成长初期提供信息刺激丰富的环境，对孩子的智力发展会起到一定的促进作用。值得注意的是，如果个体在发育的早期长期处于充满过多丰富和新鲜刺激的环境中，对于其注意力稳定性的发展是不利的。所以，父母需要把握好婴儿的生活环境中刺激的丰富程度。

第三，实践、动手机会的多少。记忆力、观察力、注意力、思维能力以及想象力的发展都需要通过一定的练习和实践，在个体发育的早期，实践与练习的作用尤为重要。在实践活动中，儿童可以通过具体的操作活动发展各种感觉器官及观察能力，通过有目的、积极地记忆一些游戏规则或情节发展有意记忆的能力，通过积极地思考和解决问题发展思维能力。如果家长一味地重视对孩子营养的加强、知识的灌输，而忽视为儿童提供动手、动脑、动嘴的机会，儿童学习能力的发展就会进入瓶颈状态。父母应该注意为孩子提供各种实践机会，让孩子在多看、多想、多做中发展学习能力。

第四，早期教育开始的时间。个体在出生时就已经拥有潜在的学习能力，如果得到合理的开发，这种潜在的学习能力将会不断发展，但如果没有得到合理的教育，潜在的学习能力会随着时间的发展逐渐衰退。印度的狼孩卡马拉从小就离开人类社会，在狼群中长大，她在 8 岁后回归人类社会，但到 17 岁时也只学会 50 个词汇，仅知道一些简单的数字概念。卡马拉的故事告诉我们，如果错失对个体进行教育的最佳时机，后期的弥补已不可能使个体的学习能力及学习效果达到正常水平。家庭的作用就在于在学校教育之前，对儿童的学习能力进行合理和适时地早期开发，这对于儿童今后学习能力的发展至关重要。

二、父母的教育方式对个体学习习惯的影响

英国哲学家培根曾经说过："习惯真是一种顽强而巨大的力量，它可以主宰人的一生，因此，人从幼年起就应该通过教育培养一种良好的习惯。"一个具有良好学习习惯的人往往可以合理地安排学习时间，更有效地达到学习的目的。良好的学习习惯通常在幼年就开始形成，在这个过程中，父母的教育方式尤为重要。

（一）父母的教育与孩子独立学习的习惯

现在的家长通常都比较关心孩子的学习情况，也在孩子身上投入了很多的精力和时间。然而，过多时间的投入有时候反而会带来消极作用。有些家长为了让孩子更专心地读书，牺牲了自己的休息时间，担任起"陪读妈妈"或"陪读爸爸"的角色，直接参与孩子学习的全过程。孩子做作业的时候，家长陪在旁边，孩子有了不会的题目，家长第

一时间给予解答，孩子做完了作业，家长帮着验算、检查。这样的做法在短时间内的确有可能对孩子成绩的提高起到促进作用，但从更长远角度来看，绝对是弊大于利。

孩子在学习过程中的进步不仅仅在于做完了多少道题目，背会了多少单词，更多地应该体现在掌握了学习的方法，学会了独立思考。由于父母把本该孩子自己完成的事情都包办了，孩子会逐渐对父母产生依赖性，遇到不会做的题目根本就不想动脑筋去思考，没有人监督的时候根本就不想看书。这种不良习惯的养成无疑会对他们以后的学习行为产生消极影响。因此，父母应该为孩子创设独立学习的条件，帮助孩子逐步养成独立学习的习惯。

（二）父母的教育与孩子思辨的习惯

善于思辨、质疑的人往往是会学习的人，具有创造力的人，而孩子是否具有思辨的习惯与家庭的氛围及父母的教育方式密切相关。有些父母面对孩子提出的问题总是采用敷衍态度，不给予认真解答，有些父母忽视孩子的心理活动规律，直接把自己的想法灌输给孩子，久而久之，孩子会逐渐丧失提问的能力，习惯于接受现成的知识。以下几种方法可以帮助孩子养成思辨与质疑的习惯。

第一，引导孩子思考。在日常生活中多问孩子“为什么”，引导他们对生活和学习中的一些现象进行思考。

第二，鼓励孩子提问。在父母对孩子提问的同时，也要鼓励孩子提出他们心里的疑问，要允许他们“异想天开”，在孩子提出问题的时候，给予他们赞许和肯定。

第三，宽容而耐心地对待孩子的问题。由于认知水平发展的限制，孩子提出的问题在成人眼里往往比较幼稚，甚至比较可笑，家长应该耐心地对待和解答这些问题，切不可敷衍了事。

第四，让孩子自己发现答案。面对孩子的问题，可以给予适度的启发和点拨，帮他们理清思路，让他们在思考的过程中解除疑惑，切不可把自己的主观想法直接强加给孩子。

（三）父母的教育与孩子专心学习的习惯

要达到良好的学习效果，需要人们具有注意的稳定性，能够将自己的精力较长时间地指向某个对象。人的注意稳定性是存在个体差异的，注意力稳定性强的人往往具有专心致志的学习习惯。注意力稳定性的培养与专心的学习习惯的养成同样受到父母教育方式的影响。

个体注意力的稳定性会随着年龄的增长得到发展，在每个年龄阶段其发展速度是不同的。研究表明，小学阶段的发展速度最快，幼儿阶段和中学阶段的发展速度较慢。在注意力稳定性发展的关键时间，不良的教育方式会使个体形成注意力易分散、难以专心学习的不良习惯。例如，当儿童集中注意学习的时候，父母用其他活动来转移他的注意，和他进行与学习无关的谈话，或者要他完成其他和学习无关的任务，这样多次重复就会使儿童形成容易分散注意的习惯。

为了帮助孩子集中注意力，养成专心学习的好习惯，父母应该为孩子提供一个适宜的学习环境，尽量避免无关刺激。同时，也应注意帮助孩子合理安排时间，在学习一段时间后带孩子从事一些放松的游戏，有张有弛，从而使孩子在接下来的学习活动中更好地集中精力，提高学习效率。

三、家庭对个体学习兴趣的影响

孔子曾说过，“知之者不如好之者”，好学是获得良好学习效果的重要条件之一，这种对某类知识或某门学科的喜爱和偏好就是学习兴趣。兴趣是一种强大的精神力量，可以促进一个人发挥整个身心的积极性，积极思考，大胆探索。浓厚的学习兴趣会使学生产生积极的学习态度，并付出更多的努力，自觉地排除障碍、克服困难，获得较好的学习效果。

父母的职业和专业兴趣可能会从一定程度上影响孩子对某个特定学科的兴趣。著名生理学家巴甫洛夫被人们誉为“生理学无冕之王”，他的父亲是个教士，但非常喜欢自然科学的知识，他经常从父亲的破书架上找到各种此类著作。15 岁那年，他从书架上翻到一本英国生理学家路易士的著作《日常生活的生理学》，就是这本书激起了他对生理学的极大兴趣，也使他最终和生理学结下了不解之缘。

父母的教育方式与家庭的学习氛围也会影响孩子对于学习本身的兴趣。成功的家长可以激发孩子积极学习、获取知识的兴趣，并将孩子对学习的热情一直保持下去，对其今后的学习行为产生持久而深远的影响。父母可以通过以下几种行为方式营造良好的家庭学习氛围，促进孩子学习兴趣的培养。

第一，与孩子共同学习，由父母变成同学。孩子学习的同时，父母可以坐在旁边选取自己感兴趣的内容与孩子同时学习；学习结束后，各自谈谈自己的收获和感受。这种“陪读”不同于前面讲到的包办和监督的陪读，而是让父母用以身作则的方式鼓励孩子学习，同时也可以通过分享达到知识与亲情的交流。

第二，拓展学习的场所，增加学习的机会。古人说，读万卷书不如行万里路。学习不应该仅仅囿于书本上知识的吸取与获得，还应该包括实践与理论的结合，而学习的场所也不应仅仅局限于家中的写字台前，还可以扩展到室外。带孩子到博物馆看文物了解历史，到郊外踏青了解自然，在这些活动中同时获得知识和乐趣，可以使孩子对学习有更深入的理解和更浓厚的兴趣。

第三，多与孩子交流，让他们意识到自己的收获。当孩子能够感觉到自己从学习活动中收获了有价值的东西时，他们会拥有更大的动力和热情。家长如果可以经常和孩子针对他的所学进行交流与探讨，可以使孩子感受到自己知识的增长。特别是当孩子掌握了一些家长不知道的知识时，他们会拥有更大的成就感。这些成就感将使他们对读书保持浓厚的兴趣并付出更多的努力。

第四，让孩子在学习中发挥更多的主动性。通常情况下，当人们在从事某一项活动的过程中有充分的自由和自主决策的权利时，会具有更多的积极性。处在学龄阶段的孩子通常把学习当成一种必须完成的任务，把学习过程当成一个被动完成任务的过程，没有自由可言。家长应该在有限的范围内尽量让孩子拥有自主决策的权利，例如让他们自己决定学习和娱乐的顺序安排，让他们自己选择在某个时间段内学习的内容等。这样的做法可以让孩子在学习中发挥更多的主动性，增强他们的学习积极性。

本章概要

1. 班级中的人际关系是教师与学生在学与教等活动过程中形成的以情感为基本特征的相互联系。情感因素能够有效地激发学生的学习动机，从而提高学习效率。教师的领导方式、班级气氛和同伴群体是师生人际关系的重要影响变量。

2. 教师的领导方式是决定师生人际关系的重要因素之一。关于教师的领导方式，有单维、二维和三维的研究。较有代表性的是李皮特和怀特的分类和研究成果。他们考虑了教师的权威表现和对学生的关怀程度两个维度，区分出强硬专断型、仁慈专断型、放任自流型和民主型四种教师领导方式。研究表明，在保持和扩大友善的师生人际关系和提高工作效率方面，民主型领导方式效果最优。

3. 课堂气氛，又称班风，通常指伴随师生之间的人际互动而形成的某些占优势的态度与情感的综合状态，它具有独特性、相对稳定性、感染性和指向性。我国学者通常将课堂气氛分成三种类型：积极的、消极的和对抗的。课堂气氛虽不是教学活动的组成部分，却对教学活动的展开与完成起着动力、催化、维持与定向的作用。它不但影响学生的学习和人格发展，同时也影响教师的行为。

4. 同伴群体是非正式的学生群体。影响学生形成同伴群体的因素有相似性、接近性和补偿性。其中，相似性因素的作用最显著。如性别、能力、家庭背景、社会地位或兴趣、态度相同的学生容易成为伙伴。同伴群体主要通过遵从机制影响学生个体的态度、价值观和行为。遵从有程度之分，通常可以划分为真遵从和权宜遵从。学生个体是否遵从同伴群体的价值观念和行为选择，与群体的一致性、群体的规模以及个体在群体中的地位等因素有关。学生之所以会结群并遵从群体的规范，是因为他们具有安全、归属和被同伴认可的需要，同时有获得正确信息的愿望并信任他人。

5. 教师的素质是影响学生的认知与情感的关键因素。讨论教师的素质应以教师在教学中的有效性为出发点。由于教师行为具有很强的情境性，很难概括出具有普遍性的"成功教师"的模式。根据加涅对个体素质的分类，教师的学科专业知识、沟通技能、应对压力的策略和职业态度等被区分为可以通过学习获得的素质，因而这类素质可以作为教师培训的目标；同时，教师的智力和宽容、敏感性、移情理解、情绪的安全感和自信等人格特质作为发展中形成的素质，可以成为选拔教师的标准。

6. 家庭和父母不仅是孩子价值观和社会态度形成的源泉，还影响孩子的学习能力、学习习惯和学习兴趣。来自父母的遗传因素、家庭的营养状况、在孩子早期发育中提供的信息刺激的丰富程度、早期教育开始的时间以及给孩子提供的实践动手机会的多寡，都可能影响孩子的学习能力。孩子独立、思辨以及专心的学习习惯与父母的教育方式和家庭氛围密不可分。父母的职业和专业兴趣会影响孩子的学习兴趣，同时，创造学习型的家庭氛围、拓展学习的场所、多与孩子交流、让孩子在学习中发挥更多主动性等教育方式均有利于孩子学习兴趣的养成。

练 习 题

一、解释下列术语

人际关系	领导方式	课堂气氛	学生群体
遵从	教师的素质	压力	职业态度
差别能力	人格特质	宽容	移情理解

二、填空

1. 班级中的人际关系是教师与学生在__________等活动过程中形成的以__________为基本特征的相互联系。

2. 李皮特和怀特将教师的领导方式分为__________、__________、__________、__________四种，在保持和扩大友善的师生人际关系和提高工作效率方面，__________型领导方式效果最佳。

3. 课堂气氛具有__________、__________、__________、__________四个特性。

4. 我国学者通常将课堂气氛分为__________、__________、__________三种类型。

5. __________产生的、无明确规章的、成员的角色地位和权利义务均不确定的群体是__________同伴群体。

6. 影响学生结为同伴群体的因素包括________、________、________。

7. 个体虽然在外显行为上与群体保持一致，但内心却怀疑群体选择的正确性，甚或根本就不认同群体的选择，但为了不让自己成为“一匹害群之马”，迫于群体压力，才暂时在行为上与群体保持一致，这种遵从属于________。

8. 个体是否遵从同伴群体，常受________、________、________因素影响。

9. 个体结群和遵从是出于________需要以及________。

10. 影响教学效果的教师智力主要表现在________、________、________等差别能力上。

11. 影响孩子学习能力发展的家庭因素有________、________、________、________。

三、选择

1. 学生“品德差、学习差，几乎没有合作行为，而且谁也不知道该做什么”，这是学生对______领导方式的典型反应。(1) 民主型；(2) 放任自流型；(3) 仁慈专断型；(4) 强硬专断型。

2. “过于安静，学生紧张拘谨，由于惧怕教师而反应迟钝、呆板，被动回答问题；课堂纪律较松散，学生心不在焉。”这种课堂气氛是______。(1) 积极型；(2) 对抗型；(3) 消极型；(4) 失控型。

3. 班级中能力强的学生常常聚集在一起，而能力差的则组成另一个群体。影响他们结为同伴群体的因素是______。(1) 接近性；(2) 补偿性；(3) 竞争性；(4) 相似性。

4. 不属于教师发展中形成的素质是______。(1) 职业态度；(2) 宽容；(3) 敏感性和移情理解；(4) 情绪的安全感和自信。

5. 以下选项中描述了善于沟通的教师的是______。(1) 在学生面前总是滔滔不绝，有时挺风趣幽默的；(2) 常常能预计到自己的话会对学生产生什么影响；(3) 常常耐心、有兴趣地听学生表达自己的观点，即使在课堂讨论时间某个学生说个不停的时候也是如此；(4) 学识渊博，常常对学生说一些术语。

6. 下面______教师不善于处理压力。(1) 碰到不如意的时候，常常自嘲；(2) 常常反省自己的反应：为什么某些事情会令自己紧张、沮丧、愤怒；(3) 当学生与自己作对时，总是充分了解情况后再下结论；(4) 常常把注意力集中在自己的情绪上。

7. 下列有利于孩子养成良好学习习惯的父母教育方式是______。(1) 孩子做作业时，父母陪在旁边督促；孩子有了不会的题目，家长第一时间给予解答；(2) 面对孩子的提问，尽量引导孩子自己发现答案；(3) 在孩子专心做功课的时候，时不时去看看孩子，为了给孩子补充脑力，还常常端些营养品给孩子吃；(4) 孩子做完了作业，家长帮着验算、检查。

8. 当教师在课堂上时，学生不声不响，而教师离校或离开课堂以后，学生纪律立即松懈。与这种课堂纪律有关的教师领导类型最可能是______。(1) 强硬专断型；(2) 民主型；(3) 放任自流型；(4) 无法确定。

9. 某教师认为，"学生骨头轻，不能给他们好脸色看"。具有这种观点的教师最可能的领导类型是______。(1) 仁慈专断型；(2) 放任自流型；(3) 民主型；(4) 强硬专断型。

10. 有位中学教师经常外出开会，但班级管理完全交给学生自己，纪律居然井然有序。这一教师的领导最可能属于______。(1) 仁慈专断型；(2) 民主型；(3) 强硬专断型；(4) 放任自流型。

11. 学生在课堂上常表现为注意力不集中，做小动作，提问时没有人发言等。这样的课堂气氛属于______。(1) 积极的；(2) 消极的；(3) 对抗的；(4) 不能确定。

四、研究与设计

1. 列出自己在压力状态时的几种典型反应。

2. 调查学生家长的教养方式和家庭氛围，并将之与对应学生的学习兴趣和学习习惯进行对照。

3. 对所在地区的一些优秀教师作一实地调查，了解他们具有哪些良好品质。

4. 有条件的话，可对我国经济欠发达地区的学生作一调查，了解他们在学习态度、学习成就和品德方面的特点，以及家庭对他们的期望。

第十五章　网络媒体与多媒体

本章要点

网络媒体与学习	时间接近原则
拓展学生的学习空间	一致性原则
提高学生的学习能力	通道原则
引进新的教学方式	冗余原则
网络的消极影响	个体差异原则
多媒体学习	静态媒体原则
多媒体学习理论	多媒体学习材料的设计
佩维奥的双重编码理论	注意文本和图像的结合使用
认知负荷理论	有效利用多通道效应
梅耶的多媒体学习模型	通过任务分割减少认知负荷
多媒体学习原理	防止注意分散效应
多媒体原则	避免冗余效应
空间接近原则	利用个性化原理

本章目标

学完本章后，应能做到：

1. 陈述网络媒体与学习的关系；
2. 分析网络媒体的两面性；
3. 简要论述多媒体学习的三个理论；
4. 利用多媒体学习原理设计学习材料。

媒体是指传播的手段和信息资源，如录像、电视、示意图、印刷材料、计算机程序、教师等。当媒体服务于学习或教学目的时，就被称为学习或教学媒体。不同类型的媒体及其组合形式对学习具有重要影响。本章先分析网络媒体与学习的关系，然后着重讨论多媒体学习的理论、原理及其应用。

第一节 网络媒体与学习

伴随着时代的进步，信息技术正以前所未有的速度迅猛发展，互联网以其神话般的触角延伸到人们社会生活的各个角落，改变着人们的生活、工作和学习方式。多媒体与网络技术的迅速发展也为教育注入了新的活力，给予人们全新的学习观念，通过互联网学习已经成为一种全新的学习方式。本节将主要阐述互联网对于学习的影响。

一、拓展学生的学习空间

网络同电视、电话一样，已经逐渐成为现代社会信息交流中不可缺少的手段，它以其便捷的方式和丰富的内容为人们提供了一种全新的认识和把握事物的环境，从空间和时间上改变着人们传统的社会信息获得渠道与交流的方式，也为学生提供了一个更丰富、更广阔的学习空间。

传统的教育和学习过程始终离不开家庭和学校这两个空间，学生通过教师的讲解、对书籍的阅读以及家长的传授获得知识，取得进步，完成学习过程。互联网的出现突破了这种时间与空间的限制，它整合了传统的各种大众传媒，构建出跨地域最广、信息量最大的全球信息传播系统，以先进的电子技术手段迅速而及时地向学生传播着全人类优秀的文化遗产、当代科学技术的最新成果和社会倡导的价值观与行为规范。

利用互联网便利的信息传播条件，学生可以在更广阔的空间中进行学习。同时，网络上丰富的信息也为学生提供了更多的选择余地，他们可以根据自己的兴趣爱好选取不同的领域，从而积累社会知识，获得全面发展。

通过网络环境进行的学习主要具有以下特点：

1. 信息显示多媒体化

网络学习环境中的学习资源是利用计算机技术存储、传输、处理的多媒体信息资源，如声音、图像、图形、动画等。网络学习环境不仅可以帮助学习者快速、有效地获得知识内容，而且能够满足各种不同类型学习者的学习需求。

2. 信息组织超文本化

网络学习环境拥有极其丰富的信息资源，而且这些知识库和资源库都是按照符合人类联想思维的超文本结构组织起来的，适合学习者进行自主学习。

3. 信息传递即时性

网络学习环境的教育教学信息是将声音、文本、图形、图像、动画、视频等信息进行数字化处理，被编码后能以极高的速度传递到世界各地，实现了学习资源与时代发展的需求保持同步。

4. 信息资源开放性

网络学习环境中的学习资源是一个高度综合集成的资源库，而且这些学习资源对所有人都是开放的。一方面，这些资源可以为成千上万的学习者同时使用，没有任何限制；另一方面，所有成员都可以发表自己的看法，将自己的资源加入到网络资源库中，与大家共享。

5. 人机交互性

网络学习环境提供了人和电脑间一个极为自然的学习、沟通方式，它可以形成人机互动，互相交流的操作环境以及身临其境的场景。计算机的交互可通过 BBS、网络聊天室、网络聊天软件、电子邮件等形式实现。

二、提高学生的学习能力

网络的普及为学生提供了更广阔的学习空间，对于全面提高学生的素质提供了前所未有的机遇。同时，由于网络学习与传统学习方式的差异，通过网络进行学习也对学生的学习能力提出了更高的要求。

首先，网络是个巨大的信息库，但其中的信息资源良莠不齐。在传统的学习过程中，教师和家长会代替学生进行信息的选择工作，把有益有用的信息直接提供给他们，而通过网络学习则要求学生面对各种信息必须具有识别、选择的能力，面对信息垃圾要有足够的鉴别力和抵抗力。这种学习过程和传统的被动接受知识的过程存在着很大差异。在学生开始使用网络之时，教师与家长应该给予他们适度的教育，引导他们进行信息的选择，趋利避害。在正确引导下，随着使用的深入，学生的鉴别与选择能力会得到提高，并且能够对良性信息进行吸收和运用。

第二，网络上的学习资源往往图文音像并茂，丰富多彩。这种交互式的人机界面很容易激发学习者的学习兴趣和学习的主动性，并为学习者进行探究式学习、发现式学习创造了有利条件。在这样的环境下，学习者可以自主构建知识体系，实现知识的获得及知识的更新。因此，网络可以从一定程度上促进学生发散性思维、创造性思维以及创新能力的发展，提高他们自主学习的能力。

第三，通过网络进行学习可以提高学习者的反省认知水平。基于网络的学习是一种开放式的学习，学习者本身的定位感对于学习效率和学习效果有着直接影响。定位感高的学习者能够时刻关注他们在网络系统中所处的位置，并能够知道如何到达目标位置，而定位感低的学习者就会在点开各种超链接的过程中迷失在信息海洋中，导致学习效率低下。同时,在通过网络学习时,学习者需要根据不同的学习内容和学习情境进行学习策略的选择。例如在使用搜索引擎的过程中,是否能够选取合适的引擎以及关键词决定了使用者能否有效地获得信息,提高学习效率。无论是定位感还是策略选择,都依赖学习者的反省认知水平。反省认知就是指学习者在学习过程中,对自己整个思维活动的反省、认识和监控。由于网络的开放性,基于网络的学习对学习者的反省认知提出了更高的要求,学习者需要有效地监控和调节自己的学习过程,才能使网络上的学习朝向既定目标有效前进,而不是原地踏步或迷失。

在通过网络学习的过程中,学习者的反省认知能力可以得到训练和提高,并对其他方式的学习产生积极的影响作用。

三、引进新的教学方式

随着互联网技术的不断成熟,通过网络进行教学成了教育的一种全新方式,远程教育、网络课堂等教学形式已在很多中学和高校得到了应用。与传统的教学方式相比,通过网络实现的教学活动使学生和教师的角色都发生了变化,学习行为也有了新的特点,这些变化主要体现在以下几个方面:

第一,教师角色的变化。传统教学活动中的教师站在三尺讲台上,凭借粉笔、黑板等教学工具完成教学过程,网络教学中的教师却是学生看不到的教师,教学双方通过文字、声音等工具进行交流。在这样的教学活动中,教师的角色发生了变化。首先,教师由知识的传授者转变成了知识体系的建构者,教师的职能由“教”变成“导”。他们引导学生选择学习的内容,构建自己的信息体系,充当促进者的作用。其次,教师由课程教材的执行者转变为课程教学的研究者。传统教学中,教师是教学的中心,但往往只是执行由课程专家设计的课程体系,按照教材进行讲授。而在网络教学中,教师可以根据学校的情况及自身的专长进行课程的设计和开发,成为教学的研究者。

第二,学习者心理状态的变化。传统课堂教学中,师生、同学之间进行的是面对面的交流,理论上,每个同学的发言和交流机会是均等的,但性格内向的同学可能会因为羞涩缺乏发言的勇气,减少了交流的机会。在网络教学的过程中,师生之间以及学生之间没有了面对面的接触,学习者之间可以采用匿名的交流方式,这可以从很大程度上帮助学习者克服畏惧和羞涩的心理。另外,学生不会担心自己发言的失败会导致难堪,因而减轻了心理负担和挫折感,发言也会更为踊跃。由于学习者的心理变化,每位同学都会畅所欲言,也可以接受其他同学的评论,师生之间和学生之间的交流变得更为畅通,学生学习的积极性和主动性也会提高。

第三,学习者情感体验的变化。在网络教学过程中,学习者本身是学习的主体,他们可以操控自己的学习进程和学习内容。每位学习者都可以根据自身的特点和需求，在教师的引导下从网络中选取适当的信息资源，按照适合自己的学习进度进行学习。学习者不再受到传统教育中标准化、同步化、集中化的限制，成为学习过程的控制者和评价者，由传统教学中的“受教育”转变为“自我教育”。这样的学习过程使学习者主观能动性得到了发挥，促进了学习者自我潜能的发掘与自我实现趋向的增强。因此，学习过程会使学习者体验到一种控制感与成就感，这种体验会促使他们继续在学习和探索中不断完善自己。

四、网络的消极影响

科学技术的发展是一把双刃剑，网络也不例外。网络媒体的发展在为教育带来发展契机的同时，也带来了一定的负面影响。概括地讲，网络对于青少年教育的消极影响主要有以下几个方面。

第一，吞噬学生的时间，影响正常的学习活动。作为人类20世纪最伟大的发明之一，互联网是神奇的，它的作用也是无与伦比的。登录网络后，人们完全可以控制自己要到哪里，要搜集些什么资料，要进入哪个聊天室，要和什么样的人交谈。当你感到不满意时，只需要用鼠标轻轻一点，就可以把眼前的窗口关闭。这样的互联网无疑是充满诱惑的，网络的使用者们很容易被网络侵占大量的时间。青少年的自控能力比较差，也就更容易被网络吸引。一些学生沉迷于网络游戏、网络聊天，将大量的时间和精力都投入到网络这个虚拟世界，严重地影响了他们正常的学习活动。

第二，信息垃圾带来负面影响。网络是一个信息的宝库，可以为学习者拓展学习的空间。但如果缺乏监管，网络同时也会成为一个信息的垃圾场，学术信息、娱乐信息、经济信息以及各种各样的色情、暴力、反动信息混杂在一起，使网络成为信息的万花筒。信息通过网络传播的成本越来越低，传播手段也更为隐蔽和快速。青少年好奇心强，自我控制能力弱，如果面对信息缺乏一定的选择能力和抵抗能力，就很有可能在通过网络获取知识的同时受到信息垃圾的侵袭，对他们的身心健康造成损害。

第三，导致青少年道德感的弱化。网络最大的特点是匿名性与隐蔽性，因此网上行为也就没有了现实生活中的诸多顾忌和限制。上网的人由于缺少“他人在场”的压力，“快乐原则”就会支配个人欲望，日常生活中被压抑的人性中丑陋的一面，会在这种无约束的状况下得到宣泄。青少年的网络行为当然也受到上述特点的影响，很多青少年认为在网络上说谎和说脏话是很正常的事。同时，青少年正处于人生发展的过渡期，他们情绪比较不稳定，易于激动、烦躁，需要发泄，他们追求独立，喜欢尝试新的道德生活，摒弃旧的道德载体。现实中来自家庭、社会的外部压力却束缚了他们的这种天性和愿望。所以,当没有任何压力与约束的网络世界呈现在他们面前时,他们会表现出更多日常生活中没有机会表现的不道德行为。网络助长了青少年的叛逆、弱化了他们的道德感,使他们在回归到现实社会时仍然难以摆脱在网络世界中形成的习惯。网络对青少年的这种影响对青少年德育工作提出了挑战。

总之,网络时代的到来为教育带来了机遇,也带来了挑战。教育工作者应该深入了解网络的特点,引导学生充分发挥其积极作用以促进学习,也要帮助学生尽量避免网络的危害,在网络环境中健康成长。

第二节　多媒体学习

所谓多媒体(multimedia),是指几类媒体的组合。由于这类媒体面向多个感知通道,因此它对于改善偏好视觉媒体的学习者的学习有重要作用。研究表明,在教学或培训项目中使用多媒体,可以使学习者的记忆保持量提高50%(Hall, 1995)。

随着电脑在教学中的普及,采用多媒体技术,设计多媒体课件,已成为教师教学设计过程中不可或缺的步骤。本节首先介绍多媒体学习的一些基本理论,然后介绍多媒体学习的原理及其应用。

一、多媒体学习理论

(一) 佩维奥的双重编码理论

佩维奥(A. Paivio)指出:"人的认知是独特的,其特异性在于能够同时对言语与非言语事物和事件进行处理。语言系统是特殊的,它直接以口头与书面的形式处理语言的输入与输出。同时,它又保存着与非语词的事物、事件和行为有关的表征功能。因而任何一种表征理论都必须适合这种双重功能"(Pavio, 1986: 53)。为此,他提出了认知的双重编码理论(Dual Coding Theory,DCT)。

双重编码理论对心理结构和过程的基本假定是:心理结构是由言语和表象表征构成的联想网路,而心理过程涉及对这些结构的发展和激活,也包括情境对表征的激活(Clark & Paivio, 1991)。佩维奥认为,人的大脑具有两个在功能和结构上均不相同但又相互联系的加工和贮存信息的认知系统——言语系统和表象系统。言语系统用于加工言语信息,产生言语反应;表象系统用于加工非言语的、物体或事件的信息,形成事物的心理表象。二者在结构上的差异主要表现在信息储存的表征单元和组织方式上,言语系统贮存信息的单元是言语符号,非言语系统贮存信息的单元是图像映像。在组织方式上，非言语信息以同步的方式进行组织，它允许一个心理表象的许多成分同时加工，而言语信息以连续的形式进行组织，只能进行序列加工，并且每次只能加工有限的信息。

佩维奥把言语与表象系统的加工分为三个水平（如图 15－1 所示）：(1) 表征水平。指当言语与非言语表征被激活时所产生的加工，包括低水平的材料驱动的知觉再认和识别，它在很大程度上受事物本身的特征影响。(2) 联合加工。指在言语系统内部语言单位之间或者表象系统内部图像单位之间所发生的加工，如阐述或定义一个语言需要通过与其他语言的联系。情境是联合加工的一个重要变量，当我们试图从词的背景中理解其意义时，或者由相关的词引起想象并被整合成一个想象情境时，就是在进行联合水平加工。(3) 相关加工。指一个系统的表征被另一个系统的表征所激活，从而在言语系统与非言语系统之间构造了一条潜在的通道。相关加工允许表象表征激活不同的词语表征，反之亦然。在一定条件下，两个系统也能以互补的形式共同加工信息。如听到“书”这个词，就可能引起一个书的心理表象，看到书，也能够激活“书”这个概念(刘儒德等，2007)。

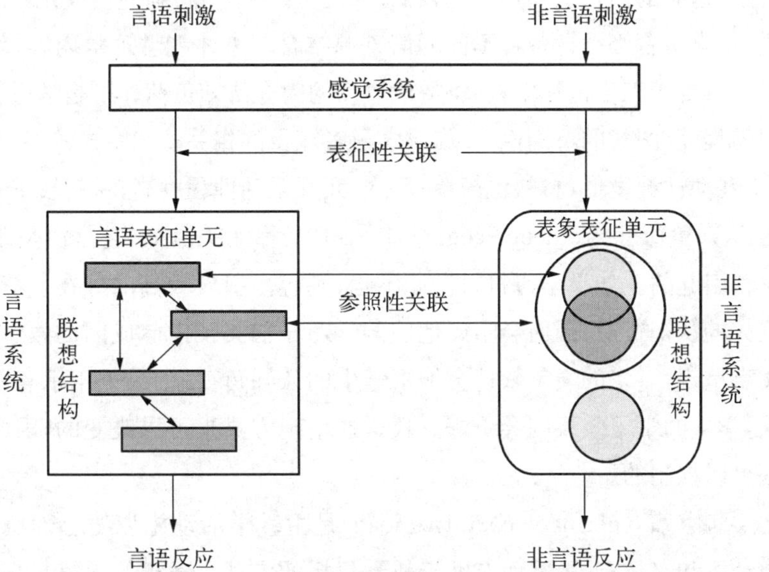

图 15－1　佩维奥的双重编码模型(Paivio, 1986)

双重编码理论认为，言语和表象两个认知系统是相互联系的，两种信息可以相互转换。当学习者用言语和表象两种认知系统表征相同的材料时，如果言语信息和图像信息在时间和空间上一致，则在编码的过程中就会形成言语表征和视觉表征的连接，从而提高学习效果，并且能够增加学习者提取信息的路径。显然，从双重编码理论角度看，多媒体学习的最重要的原则是：可通过同时用视觉和言语的形式呈现信息来增强信息的回忆与识别。

（二）认知负荷理论

认知负荷理论（Cognitive Load Theory，CLT）是澳大利亚新南威尔士大学的约翰·斯威勒（John Sweller）教授等提出的关于复杂认知任务的学习理论。其基本理论假设是：(1) 工作记忆的容量是有限的；(2) 长时记忆的容量是无限的；(3) 学习过程要求将工作记忆积极地用于理解教学材料，并将习得的信息编码贮存在长时记忆中；(4) 若在问题解决或学习过程中所需要的资源总量超过了个体所能提供的资源总量，则会造成认知负荷超载，影响学习或问题解决的效率。

认知负荷理论认为，根据来源以及是否有助于图式的建构，可以把认知负荷分为三类：内在认知负荷、外在认知负荷和关联认知负荷。内在认知负荷（intrinsic cognitive load）是指必须在工作记忆中同时加工的元素的数量。它反映学习的难度，主要来自两个方面：一是要习得内容的关联的复杂性（元素关联性）。如果学习材料的构成元素之间的关联度较低，适于循序学习，学习者就无需把大量的元素同时置于工作记忆中，这时的内在认知负荷就较低；反之，如果学习材料的构成元素之间具有很高的关联度，学习者必须把各种不同的信息源结合起来才能够理解内容，就必须把大量的元素同时置于工作记忆中，这将造成较高的内在认知负荷。二是学习者所具备的先行知识的程度（图式的可用性）。如果学习者获得的相关认知图式较多，那么对他们来说，元素互动性程度低，材料也简单；反之，元素互动性程度高，材料较难。

外在认知负荷（extraneous cognitive load）又称无关负荷，它是由呈现给学习者的信息材料引起的。如果学习材料设计不当，则容易引发较高的外在负荷，需要学习者付出巨大的认知资源，因而会阻碍他们的学习。如关于山脉成因的教学材料，如果单纯用文字呈现，过多的文字叙述会加重学生的认知负荷；如果采用示意图加文字描述的方式，学生的学习效果则会更好。教材的呈现方式是可以改变的，因此外在认知负荷也是可以控制的。

关联认知负荷（germane cognitive load）是由教学活动施加的心理负荷，这种负荷通常与动机和兴趣有关，因而有助于教学目标的实现。适当的教材呈现方式，不但可以降低外部认知负荷，同时也帮助学习者专注于学习的内容、建构图式。关联认知负荷为外在认知负荷的一种，只有在总认知负荷量（内在认知负荷与外在认知负荷之总和）未超出学习者的能力范围时，适当地引入关联认知负荷才有意义。

认知负荷理论认为，三种负荷是可以连加的，但是学习要发生，其总和不能超过记忆资源的总量。当内在认知负荷很低时（即学习内容很简单），即使外在认知负荷很高，也能使工作记忆留下充足的空间来使学习者学习任何类型的材料；如果内在认知负荷很高（即学习内容复杂困难），外在认知负荷也很高，则有可能出现认知超负荷，无法有效地加工信息，导致理解困难、学习失败；如果处理之后的全部认知负荷的水平在记忆资源的限度之内，则通过组织教学材料以产生低水平的外在认知负荷将促进学习。

如果说双重编码理论立足于通过丰富编码方式来促进多媒体学习，那么认知负荷理论则是立足于通过减少不必要的信息编码、减轻认知负担来促进多媒体学习。在多媒体学习条件下，尽管信息可通过多种方式来呈现，但有时单凭一两种呈现方式就足以传达这些信息；如果将相同的信息同时以不同的方式同时呈现，学习者就会将冗余的信息同时进行加工，导致认知负荷增加，影响学习效果。凯鲁格（S. Kalyuga）等人通过实验考查了焊接教材学习中的认知负荷现象，结果发现，图形伴随着旁白解说比图形加文字或图形、文字加旁白解说，对学习的促进效应最佳，图形加上旁白解说在学习成效上明显优于图形、文字加旁白解说（Kalyuga, Chandler, & Sweller, 1999）。

（三）梅耶的多媒体学习模型

梅耶（R. Mayer）及其同事从 20 世纪 90 年代开始，系统地探讨了多媒体学习的基本原理。2001 年，他们把研究成果集结成书，以《多媒体学习》为名出版。在该书中，梅耶等吸收了双重编码理论和认知负荷理论的相关观点，提出了自己的多媒体学习理论模型（如图 15－2 所示）。

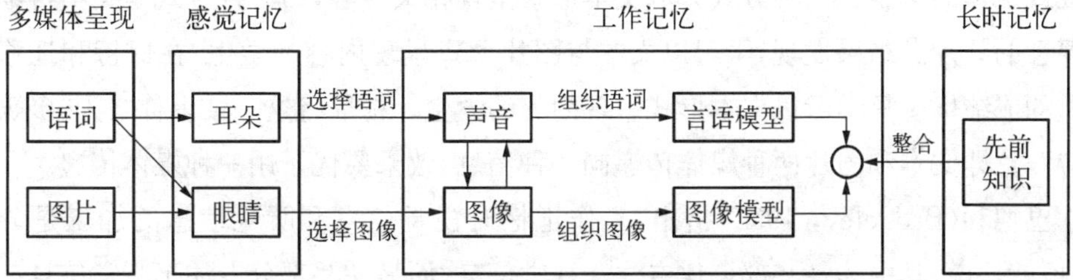

图 15－2　梅耶的多媒体学习模型（Mayer, 2005）

从图中可以看出，多媒体学习至少涉及三个重要机制：一是双通道机制，即学习者至少有两种通道加工多媒体信息。在信息加工早期，这两种通道分别为视觉通道和听觉通道。视觉通道既可以加工多媒体呈现的图片信息，也可以加工其中的文本信息。听觉通道则主要加工以声音形式呈现的信息。在信息加工的后期，这两种通道分别是图片通道和言语通道。以书面形式呈现的文本，先在视觉通道中加工，而后被转换成声音，送到言语通道加工。二是学习者对多媒体信息进行主动加工的机制。这一机制包括三个重要过程：（1）选择，即学习者从多媒体呈现中选择并注意到相关信息;(2) 组织,即学习者将选择的信息组织成连贯一致的心理表征;(3) 整合,即学习者将新知识与已有的相关知识整合起来。梅耶认为,多媒体信息只有经历这三个过程才能为学习者习得,而且这三个过程不是线性的,在学习中某些过程会反复多次进行。三是工作记忆的有限容量对多媒体学习的限制。工作记忆是建立知识间联系的重要场所,其突出特点是容量有限。如果呈现的信息超过工作记忆的容量,则知识之间的联系难以建立,学习也就难以发生。这三种机制是多媒体学习的核心机制,也是多媒体设计的重要基础(王小明,2008)。

二、多媒体学习原理

多媒体学习有其独特性,因为不同媒体同时呈现可能比单一媒体对学习所产生的影响更为复杂。近20年来,研究者对多媒体学习中的效应做了大量研究,提出了若干应遵循的原理,值得我们学习借鉴。

(一) 多媒体原则

所谓多媒体原则,是指学习词语和画面组成的呈现内容,比学习只有词语的呈现内容效果更好。其理论基础是:当词语和图像同时呈现时,学习者就有机会形成言语和图像心理模型,并在二者之间建立联系;而单纯使用词语或图像只能建立一种心理模型,且言语和图像心理模型之间无法建立联系。

梅耶等人以两种呈现方式让学生学习打气筒、汽车的刹车系统、发电机以及闪电形成或工作的机制。一种方式只以文本形式呈现相关内容,另一种方式是文本再辅以解释性的图片。结果发现,学习以文本与图片形式呈现内容的学生,在保持和迁移测验上的成绩优于只学习以文本形式呈现内容的学生。梅耶将这一结果称之为"多媒体效应",意即文本和图片两种媒体传递同一种信息,效果要优于用一种媒体传递。

巴德利(Baddeley, 1992)指出,工作记忆对视觉信息和听觉信息的加工是分离的,也就是说,其中的一些部分仅专注于视觉信息,而另一些部分专注于听觉信息。因此,单纯使用一种信息呈现形式,可能只用到部分工作记忆,使其他部分处于闲置状态;而综合利用多种信息呈现形式,则可以提高工作记忆的使用量,从而提高学习效果。

(二) 空间接近原则

所谓空间接近原则,是指书页或屏幕上的对应词语与画面邻近呈现比隔开呈现更能提升学习效果。这是因为,书页或屏幕上的对应词语与画面彼此接近时,学习者就无需使用额外的认知资源在书页或屏幕上搜寻,从而节省认知资源,而且,词语和画面在空间上的接近可能更有利于把它们同时保持在工作记忆中。

根据这一原则，教师在设计多媒体课件时，应尽量考虑文字和图画置放于同一张幻灯片上；设计作业、试卷和阅读材料时，也应尽可能把图表与文字在相邻的空间中搭配起来。

（三）时间接近原则

所谓时间接近原则，是指对应的词语与画面同时呈现比继时呈现能使学生者学得更好。因为这样学习者更有可能在工作记忆中同时保持两种材料的心理表征，更有可能在言语表征和视觉表征之间建立联系。

赫加蒂等人（Hegarty, Carpenter, & Just, 1991）的研究有力地说明了这一原则。他们给学生呈现有关滑轮系统的文本和对文本的图解，在学生阅读的同时记录他们的眼动情况。结果发现，学生使用文本来指导他们对相应图解的加工，即学生先阅读一两个句子，然后看一下图解中的描绘，接下来再阅读一两句句子，再看一下图解的相应描绘……可见，学生在学习文本和图解时确实需要对二者的同时注意。

（四）一致性原则

学习中的无关材料会争夺工作记忆中的认知资源，分散学生对重要材料的注意力，干扰材料的组织加工，误导学生围绕不恰当的主题来组织材料。当与学习主题无关的材料（词语、画面和声音）被排除而不是被包括时，学生学得更好。这就是一致性原则。

梅耶指出，一致性原则又可分成三个相互补充的部分：(1) 当在多媒体呈现中加入有趣但无关的语词和画面时，学生的学习会受到损害；(2) 当在多媒体呈现中加入有趣但无关的声音和音乐时，学生的学习会受到损害；(3) 当多媒体呈现中不必要的语词删掉时，学生的学习会得到促进。

我国的中小学教师在多媒体课件设计过程中，经常在页面中插入一些生动有趣的动画，其目的是吸引学生的注意力，但有时恰恰违背了一致性原则，反而分散学生的注意力，致使学生的学习效果下降。

（五）通道原则

在多媒体学习中，当画面和语词材料都以视觉形式（如动画或文本）呈现时，就会出现听觉言语通道闲置而视觉表象通道负荷过重的情况。当语词以听觉形式呈现，那么视觉表象通道则可以只用来加工画面，这样就出现听觉和视觉通道信息加工的平衡。

所谓通道原则，是指学生学习由动画和解说组成的多媒体呈现的材料，比学习由动画和屏幕文本组成的多媒体呈现的效果更好。

穆萨维等（Mousavi, Low, & Sweller, 1995）通过解答几何题实验很好地说明了多媒体学习的通道原则。在该研究中，第一组学生边看着打印在纸上的图表，边听解释各种解题方法的录音磁带（插图加解说的呈现），第二组学生则阅读同时印有图表和与磁带解说内容完全一致的文本材料（插图加书面文本的呈现）。结果显示，第一组学生的几何学习效果更好。也就是说，以发声形成呈现语词信息比以打印文本形式呈现信息更能促进学习。

（六）冗余原则

所谓冗余原则，是指学生学习由动画加解说的呈现材料，比学习由动画加解说再加屏幕文本组成的呈现材料能取得更好的效果。这是因为，后者容易导致认知通道超负荷。

卡尤加等人（Kalyuga, Chandler, & Sweller, 1999）让受训者在工业场合学习金属焊接。一些人是从图解和口头讲解中进行学习，另一些人则从图解、口头讲解及书面文本和口头讲解的内容完全一样中学习。结果发现，在随后的焊接测验上，从图解和口头讲解中学习的一组的成绩优于从图解、口头讲解再加书面文本解释中学习的一组。换言之，在后一组学习中，书面文本的呈现属于冗余的。

近年来，梅耶等注意到，冗余原理并非如此简单。事实上，在图片上适当加入 2～3 个解释词，让信息适当冗余，也有助于促进学习（如图 15－3 所示）。因为这些词不仅不会启动额外的认知加工，而且会集中学习者的注意力（Mayer & Johnson, 2008）。

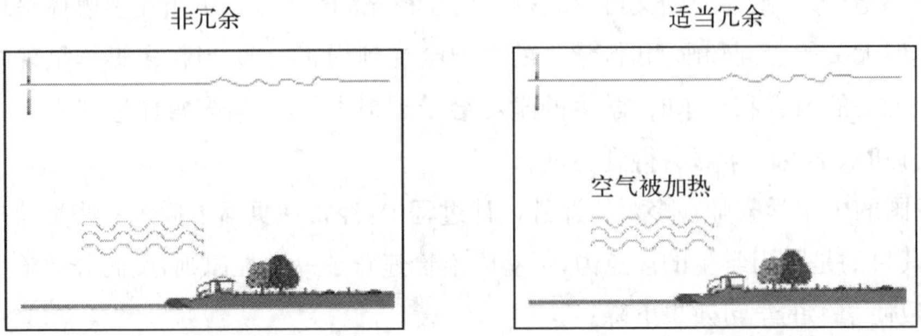

“湿冷空气沿温暖地表移动时被加热。”　　“湿冷空气沿温暖地表移动时被加热。”

图 15－3　两种信息冗余示例

（七）个体差异原则

所谓个体差异原则，是指多媒体设计效果对知识水平低的学习者的影响，要强于对知识水平高的学习者；对空间能力强的学习者的影响，要好于对空间能力差的学习者。

这是因为，知识水平高的学习者能够利用他们已有的知识补偿媒体呈现中的不足。而对于知识水平低的学习者来说，当呈现中缺乏引导性信息时，则不太可能从事有效的认知加工。空间能力强的学习者具有从有效的多媒体呈现中整合视觉和言语表征的认知能力，而空间能力差的学习者必须耗费很多的认知容量将呈现的图像保持在记忆中，这使得他们不太可能留有足够的认知容量来整合视觉和言语表征。

多媒体学习的个体差异原理告诉我们，面对知识基础、空间能力不足的学生，教师更应该注重多媒体设计的效果，要针对他们的知识或能力不足来相应地提升媒体设计的要求。

（八）静态媒体原则

所谓静态媒体原则是指：学习者通过“静态图片＋文字”形式的学习材料进行学习，效果好于通过“动画＋语言解说”形式的学习材料。

梅耶等人(2005)把多媒体学习中的认知加工分为三类：外在认知加工，它是对与教学目标无关的外在呈现材料的认知过程；内部认知过程，对学习材料中关键内容和关系的认知过程；关联认知过程，通过思维组织的深加工，把关键内容组织成一个相关的认知表达，并把它与其他形式的表达、先前知识相整合的过程。当学习者的注意力较多地投入外部认知过程时，内部认知加工和关联认知加工就会缺乏足够的心理能量。静态媒体定律认为静态的图片和印刷文字之所以比动画和语音解说更能导致深入的学习，原因在于：使用静态媒体的学习者外部认知加工和内部认知加工负荷较少，因而关联认知加工可占用较多的认知资源。

三、多媒体学习材料的设计

随着教育技术的发展，多媒体学习材料在教学中的使用越来越普遍，其优势也逐步显示出来。一般来讲，对事物或者系统的原理进行说明的文本，如大气的运动、活塞的运动原理、神经系统、滑轮系统、闪电的形成等，对视觉表征的要求较高，采用多媒体呈现方式其学习效果也会较好。还有些研究表明，多媒体表征方式对于程序性材料的学习也具有积极作用，它能够加快学习者的学习进度和减少学习者犯错误的次数，并能够提高学习者的记忆保持成绩。

但需要注意，在多媒体学习中，并不是采用的媒体方式越多越好，而必须以学生的认知加工能力和水平为依据。下面介绍几种多媒体设计的方法和原理。

（一）注意文本和图像的结合使用

根据双重编码理论，对同样的内容，以言语和图像两种形式编码的学习效果要优于以一种形式编码的效果。因而在多媒体材料的设计时，要注意文本和图像的结合使用。如记忆英语单词 kick，单纯地重复记忆，进行的只是言语编码，记忆效果并不好，如果在读单词的同时,能够看到以踢的动作图片,则记忆的效果会更好。

这里需要注意,使用图像材料时,有时采用抽象的图片比真实性图片效果更好。图形的真实性尽管对于形成情境是重要的,但对于有效学习所需的知觉和认知加工并不都是重要的。过分强调情境的真实性,使太多不必要的相关信息掺杂其中,将会导致目标信息隐藏在过于繁杂的情境中而不易被发现,学习者不能将注意力集中于与任务或图式相关的信息,或者对信息进行了错误的选择性注意,从而损耗了学习者可利用的处理有效信息的认知资源(刘儒德等,2007)。例如,就学习单词“kick”来说,图15-4中的插图(1)的效果通常就好于插图(2)。

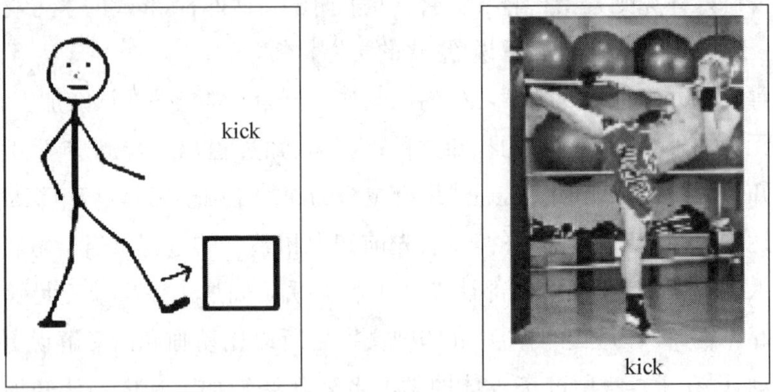

(1)　　　　(2)

图 15-4　抽象图像与真实图像

(二) 有效利用多通道效应

一般来说,学习者对来自视觉和听觉通道的信息比单独来自某一种通道的信息加工效果好,这就是所谓的通道效应。佩里(Perry,1989)的研究表明,通过同时使用视觉和听觉工作记忆部分,比单纯使用其中的一个部分,更可以拓展有效工作记忆的容量。如果通过使用双重表征技术,那么通过两种信息资源的整合就可以促进学习。这意味着,在多媒体学习材料设计中,最好采用“文本+言语解说”或者“图像+言语解说”的组合方式,而避免过多使用单一通道表征方式。

(三) 通过任务分割减少认知负荷

在多媒体学习中,工作记忆中的必要加工需求可能导致视觉和听觉两个通道中都出现认知超载。假如一个学生观看一个配有讲解的动画解释闪电的形成。然而,“闪电形成”的内容很丰富且呈现的频率较快。学习者不可能有足够的时间进行深层次的加工。当学习者从呈现的片段中选择相关的言语和图片时,下一个片段开始了,导致深加工时间太少。此种认知超载是由于认知容量不足以满足加工需求而导致的。

针对这种情况，有效的解决方法是在连续的呈现片段之间留一些时间。在分割时，呈现材料被分成几个小片段。学习者能够从片段中选择言语和图片，学习者也有时间和认知容量组织、整合选择的言语及图片。在每个片段呈现之后，学习者可以通过点击“继续”按钮进入下一个片段(Mayer & Moreno, 1999)。

(四) 防止注意分散效应

许多教学材料既包括图片信息又包括文字信息，而且图片与相关文字是一起呈现的。实践表明，这两种信息源的适当整合有利于促进学习。但是，学习者同时注意两个或更多信息来源，也会使工作记忆的负荷加重，导致注意产生分散，这就是注意分散效应(split-attention effect)。注意分散也会导致学习质量的下降。

在教学设计中，为消除注意分散效应，在信息呈现方面应注意如下几点：首先，如果可能，描述图表的文字应该尽量整合到图表之中。例如，可以将一段相关的说明性文字放在图表中的合适位置而不是把图表和文字分开呈现。此时，学习者面临的目标比没有说明性文字时多，但却减少了对图表意义的不必要的猜测，从而降低了工作记忆的认知负荷。其次，相关的文字应尽量呈现在同一页面。第三，最好不要使学习者在一个页面回忆信息，而在另一个页面输入所回忆的信息。

(五) 避免冗余效应

冗余效应(redundancy effect)产生的情况是，信息可由多种方式来呈现，但单凭一种呈现方式就足以传达这些信息；如果将相同的信息同时以不同的方式同时呈现，学习者就会对冗余的信息同时进行加工，导致认知负荷增加，影响学习效果。

如果信息对理解不是基本的——即是冗余的，最好能把这些信息省略掉。在包含文字和图片的教学中，当文字来源的或图片来源的教学其中单独一种就能提供足够的理解时，应该仅运用一种来源的教学(或图片或文字)，其他教学来源应该彻底地从教学材料中剔除出去。

(六) 利用个性化原理

学习所涉及的知识建构不只是个体的建构，还是一个社会建构的过程，人际的相互作用会促进学习者的选择、组织、整合这一知识建构的机制。如果学生在学习过程中感觉自己正参与某种社会交往时，他们可能会更努力地学习多媒体呈现的信息。研究表明，学生对交谈风格(conversational style)的多媒体材料的学习，效果要好于对解释性风格(expository style)的多媒体材料的学习。这就是多媒体学习的个性化原理。

设计多媒体时，我们可以通过使用第一人称和第二人称的表述且在文本中融入社会线索，利用社会因素促进学生的学习。梅耶等人(2004)让大学生学习一段关于肺的工作原理的动画，该动画配有解说，以第三人称非常客观地加以解释。结果发现，大学生对材料的记忆很好，但不能很好地运用所学习的内容解决一些问题。后来，他们对文本做了改动，如原解说中有这样一句话"吸气时，横膈膜下降，为肺留出更大空间，空气经口鼻进入，由咽喉和支气管而到达肺泡"。他们将其改为"吸气时，你的横膈膜下降，为你的肺留出更大空间，空气经你的口鼻进入，由你的咽喉和支气管而到达你的肺泡"。这一改动是通过添加几个"你的"，将客观的描述变成了会话，让学生感到解说者好像直接在和他们讲一样。经过三轮的实验，研究者发现，对解说所做的这一改动并未提高学生的回忆成绩，但提高了学生解决新问题迁移的成绩。这说明，文本的编辑者若能采用一些方法措施，让学生感到阅读文本时好像是作者在和他们亲密交谈一样，会改善学生的学习。

本章概要

1. 网络媒体在学生的学习和生活中占有越来越重要的地位。网络对学生来说就像一把双刃剑。一方面，网络具有信息显示多媒体化、信息组织超文本化、信息传递即时性、信息资源开放性、人机交互等特性，大大满足了学生的求知欲望，拓展了他们的学习空间，增强了他们的学习兴趣和学习自主性。因此，利用网络进行教学已经成了教育的一种新趋势。在网络教育中，教师的角色和学生的心理状态、情感体验等都发生了变化，对传统教育是一种挑战。另一方面，网络的自主选择性、良莠不齐性、匿名性、隐蔽性等特点会严重影响学生的身心发展，尤其是自控力差的学生。

2. 多媒体是指几类媒体的组合。它对于改善偏好视觉媒体的学习者的学习有重要作用。在教学或培训项目中使用多媒体，可以提高学习者的记忆保持量。随着电脑在教学中的普及，采用多媒体技术、设计多媒体课件，已成为教师教学设计过程中不可或缺的步骤。

3. 佩维奥的双重编码理论主张从言语和表象两个通道来设计媒体，引导学习者以双重编码形式进行学习；认知负荷理论把认知负荷分为内在认知负荷、外在认知负荷和关联认知负荷，强调学习中有效利用关联负荷，避免无关认知负荷，主张在多媒体中通过减少认知负荷来促进学生学习；梅耶的多媒体学习模型注重媒体设计中的双通道机制、主动加工机制和工作记忆容量的有限性。

4. 多媒体学习中的原理有多媒体原则、空间接近原则、时间接近原则、一致性原则、通道原则、冗余原则、个体差异原则、静态媒体原则。

5. 设计多媒体学习材料时，应该注意文本和图像的结合使用，有效利用多通道效应，通过任务分割减少认知负荷，防止注意分散效应，避免冗余效应，利用个性化原理。

练 习 题

一、解释下列术语

媒体	教学媒体	多媒体	双重编码理论
内在认知负荷	外在认知负荷	关联认知负荷	通道原则
空间接近原则	时间接近原则	冗余效应	注意分散效应
个性化原理			

二、填空

1. 利用网络环境进行学习的特点有__________、__________、__________、__________、__________。

2. 双重编码理论所指的两类基本编码方式是__________、__________。

3. 图片在第二页，而解释图片的文字在第一页，这违背了多媒体学习的__________原则。

4. 佩维奥认为，学习者对多媒体信息进行主动加工的机制包括__________、__________、__________三个过程。

5. 描述图表的文字整合到图表之中，这可以避免__________效应。

三、选择

1. 下列属于教学媒体的是__________。(1) 录像；(2) 教师；(3) 电视；(4) 课本；(5) 黑板。

2. 在某一具体内容的教学过程中，教师可以控制的认知负荷是______。(1) 内部认知负荷；(2) 外部认知负荷；(3) 关联认知负荷。

3. 多媒体设计中运用个性化原理是指用______表述文本材料。(1) 第一人称；(2) 第二人称；(3) 第三人称。

4. 下列多媒体设计方式最可能促进学习效果的是______。(1) 文本＋图片；(2) 图片＋言语解说；(3) 文本＋言语解说；(4) 动画＋言语解说＋文本。

四、研究与设计

1. 调查学生每周接触网络的时间长短和主要内容，分析他们对网络的态度及其原因。

2. 借助互联网收集相关资料，设计一个介绍电动机工作原理的课件。

第四部分 从学习论向教学论与教学技术转化

这一部分设两章，论述如何在科学心理学，尤其是学习分类理论基础上创建不同于以哲学和经验为基础的科学取向教学论和教学设计技术。由于“教学论”和“教学设计”是师范本科教育心理教学的后继课程，这里只能就这两门课程的理论来源和基本内容作一概述。

第十六章　基于学习分类理论的教学论

本章要点

两种取向的教学论及其应用价值

教学论及其研究取向

哲学与经验取向的教学论

哲学取向教学论的起源与发展

哲学取向教学论的应用价值和局限性

科学心理学与实证研究取向的教学论

科学取向教学论的起源与发展

科学取向教学论的应用价值和局限性

科学取向教学论的主要内容

学生素质的构成成分分析及其教学含义

先天素质

后天习得的素质

个体发展中自然形成的素质

教学宗旨、目的和目标

哲学取向教学论陈述的教学目标及其局限性

科学取向教学论的教学目标

反映学习过程的教学过程

哲学取向教学论的教学过程及其局限性

科学取向教学论的教学过程

反映学习条件的教学原则和方法

哲学取向教学论的教学原则和方法

反映学习过程和条件的教学原则与方法

目标导向的测量与评价

布卢姆的教育目标分类学

修订后的布卢姆认知目标分类学

科学取向教学论在中国大陆的发展

发展概况

两个系统理论简介

“结构—定向”教学论

“知识分类与目标导向”教学论

两个理论的比较

本章目标

学完本章后，应能做到：

1. 比较和说明两种不同取向的教学论各自的起源、发展及其应用价值；

2. 说明科学取向教学论关于学生素质、教学目标、教学过程和教学原则与方法的观点及其与传统教学论的区别；

3. 用科学取向教学论观点对本章介绍的“结构—定向教学论”和“知识分类与目标导向教学论”给予适当评价。

第一节 两种取向的教学论及其应用价值

经过大约一个世纪的不懈努力，研究学习与教学的心理学家可以在科学心理学基础上提出新的教学论。新的教学论可以为教师的教学设计提供处方式指导。本章首先将教学论分为两种取向：一是哲学与经验取向；二是科学心理学与实证研究取向。本章首先说明这两种取向的教学论的起源与依据，对教学的不同观点及其不同的应用价值；接着将要论述科学心理学与实证研究取向的教学论的主要内容及其教学含义；最后介绍科学取向的教学论在我国内地的发展情况。

一、教学论及其研究取向

顾明远主编的《教育大辞典》对教学论的定义是"教学论(didactics)，亦称教授论，以研究教学规律为对象的学科。研究范围包括教学任务(目的)、内容、过程、原则、方法、形式和评价等"。我国台湾教育心理学家张春兴在他所主编的《张氏心理学辞典》(1992)的"教学理论"这个条目中说："无论从事何种教学活动，在理论上必须包括以下四大要项：(1) 预期学生学习的是什么，是知识技能，还是态度观念(教学目标)。(2) 在教学之前学生是否具备了学习新课程的条件(始业行为)。(3) 采用何种方法去改变学生的行为，使之按预期方向发展(教学方法)。(4) 怎样才能肯定学生行为确因教学活动而改变(教学评鉴)。"

教学论究竟主要研究什么？这个问题也可从分析教学论教科书的内容得到回答。例如，施良方等主编的《教学理论》(1999)统计了1985—1991年的7种教学论教材，发现这些教材主要讨论的主题是：

(1) 绪论、研究对象、方法	6本共8章
(2) 教学论产生、发展、流派	7本共8章
(3) 教学目的任务、目标	6本共6章
(4) 教学过程(理论)	7本共11章
(5) 教学规律、原则	6本共7章
(6) 教学内容、课程、教材	7本共14章
(7) 教学方法、手段、媒体	7本共12章
(8) 教学组织形式	7本共10章
(9) 教学结果、检查与评价	7本共7章

从上面的讨论可见，学习论与教学论研究同一对象（教学）的两个方面，但侧重点不同。学习论侧重于研究学生学的方面；而教学论侧重于研究教师教的方面，包括教学目标、教学过程、教学原则、教学内容、教学手段、教学组织形式和教学结果测量与评价等。

当今国内外存在各种各样的教学论。例如按照教学论所依据的哲学基础不同，可以区分出基于经验主义的教学论、基于实用主义的教学论和基于理性主义的教学论；按照教学论所依据的心理学理论的不同，可以区分出基于行为主义的教学论、基于人本主义的教学论和基于认知心理学的教学论等。我们把现有的各种教学论划分为两个范畴：哲学与经验取向的教学论和科学心理学与实证研究取向的教学论。

二、哲学与经验取向的教学论

我们把主要依据哲学思辨和经验总结而形成的教学论称为哲学与经验取向的教学论（简称哲学取向教学论）。

（一）哲学取向教学论的起源与发展

1. 哲学取向教学论的起源

在教育史上，虽然捷克教育家夸美纽斯于1628—1632年写成、随后于1657年公开发表的《大教学论》被认为是世界上最早的系统教学论著作，但在此之前，哲学取向教学论思想早已存在。这是因为教育涉及有目的和有计划地改变人性。而人性的改变问题既是教育的主题，也是哲学家讨论的主题，所以历史上的教育家往往也是哲学家或思想家。他们用自己的哲学思想总结教育经验，提出种种教学论主张。例如，孔子在公元前400多年就探讨了人性问题，认为“性相近也，习相远也”。其意是：人与人之间的差异主要不是由先天决定的，而是由后天学习造成的。这种认识决定了孔子对教育事业的重视，并终身献身于教育事业。

又如，与孔子差不多同时代的古希腊哲学家与教育学家苏格拉底认为，真理存在于人的灵魂中，据此他提出被称为“产婆法”的启发式教学法。他认为，老师类似于接生的助产婆。助产婆的责任是帮助产妇把孩子生下来。而老师的责任是启发学生，使他们心灵中本来就有的知识得以澄清。

随着近代资本主义发展，班级授课制出现，此时的教学不是一个教师面对一个学生，而是一个教师面对由许多相同年龄儿童组成的教学班。夸美纽斯反映了时代发展的需要，提出了系统的教学论主张，其中包括一系列教学原则，如直观性原则、循序渐进原则、量力性原则、自觉性原则。而最重要的是“教育适应自然秩序原则”。他的《大教学论》一书的出版标志着作为一门哲学和经验取向的教学论学科正式诞生。皮亚杰说，他的教育主张“直到今天仍然时兴”，“对于我们的时代具有重要的意义”(邵瑞珍、张人杰，1994：200)。

2. 哲学取向教学论的发展

自夸美纽斯的《大教学论》问世至今，作为一门学科的教学论经历了300多年的发展。虽然在此期间许多教育家认识到心理学对教学论发展的重要性，如瑞士教育家裴斯泰洛齐主张“教育要心理学化”；后来德国教育家赫尔巴特以心理学作为他的教育和教学理论的重要基础，系统阐述了教学过程的阶段和程序。但直到现在，在整体上教学论仍然是哲学和经验取向的。因为裴斯泰洛齐和赫尔巴特主张的心理学不是科学心理学，而是哲学的一部分。

自19世纪末科学心理学诞生至今，科学心理学发展经历了100余年，其研究结果对哲学和经验取向的教学论产生了一些影响，但教学论主要依赖哲学和经验的状况并未改变。例如，在20世纪影响深远的美国实用主义哲学家杜威主张的教学论和苏联凯洛夫的教学论也都是哲学和经验取向的。我国的教学论在中华人民共和国成立前主要受杜威的思想影响；在中华人民共和国成立后，主要受苏联凯洛夫教学论影响，所以也主要是哲学与经验取向的。

20世纪90年代美国教育界出现了两种教学观的争论，即建构主义教学观与科学取向教学论的争论。据美国学者分析，建构主义之所以兴起，是因为某些学者对以信息加工心理学为代表的认知心理学的客观主义观点不满。例如，持建构主义观点的教学设计专家乔纳森(D. H. Jonassen，1992)认为，必须使教学设计的哲学范式来一次大转变，使之建立在建构主义哲学基础上。建构主义作为一种运动兴起的另一个原

表16-1 建构主义关于学习与教学的主要观点(见2005年英文版，第409页)

讨论的项目	建构主义者的主要观点
学习结果	推理、批判性思维、知识的理解与使用、自我调节，有意识的反思
学习者作用	积极的知识建构者，建构他(她)周围世界的意义
教师或教学设计者的作用	提供复杂而真实的、能挑战学习者识别和解决问题的学习环境，支持学生所做的努力并鼓励他们反思学习过程
学习的输入或先决条件	结构不良的问题、支持问题解决的信息和技术资源；自我导向的能力，或有助于这种能力形成的条件
学习过程	除了提到安排知识结构、重组知识和知识的动态性之外，建构主义者并没有阐明学习过程

因，是因为美国学生在国际比赛和州范围内的技能测验中的成绩不良。建构主义在学习论、教学论和教学设计中都有反映，其内部又分成许多小的派别。加涅的合作者德里斯科尔（M. P. Driscoll）在其所著学习心理学《Psychology of Learning for Instruction》（2005）中对建构主义的学习与教学观作了如表 16－1 的概括。

（二）哲学取向教学论的应用价值和局限性

1. 哲学取向教学论的应用价值

在科学心理学诞生之前，教学论以哲学和经验取向为主；在科学心理学诞生 100 年之后，这种状况并未根本改变，而且这种状况还将长期继续。出现这种状况是与教学本身的复杂性分不开的，也是与哲学取向教学论的应用价值分不开的。

第一，哲学取向教学论能对教学实践提供一般指导。教学是人类的重要实践之一。人类的许多实践往往走在理论的前面。在科学发展之前，人们总是依据哲学来指导实践。医生治病就是一个典型的例子。人们凭经验治病在先，对病理的科学研究在后。所以在医学科学产生之前，许多民族的药学都是哲学与经验取向的。在药学科学诞生之后，遇到许多疑难杂症时，科学暂时无能为力，仍然需要依赖哲学和经验。教学比医生治病更复杂，其科学规律更难揭示，而教学实践不能停步，故依赖哲学与经验是必然的。

第二，许多哲学和经验取向的教学论观点反映了教学规律。许多哲学家和教育家能高瞻远瞩，提出符合学习和教学规律的观点。例如，孔子关于学习对人性改变的重要性的观点，苏格拉底强调教师要像助产婆一样启发学生自主学习的观点，至今仍然是正确的。当科学心理学产生以后，有些复杂的心理学问题，科学心理学无法回答，但哲学家根据经验和他们过人的思辨能力，能较好地回答。例如，在 20 世纪初，桑代克通过观察饿猫开启迷箱的行为，认为人和动物解决问题的过程是"尝试与错误"直至最后获得成功的过程。格式塔心理学家反对尝试错误说，通过观察黑猩猩将两根棒接起来够着远处的食物的行为，认为解决问题的过程是顿悟的过程。与此同时，杜威通过经验总结和思辨，提出人类解决问题经过暗示、理智化、假设、推理和用行动检验假设五个阶段。1978 年奥苏伯尔（1994：698）在回顾科学心理学关于思维和问题解决的研究文献后得出结论说："作为对思维中所包含的连续时间阶段的一种正式描述，六十多年来并没有人对杜威 1910 年的描述作过明显的改进。"就指导教学实践而言，杜威的问题解决过程的描述远比当时格式塔心理学家和行为主义心理学家以动物为被试得出的研究结论更有用。

第三，许多优秀教师的经验经过长期积累和实践检验，反映了教学规律。例如教师出身的著名教育家叶圣陶先生在语文教学和语文教材编写方面提出过许多中肯的意见。至今这些意见对语文教学仍具有重要指导意义。

第四，哲学取向教学论能及时反映社会需要。任何社会或国家的教学目标、内容、制度、组织形式都离不开一定社会或国家的政治和经济状况。哲学与经验取向的教学论接近政治，能适时反映社会政治和经济的需要，能得到行政部门的支持。而且许多理论又来源于当时的教学实践，所以易于推广和传播。

2. 哲学取向教学论的局限性

上面已经谈到，哲学和经验取向的教学论有其应用价值，而且在很长的时期内，仍将处于优势地位。但是我们也应清楚地认识到，哲学和经验取向的教学论存在明显的局限性。

第一，许多概念未经严格定义，由这些概念构成的原理含糊不清。例如，哲学与经验取向的教学论中有一条著名的教学原则是“传授知识与发展能力相统一的原则”。据这一原则，教学中要传授知识，更重要的是发展能力。但对于什么是知识，什么是可以教会的能力，什么是不能教的或很难教会的能力的问题，哲学取向教学论无法作进一步具体的回答。教学实际工作者自然很难在教学中切实解决知识与能力辩证统一的问题。类似的例子举不胜举。

受含糊的哲学与经验取向教学论长期影响，有的学者毫无根据地杜撰教育学与心理学概念。例如，西方心理学家考虑到传统智力概念只涉及认知方面的能力过于狭窄，便提出情绪智力(emotional intelligence)概念。顾名思义，情绪智力概念的提出只把原先的智力概念扩大到情绪领域，仍然是在讲智力。后来有一位名叫丹尼尔·戈尔曼的报刊作者写了一本名叫《情绪智力》的畅销书。中国译者为了迎合出版商增加卖点的需要，把它译为《情感智商》，从此“情商”这个术语不胫而走。当许多人引用“情商”这个术语来论证情感教育的重要性时，全然不顾其真正含义是什么(王晓钧，2002：59～65)。

第二，缺乏可操作性，难以指导教学实践。由于哲学与经验取向的教学论所论述的教学目标、过程、原则和方法等高度概括，而且许多概念未经严格定义，含糊不清，很难转化为具体操作的规则。在这种教学论指导下，教师的成长很慢。这可以用中医和西医来类比。西医的规则是严密的，通过西医培养的大学生职业成长较快；中医的规则模糊，中医学院毕业后的医生还需要伴随老中医，通过师傅带徒弟的方式，经过长期实践以后才能独立治病。

第三，用它指导教学，教学实践难以取得实质性的进步。例如，中国的语文教学是一个典型的例子。中国语文教学有几千年的历史，在近现代产生过无数特别优秀的语文教师或特级教师，出版过大量的反映语文优秀教师的教学经验的著作和文章，但是中国的语文教学费时之多和效率之差是公认的事实。而且至今这种状况没有多大改变。重要原因之一是哲学观点加经验总结的方法并未导致中国的语文教学论产生实质性的进步,教师的教学行为也不可能产生根本变化。

三、科学心理学与实证研究取向的教学论

我们把依据科学心理学,尤其是学习心理学并通过实证研究建立起来的教学论称为科学心理学与实证研究取向的教学论(简称科学取向教学论)。

(一) 科学取向教学论的起源与发展

1. 科学取向教学论的起源

持科学观点的教育心理学家对哲学与经验取向的教学论的含糊性和缺乏可操作性不满,力图创建以科学心理学,尤其是以学习科学为基础的教学论。行为主义心理学家率先在这方面开展了工作。鲍尔和希尔加德指出:教育心理学创始人桑代克"对于教育实践中的许多模糊哲学问题不抱希望,而且尽可能把问题转化为一种可以得到切实解决的形式。例如桑代克支持教育测量和明确陈述教育目标的思想"(鲍尔、希尔加德著,1987:78)。20 世纪 50 年代著名行为主义心理学家斯金纳把学习原理应用于教学实践,创建了程序教学。程序教学是把教学建立在科学心理学基础上的一次系统尝试。程序教学强调知识技能学习的目标具体和明确,教学内容被分成许多相互联系的小步子,并形成系列。学生必须在掌握先前的知识技能成分以后,才能学习新的知识技能成分。学生每前进一小步都能知道自己学习的结果,并能得到反馈和强化。根据学习理论编写的程序教材不仅可以由教师来教,也可以通过教学机器呈现,让学生自学。用机器呈现教材的教学被称为机器教学。

但是桑代克和斯金纳用科学的方法解决教学问题的努力并未获得成功。严格的实证研究表明,采用程序教学的实验班的教学效果并不比采用传统教学方法的对照班的教学效果好,所以程序教学曾风行一时,不久人们对它的热情便减退了。

2. 科学取向教学论的发展

桑代克和斯金纳坚持用科学和实证研究的方法解决教学问题,其方向是对的。他们的努力之所以未取得成功,是因为他们低估了人类学习的复杂性。他们主要只研究动物和人的低级学习(如条件反应和通过强化改变幼儿的行为)。当遇到儿童和青少年的高级学习问题(如阅读理解、解决复杂数学或几何问题)时,他们的理论便显得无能为力。教育实际工作者只得求助于哲学与经验取向的教学论。

但 20 世纪 60 年代后,学习和教学研究的情况发生了革命性的变化。心理学家提出了许多学习理论和相应的教学模式。

(1) 布鲁纳的认知—发展说和发现教学模式

布鲁纳虽然没有提出系统学习论，但他的许多思想对学习和教学的研究产生了重大影响。其一，他于 1956 年通过人工概念研究，发现被试推理策略的差异，提出思维策略的概念；其二，他发表的《教学过程》一书，突出教材结构，强调发现学习，区分了普遍迁移和特殊迁移；其三，他于 1964 年提出儿童表征外部事物的方式，从动作式表征到图像式表征，最后到符号式表征的三种表征方式；其四，1966 年他出版了一本探讨教学论的文集(布鲁纳，2008)，指出了学习论和教学论的区别，认为学习论是描述式的，"教学论是处方式的，因为它提出了获得知识或技能的法则，并提供了测量或评定结果的技术"。他还认为，教学的理论是规范式的，因为它树立了需要达到的目标，并论述了达到目标的条件。

(2) 奥苏伯尔有意义言语学习论及其中蕴含的教学论思想

奥苏伯尔虽然没有提出系统的教学论，但其学习论观点蕴含可以操作的教学论思想。

第一，由于教学目标是预期的学生的学习结果，所以可以把智育目标定义为塑造学生良好的认知结构及其三个变量。

第二，由于有意义学习的心理机制是原有知识对新知识的同化，奥苏伯尔提出的同化模式可以具体指导概念和命题知识学习过程和条件的设计。

第三，由于接受学习是学生习得知识和智慧技能学习的主要形式，所以奥苏伯尔的有意义接受学习的过程和条件的理论可以为课堂上的主要教学形式——教师讲解式教学提供具体指导。

第四，为了促进知识不断分化和融会贯通的组织，奥苏伯尔提出了设计陈述性组织者和比较性组织者促进知识组织的技术。

第五，由于奥苏伯尔提出学生的学习动机是由认知内驱力、附属内驱力和自我提高内驱力三个成分构成的，所以教师可以根据儿童年龄阶段不同，适当利用动机的这三个成分来推动与维持学生的学习。

(3) 维特罗克的生成学习理论与生成技术

维特罗克兼用学习的信息加工观和认知建构观指导学科学习与教学的研究，经过长期理论与应用研究，提出了生成学习理论。生成学习包括四个主要成分，即生成、动机、注意和先前的知识经验。生成是指形成新知识的内在联系以及新知识与已有经验之间的联系。动机是指积极生成这两种联系的愿望，并且把生成联系的成效归因于自己努力的程度。注意是指引生成过程的方向的因素，它使生成过程指向有关的课文、相关的原有知识和经验。先前的知识经验包括已有的概念、反省认知、抽象知识和具体经验。

在此基础上他又开发了一系列生成技术，以促进学习材料之内以及学习材料与学生原有知识之间的双重联系。前一联系被称为文内联系，是教材编写者应注意的；第二种联系被称为文外联系，是教师在教学设计时应着重注意的。

(4) 认知策略与元认知研究及其教学论含义

尽管认知策略与元认知研究是学习研究的一个新领域，而且研究的难度高，但可以从已有的研究中引申出若干认知策略的教学论原则。

第一，研究表明，支配认知策略的是一类特殊的程序性知识，这些知识大部分是内隐的，个人不能用明确的言语把它们陈述出来，但它们都能对人的认知活动起调控作用。为了对儿童和青少年进行有目的和有计划的认知策略训练，训练者必须明确地向训练者陈述支配策略活动的规则是什么(这里的规则常常是启发式的)，使内隐的规则外显。

第二，策略训练应与动机激励相结合，使儿童或青少年体验到新学习的策略能有效地提高他们学习效率和解决问题的成功率。

第三，策略训练应与元认知训练相结合，被训练者不仅应知道要训练的策略是什么，而且要在变式练习中体会到策略应用的条件。

第四，策略有的简单，如为了控制注意可以在阅读的材料上划线；为了延长短时记忆，可以复述。这些策略可以在短时间内学会。复杂的策略主要指思维与推理策略，如作家在写文章时的构思策略，学生在解决数学应用题时使用的推理策略。这类策略需要很长时间才能掌握。

第五，研究表明，策略教学不能离开学科内容单独进行，而应该结合学科内容渗透认知策略和元认知教学。

(5) 班杜拉的社会认知论及其教学含义

人类的学习不仅有知识与能力的学习，而且有人格与品德方面的学习。知识与能力学习主要解决知不知与会不会的问题，而人格与品德学习主要不是解决知不知与会不会的问题，重点是要解决愿不愿意的问题。如在公共汽车上为老、弱、病、残、孕让座不是知不知与会不会的问题，而是愿不愿意的问题。加涅把这类学习称为态度学习，也有人称之为情感领域的学习。班杜拉提出的个人因素(P)、环境因素(E)和行为因素(B)三者相互作用的社会认知论能较好地解释人的态度、价值和行为习惯的学习。

从班杜拉的观察学习理论中可以引申出许多重要的德育与行为习惯教育的原理。第一，榜样是青少年行为模仿的源泉。榜样有现实的，如父母、教师，也有符号化的，如媒体中呈现的人物。榜样的影响有积极的与消极的，榜样无处不在，其影响也无处不在。教师必须设法让学生多接触好榜样，避免不良榜样的影响。第二，观察者看到榜样行为后果是决定其是否重复榜样的行为的关键因素之一。教育工作者和整个社会都应向青少年显示，榜样的不良行为应带来不良后果，从而避免儿童和青少年模仿榜样的不良行为。第三，由于强化是影响学生行为的重要决定因素，教师可以利用直接强化、替代强化和自我强化这三种形式引导学生保持良好的行为习惯。

(6) 加涅的《学习条件》和《教学设计原理》

加涅于1965年出版《学习的条件》一书。该书于1970年、1977年、1985年三次修订再版。1985年版的书名改为《学习的条件和教学论》。在《学习的条件》的基础上，加涅于1974年出版了《教学设计原理》一书。该书于1979年、1988年、1992年和2005年四次修订再版。《学习的条件》阐明学习结果分类，每类学习结果的外部行为表现和学习的过程和条件。在此基础上，加涅提出了不同于哲学与经验取向的教学论。他称这种教学论为任务分析教学论。其含义是：教师和教学设计者应对作为教学目标的学习结果类型进行分析，根据不同的类型的学习规律为学生的学习创设最佳的内部和外部条件，最后根据每类学习结果的不同性质进行不同的学习结果的测量和评价。《教学设计原理》一书则是其学习论和教学论思想的具体运用，该书成了西方教学设计的经典。

(二) 科学取向教学论的应用价值和局限性

1. 科学取向教学论的应用价值

第一，概念经过严格定义，由这些概念构成的规则具有可操作性。科学取向教学论建立在经过实证研究获得的学习规律的基础之上。从实证研究中得出的学习规律是具体的、有条件限制的。建立在这些学习规律基础上的教学论也是具体的、可以操作的。例如学习的类型和过程细分以后，教师的操作就方便了。而且教学类型细分以后，教学不再是"教无定法"，而是可选择的方法十分有限。

第二，有助于提高教学效率。基于科学取向教学论的教学设计规定，在教学前设置明确和可以测量的教学目标；其教学过程和方法的选择必须针对教学目标；在教学过程和某一阶段教学任务完成以后，必须对教学效果进行形成性和总结性测量和评价。如果发现目标没有达成，必须及时进行补救教学。这些措施保证了教学的效率。

第三，有助于教师专业发展。由于科学取向教学论具体，易于操作，用该理论培训教师的教学技能，有助于教师较快掌握教学技能。研究表明，用学科教学论及其相应教学设计技术培训教师，教师的教学技能迅速提高，他们不仅知道如何教，而且可以说明为什么要这样教(吴红耘、皮连生，2004)。

2. 科学取向教学论的局限性

尽管与哲学取向的教学论相比，科学取向教学论具有更具体、易于操作、效率高和有助于教师的教学技能的掌握等优点，但科学取向教学论作为一门学科，还处于起步阶段，其局限也是明显的。科学心理学的学习的研究虽然有很大进步，但未知领域还很多，特别是知识的综合运用和解决问题的心理机制的研究尚无重大突破。现代认知心理学分析了广义知识的三个成分即陈述性知识、程序性知识和策略性知识在解决问题过程中的不同作用。从分析的角度来说，研究取得了重大的突破。但这三类知识如何综合运用解决问题的研究显得较薄弱。近半个世纪以来，尽管认知领域的研究取得了长足的进步，但相对而言，情感领域的学习研究进展不大。因此，关于如何进行创造能力的教学（或解决问题的教学），培养学生的创新意识、合作精神等问题，基本上只能留待哲学取向的教学论来回答。

第二节　科学取向教学论的主要内容

本书根据科学心理学对学生心理发展与学习规律的研究以及上述心理学家的教学论思想，就如下课题概括科学心理学取向的教学论的主要内容：

(1) 学生的素质及其构成成分；

(2) 教学宗旨、目的与目标；

(3) 反映学习过程的教学过程；

(4) 教学原则、方法；

(5) 学习结果的测量与评价。

一、学生素质的构成成分分析及其教学含义

在讨论人的素质时，因所持的立场不同，对人的素质有不同要求。当讨论学生的素质时，我们把学生看成是一个学习者，以这样的视角看素质，一个学习者所要求的素质与一名职业运动员所要求的素质是不同的。加涅从学习的角度，将影响学生学习的素质分成三类。

(一) 先天素质

加涅认为，与学习有关的个体的某些素质是由遗传决定的。如视敏度与许多学习有关，但这种个人的特征是不能通过学习或后天教育改变的。视力可以影响知觉和动作技能的学习，但对智慧技能的学习无多大影响。

然而，有些信息加工特征对智慧技能和知识的学习有重要影响。例如，在人们思考问题时，工作记忆中只能暂时贮存 7±2 个信息项目。这个数字叫短时记忆容量。不同的人短时记忆容量存在差异。又如，亨特(E. Hunt)等人发现，人们从长时记忆中识别和提取先前习得的概念的速度不同，而且提取速度与智力有明显的相关。加涅认为，短时记忆容量大小和概念提取速度很可能是由遗传特征决定的。

学习者的先天素质对教学设计的含义是：教学设计者不能企图通过教学改变这些特征，而应按照"避免超越人类潜能"这样一条思路去进行设计。例如，低年级儿童记忆容量小，向他们呈现的句子不宜过长，教师讲话的语速也应适当放慢。

（二）后天习得的素质

我国素质教育的口号喊了十多年，但是对于能受教育影响与不能受教育影响的素质是什么，易受教育影响和不易受教育影响的素质是什么等问题，由于哲学取向的教学论未区分学习、发展和成熟等概念，我们只能作出含糊的回答。加涅的学习分类理论认为，能直接受教育影响的学生素质就是学生学习的结果。这些结果被贮存于人类长时记忆中，构成后天习得的性能(learned capabilities)，也就是我们说的习得的素质。

哲学取向教学论一般把学生的学习结果分为知识与技能。加涅的学习论把学生的学习结果分为言语信息、智慧技能、认知策略(含元认知)、动作技能和态度 5 种类型。这 5 种学习结果还可以被划分成若干亚类，如智慧技能又分辨别、概念、规则、高级规则。

把学生学习的 5 种结果看成学生习得的素质，其教学设计的含义是：因为教学目标是预期的学生学习的结果，所以教学设计是以教学目标(即学习结果)为根本依据的。一切教学过程、事件和环境等条件的创设，媒体和材料的选用等，都要服务于教学目标；教学效果的测量与评价也必须以目标为参照。

（三）个体发展中自然形成的素质

哲学取向教学论在讨论学生素质时易犯的一个共同的理论错误是：没有区分学生在学校教育直接影响下习得的能力和在自然发展中形成的并通过智力测验所测得的智力。加涅说："一般来说，能通过心理测量来评估的能力通常是人类个体稳定的特征，是长期不变的，不易被大量针对它们的教学和实践改变的"。

除了这种一般的"能力"之外，个体在发展中形成的不易受教育影响的特征是与情感有关的特质，如有些学生内向，有些学生外向，有些学生焦虑水平高，有些学生焦虑水平低等。加涅认为："人类行为的这些方面，像能力一样，也同样持续相当长的一段时期，也是不易被旨在改变它们的教学所影响的。"

把在自然发展中形成的素质（主要指智商）与通过学校教学习得的素质分开考虑，其教学设计含义是：智商是一个相对稳定的人格特征，它不易受教育影响，但它决定学生学习速度的快慢。智商高的学生学习速度快，智商低的学生学习速度慢。据斯坦福—比纳智力量表，智商平均分数为100；智商85～115的儿童属于中等水平，约占人口的68%；智商85以下和115以上的儿童属中下和中上水平，各约占人口的16%。一般的教学设计往往只能照顾智商中等水平的儿童，而无法兼顾智商水平两端的儿童。智商水平两端的人需要通过学校采取其他措施，如允许跳级、重新分班、分组和有选修不同课程的自由等去满足。

二、教学宗旨、目的和目标

教学是人类有目的和有计划地培养下一代的特殊实践活动。用科学指导教学实践，除了要认识学生的素质的上述三个成分及其教学含义之外，接着重要的一步，是将学生习得的素质加以细分并用预期的学生学习结果来陈述各级各类教学目标。

（一）哲学取向教学论陈述的教学目标及其局限性

教学目标陈述的概括性水平至少可分三级：第一级水平是国家教育方针政策水平。这一级水平的教学目标的英文名称是"aim"（即宗旨）。如智育宗旨之一可陈述为："学生解决实际问题和创新能力得到发展"。第二级水平为课程水平。这一级水平的教学目标的英文名称是"goal"（即较长远的教学目的）。如这一级水平的语文朗读教学目的可以陈述为"学生能用普通话正确、流利、有感情地朗读课文"。第三级水平为教学单元、课题或课时目标，其英文词是"objective"（即可以观察和测量的具体教学目标）。

我国哲学取向教学论的教学目标陈述往往只停留于第一级和第二级水平，而且"教学目标"和"教学目的"这两个术语互相替代，不加区分。教学设计的第一步是科学地设置与陈述教学目标。哲学取向教学论含糊的目标观显然不能具体地指导教学设计。

我国哲学取向教学论的教学目标观的另一个局限性是未区分上述学生素质中的三个成分，尤其是未将作为学习结果的素质与在自然发展中形成的素质加以区分。有关教科书一般没有指出"智力"是学习的结果或者自然发展中形成的智力。从科学心理学看来，前者是易受教育影响的，是教学的目标；后者不易受教育影响，其天生成分占60%。它是影响教学目标达成的重要因素，但不能作为具体教学的目标。

（二）科学取向教学论的教学目标

科学取向教学论的教学目标观可以概括如下。

(1) 学校教学是一种目标导向的特殊实践活动。目标决定教学内容、过程、方式方法以及测量与评价。

(2) 不论哪一级水平的教学目的或目标，都必须以预期的学生的学习结果来界定。

(3) 为了指导教学设计与教学设计的实施，必须依据合理的标准对学生的学习结果进行分类。这种分类将随着学习研究的深入而发展。当前公认的对教学设计有普遍指导意义的学习结果的分类是加涅的学习分类。该分类认为，学生的学习结果是由言语信息、智慧技能、认知策略、动作技能和态度五个成分构成的。尽管当代认知心理学研究为人们对学习结果中的言语信息和认知策略提供了新的认识，例如，认知心理学家认为，言语信息中应包括结构性知识、心理模型，认知策略中应包括元认知知识和元认知技能，但加涅学习结果分类的框架未变。

(4) 现代认知心理学认为，学习结果的认知成分和情感成分是紧密联系的，因此在认知心理学中出现了热认知(hot cognition)概念。例如，通过成功的学习，学生增强了对自己学习能力的信心(情感成分)，这种自信心又推动学生克服学习困难，增加努力，从而又发展了认知能力。

科学取向的教学论认为，用预期的学生学习结果陈述具体和可以测量的教学目标是良好的教学设计的出发点和归宿。因此，教育心理学家开发了许多陈述具体教学目标的技术。如马杰(R. E. Mager, 1975)提出陈述行为目标的技术，格兰伦(N. E. Gronlund, 2000)提出认知与行为相结合的目标陈述技术。

三、反映学习过程的教学过程

（一）哲学取向教学论的教学过程及其局限性

自从班级授课制出现以后，教师不是面对个别儿童授课，而是要面对数十人的教学班授课。教学活动总是在一定时间流程中展开的，所以教学过程的结构(或阶段)便成了教学论研究的重要课题之一。例如，一本教学论教科书说："为了正确地安排和指导教学过程，必须明确地认识和阐明它的发展逻辑，探寻教学过程的各种不同方案，以便找到使学生由不知到知，从不会到会的运动的最有效的最有理想的途径，这正是教学论的任务的实质所在。要解决这一问题，就需要阐明教学过程的时间结构，找出教学过程的各个组成部分即各个环节及其特有的职能"。

该书列举了中外哲学取向教学论提出的如下教学过程模式：

1. 我国古代的“博学之、审问之、慎思之、明辨之、笃行之”。

2. 西方古代昆体良的“模仿、接受理论的指导、练习”。

3. 赫尔巴特的“明了、联想、系统、方法”。

4. 苏联凯洛夫的“感知、理解、巩固、运用”。

5. 20世纪80年代后我国公认的教学过程阶段“引起动机、感知、理解、巩固、运用检查”(黄甫全、王本陆,1998: 43-45)。

也有人根据教师的课堂教学经验,提出课堂教学经过如下环节:组织上课、检查复习、讲授新课、巩固新教材和布置课外作业。

上述教学过程模式对指导教学实践发挥了积极作用,但是从科学取向教学论来看,哲学取向教学论关于教学过程的描述具有很大的局限性。其最大的局限性在于:它的依据是哲学的认识论和教师的经验,不能反映不同类型的学习的特殊过程和相应的教学过程。例如,如果把“博学、审问、慎思、明辨、笃行”作为我国古代的教学过程描述,那么这里的描述反映了学,而未反映教,反映的学习只涉及“知识”的学习,未反映“技能”的学习。西方古代昆体良的模式反映动作技能的学习,未反映智慧技能的学习。赫尔巴特、凯洛夫和我国的教学过程描述只反映了“知识”学习,未反映智慧技能和动作技能的学习。用这些只反映了局部学习过程的模式来概括一般的教学过程显然是不适当的。

(二) 科学取向教学论的教学过程

加涅认为,学习有独立过程,因为没有教,学生也可以自学;教没有独立过程,因为教只是帮助学,教不能离开学。加涅等(1999: 193)根据对学习理论含义的反思,提出了教学事件的概念。他说:“一般来说,教学包括一套外在于学生的、设计用于支持学习者内部过程的事件……在多数情况下,教学事件必须由教学设计者或教师作出审慎的安排。这些事件的确切形式(通常是对学生的交流)一般来说并非适用于所有课,而且必须依据每一个学习目标来确定。”

依据学习的信息加工过程模型,加涅认为,单一学习活动要经历注意、选择性知觉、复述、语义编码、提取、反应组织、反馈七个步骤,此外还有执行控制过程的参与。据此他提出了相应的教学事件及其顺序(详见表16-2)。

加涅的教学事件没有区分陈述性知识与程序性知识学习过程和教学过程的差异。皮连生在其所著《智育心理学》(1996)中首次提出了广义知识学习阶段与分类模型,在此基础上提出广义知识学习和教学过程模型(见图16-1),并在随后的教改实验中进行了研究。研究表明,该学习与教学模型有助于教学设计的科学化。

表 16-2　教学事件与学习过程的联系

教　学　事　件	与学习过程的联系
1. 引起注意	接受各种神经冲动
2. 告知学生目标	激活执行控制过程
3. 刺激回忆前提性的学习	把先前的学习提取到工作记忆中
4. 呈现刺激材料	突出有助于选择性知觉的特征
5. 提供学习指导	语义编码，提取线索
6. 引出作业	激活反应组织
7. 提供作业正确性的反馈	建立强化
8. 评价作业	激活提取，使强化成为可能
9. 促进保持和迁移	为提取提供线索和策略

图 16-1 的学与教过程模型可以概括为“六步三阶段”教学过程模型。图中 1～4 步为学与教的第一阶段。这一阶段学与教的目的是解决新知识的理解问题。所谓理解，用现代认知心理学的术语来说，是新知识（或新信息）进入学习者原有知识结构的适当部位；用信息加工心理学的术语说，是新信息进入原有知识网络并进行新的编码和组织的过程。所以这一阶段的学与教必须符合信息加工的基本条件。这就是图16-1中的前四步，即：(1) 学习者的注意和对学习结果的预期；(2) 激活原有知识；(3) 选择性地知觉外界呈现的新信息；(4) 积极地将新信息与个人原有的相关知识（包括表象、概念原理和事实等）联系起来，达到对新知识的理解的目的。图中第五和第六步各代表学与教的一个阶段。第五步代表知识的巩固或转化阶段，第六步代表知识的提取与运用阶段。

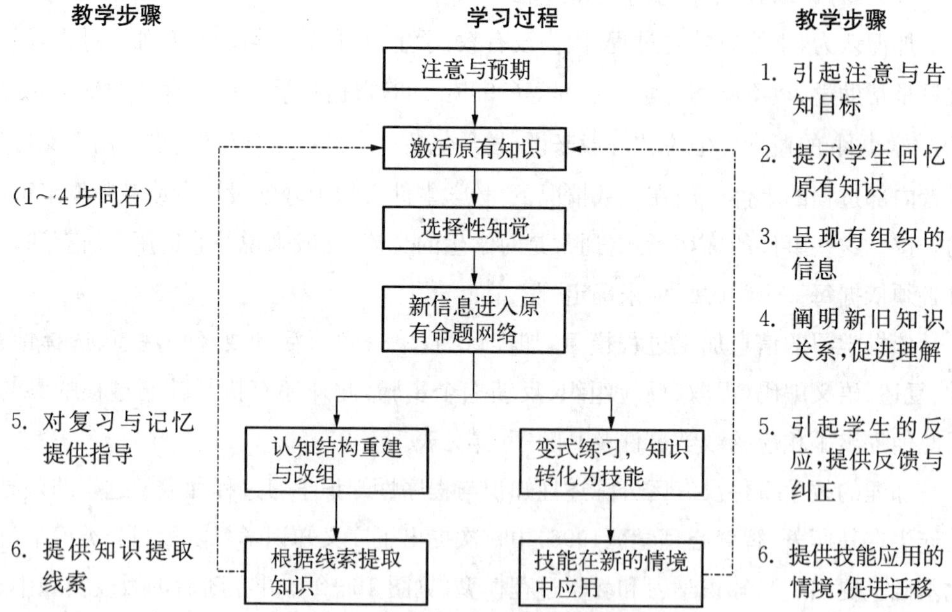

图 16-1　广义知识与教学过程模型

完整的教学过程必须符合六步三阶段模型，缺少任何一步，或者学习不能发生，或者学习虽然发生，但不能转化或持久保持。

如果把教学过程仅仅看成六步三阶段，则新的教学过程模型同历史上的教学过程模型和我国当前流行的教学过程模型在形式上差别不大。新的教学过程模型与传统教学过程模型的明显区别在于：第一，传统教学过程模型着眼于教师的行为，新的教学过程模型着眼于师生双向活动。严格地说，我们的教学过程模型应被称为"学与教"的一般过程模型。该模型认为，教无独立过程，它是学习的外部条件，为学服务。离开了学，就没有教。第二，传统教学过程模型没有知识分类学习的思想；新的教学过程模型反映了知识分类学习的思想。自第五步开始，学与教分为两支，左边的一支代表陈述性知识的学与教；右边的一支代表程序性知识的学与教，所以可以进一步把新的教学模型概括为"六步三段两分支"学与教过程模型。

尽管新的教学过程模型有许多优点，如较好地体现了学生主体与教师主导关系的原理，反映了现代认知心理学关于知识分类学习思想，能较满意地解释知识与技能学习的异同，但它不能解释学生的道德品质的学与教。所以，我们这里谈论的教学只是中小学各学科知识、技能或策略的教学，未涉及情感领域的教学。

四、反映学习条件的教学原则和方法

（一）哲学取向教学论的教学原则和方法

教学论在回答了教什么的问题以后，接着要回答的问题是如何教。为了指导如何教，哲学取向教学论一般要阐述若干教学原则和介绍许多教学方法。例如，黄甫全、王本陆(1998)阐述了如下八条教学原则：

1. 科学性和思想性统一原则；
2. 理论联系实际原则；
3. 传授知识和发展能力相统一的原则；
4. 教师主导作用和学生自觉积极性相结合的原则；
5. 直观性与抽象性统一原则；
6. 系统性和循序渐进性相结合的原则；
7. 理解性和巩固性相结合的原则；
8. 统一要求和因材施教相结合的原则。

通常被介绍的教学方法是讲授法、读书指导法、练习法、演示法、实验法、实习作业法、讨论法、研究法。

这些原则和方法是在一定的哲学观指导下，总结教师教学实践经验而提炼出来的，对教学实践能提供一般指导。其局限性是：这些原则和方法的提出缺乏科学学习论基础。所以当人们问：在具体教学情境中这些原则和方法如何运用的问题时，哲学取向的教学论的典型回答是“教学有法，教无定法”。据统计，现已整理出来的教学方法有700多种。面对数不胜数的教学方法，教师最后如何作出选择呢？没有学习分类研究理论的支持，教师是很难作出选择的。所以我国教师培训中常常发现，教师不愿意接受理论培训，却宁愿听公开课。因为公开课看到的方法便于模仿，不必自行选择。

（二）反映学习过程和条件的教学原则与方法

教学原则和方法应反映学习的过程和条件。关于学习的过程如何决定教学过程，上面已经论述过了。这里将要从心理学关于学习的条件的研究引出若干教学的原则和方法。

学习论告诉我们，学习的发生及其保持必须依赖一定的条件。学习条件有一般条件和特殊条件。一般条件适用于各种类型的学习，特殊条件是某种类型的学习所必需的。教育心理学中的一个著名公式是：

$$\text{学习成绩} = f(M, IQ, K)。$$

这里，M 代表学习动机，IQ 代表智商分数，K 代表原有知识技能。这一公式表明，学生的学习成绩与其学习动机、智商分数高低和原有知识技能成正相关。当外部条件保持不变时，学生的学习动机越强，智商水平越高，原有知识技能越丰富和巩固，则学习成绩将越好。

可以将这一描述学习一般条件的公式转化为指导教学设计及其实施的三条原则：

1. 好的教学应有利于激励学生的学习动机；
2. 好的教学应充分利用学生的原有知识基础；
3. 好的教学应适应学生的个别差异。

第一条原则反映学习动机的重要性。动机属于学习情感因素，在新的学习中起催化剂作用，能加速与减慢学习过程。动机通过集中注意和增强努力来影响新的学习。好的教学应使学生通过学有所得带来信心与满足。

第二条原则反映原有知识基础的重要性。此处的知识是广义的，包括已掌握的事实、概念、原理、学习方法和技能。原有学习与新的学习通过相互作用，形成新的知识结构。原先的学习不只是影响新的学习的快慢，它还决定新的学习是否能够出现。好的教学应使学生已习得的东西有助于新的学习，即有助于学习的迁移。

第三条原则反映学生的智商水平在学习中的作用。智商水平是在发展形成的相对稳定的学生素质。它一般不决定学习能否发生，但决定学习的速度。好的教学应使学得快的学生适当快学,学得慢的学生适当慢学,不应企图把学生的学习速度拉平。

新近的研究表明,学生除了由智商高低决定的学习速度差异之外,他们的认知方式也存在差异。如有的学生善于形象思维,有的学生善于抽象逻辑思维。因此,好的教学除了要考虑学习速度差异之外,还要考虑学生认知方式的差异。

从上述影响学习的一般因素转化而来的教学原则是经得起实证研究和教学实践检验的,所以它们是科学心理学与实证研究取向教学论的教学原则。为了反映不同学习类型的特殊学习条件,还应补充两条教学原则:

4. 用具体教学目标指导教师的教、学生的学以及学习结果测量与评价;

5. 通过任务分析,为不同的教学目标选择最优教学步骤、方法和技术。

第四条原则可以简化为"目标导向教学原则"。为了使教学科学化,教学目标的陈述必须明确、具体,对不同的人有共同的含义,不能含糊不清,各人有各自的理解。教师的教与学生的学都必须围绕目标而展开;评价教学效果的唯一客观标准是教学目标达成的数量与质量。

第五条原则可以简化为"依据任务分析选择教学策略的原则"。教学设计中引入任务分析,教师通过分析教学目标中蕴含的学习结果的类型,确定实现每一目标所需要的特殊条件,为教学步骤、方法或技术的选择提供学习论依据。这样教师不会感到"教无定法",而是觉得"教有优法"。

此外,还可以提出"避免超越短时记忆容量"、"及时提供反馈"、"为迁移而教"等教学原则(王小明,2005)。

五、目标导向的测量与评价

一个完整的教学论在回答了教什么和如何教的问题以后,最后必须回答教得如何的问题。回答教得如何的问题首先涉及学生学习结果的测量,其次要对测量结果作出达到目标与否的评价。通过测量与评价达到改进教学的目的。

我们在本书第一章给学习下定义时指出,学习的结果是学生的内部性能变化,包括能力和情感态度变化。但是内在的变化不可直接测量,能直接测量的是外显行为。因此,教学设计人员必须掌握通过外部行为测量去推测学生内部性能变化的理论和技术。

(一) 布卢姆的教育目标分类学

美国以布卢姆为首的一个委员会于 1948 年开始研究教育目标分类学,先后公布认知、情感和心因动作技能三个领域的教学目标分类。

1. 认知领域目标分类

认知领域的目标分类于 1956 年公布。根据学生掌握知识和技能的深度,布卢姆等将认知目标由低到高共分六级：(1) 知识；(2) 领会；(3) 运用；(4) 分析；(5) 综合；(6) 评价。

2. 情感领域目标分类

情感领域的教学目标于1964年公布。其分类依据是价值内化的程度。这一领域的目标由低到高共分五级：

(1) 接受(注意)。指学生愿意注意特殊的现象或刺激(如课堂活动、教科书、文体活动等)。从教方面来看，其任务是指引和维持学生的注意。学习结果包括从意识一事物的存在的简单注意到学生的选择性注意。它是低级的价值内化水平。

(2) 反应。指学生主动参与。处在这一水平的学生，不仅注意某种现象，而且以某种方式对它作出反应(如自愿阅读规定范围外的材料)，以及反应的满足(如以愉快的心情阅读)，这类目标与教师通常所说的“兴趣”类似，强调对特殊活动的选择与满足。

(3) 价值化。指学生将特殊的对象、现象或行为与一定的价值标准相联系。包括接受某种价值标准(如愿意改进与团体交往的技能)，偏爱某种价值标准和为某种价值标准作奉献(如为发挥集体的有效作用而承担义务)。这一阶段的学习结果所涉及的行为的一致性和稳定性使得这种价值标准清晰可辨。价值化与教师通常所说的“态度”和“欣赏”类似。

(4) 组织。指将许多不同的价值标准组合在一起，克服它们之间的矛盾、冲突，并开始建立内在一致的价值体系。重点是将许多价值标准进行比较、关联和系统化。学习的结果可能涉及某一价值系统的组织。与人生哲学有关的教学目标属于这一级水平。

(5) 价值与价值体系的性格化。指个人具有长时期控制自己的行为以致发展了性格化“生活方式”的价值体系。其行为是普遍的、一致的和可以预期的。这一水平的学习结果包括范围广泛的活动，但强调学生行为的典型性和性格化。这阶段的教学目标着重于学生的一般适应模式(包括个人的、社会的和情绪的)。

(二) 修订后的布卢姆认知目标分类学

2001年修订后的认知目标分类学在充分吸收了认知心理学研究成果的基础上，采用两个维度分类的方法来处理教学中的知识分类与能力的关系问题。

1. 知识维度

该分类学将学生需要学习的知识分成如下四种类型：

A. 事实性知识——学生通晓一门学科或解决问题所必须知道的基本要素，如术语知识、物质的元素成分知识等。

B. 概念性知识——能使各成分共同作用的较大结构中基本成分之间的关系，包括概念、原理、公式、结构、定理和模型等概括性的知识。

C. 程序性知识——如何做什么、研究方法和运算技能、算法、技术和方法的标准，如整数除法，科学实验方法等。

D. 反省认知知识(亦称元认知知识)——一般认知知识和有关自己的认知的意识和知识，包括策略性知识和自我知识等。

2. 认知过程维度

认知过程被分成由低级到高级的六级水平：

(1) 记忆——从长时记忆中提取有关信息；

(2) 理解——从口头、书面和图画传播的教学信息中建构意义；

(3) 运用——在给定情境中执行或使用某种程序；

(4) 分析——把材料分解为它的组成部分并确定部分之间的联系以形成总体结构或达到目标；

(5) 评价——依据标准做出判断；

(6) 创造——将要素加以组织以形成一致的或功能性的整体；将要素重新组成新的模式或结构。

知识维度和认知过程维度相结合构成一个两维矩阵表(见表 16-3)。

表 16-3　两维认知目标分类与其应用举例

知识维度	认知过程维度					
	1 记忆	2 理解	3 运用	4 分析	5 评价	6 创造
A 事实性知识						
B 概念性知识						
C 程序性知识						
D 元认知知识						

布卢姆认知教育目标分类学(修订版)提供了美国中小学语文、数学、历史、地质学、营养学等五门学科共六个单元的教学案例。案例由有经验的中小学教师执教并撰写教学目标、教学过程和教学结果评估报告。修订版的作者(课程与教学论专家)按两维分类表分别对每一单元的目标、教学策略和评估方法进行评析。主要是评析教学目标类型；分析教学中的每项活动是否与目标类型符合；审视教学结果，评估是否针对目

标的类型；最后分析目标、教学和评估三者的一致性程度。如果教学案例中三者一致性程度高，这就表示教师的教学符合科学心理学和教学论原理；否则可能违背科学心理学和教学论原理（安德森等，2007）。

第三节　科学取向教学论在中国大陆的发展

一、发展概况

由于历史原因，中国大陆的教学理论历来是哲学与经验取向的。但在实行改革开放政策以后，特别是20世纪80年代，西方科学取向的教学论对我国的教学理论产生了重大影响。这些影响表现在：中国科学院心理研究所卢仲衡开发的“自学辅导教学”受斯金纳的程序教学思想影响；上海市青浦区的数学教学改革受现代认知心理学影响；20世纪80～90年代，中国大陆涌现出一批著名特级教师，如魏书生、丁有宽、张富、钱梦龙等，他们的许多教改经验受到现代认知心理学和科学取向的教学论思想影响。布卢姆教育目标分类学在中国大陆29个省市、自治区广泛传播、运用，是科学取向教学论影响我国教学改革的典型事件。据瞿葆奎回忆，1986—1996年间召开10次全国性研讨会，交流全国各地目标教学研究成果，其中在南宁召开的研讨会到会人数达7 000人之多。研究一种教育学说参加人数之广，延续时间之长，实属罕见。

经过较长时间的理论与实证研究，专业理论工作者初步提出了较系统的科学与实证研究取向的教学理论。例如冯忠良（1998）提出了“结构化与定向化教学心理学原理”（以下简称“结构—定向”教学论，1991，1998）。与此同时，皮连生主持了“知识分类与目标导向教学”的研究。在这个研究基础上，提出了一个新的智育理论（1994，1996，2008）。它包括三个分理论：智育目标论、知识分类学习论和目标导向的教学设计。比较有影响的还有李蔚的“五方四段七步整体效应”教学理论，王洪礼的反思性教学理论，陈琦的计算机辅助教学理论，段继扬的创造力教学理论，卢家楣的情感教学理论。

二、两个系统理论简介

（一）“结构—定向”教学论

该理论是作者在长期实证研究和理论思考的基础上提出的。这一理论涉及构成教学心理学理论的四个重要方面：教学目标、学习原理、教学原理和教学设计。

1. 教学目标

该理论主张,“教学首先确定以建构学生的心理结构为中心的观点。也就是说,所有教学工作或教学系统的各方面都是为了使学生心理产生预期的变化,即使一定的心理得以形成和发展。”“心理结构不外是一种认知经验结构、情感经验结构与动作经验结构因素”“依据教育本性,教育系统所需建构的心理结构,即通常说的能力与品德的结构”。“各种能力是各种概括化与系统化了的知识与技能。各种品德是各种概括化与系统化的社会规范的遵从经验。”(冯忠良,1998)

2. 学习原理

该理论提出了三个学说。

(1) 教育的经验传递说,即主张人类社会通过教育这一手段使社会经验(知识技能和社会规范)代代相传。

(2) 接受—建构说,主张学生的学习是接受学习而非发现学习,但接受不是被动的,而是需要学生主动建构的。

(3) 能力与品德的类化经验说,主张学生通过教学所形成的能力与品德是经验类化的结果。也就是说,能力是类化了的知识与技能结构,是概括化了的知识与技能的网络系统;品德是类化了的社会规范经验,是概括化了的社会规范经验的网络结构。

3. 教学原理

包括学习动机及学习积极性规律,知识及其掌握规律,技能及其形成规律,社会规范及其接受规律,学习的迁移规律,即为学习的迁移而教的规律。

4. 教学设计

为了实现结构—定向教学思想,该理论提出通过控制教学目标、教材、教与学的活动以及教学考评四个环节来保证教学过程和方法符合学生心理结构的形成规律。

“结构—定向”教学论是一个基于教育哲学、心理学和教育实验研究建立起来的完整的教学心理学体系。它形成于20世纪90年代初,之后得到进一步发展和完善。

(二)“知识分类与目标导向”教学论

该理论是一个智育心理学理论。最初由皮连生在《智育概论——一种新的智育理论的探索》(1994)和《智育心理学》(1996,2008)中提出。这一理论是在综合西方多种现代学习与教学理论基础上,结合中国教育实际的长期应用性研究中提出来的。这一理论在教学目标、学习原理、教学原理与教学设计方面提出了一些独特观点。

1. 智育目标论

认为教学目标是预期学生学习的结果。一个人的能力与智力不全是学习的结果，有很大一部分是先天遗传成分自然成熟的结果。教学目标中不排除(或控制)由自然成熟而发展起来的能力成分是不科学的。至于学习的结果，认为认知领域学习的结果就是习得广义的知识，包括陈述性知识、程序性知识和策略性知识。这一观点既符合加涅的学习结果分类理论，也得到布卢姆认知领域教育目标分类 2001 年修订版的印证：该分类在认知教育目标中不提能力或智力，而是提四类知识与六级掌握水平。这表明知识掌握到一定水平就转化为能力。

2. 知识分类学习论

该理论认为，根据现代认知学习心理学研究结果，认知领域的学习具有共同的一般过程和条件，每一类学习又有其特殊的过程和条件。而且各类知识之间存在相互作用，即陈述性知识可以向程序性知识转化，程序性知识也可以向陈述性知识转化。知识分类学习论综合了奥苏伯尔的有意义言语学习理论，加涅的学习条件理论和安德森的"思维的适应性控制理论"(简作 ACT 理论)，既阐明了认知领域学习的一般过程和条件，又阐明了每类学习的特殊过程和条件以及各类学习之间的相互作用。

3. 目标导向教学的理论与技术

目标导向教学论主张，"学有规律，教有优法"。只有符合学习规律的方法才是优秀的教法。为此要求用具体、明确的教学目标指导学生的学、教师的教和测量与评价。为了确保教师遵循学习规律实施教学，该理论主张在教师的课堂教学设计中引入教学任务分析这项关键的教学设计技术。教师进行任务分析的第一件工作是对作为教学目标中的学习结果进行分类，然后说明每类学习结果的必要条件和支持性条件。教师的教只是为学生的学创设必要条件。一旦教师运用学习理论完成了适当的任务分析，教学过程和方法就自然清楚了。

三、两个理论的比较

两个理论使用的术语和依据似乎有很大差异，但从教学心理学的基本理论框架来看，两个理论的基本框架是相同的(见表 16-4)。

我们可以用"学习分类与目标导向教学"来概括这两个体系。两者都对学习进行了分类阐述，只不过它们的学习分类稍有差别，两者都强调在目标指导下进行教学设计。

表 16-4 “结构—定向”教学论与“知识分类与目标导向”教学论比较

	“结构—定向”教学论	“知识分类与目标导向”教学论
教学目标	心理结构(能力结构、品德结构)	广义知识：陈述性知识、程序性知识和策略性知识(含元认知)
学习原理	接受—构建说，能力与品德经验类化说	三类知识有共同的信息加工过程，但每类知识有其特殊学习过程和条件，而且它们存在相互作用
教学原理	根据知识、技能、社会规范的学习规律进行教学	根据知识类型选择最适合教学策略，即“学有规律，教有优法”
教学设计	从目标、教材、教学活动和考核及评估系统创设教学新体制	引入现代教学设计中的任务分析技术，使教学目标起到导教、导学、导测评作用

本章概要

1. 自从科学心理学诞生以来，教育心理学家如桑代克、斯金纳等试图在学习的科学研究基础上建立科学取向的教学论。但由于 20 世纪 60 年代前，科学心理学对学习的研究停留于动物学习和人类机械学习，科学取向的教学论不可能形成。20 世纪 60 年代后，心理学对学习的研究转向人类的认知和人格的形成，为科学取向教学论的提出创造了必要的前提条件。奥苏伯尔、布鲁纳、维特罗克等心理学家对科学取向教学论的形成作了重要贡献，但加涅的代表作《学习的条件和教学论》、《教学设计原理》为科学取向教学论的创立奠定了基础。

2. 当今世界上存在两种不同取向但又互补的教学论：一种是哲学与经验取向的教学论，另一种科学心理学与实证研究取向的教学论。两者各有优点和局限性。前者适合于解释教学的科学性与确定性方面；后者适合于解释教学的艺术性与不确定性方面。

3. 科学取向教学论也称教学心理学，其研究的主要内容包括学习者心理、教学目标、教学过程、教学原则与方法、学习结果的测量与评价。虽然哲学取向的教学论也研究这些内容，但不如科学取向教学论的概念明确、可操作性强和利于教师专业技能发展。

4. 在 20 世纪 90 年代，中国大陆出现了基于科学心理学和实证研究取向的教学论，比较系统的理论如冯忠良提出的“结构—定向”教学论、皮连生提出的“知识分类与目标导向”教学论。这两个理论可以概括为“学习分类与目标导向教学”理论。

练 习 题

一、解释下列术语

教学论(didactics)　哲学取向教学论　科学取向教学论

教学目标　学生的素质　习得的性能(learned capabilities)

教学过程模式　教学事件　“六步三阶段”教学过程模型

教育目标分类学　“结构—定向”教学论　“知识分类与目标导向”教学论

二、填空

1. 科学取向教学论关于教学方法选择的观点是＿＿＿＿＿。

2. 哲学取向教学论关于教学方法选择的观点是＿＿＿＿＿。

3. 本书提出的两种取向的教学论是(1)＿＿＿＿＿，(2)＿＿＿＿＿。

4. 教学论主要研究(1)＿＿＿＿＿、(2)＿＿＿＿＿、(3)＿＿＿＿＿、(4)＿＿＿＿＿、(5)＿＿＿＿＿等。

5. 加涅提出的任务分析教学论的基本观点是＿＿＿＿＿。

6. 布鲁纳指出学习论和教学论的区别是＿＿＿＿＿。

7. 加涅区分了学生的(1)＿＿＿＿＿、(2)＿＿＿＿＿、(3)＿＿＿＿＿三种素质。

8. “六步三段两分支”学与教过程模型的依据是＿＿＿＿＿。

9. 影响学生学习的三个最重要内部条件是(1)＿＿＿＿＿、(2)＿＿＿＿＿、(3)＿＿＿＿＿。

10. 2001年修订的布卢姆认知教育目标分类学将认知目标分为(1)＿＿＿＿＿(2)＿＿＿＿＿两个维度。

11. 继1956年布卢姆对认知领域的教育目标分类以后，1964年克拉斯沃尔等对＿＿＿＿＿领域的教育目标提出了＿＿＿＿＿的级分类。

12. 动作技能的教育目标分类提出较晚，较有名的分类是＿＿＿＿＿的分类。

13. 修订的布卢姆认知教育目标分类学中所区分的四类知识是：(1)＿＿＿＿＿、(2)＿＿＿＿＿、(3)＿＿＿＿＿、(4)＿＿＿＿＿。

三、选择

1. 根据学生原有知识进行教学的依据是＿＿＿。(1) 行为主义；(2) 社会认知论；(3) 认知结构论；(4) 人本主义理论。

2. 科学取向教学论出现于＿＿＿。(1) 20世纪初；(2) 第二次世界大战期间；

(3) 20 世纪末；(4) 20 世纪 60 年代。

3. 对科学取向教学论形成作出最大贡献的教育心理学家是______。(1) 奥苏伯尔；(2) 加涅；(3) 布鲁纳；(4) 布卢姆。

4. 心理测量所测得的智力是______素质。(1) 不受教育影响的素质；(2) 易受教育影响的素质；(3) 发展形成的素质；(4) 通过学习形成的素质。

5. 科学取向教学论把学习目标界定为______。(1) 学生学习的结果；(2) 学生学习的结果和过程；(3) 学生学习的结果和价值观；(4) 知识与技能、过程与方法、态度与价值三个维度。

6. 把教学过程描述为"感知——理解——巩固——运用"过程，最适合的学习类型是______。(1) 动作技能；(2) 言语信息；(3) 智慧技能；(4) 价值与行为习惯。

7. "六步三段两分支"学与教过程模型适合解释的学习类型是______。(1) 言语信息；(2) 智慧技能；(3) 动作技能；(4) 言语信息与智慧技能。

8. 用布卢姆认知教育目标分类指导测量时区分知识与技能的依据是______。(1) 知识的表征；(2) 能力背后的知识类型；(3) 测验题反映的学习情境与测量情境的变化；(4) 测验题的类型。

9. "据任务分析决定教学策略"的教学原则的依据是______。(1) 认知发展理论；(2) 同化论；(3) 学习类型理论；(4) 个性差异理论。

四、研究与设计

1. 举实例说明："学有定律，教有优法"的科学取向教学论的教学方法观。

2. 评析"知识与技能、过程与方法、态度与价值观"三维教学目标的理论依据。

第十七章　目标导向的教学设计

本章要点

<u>**教学设计概述**</u> **教学与教学设计的基本概念** 教学 教学设计 **教学设计的一般过程模型：迪克和凯里的系统化教学设计模型** <u>**目标导向的课堂教学设计**</u> **目标设置与陈述** 课堂教学目标的来源 克服目标含糊性的目标陈述技术 **教学任务分析** 关于任务分析的定义与范围 指导课堂教学任务分析的理论	**教学策略的选择与开发** 按知识类型设计课型与选择教学策略 按学习阶段设计课型与选择教学策略 **开发测量与评价工具** 布卢姆认知领域目标分类理论与测验题编写技术 加涅认知领域学习结果分类理论与测验题编写技术 <u>**目标导向教学设计实例分析**</u> **小学数学：认识分数的教学设计** 评析 **初中语文：神态与动作描写训练教学设计** 评析

本章目标

学完本章后，应能做到：

1. 根据图 17－1 和图 17－2，比较教学过程和教学设计过程的异同点；

2. 对提供的熟悉的教学内容，能陈述可操作的教学目标，对目标中的教学任务进行分析，并据此对教学策略提出建议；

3. 根据加涅学习结果分类理论编写适当的测验题；

4. 用本章习得的原理对一些公开课的设计思想进行适当评价。

有了学习论和科学取向教学论，教师还难以使这些理论转化为教学实践。为了使学习论和科学取向教学论转化为教师的教学行为，关心学习论与教学论的实际运用的教育学家和心理学家发展了许多教学设计的理论与技术。本章首先概述教学设计的概念和一般过程；接着介绍我国教师当前需要掌握的现代教学设计理论与技术的主要内容；最后提供两个教学设计实例，分别说明目标导向教学设计原理和技术如何在数学和语文教学设计中运用。

第一节　教学设计概述

与“教学设计”相关的基本概念有教学、设计、教学设计和系统化教学设计等。

一、教学与教学设计的基本概念

（一）教学

1. 概念分析

“教学”(instruction)一词包含两个方面，即“学”与“教”。先有“学”，然后才有“教”。没有“学”，“教”也就不存在了。从行为上看，“学”是学习者通过与环境相互作用，改变自身的能力和倾向以适应环境的行为，如读书、看报，做数学练习题和从事写作等行为都可能出现学习。“教”是教者帮助学习者学习的行为，如教师为学生指定阅读的书籍，指导学生的读、写的练习等。将“学”与“教”两个词组合成“教学”一词，其含义是教师帮助学习者学习的一切活动。

2. 过程分析：教学过程流程图

完整的教学过程需要经历一系列阶段。上世纪中叶，系统论被引入教育研究。从系统论来看，教学是一个由许多因素构成的复杂系统。心理学家安德森和弗斯特(Anderson & Faust, 1973)用图 17 - 1 所示流程图显示了该系统的结构与功能。

在教学过程流程图中，一般采用方框表示流程中的一个步骤或环节；菱形表示决策过程；圆形表示流程的开始与终止；箭头表示信息流的方向。图 17 - 1 有 9 个方框和一个菱形，表示一次完整的教学过程经历 9 个环节和一次评估的决策过程。这 9 个环节的含义如下：

(1) 确定教学目标。指教师或教学设计者根据学生年龄特点和社会需要，设置并陈述学生通过教学以后必须达到的标准。这些标准一般是用较概括的术语陈述的，如学生需要正确流利地朗读教材中选定的课文或者能写 200 字以内、内容具体的记叙文，或者会做 20 以内加减运算题等。

(2) 分析任务。分析从学生的原有水平达到教学目标之间所需要的从属的知识与技能，并确定它们之间的层次关系及其学习类型、学习条件等。

(3) 确定学生的原有水平。也就是确定学生的起点能力，包括原有知识、技能和

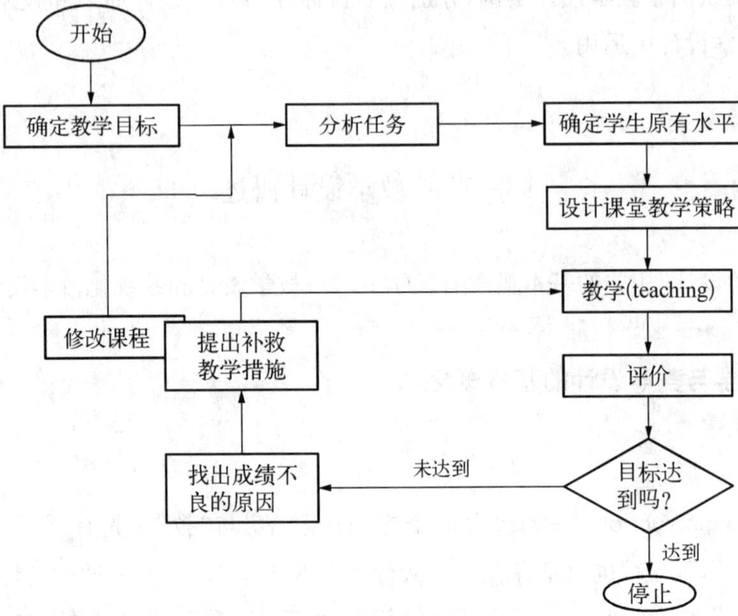

图 17-1　完整教学(instruction)过程的流程

学习策略;也包括了解学生的学习动机和态度。

(4) 设计课堂教学策略。教师或教学设计者根据教学目标和任务分析选择教学内容;决定教材呈现方式,如让学生阅读或者教师讲解或演示;安排师生互动的方式,包括练习与反馈的方式以及媒体等。

(5) 教学(teaching)。狭义上指课堂上教师和学生之间的信息传播与反馈的过程,其一般模式是:呈现教材——学生反应——强化与校正性反馈。这一步是第 4 步的实施或执行。

(6) 评价。对照教师或教学设计者原先确定的教学目标,测量、诊断与评价每一个学生是否达到既定的教学目标。如果教学目标已经达到,则一次完整的教学过程已经完成。这一新的学习结果就成为下一轮教学的起点(原有水平);如果未达到教学目标,就进入下一环节。

(7) 找出成绩不良的原因。成绩不良可能是由两方面的原因引起的。原因之一是:虽然教学设计合理,但教学执行上存在缺陷,如教师讲授不清晰或者由于学生缺乏学习动机,注意分散。在此情形下,教学进入下一环节。

(8) 提出补救教学措施。针对教师执行教学上的问题或管理上的问题,教师重新教授,学生重新学习。这里的箭头指向第六个环节。

如果找出成绩不良的原因属于教学设计中的缺陷,如目标要求过高或任务分析中遗漏某些子技能，或者学生缺乏某项起点技能，则教学进入下一环节。

(9) 修改课程。如降低教学目标水平，重新分析任务，重新确定学生的起点能力和修改课堂教学设计并执行教授活动，直到达到目标为止。

从图 17－1 可见，“教学”一词有两重含义：狭义上，“教学”指师生在课堂上的师生双向互动，其英文词是 teaching(也可以译作教，或教授)；广义上，“教学”不仅包含狭义的教学，即课堂上的师生互动，还包括教师和其他相关人员的课前教学准备，如制定教学目标，开发教材、教具等，和准备课后的测量、评价与诊断以及补救教学措施等，其英文词是 instruction。

(二) 教学设计

教学概念与设计概念相结合便构成了一个新的研究领域——教学设计，或系统化教学设计。教学设计有不同定义。例如，迪克和凯瑞用系统观看待教学设计，认为“教学过程本身可以视为一个系统。系统的目的是引发和促进教学。这一系统中的成分包括学习者、教师、教学材料以及学习环境”。又说，“教学过程应该怎样准备呢？教师如何确定自己应该做什么？何时做？毫不令人奇怪的是，坚持教学系统观的人，会把教学准备、实施、评价以及教学的修改视为一个整体过程。”所以，迪克和凯里(2007：2～4)把教学设计定义为**“用系统方法描述教学，分析、设计、开发、评价和修改的全过程”**。迪克和凯里的教学设计又称“系统化教学设计”。此处的系统可以从两方面理解：一是把教学过程看成一个完整的系统；二是用系统方法来研究和解决教学问题。

二、教学设计的一般过程模型：迪克和凯里的系统化教学设计模型

迪克(W. Dick)和凯里(L. Carey)与加涅同为美国佛罗里达大学著名教授。加涅在写他的名著《教学设计原理》(1992 年第四版)时，引述了迪克和凯里(1990)的系统教学设计模型。我们这里简介迪克和凯里 2005 年修订过的系统教学设计模型。

第一，确定教学目标。其含义同图 17－1 中第一步。

第二，进行教学分析。其含义同图 17－1 中第二步。

第三，分析学习者与环境。分析学生包括分析他们的已有知识、技能、爱好、态度以及其他与学习有关的人格特征。在单节课设计时重点是确定学生的起点能力。分析环境包括分析知识与技能学习的情境以及知识与技能运用的情境。这些分析所提供的信息有助于决定教学过程和方法。

第四，陈述作业目标(performance objectives)。作业目标也称行为目标，是用可以观察的行为陈述的具体教学目标。这样目标将便于测量和评估。

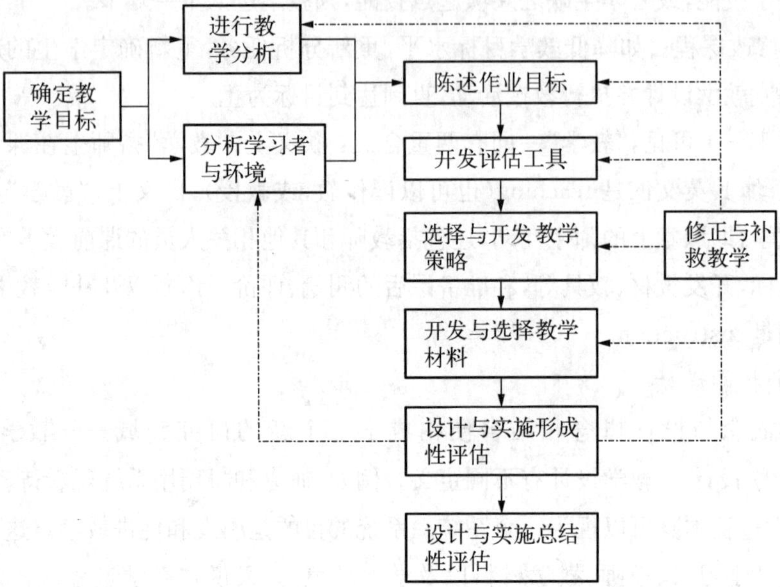

图 17－2　迪克和凯里的系统教学设计过程模型

第五，开发评估工具。目标设置和明确陈述以后，在教学实践中，目标是否实现，教学设计者预先需开发测量工具来评估目标实现的情况，此时考虑的重点是测验与目标之间的对应关系。

第六，选择与开发教学策略。教学策略的范围广泛，包括预备活动、呈现信息、提供练习与反馈、测验以及课后活动等的策略。学习策略是根据学习理论、当前要教的内容以及学生特点决定的。

第七，开发与选择教学材料。教学材料包括学生的手册、教材、测验和教学指导书以及传播媒体。开发与选择教学材料依赖学习类型，已有的可以利用的有关教材和资源。

第八，设计与实施形成性评价。形成性评价是在教学过程中进行的，为改进教学提供数据。形成性评估分三级水平：第一级水平是一对一评价，即一名教师对一名有代表性的学生，详细了解学生掌握教学目标的情况；第二级水平是小组评价，所得到的数据更有代表性；第三级水平是针对全班学生的评价。

第九，修正与补救教学。根据形成性评价，如果学生未达到教学目标，或发现学生存在学习困难，教学设计者应重新考虑教学设计，包括考察目标定位是否适当，教学任务分析是否准确。如果上述设计不适当，则应予以修正，并重新撰写作业目标和进行补救教学；如果发现目标定位适当，且任务分析正确，则需要重新考虑教学策略及其实施情况，并进行补救教学，直到达到原定目标为止。

最后，根据形成性评价结果对教学进行修正与补救之后，对教学效果进行总结性评价。一般来说，这一步并不是教学设计的一个组成环节，因为对一个教学设计的优缺点及其效果的客观评价不是由教学设计者自身进行的，而是由某个独立部门委托专门人员进行的。

请读者比较图 17－1 与图 17－2 中的步骤，注意它们的异同。

第二节　目标导向的课堂教学设计

教学和设计可以分为宏观和微观两种水平。宏观水平的教学设计主要是由课程专家进行的。教育行政部门聘请课程专家来确定课程目标，选择实现目标的教学内容并安排内容出现的先后顺序。这里仅讨论普通中小学教师要做的微观水平的教学设计，我们称之为“目标导向”的课堂教学设计。目标导向教学设计主要包括如下四个环节：

(1) 目标设置与陈述；

(2) 教学任务分析；

(3) 教学策略的选择与开发；

(4) 开发测量与评价工具。

一、目标设置与陈述

(一) 课堂教学目标的来源

课堂层次的教学目标是教师所制订的用于日常教学和评价工作的具体教学目标，包括单元教学目标和课时教学目标。教师制订用于指导自己的课堂教学行为的具体教学目标的依据是：

1. 学科专家制订的课程总的目的和目标以及分段目标。

2. 学科教材内容与相应教学目标的提示。据课程标准编写的教材，一般有单元教学目标或相应的提示。

3. 各级教育学院(或学校)教研员编写的教学参考书，其中包括单元的和课时的教学目标。

4. 所教授的班级的学生特点。

学校教师在备课时必须仔细学习和研究上述文献资料，结合自己所任教的班级学生特点制订具体的单元教学目标和课时教学目标。相对于非学校系统的教学设计人员来说，中小学教师一般熟悉学科教材内容和自己所教班级学生特点，而且有现成的学科课程标准和其他教学参考资料可以利用，所以他们制定教学目标的难度相对容易一些。尽管如此，教师应意识到，设置合理和可行的教学目的和目标是做好教学设计工作的最关键的第一步。知道教学目的和目标的来源有助于教师制订合理的教学目标。

（二）克服目标含糊性的目标陈述技术

传统教学目标是用含糊的术语如“知道、了解、理解、热爱、欣赏”等词语陈述的。为了增加教学设计的科学性，在陈述教学目标时，需要克服目标的含糊性。目前一致公认，可以采用行为目标、认知与行为相结合的目标和表现性目标来克服目标陈述的含糊性。

1. 行为目标

行为目标来自行为主义心理学。其基本观点是，教学目标是用于指导教学和测量的。含糊的目标对不同的人有不同的理解，难以指导教学和测量。为了克服目标的含糊性，必须把目标陈述由陈述内在心理变化改为陈述学生行为变化。也就是，不能陈述学生“知道什么、理解什么”，而应陈述通过教学之后，学生“会说什么”和“会做什么”。会说什么和会做什么是行为，可以观察和测量。例如，假设语文教师在陈述的教学目标中说：“通过教学培养学生的分析能力。”这是一个十分含糊的目标，不可能给教学和评价提供具体指导。将目标改为行为目标可以这样陈述：“提供报上一篇文章，学生能将文章中陈述事实与发表议论的句子分类，至少85%的句子分得正确。”

含糊的目标改为行为目标之后，语文分析能力指什么变得非常清晰。马杰(R. E. Mager, 1975)发展了行为目标陈述技术。他认为陈述得好的行为目标应符合三条标准：

(1) 说明教学后出现的行为表现，即学生能做什么(或会说什么)；

(2) 规定行为产生的条件；

(3) 规定符合要求的作业的标准。

上述语文目标的陈述符合这三个条件：

(1) 行为表现：将句子按陈述事实与发表议论分类；

(2) 行为产生的条件：提供报上的文章；

(3) 合格作业的标准：至少85%的句子分类正确。

后来教育心理学家一致认为，行为目标的陈述只需要满足前两个条件即可，第三个条件应放到学习结果测量中去考虑。本书每章开头陈述的目标都力求符合行为目标的这两个条件。

加涅提出了一种更精确的行为目标陈述技术。他认为，精确的行为目标包括如下五个成分：

(1) 行为产生的情境；

(2) 习得的性能动词；

(3) 行动(action)动词；

(4) 学习的对象；

(5) 工具和限制条件。

例如，加涅用上述五个成分为学生学习如“236 除以 4”(即 236÷4=?)这样的短除法问题写的一个目标：

“给出 10 道需要用短除法的算式(情境)，通过写出答案(行动动词)演示(性能动词)除法规则(学习的对象)，在无帮助条件下达到 90%的正确率(工具和限制条件)。”

表 17-1 中的标准性能动词刻画了一类学习结果的典型行为。一旦性能动词标准化以后，不同的人一看到目标中的这些动词，便知道目标中蕴含的学习结果类型。如见到“区分”，便知道它指的是“知觉辨别技能”；见到“识别”，知道它指的是运用具体概念的技能，其余类推。

表 17-1　描述人类性能的标准动词和含有行动动词的短语

习得的性能	性能动词	例子(画线的词为行动动词)
智慧技能		
辨别	区分	通过<u>比较</u>来区分法语中 u 和 o 的发音
具体概念	识别	通过<u>说出</u>代表性植物各部分的名称来识别根、茎和叶
定义性概念	分类	<u>运用定义</u>将概念族系<u>分类</u>
规则	演示	通过<u>解答</u>口头陈述的例子来演示正负数加法
高级规则(问题解决)	生成	通过<u>综合</u>可应用的规则，生成一段描述一个人处于害怕情境下的行为的文章
认知策略	采用	采用想象美国地图的策略，用<u>列表</u>的形式回忆各州州名
言语信息	陈述	<u>口头陈述</u>1932 年总统竞选的主要事件
动作技能	执行	通过将一辆小轿车<u>倒入</u>车行道来执行一项任务
态度	选择	<u>选择</u>打高尔夫球作为一项休闲的活动

行动动词则是更具体的行为动词，如当看到“识别”这个性能动词时，人们并不具体知道要学习者拿出什么行动来才表明他的“识别”能力。如果检测学生是否能识别“碗”和“杯子”，则可以提供若干碗和杯子的变式以及其他一些类似物品，请学生将碗

和杯子“分别找出”(行动动词)。

加涅这样陈述的目标虽然精确,但过于繁琐,不宜在中小学教学设计中推广。但在加涅的目标陈述中采用标准的性能动词和外显的行动动词来描述学习结果,以克服教学目标的含糊性,是值得学习的。

2. 内部过程与外显行为相结合的目标

坚持学习的认知观的心理学家认为,学习的实质是内在心理的变化。因此,教育的真正目标不是具体的行为变化,而是内在的能力或情感的变化。教师在陈述教学目标时首先要明确陈述如记忆、知觉、理解、创造、欣赏、热爱、尊重等内在的心理变化,但这些内在的变化不能直接进行客观观察和测量。为了使这些内在变化可以观察和测量,还需要列举反映这些内在变化的行为样品(N. E. Gronlund, 2000)。例如,语文的一个教学目标可以这样陈述:

理解议论文写作中的“类比法”:

- 用自己的话解释运用类比的条件;
- 在课文中找出运用类比法阐明论点的句子;
- 对提供的含有类比法和喻证法的课文,能指出包含了类比法的句子。

这样陈述的教学目标强调教学的总目标是“理解”,而不是表明“理解”的具体行为实例。这些实例只是表明理解的许多行为中的行为样品。这样,就避免了严格的行为目标只顾及具体行为而忽视内在心理过程变化的缺点,也克服了传统方法陈述的目标的含糊性的缺点。

3. 表现性目标

有时,人的认识和情感变化并不是参加一两次教育活动以后便能立竿见影。教师也很难预期一定的教育活动后学生的内在心理过程将会出现什么变化。在品德教育方面,这种情况尤为明显。为了弥补上述两种陈述目标陈述方法的不足,艾斯纳(E. W. Eisner)提出了表现性目标。这种目标要求明确陈述学生应参加的活动,但不精确规定每个学生应从这些活动中习得什么。

心理学家认为,这种目标只能作为教学目标具体化的一种可能的补充,教师千万不能依赖这种目标,不然,他们在陈述目标时又会回到传统的老路上去。

二、教学任务分析

(一) 关于任务分析的定义与范围

任务分析是一项复杂的教学设计技术。它是随着心理学研究发展而发展的。1999 年美国宾夕法尼亚大学著名教学设计专家乔纳森(D. H. Jonassen, 1999)与人合作出版了《教学设计中的任务分析方法》一书。该书认为，任务分析最初以行为主义心理学为指导，侧重于分析人们执行一项任务的外显行为；以后在认知心理学指导下，开始关注信息加工过程分析；受建构主义影响，当前关注情境中的活动分析。《国际教育百科全书》(Plomp & Ely, 1994)在“任务分析”这个条目中指出：“任务分析基于人类作业(human performance)的知识和学习理论。当那些理论发展以后，新的任务分析方法也发展起来，不同的任务分析方法适用于不同学习类型和不同的学习观点。”

《教学设计中的任务分析方法》一书对任务分析方法作了全面总结，该书介绍了21种任务分析方法，其中4种适用于工业和动作技能培训，3种适用于课堂教学和有指导的学习，5种适合认知任务分析和人工智能开发，5种适合教材开发。另外4种分析方法是在苏联心理学家活动论和现代建构主义学习论基础上发展起来的，适合开发符合建构主义的环境设计。

因此，乔纳森说：“任务分析有许多定义，这要看任务分析的目的，任务分析的情境和谁来进行分析。”

本书讨论的是适用于课堂教学设计的任务分析，把任务分析界定为教师在课堂教学设计中做的如下几项工作：

1. 通过对教材与学生的分析，确定单元或单课的具体的教学目标；

2. 对教学目标中的学习结果进行分类；

3. 根据对不同类型的学习的条件分析，揭示实现教学目标所需要的先行条件，也就是使能目标及其顺序关系；

4. 确定与教学目标有关的学生的起点状态。

在教学设计中，设置教学目标与分析教学任务(或学习任务)这两件事是难以分开的。因为一节课的目标达到以后，该目标便成了下一节课的起点，下一节课的目标则是更长远一些目标的子目标。因此，也有人把任务分析称为目标分析。

(二) 指导课堂教学任务分析的理论

教师在教学设计时，为什么要做任务分析呢? 可以用医生治病的例子类比来回答这个问题。

医生的任务是帮助病人把病治好。但他在开处方之前，先必须对病人的病情作出分析和诊断，确定疾病是属于何种疾病，发病的原因是什么等。只有把病情诊断清楚了，才能确定治疗过程和方法。教师的任务是帮助他人学习，通过他的引导，使学习者从起点状态转化到预设的目标状态。教师在决定采用何种教学过程和方法之前，也必须对学习任务进行分析，分析蕴含在教学目标中的学习结果类型，有效学习的过程和条件。医生在病情分析上的失误会贻误治疗，教师在学习类型分析上的失误会误人子弟。

我们认为，比较适合指导教师进行任务分析的理论是加涅的学习结果分类理论和奥苏伯尔的有意义言语学习理论。

1. 运用加涅的学习结果分类理论指导任务分析

加涅的学习结果分类理论系统阐述学习结果的类型和每一类学习的条件。用加涅的学习结果分类理论指导任务分析，可以把中小学各门学科涉及的教学任务分别归到他划分的五种学习结果之中（见表 17－2）。

表 17－2　教学目标中的学习任务举例及其所代表的学习类型

学习任务	学习类型
1. 陈述灭火器的主要种类及其用途	言语信息——交流经过组织的知识，使其意义不发生错误
2. 举例说明在恒温条件下有关气体的压力和体积关系的规则	智慧技能——将规则应用于一个或多个具体例子
3. 创作一篇论述反对官僚主义的论文	认知策略——创造一种处理问题的新方法
4. 用活动扳手拧紧螺帽	动作技能——执行一项连贯的操作
5. 选择阅读小说作为课余消遣活动	态度——个人对一类事件选择行动方向

当学习结果类型知道以后，下一步可以针对每一学习结果类型进行学习条件分析。表 17－3 显现了 5 种学习结果的必要条件和支持性条件，教师参照该表可以很方便地分析自己的教学任务所要的必要条件和支持性条件是否满足。

表 17－3　5 种学习结果的必要条件和支持性条件

学习结果分类	必要条件	支持性条件
智慧技能	较简单的智慧技能的构成成分（规则、概念、辨别）	态度、认知策略、言语信息
言语信息	有意义组织的信息	言语技能、态度、认知策略
认知策略	某些基本心理能力和认知发展水平	智慧技能、态度、言语信息
态　度	某些智慧技能和言语信息	其他态度、言语信息
动作技能	部分动作技能、某些操作规则	态度

2. 运用奥苏伯尔的有意义言语学习理论指导教学任务分析

加涅的学习理论适合分析学习结果类型和每类学习结果的条件，但加涅的理论未揭示每类学习结果的心理过程。奥苏伯尔的学习论虽然只涉及认知领域，但他的同化论不仅揭示了不同类型的有意义学习的过程，而且指出有意义学习的条件。教师可以根据有意义学习的三种同化模式进行学习过程和条件的设计。

(1) 根据上位学习同化模式设计学习的过程和条件

当教师分析教材和学生原有知识准备，发现学生认知结构中缺乏适当上位观念(概念、原理等)可以用来同化新知识时，应按上位学习同化模式设计学习的过程和条件：学习过程是教师指导下的发现过程；学习条件是若干正例(最好还应有反例)同时呈现，教师对学生的发现行为提供适当反馈信息。例如，分数概念的教学(见本章第三节)。

(2) 根据下位学习同化模式设计学习的过程和条件

当教师分析教材和学生原有知识准备，发现学生认知结构中已有适当上位观念可以用来同化新的概念或命题时，可以采用下位学习同化模式设计学习的过程和条件：学习过程是有意义的接受过程；学习条件包括学生提取原有相关上位观念，教师或教材直接呈现新的概念的定义或原理的陈述。此外，教师最好还应举例说明新知识与原有上位观念的异同点。例如，已习得分数概念及运算规则的小学生再学百分数概念及其运算规则，可以用下位学习同化模式设计学习的过程和条件。

(3) 根据并列结合学习同化模式设计学习的过程和条件

当教师分析教材和学生原有知识准备，发现学生认知结构中既无上位适当观念，又无下位适当观念可以用来同化新知识时，可以按并列结合学习同化模式设计学习的过程和条件：学习过程是类比推理过程；学习条件是教师举出学生已知的与新知识相吻合或可以类比的例子。如在教雷达时可以用学生熟悉的回声的例子类比雷达的电磁波。

三、教学策略的选择与开发

教学策略不是指具体教学方法，而是指适合达到一定教学目标的一整套教学步骤、方法和媒体等。张春兴(1998：471)把教学策略定义为“教师教学时有计划地引导学生学习从而达到教学目标的一切方法”。迪克和凯里(2007：189)说：“教学策略一词大体涵盖了将选择传输系统、对教学内容的类型进行排序和分组、描述教学中的学习成分、具体说明教学中如何对学生进行分组、确定一节课的结构以及选择传输的教学的媒体等各个不同的方面。”在知识分类学习论基础上，我们开发了广义知识学习与教学阶段模型，在该模型指导下可以按知识类型划分课型并采用相应教学策略(见表17-4)。

表 17-4 根据不同教学目标和学习阶段选择教学方法或技术

(一) 新知识习得阶段(新授课)

教 学 步 骤	主要可供选择的方法或技术	预 期 的 目 标
1. 告知目标	讲述,板书或由问题引入等	指引注意激发兴趣
2. 复习旧知识	提问,小测验等	激活原有知识
3. 呈现新知识	设计先行组织者、图表;教师讲授; 指导学生自学;提供直观材料等	选择性知觉新信息
4. 促进新知识的理解	比较新知识内部的异同;比较新知识与相关的原有知识的异同;运用类比等	使新知识进入原有认知图式,理解新知识

(二) 新知识的巩固与转化阶段(复习课或练习课)

学 习 类 型	主要方法或技术	达 到 的 目 标
陈述性知识	(1) 布置思考题,让学生带着问题复习、讨论等 (2) 对学生的复习、记忆方法提供指导 (3) 上系统复习课	巩固新知识,防止遗忘,学会记忆和复习的方法
程序性知识	(1) 设计变式练习,指导学生练习 (2) 及时提供反馈,纠正练习中的错误	使知识转化为技能或认知策略

(一) 按知识类型设计课型与选择教学策略

(1) 以陈述性知识为主要目标的课。如小学开设的常识、中学开设的历史、地理和生物,其中大多数课属于此类。课堂教学步骤可用第十六章图 16-1 中的 1～4 步加上左侧的 5～6 步。

(2) 以程序性知识为主要目标的课。如小学语文、数学,中学的语文、数学、外语,其中大多数课属于此类。课堂教学步骤可采用图 16-1 中的 1～4 步加上右侧的 5～6 步。

(3) 两类知识兼有或并重的课。如中学物理、化学往往既有陈述性知识的掌握,也有技能的形成。其教学步骤前四步相同,后两步应根据教学目标的不同来作出不同选择。由于缺乏知识分类学习论指导,目前教学实践中,许多教师把以程序性知识为主要目标的语文课或外语课教成陈述性知识课。结果学生记忆了许多名词术语、语法概念、写作规则,却不会开口讲外语,不会写出文句通顺的文章。应用知识分类与目标导向的教学设计可以较好地避免这种现象。

(二) 按学习阶段设计课型与选择教学策略

(1) 以知识理解为主要目标的课。这类课在中、小学所占的比例最大。这类课的教学步骤一般只要求图 16－1 中的 1～4 步。

(2) 以知识的巩固和转化为主要目标的课。这类课如果以巩固陈述性知识为目的,则称为复习课,如果以促进陈述性知识向程序性知识转化为目的,则可以称为练习课。复习课或练习课一般只要求图 16－1 中的第 1 步和第 5 步。此类课以学生的活动为主。

四、开发测量与评价工具

教学设计者需要回答的最后一个问题是：预定的教学目标达到了没有？要回答这个问题,教师作为教学设计者必须学会开发学生学习结果的测量与评价工具。在目标导向教学设计中,测量是针对教学目标的测量,即 目标参照的测量 ；评价也是 目标参照的评价 。教师可以选择布卢姆的教学目标分类理论,也可以选择加涅的学习结果分类理论开发测量工具,即编写测验题和试卷。

(一) 布卢姆认知领域目标分类理论与测验题编写技术

尽管在上世纪 50 年代初,布卢姆等人并不知道知识与智慧技能的本质是什么,但他们在划分认知领域时,采用了一套操作方法来区分知识与层次不同的智慧能力。他们规定,在测量时,凡是测验情境与原先的学习情境相同,或只有细微的改变,这样的测验所测量的是知识,或者说,测量的是回忆知识的能力。如果测验的情境与原先学习时的情境发生程度不同的变化,那么测量的是高低层次不同的智慧能力。变化程度小的测验情境,测量的是领会和运用能力；变化程度高的测验情境,测量的是分析、综合和评价能力。这样,教师和教育测量人员可以在并不知道知识与智慧能力的本质的条件下,采用上述操作方法,编制学习结果的测验题,从而测量到高层次的智慧能力。奥苏伯尔和他的合作者鲁宾逊(1969)曾运用 1956 年版布卢姆认知教育目标分类学编记忆、领会运用、分析和综合水平的几何知识与能力测验题。

假定所教的是如下知识：

命题 1：

如果

那么　$\angle 1 = \angle 2$(两直线相交,其对顶角相等)

命题 2：如果

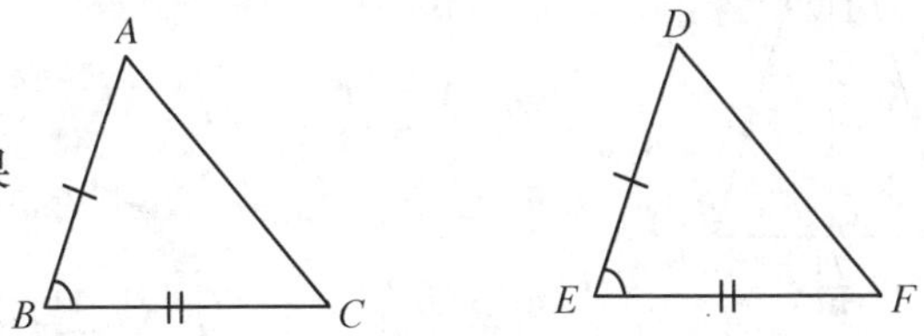

那么 $\triangle ABC \cong \triangle DEF$，$AC = DF$，$\angle BAC = \angle EDF$，$\angle BCA = \angle EFD$

（两个三角形两边及其夹角对应相等，则它们全等，而且其余的边和相应的角也相等）

命题 3

如果

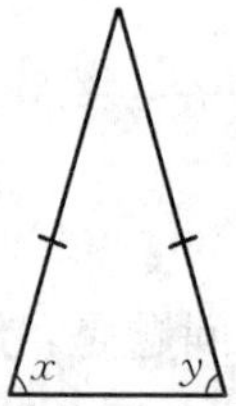

那么 $\angle x = \angle y$

（三角形两边相等，它们所对应的角也相等）

运用布卢姆认知目标各级水平分类的操作方法，可编写如下测验：

（1）假定

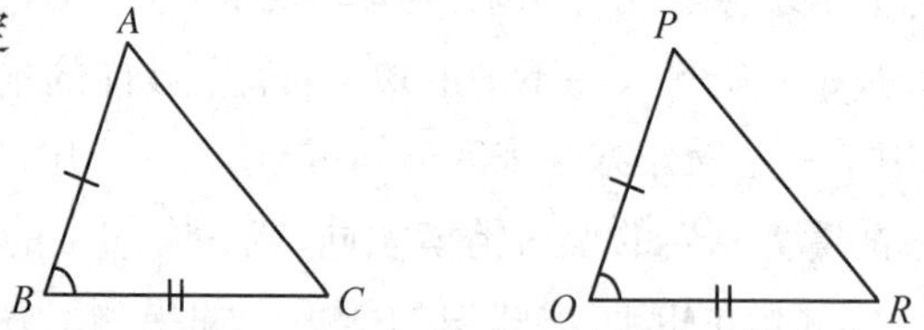

请陈述可以得出的结论。

因为此题学习情境与测验情境基本上相同，所以这里所测的是知识的记忆。

（2）假定

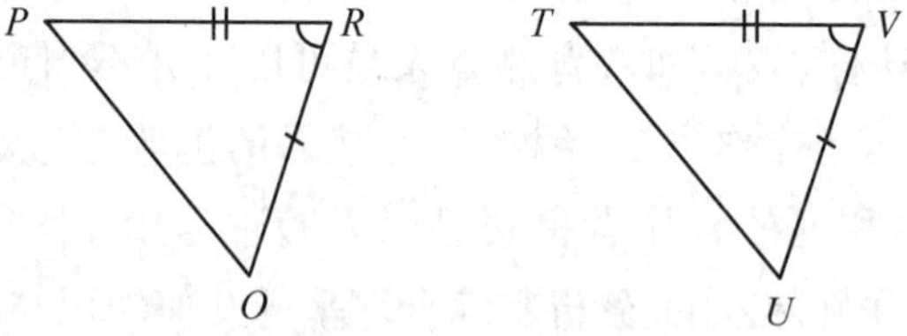

请陈述可以得出的结论。

因为此题测验情境与学习情境发生了较明显的变化，这样测得的是领会，即理解的初级水平。

（3）假定

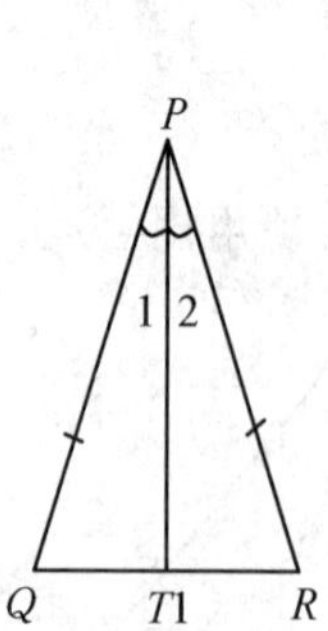

且 $\angle 1 = \angle 2$ （指弧线标出的角）

请陈述可以得出的结论。

因为在此题中测验情境与学习情境完全不同，学生必须把原先习得的命题（此处是几何定律）应用于新情境并理解新情境，这样测得的是运用，即较高级理解水平。注意此处的“运用”指单一命题在新情境中的运用。

(4) 假定 证明：$RT=TS$。

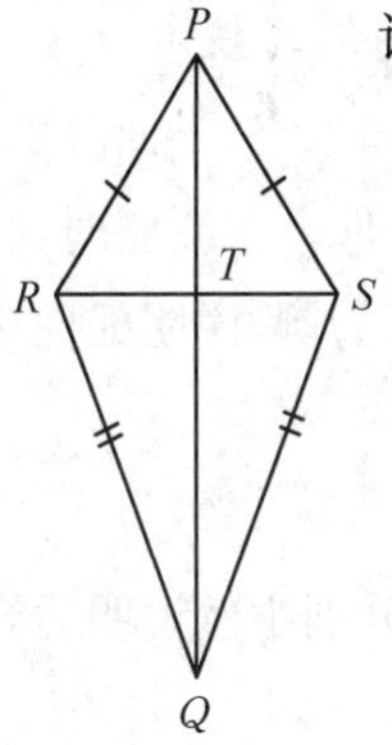

在此题中不仅测验情境与原先学习情境完全不同，而且不能运用所学得的单一命题解决当前的问题，但是如果学生分别运用先前学过的命题 2 和命题 3 对测验题作仔细分析，那么问题即可解决。此题测量分析水平的智慧能力。

(5) 假定 证明：$\angle LMN=\angle PQT$。

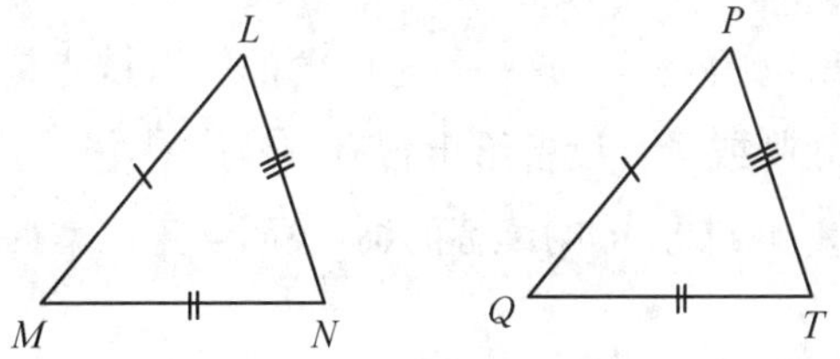

在此题中不仅测验情境与学习情境完全不同，而且凭借分析能力还不能解决，此题需要被试生成一种新境，即通过作辅助线，把两个三角形合成一个新图形：

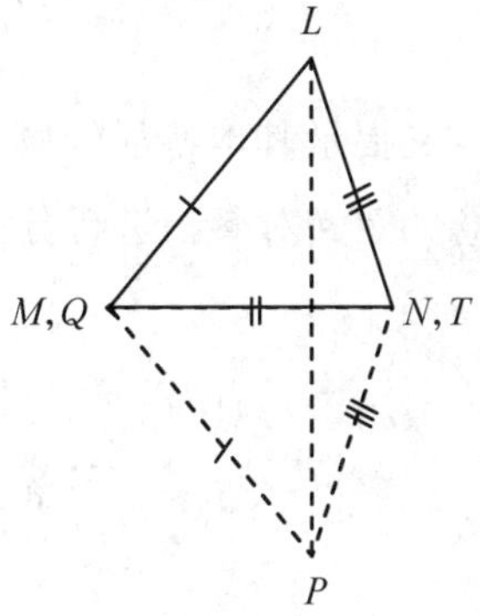

这样的测验题所测量的是综合水平的能力。

布卢姆认知领域的目标分类形成于 20 世纪 50 年代初，当时的心理学还是行为主义占统治地位的时期。尽管该分类的作者们注意使自己的分类不违背当时发现的心理学规律，而且他们当时提出的心理学假设具有前瞻性，但从当代心理学研究的最新成果看来，布卢姆认知领域的目标分类有许多局限性。

(二) 加涅认知领域学习结果分类理论与测验题编写技术

加涅认知领域目标包括智慧技能、言语信息和认知策略，下面分别举例予以说明。严格的行为目标中含有应测量的行为和行为产生的条件。在测验时，教师的任务是将行为目标转化为测验题。下面以良好陈述的教学目标为例，说明如何应用加涅的理论将教学目标转化为测验题。

1. 智慧技能

智慧技能包括辨别、概念、规则和高级规则，下面分别举例说明适合检测每种能力的行为标准和测验题。

(1) 辨别

语文和外语词语学习中需要辨别能力。如英语课的一个目标是：

给予 lit/i/　let/e/; pick/i/　peak/iː/等词的读音，学生能正确区分[i]与[e]，[i]与[iː]的读音。

辨别的行为标准是区分事物的差异。这一目标暗含的智慧技能是听觉辨别能力。正确测验方式是口头测验。教师或录音设备给出含有[i]与[e]，[i]与[iː]音标的成对词；学生分别指出含有[i]与[e]，[i]与[iː]的读音的词，表明学生已掌握这种辨别能力。

(2) 具体概念

具体概念是难下定义的概念。衡量学生掌握具体概念的行为指标是看他们是否能够识别具体概念的正、反例。例如小学生学习的“分数”是一个难下定义的具体概念。其适当的测量方法是：提供分数的正反例，学生做出判断(见本章第三节的测验题)。

(3) 定义性概念

定义性概念是可以通过下定义揭示其本特征的概念。测量学生是否掌握定义性概念的方法是要求学生运用概念的定义对事物进行分类。例如教过“质数”与“合数”后，提供如下数字：

5、8、9、11、27、31、40、7、9、4、3

要求学生将它们分为“质数”与“合数”两类，可以检测学生掌握这两个概念的情况。

(4) 规则

初中英语课的一个目标是：

“会用英语说类似如下含有多音节和双音节形容词的比较级和最高级的句子：

Detective stories are more interesting than children's stories.

Detective stories are the most interesting stories of all.”

这一目标暗含的能力是英语句法规则和词法规则的运用。掌握规则的行为标准是应用规则做事，用行为演示规则。测验题可以是：给出中文句子“我家的猫比他家的猫更漂亮（beautiful）”，“在所有的鸟中，孔雀（peacock）是最美的”等等，学生将给出的中文句子说成英文。如果说出的英语句子符合“... more ... than ...”和“... the most ...”句法结构，则表明学生已掌握这两种句法规则。

应注意，学生会说符合英语句法和词法规则的句子，与流利地说英语是两回事。流利地说英语句子中含有言语连锁成分，属于动作技能学习范畴，需要长时间重复练习。

（5）高级规则

初中语文课《神态与动作描写》中有如下目标：

“能根据所给的材料较形象地续写一段描写神态动作的文字。”（见本章第三节）

掌握高级规则的行为标准是应用简单规则生成一种新的成品，如一篇文章或一个设计等，或者解决一个新的问题，从而又习得新规则。这一目标暗含的能力是运用多项规则“生成”一段文字，在1956年布卢姆目标分类中，这种能力被称为“综合”能力。在2001年修订的目标分类中是创造能力。

测验题：

爸爸是个足球迷

我爸爸是个足球迷。

中国人都不会忘记那次在新加坡举行的世界杯足球赛亚洲区预选赛，中国队对阿联酋队的那场比赛。

那天，大家都睁大眼睛屏住呼吸注视着电视屏幕。上半场零比零结束，下半场在离比赛结束还有十六分钟的时候，中国队进了一球，“一比零”！全场轰动。我们也在电视机前欢呼，全国人民在欢呼！

中国队开始打防守战：时间一秒一秒地流逝着，离比赛结束时间还有三分钟。阿联酋队已全线压进，可说是孤注一掷了，竟以不挡之势，连进两球！

……

你瞧，我爸爸够不够迷的？

眼看中国队胜券在握，谁知风云突变，形势急转直下，“爸爸”怎么会不难受？不泄气？请写出“爸爸”这时的神态动作。

提示：神态描写，动作描写都要抓住人物的特点，表现人物性格，文中“爸爸”的性格特点是什么？

要求：

(1) 神态、动作描写要互相配合，显示人物思想性格。

(2) 用词要注意准确、合理。

(3) 大胆想象。

(4) 100字左右，插在省略号处，注意上下联系。

2. 言语信息

言语信息又分三个亚类：符号、事实和有组织的整块知识。符号和事实知识测量容易。可以通过学生回忆的方法测量。如鲁迅原名______。“书”的英文拼写是______。

有组织的整体知识中包含了符号、事实(非概括性命题)和概括性命题。它们按一定的逻辑或围绕一个主题组成整体。学生对这类知识的掌握重点是在头脑中形成便于提取的命题网络。如初中二年级地理课《(中国)地形特点》有如下目标：

“能用自己的话说出中国地形三大特点及其影响：(1) 地势由西向东变化特点及其对河流影响；(2) 沿海大陆架分布特点及其对经济的影响；(3) 地形类型分布特点及其对经济的影响。”

测验题可以是：

填写中国地形三大特点及其影响：

(1) 地势由西向东的特点：______，

它对河流流向的影响是：______。

(2) 沿海大陆架特点：______，其对经济的影响是：______。

(3) 地形类型分布特点是，其对经济的影响是：______。

3. 认知策略

据加涅的观点，起执行控制作用的元认知策略是高级策略，难以习得。其余是较低级的局部策略，比较容易习得。习得认知策略的行为标准是学习者在学习、记忆、思维或解决问题过程中实际应用了认知策略，并提高了学习、思维或解决问题的效率。然而，学习、记忆、思维或解决问题过程是内潜的，不能直接观察，所以其测量比一般智慧技能和言语信息的测量困难。在心理科学研究中，测量认知策略的一个方法是口语报告法，或大声思维法。研究者要求被试说出自己的思维过程。然而有些被试运用了某些很成功的思维策略，但他不一定能用言语表达，另一方面，被试能用言语表达的策略不一定能真正支配其学习和思维过程。所以认知策略的测量除了口语报告之外，更强调从学生解决问题和完成其他智慧任务中间接推测策略运用情况。例如，上述用于说明布卢姆的综合水平的测验题就含有测量认知策略的成分。教师可以观察学生的解题过程。如果观察到学生能用作辅助线的方法将不能解决的问题转化成可以解决的问题，则可以推论学生运用了作辅助线帮助解决几何问题的认知策略。

第三节　目标导向教学设计实例分析

一、小学数学：认识分数的教学设计

（执教教师：苏州市实验小学朱建霞；执教年级：小学三年级）

【教学目标】

1. 能正确读写分数，说出分数各部分名称。

2. 能正确理解“几分之几”的意义，具体表现是：能在具体情境中解释几分之几的意思（如：$\frac{3}{8}$可以表示把一个长方形平均分成 8 份表示其中的 3 份；能用几分之几表示一个物体、一个图形、一个计量单位平均分后其中的一份或几份）。

【任务分析】

1. 目标 1 属于事实性知识的记忆。

2. 目标 2 属于概念性知识中具体概念的理解，要求学生能在具体实例中解释分数的意义。

3. 使能目标：理解几分之一，这是概念性知识的理解。

4. 起点能力：能正确辨别将一个物体、一个图形或一个计量单位平均分成若干份。

【教学时间】35 分钟

【教学过程】

（一）复习引入。

复习平均分

（1）引入情境

问：你有过分东西的经历吗？你都分过哪些东西？那我们今天的课就从分东西开始。小明和小丽在一次假日活动中准备了一些好吃的食品，他们都准备了哪些食品？（4 个苹果、2 瓶矿泉水和 1 个蛋糕。）你愿意帮他俩分一分这些食品吗？怎样分比较公平呢？板书：平均分　什么叫作“平均分”？（每份分得同样多）

(2) 引导学生把情境图中的各种食品平均分

问：把 4 个苹果平均分给 2 个小朋友，每人分得几个？(课件演示分的结果)分的结果可以用哪个整数来表示？请你用自己的话完整地说一说：怎么分？分的结果是什么？把 2 瓶矿泉水平均分给 2 个小朋友，每人分得几瓶？(课件演示分的结果)分的结果可以用哪个整数来表示？谁来完整地说一说？把 1 个蛋糕平均分给 2 个小朋友，每人分得几个？板书课题：认识分数

(二) 告知目标：认识分数，这就是我们要学习的知识。

问：把一个蛋糕平均分成 2 份，每个小朋友分到半个蛋糕，分的结果不是一个整数，也就不能用像 1、2、3、4……这样的整数来表示了。不能用整数表示了，那么又怎么表示半个蛋糕呢？

(三) 呈现精心组织的新知识并促进学生理解。

1. 呈现几分之一的意义的正例

(1) 分蛋糕

问：你有什么方法表示半个蛋糕呢？能说说你是怎么想的吗？这个 2 表示什么？这个 1 呢？把这个$\frac{1}{2}$完整地说说什么意思。

师：把一个蛋糕平均分成 2 份，其中的一份是这个蛋糕的$\frac{1}{2}$。(课件演示：把一个蛋糕平均分成 2 份，其中的一份是这个蛋糕的$\frac{1}{2}$，在右边的半个蛋糕上显示出$\frac{1}{2}$。)

$\frac{1}{2}$就是一个分数，读一读。

板书：$\frac{1}{2}$

读作：二分之一

问：那另外的半个蛋糕也可以怎样来表示呢？你是怎么想的？(课件演示：在左边的半个蛋糕上显示出$\frac{1}{2}$。)

师：一个蛋糕平均分成 2 份，每份都是这个蛋糕的$\frac{1}{2}$。

(2) 分苹果(课件演示：把一个苹果平均分成 4 份。)

问：把一个苹果平均分成 4 份，其中的一份可以用哪个数来表示呢？你是怎么想的？这个 4 表示什么？这个 1 呢？把这个$\frac{1}{4}$完整地说说什么意思。(课件演示：把一个苹果平均分成 4 份，其中的一份是这个苹果的$\frac{1}{4}$，在其中的一份上显示出$\frac{1}{4}$。)

师：$\frac{1}{4}$也是一个分数，读一读。

板书：$\frac{1}{4}$

(3) 分长方形（课件演示：把一个长方形平均分成 6 份，其中一份涂上颜色。）

问：你能用一个分数表示出涂色部分吗？说说你的想法？

（课件演示：把一个长方形平均分成 6 份，其中的一份是这个长方形的$\frac{1}{6}$，在其中的一份上显示出$\frac{1}{6}$。）

板书：$\frac{1}{6}$

(4) 分 1 米（课件演示：把 1 米平均分成 5 份，标出其中的一份。）

问：你能用一个分数表示出标出的部分吗？说说你的想法？

（课件演示：把 1 米平均分成 5 份，其中的一份是 1 米的$\frac{1}{5}$，在其中的一份上显示出$\frac{1}{5}$。）

板书：$\frac{1}{5}$

2. 引导归纳 4 个例子的共同特征

问：我们刚才平均分一个蛋糕、一个苹果、一个长方形、1 米，这些东西都能用哪个数来表示？

板书："1"

问：我们通过平均分一个蛋糕、一个苹果、一个长方形、1 米分别得到了它们的$\frac{1}{2}$、$\frac{1}{4}$、$\frac{1}{6}$、$\frac{1}{5}$，这些数的过程有什么共同点？

归纳并板书： "1"平均分成几份，其中的一份是几分之一

问："1"只能指一个蛋糕、一个苹果、一个长方形、1 米吗？它还能指什么？怎样能得到它的几分之一呢？像$\frac{1}{2}$、$\frac{1}{4}$、$\frac{1}{6}$、$\frac{1}{5}$这样的表示几分之一的数都是分数。

板书：$\frac{1}{2}$、$\frac{1}{4}$、$\frac{1}{6}$、$\frac{1}{5}$这样的数都是分数

3. 几分之几的意义的教学

(1) 呈现正例：分苹果、分长方形、分一米

(课件分别演示：一个苹果的$\frac{2}{4}$、一个长方形的$\frac{5}{6}$、1 米的$\frac{3}{5}$。)

问：把一个苹果平均分成 4 份，其中的一份是$\frac{1}{4}$，再添上一份还能用$\frac{1}{4}$表示吗？能用哪一个分数来表示？说说你是怎么想的？每个数分别表示什么意思？同理教学一个长方形的$\frac{5}{6}$，1 米的$\frac{3}{5}$。

(课件演示：把一个苹果平均分成 4 份，其中的 2 份是这个苹果的$\frac{2}{4}$；把一个长方形平均分成 6 份，其中的 5 份是这个长方形的$\frac{5}{6}$；把 1 米平均分成 5 份，其中的 3 份是 1 米的$\frac{3}{5}$。)

板书：$\frac{2}{4}$、$\frac{5}{6}$、$\frac{3}{5}$

(2) 归纳

问：像$\frac{2}{4}$、$\frac{5}{6}$、$\frac{3}{5}$这样的数也都是分数。它们与前面学的几分之一的分数有什么不同呢？师指出并板书：把"1"平均分成几份，其中的几份是它的几分之几。

4. 分数各部分名称、分数的读写方法

问：知道了什么样的数是分数，那你想知道分数各部分的名称吗？

板书：分数线、分母、分子

在板书的 7 个分数中任选 3 个，说说分母和分子分别是几。

问：怎么读呢？(先读分母再读分子。)在板书的 7 个分数中任选 3 个，读一读。怎么写？(先用尺划分数线，再写分母，最后写分子。)请三个同学分别说 3 个分数，在草稿本上写一写，指名板演。

问：你还能说出几个分数吗？说得完吗？

（四）小结：像$\frac{1}{2}$、$\frac{1}{4}$、$\frac{1}{6}$、$\frac{1}{5}$、$\frac{2}{4}$、$\frac{5}{6}$、$\frac{3}{5}$……这样的数都是分数

（五）变式练习

1. 书 p.55/1：用分数表示下面图中的涂色部分。学生独立完成，集体批改（选择一张图说说理由）。

2. 书 p.55/2：根据分数涂上颜色。学生独立完成，集体批改（选择一张图说说理由）。

3. 书 p.55/3：用下面分数表示涂色部分，对吗？为什么？（口答并说说理由）

4. 联系生活找一找生活中的分数：其实在我们的生活中有很多东西都与分数有关，下面我们就来找一找生活中的分数。

（1）国旗上的分数：

（课件出示法国国旗的图）你们知道这是哪个国家的国旗吗？在这面法国国旗上你们找到分数了吗？$\left(\text{红色、白色、绿色部分分别占整面旗的}\frac{1}{3}\text{。}\right)$

（2）巧克力中的分数：

（课件出示巧克力图）这块巧克力里面有分数吗？吃了 4 小块，吃了这块巧克力的几分之几呢？剩下的呢？

（2）书 p.55/4：生活中还有哪些地方用分数呢？你能说说它的意义吗？

（六）课堂小结与课后测验题

今天我们认识了什么数？你学到了哪些知识？关于分数你还想知道些什么呢？我们在下面的学习中还将继续学习分数！下面进行测验，检查我们的掌握情况。

【评析】

本节课属于单节课的教学设计。教学任务相对单一。评价一节课，我们可以从教学的效果和教学设计过程以及教学设计的实施情况三方面考虑。

(一) 教学的效果

从教学效果来看,课后进行了即时测验。试题与结果如下:

1. $\frac{2}{5}$ 读作<u>　五分之二(a)　</u>,它的分子是<u>　2(b)　</u>,分母是<u>　5(c)　</u>。它表示把"1"平均分成<u>　5(d)　</u>份,取了其中的<u>　2 份(e)　</u>。(为了说明方便,用字母代表其正确率:a. 98%;b. 100%;c. 100%;d. 84%;e. 98%。)

2. 用分数表示出图中涂色部分。(正确率:87%)

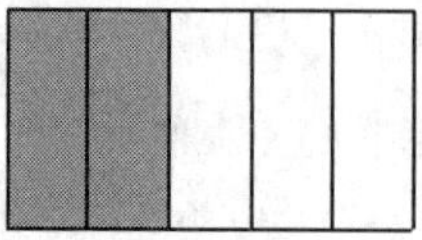
(　　)

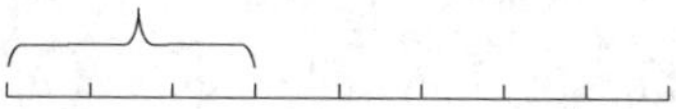
(　　)

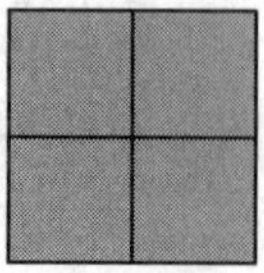
(　　)

3. 根据分数在图中涂上颜色(正确率:98%)

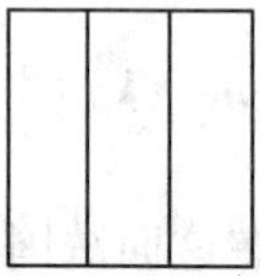
$\frac{2}{3}$

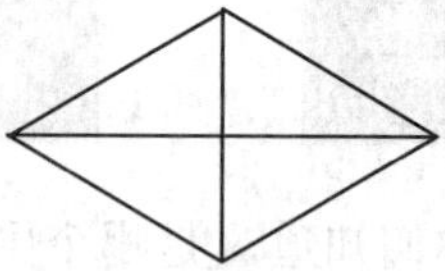
$\frac{1}{4}$

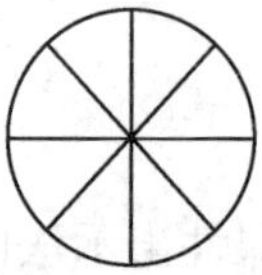
$\frac{3}{8}$

4. 将分数在图中表示出来(正确率:正方形 96%;三角形 58%)

$\frac{2}{4}$

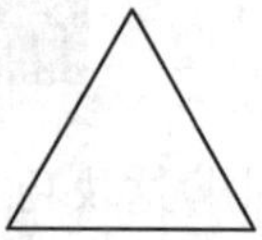
$\frac{1}{3}$

5. 在你认为正确表示$\frac{2}{3}$的图下面打"√"(正确率:92%)

(　　)

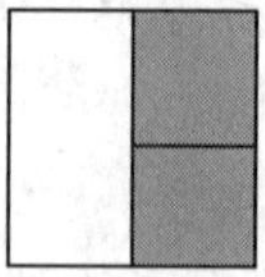
(　　)

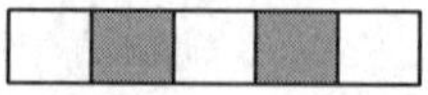
(　　)

如果要根据课后的测验来评价教学效果，那么首先要评价试题的效度与信度。衡量试题效度的依据：看试题是否针对目标。

第1题针对目标1。该题涉及事实性知识测验，可以采用填空题。从测验结果来看，学生掌握很好。

第2、3、4、5题都是针对第二个目标的，要求学生理解分数概念，包括“平均分”的概念。因为题型多，变式例子多(四大题中有11小题)。这样不仅保证了测量效度(针对目标)，而且保证了信度(学生不能靠运气猜测)。测验结果除第4题的第二项之外，其余答案错误率很低，达到了教学目标。第4题的第2项明显超出了学生的水平，因为根据三年级学生现有知识基础，他们无法把等边三角形分成三等分。所以其效度有问题。

（二）教学设计

从教学设计来看，本课的教学方案是根据“学习分类与目标导向教学”原理设计的。其优点是：1. 目标设置明确、具体，可以测量；2. 教师根据任务分析明确了学生的起点，确定了要达到的终点目标和使能目标，并确定了学习的类型；3. 教学过程是按智慧技能形成过程设计的，即符合“六步三段”教学模型。本课第一至第四步的重点是解决学生对分数概念的题解问题。方法是概念形成法，即“举三反一”法。第五步重点是变式练习，解决概念应用问题。第六步针对教学目标的测量。这实际上是形成性测验。通过形成性测验了解学生达到每一目标的实际情况，针对学生学习中存在的问题改进教学。

评价教学过程设计优、劣的重要原则是：看它是否与要达到的目标相一致。本课的目标是概念教学，根据奥苏伯尔的同化论，概念教学只有两种方法：一是概念形成法，即“举三反一”法；二是概念同化法，即通过先下定义后举例说明的方法。因为“分数”是一个难下定义的概念，故只能用“举三反一”的概念形成法。

（三）教学方案的实施

教学方案的实施情况可以从教学效果中推测。教学效果好，说明教学方案顺利实施；但也可以通过听课和实地观察来了解教学方案实施情况。因为教学方案的实施是通过教师个人进行的，每个教师的个性特点和风格以及熟练程度可能影响教学方案的实施和教学效果。这也就是教学的艺术方面。所以在评析教学设计时也必须把教师个人的因素考虑进去。

二、初中语文：神态与动作描写训练教学设计

（执教教师：上海市兴业中学韩立；执教年级：初中一年级）

【教学目标】

1. 能从学过的课文中找出对人物神态与动作描写的词语；

2. 能大体上分析所提供的材料中对人物的神态、动作描写的作用；

3. 能对学生习作中一些对人物神态、动作描写上的不妥处进行修改；

4. 能根据所给的材料较形象地续写一段描述神态、动作的文字。

【任务分析】

1. 起点能力

具备神态、动作描写这两个概念的基础知识，能在文章中找出这两种描写并能做一些粗浅的分析；但习作时有意识地运用这两种描写的能力较差。

2. 目标的知识类型

目标1属于“神态描写”与“动作描写”两个概念的运用；

目标2、3“通过人物神态、动作描写揭示人物内心世界（性格、思想、品质）”这一写作规则的运用；

目标4是运用习得的上述概念和写作规则进行创造。

【教学时间】一课时

【教学过程】

（一）告知教学目标

（详见上面的“教学目标”）

（二）回顾原有知识（概念和规则）

师：什么是神态、动作描写？

生：（答，略）

师：出示实例：

> 忽然教堂的钟声敲了十二下，祈祷的钟声也响了。窗外传来普鲁士兵的号声——他们已经收操了。韩麦尔先生站了起来，脸色惨白，我觉得他从来没有这么高大。
>
> “我的朋友们啊，”他说“我——我——”
>
> 但是他哽住了，他说不下去了。他转身朝着黑板，拿起一支粉笔，使出全身的力量，写下两个大字：
>
> “法兰西万岁！”
>
> 然后他呆在哪儿，头靠着墙壁，话也不说，只向我们做了一个手势：“散学了，——你们走吧。”
>
> ——《最后一课》［法］都德

师：找出有关神态、动作描写处，试作分析。
生：神态是“脸色苍白”——极度沉痛悲愤之情。
动作是“转身、拿起、使出、写……”
——强烈的爱国的悲愤（此时无声胜有声，“传神”）。
结论1：通过人物神态与动作描写，揭示人物内心世界。
（三）通过例证，引出新规则
出示正例一：

老头儿身子一纵，扑上梳妆匣，似一头老虎扑上一个睡着的婴儿。

——《守财奴》

教师说明：老头儿76岁，梳妆匣内是金首饰。
要求学生：找出描写处。
生：“一纵”、“扑上”（动作）像老虎那样灵活、凶猛。
师：一个76岁的老人饿虎扑食般地这一纵，俨然足球守门员的鱼跃，说明他见了金子就不要命了。形象地刻画出一个拜金狂的形象。
出示正例二：

一个浑身黑色的人，站在老栓面前，眼光正像两把刀，刺得老栓缩小了一半……黑的人便抢过灯笼，一把扯下纸罩裹了馒头，塞与老栓，一手抓过洋钱，捏一捏，转身去了……

生：找出人物神态与动作描写的词语或句子。
分析人物的性格特征或思想感情。
结论2：描写与人物身份、地位相称。
（四）出示反例（运用规则，师生共同修改）
反例一：写教师

我记得当第一次进校，王老师就站在校门口，接待我们，她笑眯眯地拉着我的手，漫不经心地跟我讲学校里的许多事……

师生共同活动，以学生为主体找出不妥处，并修改。
结论：“漫不经心”意为随随便便，不放在心上，不符合人物性格。
也与“笑眯眯”不配，可改为“亲切”。
反例二：写外婆

姨妈打电话来说要来吃饭，外婆听了电话，立刻手忙脚乱起来，她先去买……

还在门口商店买了……又去邻居家……

方法同上。

结论：手忙脚乱形容做事慌张而无条理，与下文所叙不配，把人物感情写误了，可改为“高兴地忙里忙外”。

反例三：写表姐

眼看着雨越下越大。姐姐心一狠，咬紧牙关，说：“同学们，我一一送你们回家吧。”说完便抄起邻座小红，拉着她就往外跑……

方法同上。

结论：神态与动作都有不妥处……（略）

强调：神态、动作的描写一定要符合人物的身份，用词要合理准确。

（五）学生作描写练习（续写）

（发下打印好的材料：爸爸是个足球迷——详见本章第三节“高级规则”测验题）学生写作，交流，评析。

（发下示例范文）

（六）总结本课（略）

【附示例范文】

突然爸爸的脸涨得通红，直直地瞪着两只大眼睛，微微张着嘴，屏住了呼吸，猛地从椅子上直起身来，握紧着拳头狠狠地朝靠背椅上砸去，发出一声长长的叹息，无力地跌倒在靠椅上。屏幕上阿联酋队的欢呼声一阵高一阵，突然，他一个箭步冲上去，用力把电视机关了，离开了房间。

爸爸刚才还是满脸笑容，比我得了三好学生还高兴，这时眼睛突然瞪得直直的，脸上的肌肉在微微抖动，整个人坐在沙发上像一座雕像，过了好一会儿，才慢慢地站起来。“啪”的一声关掉了电视机，房间里顿时没了阿联酋队欣喜若狂的欢呼，他掏出香烟，连点了三次才点着。他狠狠地抽了两口，又慢慢地吐出，这时的他，像泄了气的皮球，倒在了沙发上。

【评析】

根据上述评课的三方面的考虑，对本节课作如下评析：

（一）教学效果

本节课不像上一节课那样有即时后测，所以其教学的实际效果难以客观评价。但是在教学设计中，教师提供了教学效果的检测材料——《爸爸是个足球迷》中的补缺和补缺的示例范文。从这一设计材料来看，试题测量的是学生联系上下文并运用写作策略的知识(人物的神态动作描写规则)进行习作的能力。在修订的布卢姆认知目标分类中，这是最高水平的能力，即创造能力。这种能力不是通过一次教学就能达到目标的。

(二) 教学设计

本节课预设四个目标，分别属于概念的运用(目标1)，规则的运用(目标2和3)，运用概念和规则进行创造(目标4)。目标层次划分合理，目标陈述明确、具体，可以观察和测量；任务分析也相当到位。

所设计的教学过程基本上符合"六步三段"教学过程模式。本节课的教学方法可以归入"例—规"法，即先通过例子的辨析然后引出规则。因为初中学生在小学阶段曾经接触过这些规则，只不过未充分运用它们来指导自己的写作实践，所以习作中出现了许多违背写作规则的反例。教师要善于运用学生中的反例进行教学。这样既加深了学生对规则的认识，也纠正了他们的错误。这样的教学设计是成功的。

(三) 教学方案的实施

本书作者亲自听过执教老师上课。本教案是由任课老师自己独立设计的。课堂教学中举例生动，不仅有正例，而且联系学生实际，列举反例，以此纠正他们习作中普遍存在的错误。教师执教熟练。从学生的课堂反应来看，教学效果很好。学生的思维活跃，他们的活动始终围绕目标展开。

本章概要

1. 广义上的教学包括课前的准备工作，即设计教学方案，在课堂上实施教学方案，在课后测量与评价教学效果，并实施诊断与补救教学工作。

2. 教学设计分宏观和微观两种水平。前者一般是由课程专家进行的，后者一般是由教师进行的。教师所进行的微观水平的教学设计也包括课前的教学方案准备，教学方案在课堂教学中实施以及实施后的学习结果、测量与评价。所以广义上的教学与教学设计这两个概念难以严格区分。其主要差别在于：教学设计强调教学方案(包括目标、内容、呈现方式、媒体、测量工具、练习材料等)的准备。教学更强调方案的实施和师生的互动行为。前者强调科学性方面，后者强调艺术性方面。

3. 本书所提倡的目标导向教学设计的主要内容是：目标设置与陈述、教学任务分析、教学策略的选择与开发、开发测量与评价工具。我国中小学教师缺乏的是完成第一和第二个环节的技能。一旦前两个环节的设计适当完成后，如何选择与开发教学策略问题相对容易，因为我国教师一向注意教学方法的研究。问题是针对目标与学习类型的教学方法研究相对缺乏。

4. 本书主张目标参照的学习结果测量与评价。所以教学的科学化始于目标的科学设置与陈述，终于编写适当的测验对目标是否达到进行测量。加涅的学习结果分类和布卢姆的教学目标分类都可以用于指导测验题的编写。我国教师当前的课堂教学设计基于哲学取向教学论，教学目标的陈述笼统，含糊。某一节课的目标适合一个学期，甚至也适合其他年级。到了期中或期末考试时，由于缺乏明确的目标指导，考试试题的随意性很大，由此导致教师和学生猜题。所以，把我国教师的教学设计从以哲学和经验为基础转向以科学取向教学论为基础还有很长的路要走，需要教育和心理学工作者作出不懈努力。

练　习　题

一、解释下列术语

教学(instruction)	教学设计
系统化教学设计	行为目标
性能动词	行动动词
任务分析	表现性目标
教学策略	目标参照的测量
目标参照的评价	目标导向教学设计

二、填空

1. 传统教学设计的理论基础是__________和__________。

2. 现代教学设计的理论基础是__________。

3. 克服目标含糊性的三种目标陈述技术是(1)__________；(2)__________；(3)__________。

4. 写出行为目标的三个条件是(1)__________；(2)__________；(3)__________。

5. 教师课堂设计的主要环节是(1)__________；(2)__________；(3)__________；(4)__________。

6. 广义教学(instruction)包括课前__________、课中__________与课后__________。

7. 狭义教学(teaching)主要指(1)__________，(2)__________，

(3) ________。

8. 加涅教学目标陈述中的五个成分是(1) 行为产生的情境;(2) ________;(3) ________;(4) 学习的对象;(5) 工具和限制条件。

三、选择

1. "通过教学培养学生热爱劳动人民的精神。"这样陈述的目标是______。(1) 行为目标;(2) 认知行动结合目标;(3) 含糊的目标;(4) 情感与行为结合的目标。

2. 上述目标的学习结果类型应属于______领域目标。(1) 知识;(2) 技能;(3) 过程与方法;(4) 情感。

3. "给予新习得的词语(如 work hard, warm up 等),学生能造出合适的英语句子。"这样陈述的目标符合______要求。(1) 行为目标;(2) 认知与行为结合目标;(3) 表现性目标;(4) 过程目标。

4. 上述目标的学习结果类型是______。(1) 智慧技能;(2) 言语信息;(3) 语文知识;(4) 认知策略。

5. 下面的词语中的行动动词是______。(1) 热爱;(2) 写出;(3) 读懂;(4) 辨别。

6. 反映掌握定义性概念的性能动词是______。(1) 辨别;(2) 理解;(3) 分类;(4) 识别。

7. 反映掌握高级规则的性能动词是______。(1) 生成;(2) 运用;(3) 分析;(4) 思维。

8. 下列适合描述态度目标的行动动词是______。(1) 认可;(2) 讨厌;(3) 尊重;(4) 朗诵。

9. 在现阶段指导任务分析最全面的理论是______。(1) 建构主义理论;(2) 信息加工心理学;(3) 加涅的学习条件论;(4) 奥苏伯尔有意义言语学习论。

10. 教学设计中引入任务分析的基本目的是______。(1) 引导教师学习心理学;(2) 分析学习的条件;(3) 开发科学培训方案,节省培训成本;(4) 根据不同学习类型的不同过程和条件进行教学设计。

11. 假定教学任务是要求学生掌握汉语主动句变被动句的规则,测验学生掌握该规则的行为目标是______。(1) 学生能说明什么是被动句;(2) 学生能理解主动句与被动句的异同;(3) 给予若干主动句,学生能变成适当的被动句;(4) 学生在谈话中能用上被动句。

12. 外语课教完后,教师检查学生朗读情况,尤其是语音的标准和连贯。此种检查主要测验的学习结果是______。(1) 言语信息;(2) 发音方法;(3) 动作技能;

(4) 语言辨别技能。

13. 现代心理学研究表明,如果教学目标是传递"言语信息",在有现成的文字教材条件下,对中学生而言,最适当的方法是______。(1) 自己阅读文字材料;(2) 听教师讲授;(3) 指导发现法;(4) 小组讨论。

14. 如果教学目标是智慧技能,在有现成的文字教材条件下,对中学生而言,最适当的教学方法是______。(1) 自学;(2) 讲授法;(3) 指导发现法;(4) 精讲加变式练习。

四、研究与设计

1. 下面附录是一位小学数学特级教师的课堂教学过程描述。请根据本章习得的教学设计原理为这节课重写一份规范的教案(简案字数不超过800字)。要求如下:

(1) 陈述可以测量的具体教学目标;

(2) 分析教学任务;

(3) 根据任务分析提出教学策略,包括教学步骤、师生活动和教具等;

(4) 编写检测教学目标是否达到的测验题。

2. 用"六步三段"教学过程模型中的教学论思想分析上述"认识分数"和"神态与动作描写训练"的教学设计。

附录:圆柱、球的认识

教学九年义务教育六年制小学第二册《圆柱、球的认识》:教师可从实物分类入手,揭示教学主题。

教师出示装有实物的袋子,把袋子里装的物品倒在讲台上,让学生站在讲台上,让学生看到皮球、乒乓球、圆柱形的药瓶、易拉罐及大小不一的长方体、正方体盒子等。仔细观察一段时间之后,教师布置学生相互议论,怎样按照形状的差别把这些物品区分开来,并请学生上台分给大家看一看。当学生把已认识的长方体分为一类、正方体分为一类、药瓶和易拉罐分为一类、球作为一类时,教师左手拿药瓶右手拿球,对学生说,这两种物体的形状特征,就是我们今天要学习的知识。

教师板书课题后,按"直观认识,感知形体"、"初步抽象,认图识形"、"组织游戏,巩固感知"这样三个步骤来安排教学活动。

一、直观认识,感知物体

1. 认识圆柱体

师:(举起圆柱体模型)这就是圆柱体(板书:圆柱)讲台上哪些物体的形状和它一样?

生:(上台操作)罐头盒、易拉罐、蜡纸筒和它一样。

师：对，这些物体的形状和圆柱体相同。你们能不能从自己的学具中取出形状是圆柱的物体？

生：没被削过的铅笔、小电池、清凉油盒等。

师：小电池是圆柱体吗？大家想一想，看看周围还有哪些物体的形状是圆柱体？

生：汽油桶、水管、笛子、接力棒等。

师：对，同学们想到的这些物体都是圆柱体。现在请大家用手摸一摸手中的圆柱体，有没有平平的面：请指出它在哪里？

生：有两个平平的面。竖着放，上下各一个面，横着放，左右各一个面。

师：大家再摸摸弯曲的部分，粗细一样吗？

生：（摸摸各自的圆柱体）一样。

师：圆柱体有两个面都是圆形，大小一样、中间粗细一样。现在请大家讨论一下，粉笔、蜡笔是不是有圆柱体的这些特征。

生：（讨论后）粉笔不是圆柱体，未削过的铅笔是圆柱体，截断头的蜡笔是圆柱体。

2. 认识球体

（施教程序、提问方式与认识圆柱体相同）

3. 辨别圆柱和球

师：我们已经初步认识了圆柱和球，现在我把圆柱体和球混在一起，你们能很快指出哪些是圆柱体、哪些是球体吗？

师：请同学们把几个球形的学具垒起来，好垒吗？

生：（动手实践）不好垒。容易滚下来。立着容易垒起。

师：我们用课本、文具盒作个斜面，把圆柱和球轻轻放在斜面上，然后松手，会出现什么情况？

生：球形的东西容易滚下来：圆柱形的东西躺着才能滚动，立着的时候只能滑下来。

二、初步抽象，认图识形

教师说：同学们，我们已经能识别许多圆柱、球的实物形体了，这两种形体怎样用图来表示呢？请看投影。接着，教师按以下顺序呈现幻灯片：

（1）呈现实物图：罐头盒、圆水桶、篮球、玻璃球。

（2）抽出实物图：呈现直观图，图上有许多线条和小黑点的阴影，表示暗的部分。

（3）抽出直观图，显示几何图，用虚线表示。演示完，教师小结：今后不论什么物体，不论它的大小，只要形状跟刚才我们看到的几何图一样，我们就说它的形状是圆柱体或球形。

三、组织游戏，巩固感知

1. 举牌游戏。把圆柱、球、长方体、正方体和不规则形体混在一起放在讲台上，指名学生用手帕蒙住双眼，先摸出一个物体，后说出体形名称；或先说出体形名称，然后去摸。其余同学做裁判。对的举绿牌，错的举黄牌。

2. 同桌同学一人说形体名称，另一人闭眼在自己的学具里摸，轮流做两次。

3. 做一做，如果有一个很重的长方形物品，要在平坦的路面上移动，下面垫什么形状的物体滚动较方便、省力。动手用文具盒、铅笔、玻璃球等做模拟，试一试。

完成上述三个步骤后，教师请学生翻开课本，说说课题是什么，告诉他们课题旁边的(2) 是表示第二课时。看主题图后，教师让学生回答书本上提出的两个问题。看第二幅图时，教师让学生动手做一做：哪些东西的形状是圆柱，哪些东西的形状是球，哪些东西既不是圆柱也不是球，把它们标记出来。

（作者为福建省福安市实验小学副校长、特级教师、中学高级教师）

参 考 文 献

1. 埃格恩·考查克. 教育心理学：透视课堂[M]. 西安：陕西师范大学出版社，2005（英文影印版）.

2. 伍尔福克. 教育心理学[M]. 北京：中国轻工业出版社，2007（英文影印版）.

3. 布鲁纳. 教学论[M]. 姚梅林、郭安，译. 北京：中国轻工业出版社，2008.

4. 加里，莫里森，罗斯，杰罗尔德. 设计有效教学[M]. 严玉萍，译. 北京：中国轻工业出版社，2007.

5. 格莱德勒. 学习与教学[M]. 北京：中国轻工业出版社，2004（英文影印版）.

6. 斯腾伯格，威廉姆斯. 教育心理学[M]. 张厚粲，译. 北京：中国轻工业出版社，2003.

7. 艾伟. 教育心理学[M]. 福州：福建教育出版社，2007.

8. 安德森，索斯瓦克. 布卢姆教育目标分类学 40 年回顾[M]. 谭晓王、袁文辉，译. 上海：华东师范大学出版社，1998.

9. 安德森等. 学习、教学与评估的分类学[M]. 皮连生，等，译. 上海：华东师范大学出版社，2007.

10. 奥苏伯尔，等. 教育心理学参考资料选辑[A]. 教育心理学这门学科还存在吗[C]. 段斌，译. 上海：上海教育出版社，1990.

11. 奥苏伯尔. 教育心理学——认知观点[M]. 佘星南、宋钧，译. 北京：人民教育出版社，1994.

12. 奥苏伯尔. 有意义学习中后继学习对先前学习的促进作用[C]. 皮连生，译. //教育心理学参考资料选辑. 上海：上海教育出版社，1990.

13. 班杜拉. 思想和行动的社会基础——社会认知论[M]. 林颖、王小明，等，译. 上海：华东师范大学出版社，2001.

14. 鲍尔，希尔加德. 学习论——学习活动的规律探索[M]. 邵瑞珍，等，译. 上海：上海教育出版社，1987.

15. 布兰斯福特，等. 人是如何学习的——大脑、心理、经验及学校[M]. 程可拉，等，译. 上海：华东师范大学出版社，2002.

16. 布卢姆，等. 教育目标分类学[M]. 罗黎辉，等，译. 上海：华东师范大学出版社，1986.

17. 布鲁纳. 学习与思维[C]. 皮连生，译. //教育心理学参考资料选辑. 上海：上海教育出版社，1982.
18. 布鲁纳. 教育过程[M]. 上海师范大学外国教育研究室，译. 上海：上海人民出版社，1973.
19. 陈会昌，谷传华，秦丽丽，苑宏健. 尤尼斯道德发展的实践活动观述评[J]. 心理科学，2004，27 (1) ：156 - 158.
20. 陈琦，刘儒德. 教育心理学[M]. 北京：高等教育出版社，2005.
21. 陈琦，刘儒德. 当代教育心理学[M]. 北京：北京师范大学出版社，1997.
22. 陈琦，张建伟. 建构主义学习观要义评析[J]. 华东师范大学学报(教育科学版)，1998.
23. 陈孝禅. 普通心理学[M]. 长沙：湖南人民出版社，1983.
24. 陈欣银. 价值观辨析学派评析[J]. 心理科学通讯，1986(1).
25. 戴・冯塔纳. 教师心理学[M]. 王新超，译. 北京：北京大学出版社，2000.
26. 戴尔・H・申克. 学习理论：教育的视角[M]. 韦小满，译. 南京：江苏教育出版社，2003.
27. 道格拉斯・L・欣茨曼. 学习与记忆心理学[M]. 韩进之，等，译. 沈阳：辽宁科学技术出版社，1986.
28. 德里斯科尔. 学习心理学——面向教学的取向[M]. 王小明，等，译. 上海：华东师范大学出版社，2008.
29. 董纯才. 中国大百科全书・教育[M]. 北京：中国大百科全书出版社，1985.
30. 杜威. 我们怎样思维・经验与教育[M]. 姜文闵，译. 北京：人民教育出版社，1991.
31. 冯忠良. 教育心理学[M]. 北京：人民教育出版社，2000.
32. 冯忠良. 教育心理学应向何方[C]. //当代中国心理学. 北京：人民教育出版社，2001.
33. 高觉敷，叶浩生. 西方教育心理学发展史[M]. 福州：福建教育出版社，1996.
34. 高觉敷. 中国心理学史[M]. 北京：人民教育出版社，1989.
35. 高文. 教学模式[M]. 上海：上海教育出版社，2002.
36. 顾明远. 教育大辞典[M]. 上海：上海教育出版社，1990.
37. 郭德俊，雷雳. 教育心理学概论[M]. 北京：警官教育出版社，1998.
38. 哈洛. 学习如何思维[C]. 皮连生，译. //教育心理学参考资料选辑. 上海教育出版社，1990：293 - 300.

39. 赫根汉. 心理学史导论[M]. 郭本禹,等,译. 上海:华东师范大学出版社,2004.
40. 胡本炎. 小学数学教育心理研究[M]. 上海:华东师范大学出版社,1998.
41. 黄甫全,王本陆. 现代教学论学程[M]. 北京:教育科学出版社,1998.
42. 加德纳. 多元智能[M]. 沈致隆,译. 北京:新华出版社,1999.
43. 加涅,等. 教学设计原理[M]. 皮连生、庞维国,等,译. 上海:华东师范大学出版社,1999.
44. 加涅. 学习的条件和教学论[M]. 皮连生,等,译. 上海:华东师范大学出版社,1999.
45. 加涅,等. 教学设计原理[M]. 王小明,等,译. 上海:华东师范大学出版社,2007.
46. 金盛华,张杰. 当代社会心理学导论[M]. 北京:北京师范大学出版社,1995.
47. 克鲁捷茨基·心理学[M]. 赵璧如,译. 北京:人民教育出版社,1984.
48. 黎黑. 心理学史——心理学思想的主要趋势[M]. 刘恩久,等,译. 上海:上海译文出版社,1990.
49. 李伯黍,燕国材. 教育心理学[M]. 上海:华东师范大学出版社,2001.
50. 李培实. 中国著名特级教师教学思想录(小学自然卷)[C]. 南京:江苏教育出版社,1996.
51. 李洪玉,何一粟. 学习动力[M]. 武汉:湖北教育出版社,1999.
52. 理查德·E·迈耶. 多媒体学习[M]. 牛勇、邱香,译. 北京:商务印书馆,2006.
53. 林崇德. 品德发展心理学[M]. 上海:上海教育出版社,1989.
54. 林崇德. 幼儿心理学[M]. 杭州:浙江教育出版社,1993.
55. 林格伦. 课堂教育心理学[M]. 章志光,等,译. 昆明:云南人民出版社,1983.
56. 林明榕. 学习科学大词典[M]. 北京:新华出版社,1998.
57. 林毓琦. 大学学习学[M]. 西安:西安交通大学出版社,1999.
58. 刘可钦. 刘可钦与主体教育[M]. 北京:北京师范大学出版社,2006.
59. 刘儒德,赵妍,柴松针,徐娟. 多媒体学习的影响因素[J]. 中国电化教育,2007(10):1-5.
60. 刘智运. 大学学习理论与方法[M]. 武汉:武汉大学出版社,2000.
61. 马吉尔. 运动技能学习与控制[M]. 张忠秋,等,译. 北京:中国轻工业出版社,2006.
62. 马斯洛. 人的动机理论[C]. 陈炳权、高文浩,译. //教育心理学参考资料选辑. 上海:上海教育出版社,1990.
63. 潘菽,荆其诚. 中国大百科全书·心理学[M]. 北京:中国大百科全书出版社，1991.
64. 潘菽.教育心理学[M].北京：人民教育出版社，1980.
65. 庞维国.课堂中的创新性学习：生成论的视角[J]. 华东师范大学学报(教育科学版)，2009(4).
66. 庞维国.研究性学习：教育心理观[J].课程·教材·教法，2001(3).
67. 皮连生，蔡维静.超越布卢姆：试论"知识分类与目标导向"教学中的学习结果测量与评价[J]. 华东师范大学学报(教育科学版)，2000(2).
68. 皮连生，王小明，王映学.现代认知学习心理学[M].北京：警官教育出版社，1998.
69. 皮连生.教学设计：心理学的理论与技术[M]. 北京：高等教育出版社，2000.
70. 皮连生. 学与教的心理学[M]. 上海：华东师范大学出版社，2003.
71. 皮连生.教学设计[M].北京：高等教育出版社，2009.
72. 皮连生.知识分类与目标导向教学：理论与实践[M].上海：华东师范大学出版社，1998.
73. 皮连生.应用题解题能力的知识类型分析[J]. 湖南教育，1996(1).
74. 皮连生.智育心理学[M].北京：人民教育出版社，1996.
75. 皮连生.智育概论：一种新的智育理论的探索[J].华东师范大学学报(教育科学版)，1994(4).
76. 乔际平.物理学习心理学[M].北京：高等教育出版社，1991.
77. 邵瑞珍，张人杰.中学百科全书·教育学·心理学[M].上海：华东师范大学出版社，1994.
78. 盛群力.现代教学设计论[M].杭州：浙江教育出版社，1998.
79. 施良方.教学理论：课堂教学的原理、策略与研究[M].上海：华东师范大学出版社，1999.
80. 史密斯，雷根.教学设计[M].庞维国，等，译.上海：华东师范大学出版社，2008.
81. 斯米尔诺夫.心理学[M].朱智贤，等，译.北京：人民教育出版社，1956.
82. 斯腾伯格.超越 IQ：人类智力的三元理论[M].俞晓琳，吴国宏，译.上海：华东师范大学出版社，1999.
83. 孙煜明.心理学的控制源理论述评[J]. 南京师范大学学报(社会科学版)，1984(3).
84. 谭顶良.学习风格论[M]. 江苏：江苏教育出版社. 1995.
85. 汪安圣.思维心理学[M]. 上海：华东师范大学出版社，1992.
86. 王文静.情境认知与学习[M].重庆：西南师大出版社，2005.

87. 王小明. 教学论——心理学取向[M]. 上海：上海教育出版社，2005.
88. 王小明. 多媒体学习与多媒体设计：认知观点[J]. 全球教育展望，2008(2)：42-46.
89. 王晓钧. 情绪智力：理论及问题[J]. 华东师范大学学报(教育科学版)，2002(2)：59-65.
90. 维纳，张爱卿. 论心理理论的建构和动机归因理论的整合[J]. 华东师范大学学报(教育科学版)，2001(3).
91. 吴红耘，皮连生. 任务分析与教师的教学技能发展[J]. 心理科学，2004(1).
92. 萧孝嵘. 教育心理学[M]. 福州：福建教育出版社，2009.
93. 谢德民. 论学习[M]. 北京：人民出版社，1992.
94. 姚夏倩，皮连生，等. 小学四年级学生分段能力的教学研究实验：一项以策略性知识为主要目标的教学实验[J]. 心理科学，2001(2).
95. 于漪. 语文课的设计[C]. //瞿葆奎. 语文教学经验与研究. 北京：人民教育出版社，1984.
96. 詹森. 基于脑的学习——教学与训练的新科学[M]. 梁平，译. 上海：华东师范大学出版社，2008.
97. 张春兴. 教育心理学：三化取向的理论与实践[M]. 杭州：浙江教育出版社，1998.
98. 张春兴. 现代心理学[M]. 上海：上海人民出版社，1994.
99. 张春兴. 张氏心理学辞典[M]. 上海：上海辞书出版社，1992.
100. 张大均，王映学. 教学心理学新视点[M]. 北京：人民教育出版社，2005.
101. 张吉连. 儿童道德发展的过程与教育[J]. 外国心理学，1982(2).
102. 张卿. 学与教的历史轨迹[M]. 济南：山东教育出版社，1995.
103. 张文新. 儿童社会性发展[M]. 北京：北京师范大学出版社，1999.
104. 章志光. 学生品德形成新探[M]. 北京：北京师范大学出版社，1993.
105. 章志光. 中国心理学会专业委员会 1986 年学术年会论文[C]. [出版者不详]，1986.
106. 钟启泉，等. 基础教育课程改革纲要(试行)解读[M]. 上海：华东师范大学出版社，2001.
107. 周谦. 学习心理学[M]. 北京：科学出版社，1992.
108. 朱曼殊，白振汉. 小学生解答多步应用题的思维活动[J]. 心理学报，1964(4).
109. 朱智贤. 心理学大词典[M]. 北京：北京师范大学出版社，1989.

110. Alexander, P. A. (2006). Psychology in learning and instruction. New Jersey: Merrill Prentice Hall.
111. Anderson, J. R. (1996). ACT: A simple theory of complex cognition. American Psychologist, 51,355 - 365.
112. Anderson, J. R. (2002). ACT: A simple theory of complex cognition. Cognitive modeling (pp. 49 - 68).
113. Anderson, J. R. (1990). Cognitive psychology and its implications. W. H. Freeman and Company.
114. Anderson, J. R., Reder, L. M., & Simon, H. A. (1996). Situated learning and education. Educational Researcher, 25(4), 5 - 11.
115. Anderson, R. C., & Faust, G. W. (1973). Educational Psychology.
116. Atkinson, R. L. & Atkinson, R. C. & Hilgard, E. R. (1983). Introduction to Psychology (8th edition)(pp. 32 - 33).
117. Ausubel, D. P. (1963). The psychology of meaningful verbal learning. New York: Grune and Stratton.
118. Ausubel, D. P. (1969). School learning: An introduction to educational psychology.
119. Ausubel, D. P., & Robinson, F. G. (1969): School learning: An introduction to Educational Psychology. Holt, Rinehart Winston.
120. Baddeley, A. (1992). Working memory. Science, 255, 556 - 559.
121. Barrows, H. S. (1996). Problem-based Learning in Medicine and beyond: An Approach to Medical Education. New York: Springer. pp. 3 - 12.
122. Blumenfeld, P. C. et al. (1991). Motivating project-based learning: Sustaining the doing, supporting the learning. Educational Psychologist, 26,369 - 398.
123. Bransford, J. B. et al. (1999). How people learn: Brain, mind, experience, and school. Washington DC: National Academic Press. pp. 171 - 172.
124. Brown, J. S., Collins, A. & Duguid, P. (1989). Situated Cognition and the culture of learning. Educational Researcher, Vol. 18, No. pp. 32 - 42.
125. Bruer, J. T. (1993). Schools for thought. Cambridge: The MIT Press.
126. Byrnes, J. P. (2008). Cognitive development and learning in instructional contexts. (3rd. ed.). Boston: Pearson Education, Inc.
127. Clark, J. M. & Paivio, A. (1991). Dual coding theory and education.

Educational Psychology Review, 3(3), 149 - 210.

128. Clark, R. (1983). Reconsidering research on learning from media. Review of Educational Research, 53(4), 445.

129. Coney J. , & Serna, P. , (1995). Creative thinking from an information processing perspective: A new approach to Mednick's theory of associative hierarchies. Journal of Creative Behavior, 29, 109 - 132.

130. Deci, E. L. , Ryan, R. M. , & Williams, G. C. (1996). Need satisfaction and the self-regulation of learning. Learning and Individual Differences, 8, 165 - 183.

131. Dick, W. (1991). An instructional designer's view of constructivism. Educational Technology, 31(5), 41 - 44.

132. Dick, W. & Carey, L. (1996). The Systematic Design of Instruction (4th Ed). Glenview IL: Scott,Foreman.

133. Eggen, P. & Kauchak, D. (1997). Educational psychology: windows on classrooms (3rd. ed.). New Jersey: Merrill.

134. Eggen, P. D. & Kauchak, D. P. (2001). Strategies for Teachers. (4th. ed.). Boston: Allyn & Bacon.

135. Festinger, L. (1961). The Psychological Effects of Insufficient Rewards. American Psychologists, 16,1 - 11.

136. Findlay, C. S. , Lumsden, C. J. (1988). The creative mind: To ward an evolutionary theory of discovery and innovation. Journal of Social Biological Structure, 11, 3 - 55.

137. Finke, R. A. (1996). Image, creativity, and emergent structure. Consciousness and Cognition, 5,381 - 393.

138. Fontana, D. & Abouserie, R. (1993). Stress Levels, Gender and Personality Factors in Teachers. British Journal of Educational Psychology, 63, 261 - 270.

139. Gage, N. L. & Berliner, D. C. (1988). Educational Psychology, Preface.

140. Gagné, E. D. , Yekovich, C. W. , & Yekovich, F. R. (1993). The cognitive psychology of school learning (2nd ed.). New York: Harper Collins.

141. Gagné, R. M. & Dick, W. (1983). Instructional Psychology, Annual Review of Psychology, Vol. 34.

142. Gagné,R. M. (1977). The Conditions of Learning. Inc. , New York, NY.

143. Gallagher, S. A. & Stepien, W. J. (1995). Implementing problem-based learning in science classrooms. School Science & Mathematics, Vol. 95, Issue 3. pp. 136 - 144.

144. Hall, B. (1995). Return-on-investment and multimedia training: A research study. Multimedia Training Newsletter. Sunnyvale, CA.

145. Hall, J. F. (1989). Learning and memory. (2nd. ed.). Boston: Allyn and Bacon.

146. Haskell, R. E. (2001). Transfer of Learning. Cognition, Instruction, and Reasoning. San Diego: Academic Press.

147. Hegarty, M., Carpenter, P. A., & Just, M. A. (1991). Diagrams in the comprehension of scientific texts. In, R. Barr, M. L. Kamil, P. B. Mosenthal, & P. D. Pearson (Eds.), Handbook of reading research, Vol. II (pp. 641 - 668). NY: Longman.

148. Jonassen, D. H. & Grabowski, B. L. (1993). Handbook of individual differences, learning, and instruction. New Jersey: Lawrence Erlbaum Associates, Publishers.

149. Jonassen, D. H. (1992). Objectivism versus Constructivism: Do We Need a New Philosophical Paradigm? From ETR & D. Vol. 39, No. 3, pp. 5 - 14.

150. Jonassen, D. H., Tessmer, M., & Hannum, W. (Eds.) (1999). Task Analysis Methods for Instructional Design. Chapter 3.

151. Judd, C. H. (1908). The Relation of Special Training to General Intelligence. In Wittrock, M. C. (ed., 1977). Learning and Instruction. American Educational Research Association, pp. 239 - 249.

152. Kalyuga, S., Ayres, P., Chandler, P. & Sweller, J. (2003). The expertise reversal effect, Educational Psychologist, 38: 23 - 32.

153. Kalyuga, S., Chandler, P. & Sweller, J. (1999). Managing split-attention and redundancy in multimedia instruction. Applied Cognitive Psychology, 13, 351 - 357.

154. Keller, J. M. (1987). Development and use of the ARCS model of instructional design. Journal of Instructional Development, 10(3), 2 - 10.

155. Kilgour, M. (2006). Improving the creative process: Analysis of the effects of divergent thinking techniques and domain specific knowledge on creativity.

International Journal of Business and Society, July 1, 2006.

156. Leahey, T. H. & Harris, R. J. (2001). Learning and cognition, (5th. ed.). New Jersey: Prentice Hall. Singley, M. K. & Anderson, J. R. (1989). The Transfer of Cognitive Skills. Chapter 1、2.

157. Mager, R. E. (1975). Preparing instructional objectives. Belmont, CA: Fearon.

158. Mayer, R. E. & Johnson, C. I. (2008). Revising the Redundancy Principle in Multimedia Learning. Journal of Educational Psychology, Vol. 100 (2), 380 - 386.

159. Mayer, R. E. &Moreno, R. (2003). Nine Ways to Reduce Cognitive Load in Multimedia Learning. Educational Psychologist, 38(1), 43 - 52.

160. Mayer, R. E. (1987). Educational Psychology: A Cognitive Approach, Little, Brown and Company.

161. Mayer, R. E. (2001). Multimedia learning. New York: Cambridge University Press.

162. Mayer, R. E. (2008). Learning and instruction. (2nd. ed.). New Jersey: Merrill Prentice Hall.

163. Mayer, R. E. Hegarty, M. , Mayer, S. , Campbell, J. (2005). When Static Media Promote Active Learning: Annotated Illustrations Versus Narrated Animations in Multimedia Instruction. Journal of Experimental Psychology: Applied, 11(4) : 256 - 265.

164. Mayer, R. E. Incorporating Problem Solving into Secondary School Curricula. In G. D. Phye (ed.) (1997). Handbook of Academic Learning: Construction of Knowledge. San Diego: Academic Press.

165. Mayer, R. E. (1999). The Promise of Educational Psychology, p. 9 - 12.

166. McGilly, K. (1994). Classroom Lessons: Integrating Cognitive Theory and Classroom Practice. Chapter 4.

167. Moore, M. G. & Kearsley, G. (1996). Distance education: A system view. Belmont, CA: Wadsworth.

168. Mousavi, S. , Low, R. , & Sweller, J. (1995). Reducing cognitive load by mixing auditory and visual presentation modes. Journal of Educational Psychology, 87 (2) : 319 - 334.

169. Mumford, M. D., Whetzel, D. L., & Reiter-Palmon, R. (1997). Thinking creatively at work: Organizational influences on creative problem solving. Journal of Creative Behavior, 31, 7-15.

170. Ormrod, J. E. (2006). Educational Psychology (5th. ed.). New Jersey: Merrill Prentice Hall.

171. Paas, F., Renkl, A. & Sweller, J. (2004). Cognitive Load Theory: Instructional Implications of the Interaction between Information Structures and Cognitive Architecture. Instructional Science, 32: 1-8.

172. Pavio, A. (1986). Mental Representation: A dual coding approach. New York: Oxford University Press, p. 53.

173. Perkins, D. N., &Salomon, G. (1992). Transfer of learning. International Encyclopedia of Education (2nd ed.). Oxford, UK: Pergamon Press. http://learnweb.harvard.edu/alps/thinking/docs/traencyn.htm

174. Pintrich, P. R. et al. (1986). Instructional Psychology. Annual Review of Psychology, Vol. 37.

175. Plomp, T. & Ely, D. P. (1994). International encyclopedia of educational technology.

176. Pressley, M. & McCormic, C. B. (1995). Advanced Educational Psychology for Educators, Researchers, and Policymakers. Harper Collins College Publishers.

177. Pressley, M. & Woloshyn, V. (1995). Cognitive strategy instruction (2nd. ed.). Massachusetts: Brookline Books.

178. Proctor, R. W. & Dutta, A. (1995). Skill Acquisition and Human Performance. California: SAGE Publications.

179. Reigluth, C. M. & Carr-Chellman (2009). Instructional-design theories and models (VolumeIII): Building a Common Knowledge Base. Toylor & Francis.

180. Runco, M. A. (1991b). Creativity and human capital. Creativity Research Journal, 5, 373-378.

181. Schmidt, R. A., Lee, T. D. (1999). Motor control and learning: A behavioral emphasis. (3rd. ed.) Human Kinetics.

182. Schunk, D. H. & Zimmermean, B. J self-regulation and learning. In W. M. Reynolds & G. E. Miller (ed.) (2003). Handbook of Psychology: Vol. 7

Educational Psychology. John Wiley & Sons. Inc.

183. Scott, C. L. (1999) Teachers' biases toward creative children, Creativity Research Journal, 12(4), 321 - 329. Sternberg, R. J., & Grigorenko, E. (2004). Successful intelligence in the classroom. Theory into Practice, Vol. 43, No. 4, 274 - 280.

184. Singley, M. K. & Anderson, J. R. (1989). The transfer of cognitive skills. combridge: Harvard University Press.

185. Snow, R. E. & Swanson, J. (1992). Instructional Psychology, Annual Review of Psychology, Vol. 43.

186. Sternberg, R. J. & Frensch, P. A. (1992). Mechanism of Transfer. In Detterman, D. K. & Sternberg, R. J. (ed.), Transfer on Trail: Intelligence, Cognition and Instruction. Chapter 2.

187. Sternberg, R. J. & Williams, W. M. (1998). Intelligence, instruction, and assessment. Lawrence Erlbaum Associates, Publishers, pp. 1 - 16.

188. Sternberg, R. J. & Williams, W. M. (1996). How to develop student creativity. Alexandria, VA: Association for Supervision and Curriculum Development. 3 - 4, 16 - 22.

189. Thorndike, E. & Woodworth, R. (1901). The Influence of Improvement in One Mental Function upon the Efficiency of Other Functions. In Wayne Lennis (ed.) Readings in the History of Psychology (1949). Ceppleton Centary Caogts. Inc. pp. 389 - 398.

190. Thorndike, E. L. (1906). Principles of Teaching Based on Psychology, p. 257.

191. Torrance, E. P. (1965). The Minnesota studies of creative thinking: Widening horizons in creativity. New York: Wiley.

192. Vasta, R., Haith, M. M. & Miller, S. A. (1999). Child psychology: The modern science(3rd ed.). New York: John Willey & Sons, Inc.

193. Vygotsky, L. S. (2004). Imagination and creativity in childhood. Journal of Russian and East European Psychology, 2004, 42(1) : 7 - 97.

194. Vygotsky, L. S. (1978). Mind in Society. Cambridge: Harvard University Press.

195. West, C. K. & Farmer, J. A. & Woff, P. M. (1991). Instructional Design: Implications from Cognitive Science.

196. Winzer, M. (1992). Educational Psychology in the Canadian classroom.
197. Wittrock, M. C. & Farley, F. (ed.) (1989). The Future of Educational Psychology, p. 75.
198. Wittrock, M. C. (1985). Teaching learners generative strategies for enhancing reading comprehension. Theory into Practice, 24, 123 - 126.
199. Wittrock, M. C. (1985). The generative learning model and its implications for science education. Studies in Science Education, 12, 59 - 87.
200. Woolfolk, A. E. (2001). Educational Psychology (8th. edition). Allyn and Bacon.

索　引

S

符号和字母起头

图书在版编目（CIP）数据

教育心理学 / 皮连生主编. － 4版. – 上海：
上海教育出版社, 2011.4（2024.7重印）
ISBN 978-7-5444-3128-6

Ⅰ. ①教… Ⅱ. ①皮… Ⅲ. ①教育心理学 – 高等学校 – 教材
Ⅳ. ①G44

中国版本图书馆CIP数据核字(2011)第047611号

责任编辑　谢冬华
装帧设计　陆　弦

教育心理学（第四版）
皮连生　主编

出版发行　上海教育出版社有限公司
官　　网　www.seph.com.cn
地　　址　上海市闵行区号景路159弄C座
邮　　编　201101
印　　刷　上海商务联西印刷有限公司
开　　本　700×1000　1/16　印张 28.25　插页 2
版　　次　2011年4月第1版
印　　次　2024年7月第14次印刷
印　　数　12,2001~12,7000 本
书　　号　ISBN 978-7-5444-3128-6/B·0066
定　　价　48.00 元（附光盘一张）